KB270447

對馬島는 韓國의 屬島였다

對馬島는 韓國의 屬島였다

李炳銑

어회

雞知(게찌)鶴山(쓰루가야마)의 前方後圓墳

이 古墳은 4세기 후반에서 5세기 初頭에 築造된 前方後圓墳전방후원분인데, 이는 그곳 東편 根曾(네조) 古墳群과 함께 任那 王族의 무덤으로 추정되며, 鶴山古墳은 任那國을 세운 百濟將 木羅斤資의 무덤으로 추정된다. 木羅斤資는 對馬島의 新羅를 치고, 그곳의 七邑을 平定하고, 忱彌多禮(濟州島)를 정벌하여 百濟에 돌려준 功으로 任那國을 세운 것으로 추정되니, 任那 建國의 연대와 鶴山古墳의 築造 연대가 木羅斤資의 活動 연대와 같고, 또 鶴山의 前方後圓墳의 墓制를 百濟 지역에서도 볼 수 있기 때문이다(pp.217~226 참조).

銀山上神社(久根)

銀坑의 자취(佐須村)

　堅根(가시네), 椎根(시이네), 久根(구네) 등 下島 西岸서안에 있는 銀鑛은 百
濟人이 採鑛채광한 것으로 보고 있다. 久根 銀山上神社의 祭神名제신명을
'모로구로가미(諸黑神)'라 하는데, 이 이름에서 구로가미(黑神)는 가라가미(韓
神)를 말한다. 古代 日本에서 百濟도 「韓(가라)」라 하였다. 日本 古代 歌集
인『萬葉集』에 '구로히토 노 사쿠(黑人乃作)'가 나타나는데, 이는 '韓(가라)人
의 作'이라는 뜻이다. 구로히도(黑人)의 히토는 '사람(人)'의 뜻. 구로(黑)는
가라(韓)의 異形態이다. 모로(諸)는 무리(群)와 같은 말이니, 이 神社에는
銀을 캐는데 功이 있는 여러(무리의) 百濟神(韓神, 가라가미)을 모신(祭한) 것이
다. 그리고, 佐須(사스)村은 下島 西岸에 있다.

朝鮮式 山城 城跡

對馬島 黑瀨(구로세)에 있는 이 城은 高句麗와 百濟에서 볼 수 있는 양식의 山城이다. 이 城은 '天智 6년(667)에 對馬島에 金田城을 쌓았다'(『日本書紀』)의 金田城이라는 說과 '仲哀天皇이 新羅를 막기 위해 쌓았다'(『対州編年略』)라는 두 說이 있다.

仲哀王은 4세기 人物로 百濟系로 추정되는데, 이 城은 對馬島 佐護(사고)의 新羅를 막기 위해 仲哀王이 쌓은 것으로 생각된다. 城의 길이 약 2,860m(p.204 참조).

李炳銑, 『日本古代地名研究』, pp.333~335 「百濟城」 참조

㊤新羅山(白木山), ㊦시라코(新羅·白子) 마을(邑落)

嚴原(이즈하라)의 東便에 있는 이 新羅山(시라키야마, 白木山)은 이 부근에 新羅人이 집단을 이루고 살았기 때문에 命名된 것이다. 이 부근에 시라코 (白子)(久田의 字, 보통 부르는 이름)라는 큰 마을(邑落)이 있는데, 「시라코」(白子)는 新羅를 말하는 「시라키」와 같은 것이다. 즉 시라(白)는 新羅이고, 코(子)와 키(木)는 접미사이다. 對馬島에 이곳의 시라코(白子)외에 시라코(白子) 地名이 4곳 이상 더 있다(p.255 참조). 그리고, 慶州 新羅의 首都名과 같은 소라 바루(徐羅伐) 地名도 있다(p.259 참조).

對馬島의 조랑말

　　對馬島가 高麗(高句麗)의 牧場목상이었다는 기록(『對州編年略』)을 보아서, 對馬島의 조랑말은, 廣開土王이 任那加羅 즉 對馬島를 정벌(廣開土王碑文) 한 이후에 들어간, 高句麗의 조랑말의 종자로 생각된다. 이 조랑말은 작은 키에 粗食조식하고, 가풀막에 오르는 힘이 강하다고 하는데, 이는 『魏志東夷傳』 高句麗條에 기록된 高句麗의 조랑말과 같다(p.253 참조).

對馬島가 처음부터 日本의 領有였을까?

對馬島는 맑은 날이면 釜山에서 바라다 볼 수 있고, 그 섬에서도 이곳의 連山을 바라다 볼 수 있다. 古代 韓國人은 이 섬이 보임으로써 건너가서 보고 싶었을 것이고, 또 사실상 많이 건너가서 살았으니, 地名에서나 遺蹟에서 그 자취를 찾아볼 수 있다. 對馬島는 山地가 많고 논밭이 적어, 양식은 주로 韓國의 쌀에 의존하여 왔고, 文化도 韓國이 높았으니, 이 섬에 건너가서 살았던 古代 韓國人은 釜山·金海 등 南韓 지역과의 내왕이 잦았다. 對馬島에 전하는 기록에 의하면, 돛을 달고 對馬島를 출발하여 釜山까지 반날(半日)이면 도착한다 하였고, 또 하룻밤 사이에 건넌다고 하였다. 對馬島와 日本 北九州와의 거리가 약 124km임에 비하여, 釜山과는 약 50km에 지나지 않는다. 이러한 對馬島가 왜 日本의 領有로 되었을까? 이에 대해서는 日本 學者들도 궁금하게 생각하고 있다. 우리는, 對馬島가 韓國에 속했을 것이라는 생각은 누구나 가졌을 것이나, 이에 대한 연구는 별로 볼 수 없다.

최근에 와서 高句麗史 연구에 대한 熱意가 높다. 中國
이 高句麗史를 中國 歷史의 일부로 편입하려 하고 있기
때문이다. 이에 비하면, 古代 韓日關係 특히 우리와 對馬
島와의 관계에 대한 연구는 부족하다. 이에 대한 史料도
부족하거니와, 남아 있는 史料조차 그 價値를 찾아내지
못하고 있기 때문이다. 즉 廣開土王碑文 對倭 관계 기사
에 나타나는 任那加羅, 安羅, 두 곳의 新羅城의 위치상의
차이와 倭의 正體, 『日本書紀』의 韓鄕之島, 韓島, 특히 朝
貢 기사에 나타나는 任那, 南加羅, 下韓과 東韓, 新羅・百
濟・高麗의 위치 문제가 그러한 예이다. 이러한 國名・地
名이 어디에 있었던 것이냐 하는 문제는, 古代 韓日關係
史를 수립하는데 매우 중요한 위치를 占한다. 그러나, 이
에 대한 연구는 별로 볼 수 없다. 日本 史家들은 植民地
史觀으로, 이러한 國名・地名들을 韓半島 안에 있었던 것
으로 보고 韓日關係史를 수립하였다. 즉 日本 史家들은
그들의 植民地로서 南韓에 任那가 있었다고 한다. 이에
대해 우리의 史學界에서는, 任那가 南韓에 있었으되 이를
植民地로 인정할 수 없다 하고, 그 외는 日本 史家들이 수
립한 양국의 關係史를 대체로 受容하고 있는 것 같다. 만
일에 任那日本府 등 任那의 성격상의 문제를 제외하고는,
그들이 수립한 양국의 關係史에 대하여 별로 문제될 것이

없다고 생각한다면, 이는 잘못이다. 왜냐 하면, 對馬島가 처음부터 日本의 領有가 아니었을 것이니, 對馬島가 日本의 歷史 속에 묻혀지기 이전의, 다시 말하면, 對馬島가 日本에 속하기 이전의 對馬島와 韓半島와의 歷史 관계를 밝혀내어야 할 것이기 때문이다. 任那가 어디에 있었느냐를 포함한 韓日關係史를 다시 수립해야 할 것이기 때문이다.

筆者의 연구에 의하면, 對馬島는 7세기 말경까지는 韓國의 屬島였다(p.47, 194 등 참조). 이 섬은 韓半島의 韓國(三韓·三國)과 같은 韓國(韓鄕·韓島)이었다. 그러므로, 이 섬에는 韓半島에서와 같은 國名·地名들이 分布하였으니, 앞에 보인 國名·地名들도 그러한 것이다. 즉 이 섬에는 任那는 물론(第2장 등 참조), 新羅·百濟·高句麗(高麗)의 마을(邑落)도 있었다(第7장 참조). 韓半島의 新羅人·百濟人·高句麗人들이 건너가서 살면서, 그들이 사는 마을의 이름을, 本籍地의 이름처럼 本國의 이름을 따서 불렀기 때문이다. 地名이란 固着性고착성과 保守性보수성이 强하기 때문에, 그들에 의하여 붙여진, 위에서 든 地名들도 좀처럼 지워지지 않고 오늘에 남아 傳한다. 그런데, 이 邑落들은 韓半島의 三國의 세력이 日本列島로 뻗쳐가는 발판으로서, 新羅·高句麗 邑落은 韓半島 新羅·高句麗의 分國으로서의 역할을 하였고, 百濟 邑落은 韓半島 百濟의 屬郡으로서의 역할을 하였다(pp.201~211, 231 참조). 新羅・百濟・高麗의 이름을 가진 마을은 日本列島 안에도 있었다(p.264 참조). 「가라」(加羅・加良・韓・韓良 등으로 표기)라는 말은 원래 '城'이나 '나라(國)' 혹은 '큰 마을(大邑)'을 뜻하는 보통명사였다. 따라서, 「加羅」로 표기된 地名이나, 이와 同系 地名이 對馬島는 물론, 日本列島에도 分布하였다. 先住地 즉 韓半島에서 부르던 이름과 같은 이름을 붙여서 불렀기 때문이다. 즉 古代 住民의 이주와 함께 國名・地名이 이동한 것이다. 筆者는『日本書紀』, 廣開土王碑文,『桓檀古記』등에 나타나는 國名・地名의 연구와, 그 國名・地名이 나타나는 史料의 분석과, 對馬島의 답사(『任那國과對馬島』를 펴내기까지 4회 답사, 延 30여일 체재)로 앞에 보인 것과 같은 고유명사들을 對馬島에서 찾아서, 任那가 對馬島에 있었다 하고, 韓半島와 對馬島와의 關係를 고찰하였다. 이와 같은 國名・地名들이 對馬島에 있었던 것으로 봄으로써, 古代 韓日關係史는 크게 달라진다.

筆者의 任那 對馬島說을 주장한『任那國과對馬島』(서울, 亞細亞文化社, 1987)가 公刊된지 20년 가까이 지났다. 이 책은 拙著『韓國古代國名地名研究』(1982)(慶北大學에서 취득한 博士學位論文)를 쓰고, 여기에서 얻은 國名・地名에 대한 知識을 토대로 하여 쓰여진 것이다. 筆者는 이를『任那는 對馬に

あった』(任那는 對馬에 있었다)(大阪, ソウル書林, 1989, 초판)(姜大龍社長의 出捐金으로, 日本內 출판사의 이름을 빌어서 釜山에서 출판함) 『任那國と對馬』(任那國과 對馬)(東京, 東洋書院, 1992, 재쇄)(同上)의 이름으로 日譯版을 내어, 日本의 歷史교과서 집필자, 著名한 學者, 地名과 歷史 관계 硏究所, 言論社, 全國大學 및 公共圖書館 등에 700부 이상 기증하였다.

또 拙著『日本古代地名研究』(서울, 亞細亞文化社, 1996)의 日譯版『日本古代地名の研究』(東京, 東洋書院, 2000)(筆者의 5.16 民族賞 受賞金으로, 日本 출판사의 이름을 빌어서 釜山에서 출판함) 약 700부와, 『同』增補版(785面)(2003)(釜山文化放送局 金榮 社長의 도움으로 釜山에서 출판함) 약 500부도 기증하였는데, 이 책에도 任那에 관한 글이 실려 있다. 또 이 책에서는, 소하라(桑原)(對馬島)(앞괄호 안의 것은 표기, 뒷괄호 안의 것은 所在地, 이하 같음), 소하라(桑原)(曾於), 소하라(祖原)(福岡), 소하라(曾原)(福井), 소하라(楚原)(三重), 소하라(蘇原)(岐阜), 소호리(添)(奈良), 소오리(惣利)(福岡), 소우라(相良)(熊本), 소우라(相良)(靜岡) 등 각 지방에 있었던 邑落國 혹은 地方國의 首邑名은, 古代 韓國의 邑落國 혹은 地方國의 首邑名 즉 서벌(徐伐)(慶州), 서벌(西伐)(昌寧), 사벌(沙伐)(尙州), 서벌/쇠벌(鐵原)(鐵原), 소부리(所夫里)(扶餘), 서부리/수부리(酒村)(金海), 새벌(東原京)(江陵), 서벌(伊火)(靑松)(伊의 訓 저<*sə), 새발(草八)(陜川)(草의 訓 새) 등과 같고(이는 서울 '京'이라는 보통명사가 고유명사화 한 것)[1], 구니 '國', 사시 '城', 시로 '城'

16 對馬島는 韓國의 屬島였다

등 建國用語가 古代 韓國語임2)을 보아서, 古代 日本을 建
國한 사람은 韓半島에서 水稻農業수도농업의 기술을 가지고
건너간 사람들이라 하였다. 이러한 책들을 많이 기증함은
그들의 韓國에 대한 歷史 인식을 바꾸기 위한 것이다.

　위 任那書를 읽은 日本 學者들로부터 많은 편지를 받
았는데, 그들은 '客觀的 手法으로 說得力이 있으며…',
'名著', '十二分 인정', '매력적인 學說' 등으로 評價하였
다. 특히 對馬島 출신으로서 對馬島 地名 연구의 第一人
者인 후지이(藤井勝男)씨는 '對馬島의 新羅·高麗·百濟·
任那의 地名 추정에 同感합니다'라고 거듭 말하였다. 또
『任那日本府と倭』(任那日本府와 倭)(1978)(任那 南韓說 주장)의 著者인
이노우에(井上秀雄) 東北大學 명예교수는, 拙著『日本古代地
名の研究』의 日本 讀者들에 대한 추천의 글에서 '특히 對
馬島의 地名을 追跡함으로써, 任那가 對馬島에 있었다는
것을 환하게 풀이하고 있습니다'라고 하였다. 그는 日本
人으로서 韓國 古代史 연구의 第一人者이다. 또 任那 문
제를 다루는 교과서도 줄어졌다.

　그리고, 日本地名學研究所의 이케다(池田末則) 소장(文學博士)

---

1)　拙著,『日本古代地名硏究-韓國 옛 地名과의 比較-』(서울, 亞細亞文化社,
　　1996) pp.147~150, 255~256, 270 참조.
2)　上揭書 pp.104~112 참조.

은 위 拙著『日本古代地名の硏究』에 대하여 '당연히 日本人이 해야할 연구를 先生에 의하여 大成하게 되었다', '本書는 日本地名學의 紀念碑로 칭해야할 勞作' 또는 '名著', '世紀的 大望의 書'라 하고, 최근에, 자기의 著書『地名傳承學論』(822面)(2004)에 실을 序文을 筆者에게 부탁하여 와서, 이를 실었다. 이 拙著에 대하여 이노우에(井上秀雄) 교수도 위 이 책 추천의 글에서 '이 책은 言語學과 歷史學에 새바람을 불어 넣었다'하고, '이 책을 읽으면, 우리 日本人은 歷史學(韓日關係 史學)에 대한 태도를 바꾸게 될 것으로 생각합니다'라고 하였다. 이와 같은 任那書에 대한 反響(響, 울릴향)은, 拙著『日本古代地名の硏究』에 대한 反響·論評과 함께, 拙著『知日은 克日의 길, 日本을 바로 알자』(서울, 亞細亞文化社, 2003) (pp.356~396)에 실었다.

筆者는『任那國과 對馬島』를 펴낸 이후, 그 일부를 발전시켜, 여러 學術誌와 다른 拙著에 실었다. 그러나, 이러한 글들이 여러 곳에 흩어져 있어, 讀者들의 눈에 잘 뜨이지 않았던 까닭인지, 위에서 말한 바 日本 學界의 反響에 비하면, 우리 學界의 反響은 너무나 잠잠하였다. 『任那國과 對馬島』를 출판하였을 때도 한가지였다. 또 KBS '歷史스페셜'의 「伽倻 흥망의 블랙박스」(1999. 2. 20) 등(제4장, 제9장 참조)에서 보는 바와 같이, 筆者의 새로운 문제성의 提起에는 개의치 않고, 金官伽倻를 任那라고 한 종전의 說을 되풀이하기도 하였다. 이는 筆者의 연구의 부족과 說得力의 부족에도 그 이유가 있을 것이나, 이 論文들이 古代 地名을 기반으로 하여 쓰여진 것이어서, 이에 接近하기가 어려운데도 그 이유가 있는 것 같다. 地名은 言語인데, 文獻學에만 의존하여 歷史을 연구해온 사람들에게는, 地名學이란 難解난해한 것인지 모른다. 그러나, '史料가 부족한 古代史를 연구하기 위하여서는, 특히 歷史 地名에 대한 연구는 피해서 지나갈 수 없다는 것' 또한 사실이다. 文獻上에 나타난 地名의 올바른 比定 없이, 종전에 日本 史家들이 하던 말만 되풀이 하여서는, 學問의 進展을 기대할 수 없기 때문이다. 위 이노우에(井上) 교수와 이케다(池田) 博士의 말에서 보는 바와 같이, 古代 韓日關係史에서 地名의 연구를 소홀히 할 수 없다.

해방 이후 近 60년 간, 우리 學界가 여러 면에서 발전한 것에 비하면, 地名의 연구는, 연구하는 사람도 부족하거니와, 연구의 폭도 좁다. 이는 한글 專用의 大勢에 밀려, 특히 漢字 漢文에 약한 젊은 층의, 學問에 대한 穿鑿力천착력의 약화에 起因기인한다 함도 숨길 수 없는 사실이다. 어떻든 地名學의 不進은 韓國 學界의 빈곤과 상상력의 부족으로밖에 볼 수 없다.

이 책에 실은 論文들은, ㄱ) 地名의 發生과 유래, 同系 地名의 分布와 表記 등 地名에 대한 일반 지식을 기초로 하여, ㄴ) 任那 地名과 對馬島의 新羅·百濟·高句麗 邑落國과, 韓(가라)와 加羅(세8장 등 참조), 安羅(제10장 등 참조) 등『日本書紀』『桓檀古記』등 文獻에 나타난 國名·地名들과, ㄷ) 新羅山·高麗山, 소라바루(現地에서 慶州 新羅의 首都名과 같이 「徐羅伐」로 표기함) 등 對馬島에 남아 있는 韓國의 古代 地名과, ㄹ) 對馬島에 志多賀(시타가)·志多留(시타루) 등 任那 地名3)과, 新羅와 高麗(高句麗)가 있었다4)는 對馬島의 기록(기록에서 뿐만 아니라, 현재 이러한 地名들이 남아서 불려지고 있음)을 통하여, 對馬島와 韓半島와의 關係를 고찰한 것이다. 특히 任那 관계의 고찰에서,『增訂對馬島誌』에서 志多賀·志多留 등이 任那 地名이라 함에 유의할 것이니, 이는 對馬島에 任那가 있었음을 의미하는 것이기 때문이다.

讀者 여러분들의 忌憚(기탄)없는 비판을 바란다. 그리고, 이 책은 讀者들이 쉽게 읽을 수 있도록, 여러 學術誌 등에 실었던 것을 한데 모은 것이어서(添削도 있음) ― 처음부터 體系的으로 쓴 것이 아니어서, 같은 설명이 되풀이 된 것이 많아 부끄럽다. 고쳐쓰기도 어려워서 그대로 실으니,

---

3) 對馬教育會編,『增訂對馬島誌』(1973) p.909, 938 참조.
4) 藤定房,『對州編年略』(著者卒年 1732),『塵袋』券2 참조.

讀者 여러분들의 이해를 바란다. 끝으로 이 책이 古代 韓
半島와 對馬島와의 關係는 물론, 올바른 韓日關係史를 수
립하는데 도움이 되었으면, 다행으로 생각한다.

2004년 8월 20일

于海書室에서

著者 씀

漢字 혼용의 기준과 그 이유

이 책에서 젊은 讀者層에 맞추어 쉬운 말만을 골라서 한글로 쉽게 풀어 쓸 것이나, 이는 실속은 적고 글의 부피만 늘어나며, 漢字語를 회피하고 쉬운 말만을 골라 써서는 표현도 다 할 수 없거니와, 漢字 語彙數의 감소로 思考力이 쇠퇴해진다. 그러므로, 人名·地名·國名·書冊名 등의 固有名詞와, 機關名·團體名과, 문장의 중심이 되는 單語와, 뜻을 이해하는 데 필요하다고 생각되는 漢字語는 漢字로 표기하되, 각 줄마다(每行에) 漢字가 몇 자씩 섞이도록 하였다. 讀書의 능률을 높이기 위한 것이다.

漢字를 혼용해야 할 이유를, 1. 漢字의 表意文字로서의 利點을 살려 思考力을 신장하는 것과, 2. 漢字의 表意性·視覺性·縮約性축약성, 풍부한 造語力조어력 등에 의한 效率的이고 經濟的인 文字生活과, 3. 傳統文化의 계승과, 4. 漢字文化圈의 여러 나라들과의 連帶 등으로 大別할 수 있을 것이나, 여기에서는 1. 2.를 중심으로 간단히 말하기로 한다.

1) 瞻星臺를 「첨성대」로, 騎馬族을 「기마족」으로 표기하여, 集合的으로 이해하는 것보다는, 瞻(볼첨)+星(별성)+臺(집대)→'瞻星臺'로, 騎(말탈기)+馬(말마)+族(겨레족)→'騎馬族'으로 표기하여, 分析的으로 이해하는 것이 좋다. 『三國遺事』도 漢字로 표기하여 遺(남을유, 끼칠유)와 事(일사)의 뜻을 알아야 그 뜻을 명확하게 알 수 있으며, 머리도 明晳명석해진다.

2) 書架, 銀鑛, 如來坐像 등 그 뜻을 아는 사람은 讀者도 설마 알 것이라 생각하고, 거리낌 없이 한글로 표기하는데, 이는 錯覺착각이다. 槪念개념이 형성되는 데는 경험과 시간이 필요하다. 이를 한글로 표기함은, 한글 專用을 표방한 자기(표기자) 중심의 쓰기 편의에 의한 것이다. 이는 讀者에 대한 무성의이다. 難解한 漢字語도 한글로 표기하여, 마치 같은 골목길을 다니는 사람들끼리 아는 記號 혹은 暗號암호와 같이, 자기들끼리만 이해하니, 이를 이해하는 층의 폭이 좁다. 읽을 수 있어도 뜻을 모르니, 새 층의 文盲者를 만든다. 이 책에서는 漢字의 表意性과 視覺性을 살려 쓰고, 또 여러 讀者들이 다같이 이해할 수 있도록 漢字를 혼용한다. 이는 漢字교육(읽기와 쓰기)을 전제로 한 것이다.

3) 한글 專用은 文語가 아닌 口語에서나 가능하다. 또 漢字를 잘 아는 사람이라야 가능하다. 한글 專用의 글에서 괄호 안에 漢字를 넣기도 하나, 漢字를 모르는 사람에

게는 무의미하다. 漢字를 道具敎科도구교과인 國語시간에 가르치지 않고, 漢文시간(선택과목)에 가르친 젊은 층에서, 이를 잘 읽을 것이라 기대하기도 어렵다. 이 책에서는 漢字에 익지 않은 讀者를 위하여, 괄호 안에 漢字의 音과 뜻(訓)을 보인 것도 있다.

4) 國漢文 혼용으로 된 글은, 漢字의 表意性과 視覺性으로, 한 單語 내지 한 句 혹은 몇 單語가 한 눈에 들어온다. 漢字에 익지 않는 사람은 이 利點을 모르니 안타깝다. 한글 專用으로 된 글은 한 字 한 字를 꼭 같은 속도(같은 템포)로 다 읽어야 하니, 이는 非經濟的이다. 拾讀습독(주섬주섬 읽기)도 안 되고, 斜讀(斜, 비낄사)도 안 된다. 「서낙동강」 등은 어디에서 끊어 읽어야 할지도 모른다. 西쪽 洛東江이라는 先驗的 지식이 없어서는 알 수 없다(漢字로 표기하면, 先驗的 지식이 없어도 쉽게 이해할 수 있다). 그리고, 읽기도 답답하다1). 눈도 피로하고 視力도 잃기 쉽다2). 따라서, 앞으로 쓰기 편의에서 速讀·理解 등 읽기 편의의 표기 방식으로 바꾸어야 한다.

---

1) 어느 敎授는, 한글 專用으로 된 글은 졸려서 못 읽는다고 하였다. 筆者의 경험에 의하면, 40代에도 그러하였거니와, 그 후 더욱 그러하여, 60代에는 글자가 헷갈렸고, 70代에 들어서는 몇 줄을 읽어 내려가기가 힘이 든다. 이와 같은 과정은 누구나 다 겪을 것이다.
2) 초·중고교생 10명 중 4명은 近視眼이라 하니(朝鮮日報 2002. 3. 21. 참조), 그 이유를 한글 專用의 책을 읽는 데서도 찾아야 할 것이다.

5) 한글은 製字上으로는 科學的이기는 하나, 字形이 네모나고 꼴이 비슷하여 英語의 大文字와 같이 視覺性이 없다. 한글 專用의 글은, 조금 어려운 글은 그 뜻을 몰라서 읽을 흥미를 잃는다. 그리하여, 讀書의 量이 줄어진다. 책이 세상에 나와서 빛을 보지 못하고, 매달에 20~30만 권씩 破碎機파쇄기에 죽어간다고 하니(朝鮮日報 2002. 4. 2. 참조), 이는 國家的 낭비이다. 國漢文 혼용의 책으로 내고, 國漢文 혼용의 글을 읽기에 익숙하도록 하여, 이러한 낭비를 막고, 또 知的 양식을 넓게 섭취하도록 해야 한다. 讀書하는 社會가 人材를 만들어 낸다.

6) 學術用語는 거의 觀念語관념어인데, 이를 한글로 표기하여서는 그 뜻이 애매모호하여, 深層的심층적 思考가 되지 않고, 또 判斷을 흐리게 한다. 漢字語 쓰기를 회피하여, 젊은 층에서는 「國境」이라는 말도 '나라와 나라와의 사이(또는 경계)'와 같이 풀어 쓰니, 이는 실속은 적고 글의 부피만 늘어난다. 이것도 낭비이다. 言語=思考의 관계이니, 한글 專用은 漢字 語彙數의 감소와 함께, 分析的 이해력의 부족으로 思考力의 쇠퇴화를 초래한다(아래 註4 참조). 국민의 思考가 단순화해진다. 思考力이 부족한 국민은 感性的 집단주의로 흐르기 쉽다.

7) 守城(지킬수, 재성), 渡海(건널도, 바다해), 冷水帶(찰냉, 물수, 띠대)

와 같이, 漢字의 音과 뜻을 알면, 생소한 말(先驗的 지식이 없는 말)도 쉽게 이해할 수 있다. 또 守門, 守備, 守己, 守舊…, 城門, 城山, 城上, 城跡… 등 '守'와 '城'은 그와 有緣性유연성을 가지는 많은 말을 만들어 낼 수 있다. 이러한 有緣性으로 漢字 二千字로 워드프로세스(打字機)에서 약 五萬개의 單語를 造語조어할 수 있다고 한다.

8) 文字는 文化를 담는 그릇(公器)인데, 學術用語·技術用語·形而上學的인 抽象的 用語 등 모든 用語를 한글이라는 그릇에만 담아서는 文化가 矮小왜소해진다. 勞使政, 組暴, 兵風, 完平(컴퓨터 用語) 등, 새로 생겨나는 말도 한글로 표기하여서는 그 뜻을 알 수 없다. 自動式 카메라는 우선 쓰기 편리하나, 高質고질의 사진은 찍어낼 수 없다. 성질이 조급한 사람은, 한글은 國字인데다가, 쓰기 쉬워 편리한 글자라 생각할지 모르나, 쉽다는 것이 能事능사가 아니다. 속도가 느려도 정확함을 期해야 한다.

9) 이 책은 國名·地名의 연구로, 古代 韓半島와 對馬島와의 關係를 고찰한 것이다. 地名이란 語形+語義(뜻)+表記의 三要素로 이루어진 장소 표시의 言語인데, 表記(漢字)를 떠나서는 地名學이 성립되지 않는다. 한글이 쉽다는 이유로 下向式 평준화를 하여서는 學問을 할 수 없다. 漢字 漢文의 實力 低下는 學問을 하는 데 있어서 穿鑿力천착

력을 약화시킨다.

  10) 한글로 표기하면, 그 표기 속에 內在하는 소리(音聲)가 讀者의 聽覺映像청각영상을 자극하고 槪念개념과 결합하여 그 뜻을 喚起환기하는데, 이(漢字語)를 漢字로 표기하면, 이러한 과정이 생략된다. 사진이나 地圖上의 부호를 읽듯 直覺的으로 그 뜻을 알 수 있다. 그만큼 速讀속독할 수 있고 理解도 빠르다. 日本人들이 漢字 한 字를 식별하는데 걸리는 시간은 1천분의 1초 이하라고 한다3). 速度感속도감의 상실은 국가 경쟁력을 약화시킨다. 1970년대에 全國出版社協會에서 조사한 바에 의하면, 圖書館 이용자의 84%가 國漢文 혼용의 글이 讀書의 능률을 높인다고 하였다.

  거듭 말하건대,

○우리의 주변에는 읽을거리(讀書物)가 너무나 많다. 한글 專用으로서는 視覺性과 表意性이 없어, 이를 빨리 읽고 뜻을 이해하는데 어려움이 있다.

○漢字는 글자마다 뜻을 갖는 字素文字이니, 先驗的 지식이 없어도 낱말의 뜻을 분석적으로 이해할 수 있고, 또 낱말을 쉽게 만들 수(造語할 수) 있어, 매우 편리하다. 漢字

---

3) 渡辺 誠,『漢字と圖形』(NHK 북크스), 鈴木修次,『漢字再發見』p.76 再引 및 拙著,『知日은 克日의 길 日本을 바로 알자』(亞細亞文化社, 2003) p.491 참조.

語는 복합적 구조로, 英語와는 다르다.

○ 한글 專用으로는 日常的일상적으로 쓰는 말, 쉬운 말은 뜻의 전달이 가능하나, 정신생활에 필요한 觀念語나 學術用語는 뜻의 전달이 잘 안 된다. 또 이를 통한 深層的심층적 思考가 잘 안 된다. 우리는 이로써 많은 것을 잃어가고 있다. 이는 經濟 위기 이상의 위기를 초래할 것이며, 이에 대한 代價대가를 치를 것이다.

○ 한글 專用으로는, 漢字 지식의 부족으로 漢字 語彙量어휘량이 감소하고 思考力이 떨어지며, 語彙의 체계와 함께 思考의 체계가 무너진다. 思考가 빈곤해진다. 理智的이지적이고 思慮사려 있는 국민이 아닌, 感性的인 국민을 만든다. 또 誤判과 착오가 많다. 語彙가 부족한 민족은 未開人으로 전락한다.

○ 한글 專用의 교과서로서는, 漢字語를 分析的분석적으로 이해할 수 없고, 集合的으로 이해할 수밖에 없다. 그 결과, 文章이나 事物에 대하여 分析的으로 이해하는 능력과 體系的으로 이해하는 능력이 떨어진다. 이는 崔鉉培 선생의 「채점 경험담」4)에서 잘 보여주고 있다. 즉 해방

---

4) 8·15 解放 이후 10년 간, 文敎部 시행 중등학교 국어교사 자격 검정시험의 出題官이었던 崔鉉培선생의 「채점 경험담」(한글학회, 『한글』통권 131호, 1963)에서 다음과 같이 말하였다. 즉 해방 직후 국어를 제대로 배우지 못한 사람들(그러나, 日帝시대에 漢字와 漢文은 제대로 배운 사람들)의 답

후 10년 간, 한글 專用의 교과서로 배운 사람일수록 국어 성적이 떨어졌다고 한다. 崔선생은 '국가의 장래를 위하여 심한 통탄과 근심을 금할 수 없도다'라 하고 탄식하였다. 한글 專用, 이대로 가서는 三流國家로 전락할까 걱정된다. 國家 경쟁력을 높이기 위하여 漢字 교육을 강화해야 한다.

o 한글 專用으로는 傳統文化가 단절되고, 漢字文化圈의 나라들과의 교류와 連帶가 안 된다. 그들과의 경쟁에서 落後낙후한다. 현실적으로, 中國과의 經濟경제 교류에 있어서도 漢字에 약한 우리의 젊은이들은 日本이나, 싱가포르, 대만의 젊은이들보다 뒤지고 있다고 한다. 韓國은 東北亞의 文化와 經濟 교류의 중심이 되어야 할 것인데, 漢字·漢文을 모르고 이를 이룰 수가 없다.

o 한글은 쉬우니(漢字는 어려우니) 한글만으로 쓰자고 하나, 小勞(적은 노력)는 小得(적은 이득)을 낳는다. 쉽다는 것이 文字 선택의 기준이 될 수 없다. 또 쉬운 것이 편리한 것이

안지에서는 「90점 이상 거의 만점을 줄 수밖에 없는 답안지도 몇장은 있었다고 생각되는데, 그 이후 성적이 점점 나빠져서, 1962년에 응시한 약 700장의 답안지에서는 60점 이상 되는 것이 겨우 10장이 되락말락하였고, 70점 이상은 하나도 없었다. 더구나 10점 미만, 0점을 줄 수밖에 없는 답안조차 드물지 아니하다」라 하고, 「이는 국어 한 과목 뿐 아니니, 국가의 장래를 위하여 심한 통탄과 근심을 금할 수 없도다」라고 하였다. 그리고, 崔鉉培선생도 당시의 學生들에게 漢字공부를 많이 하도록 권장하였다. 註3의 拙著 p.546 참조.

아니니, 한글 專用으로 된 글은 쓰기는 쉬우나, 읽기도 불편하고, 뜻을 이해하는 데도 불편하다. 낱말(漢字語)의 뜻을 명확하게 이해하지 못하여서는 文章의 뜻이 애매모호해진다.

ㅇ 文章의 수준에 있어서도, 초·중·고·대학생의 차이가 있는데, 한글 專用으로 초·중학생이 이해할 수 있는 낮은 수준의 글만을 짓게 할 수 없다. 낱말(漢字語)의 뜻이 애매모호하고 어휘의 수가 부족하여서는 애매모호하고 유치한 文章을 만든다.

ㅇ 漢字는 읽기나 하고, 쓸 줄은 몰라도 된다는 생각은 잘못이다. 쓸 줄 알아야 知識이 확실해지기 때문이다. 또 쓰기가 조금 힘들어도 漢字로 써서, 남의 理解를 도와야 한다. 漢字 略字 쓰기도 가르쳐야 한다. 正字 만을 가르쳐서 쓰기를 까다롭게 하거나, 漢字 쓸 줄을 모르게 하여 한글 專用으로 이끌어 가려함은 옳지 않다.

ㅇ 로마字는 라틴語를 표기하기 위하여 로마시대에 만들어진 것인데, 이를 구라파의 각국에서 쓰고 있는 것을 보면, 우리가 한글만을 써야 主體性이 산다고 할 수 없다. 日本에서도 가나字 專用을 시도하였으나, 국민들의 반대로 漢字 혼용을 하고 있다. 理念보다 實利이다.

ㅇ 文字는 文化를 담는 그릇(公器)이다. 음식물을 담는 그릇

이나, 몸을 감싸는 옷을 꼭 우리 것으로 해야 한다는 이유는 없다. 우리의 文化를 살찌우기 위하여, 나라를 사랑하는 마음으로 漢字를 受容해야 한다. 自國 文化의 大國化를 위해서는 배척보다는 受容이다. 척박한 바위 틈에서는 落落長松낙락장송이 자랄 수 없다.

○ 어려서 漢字 二千字 정도만 배워 놓으면, 한 平生 편리한 文字生活을 할 수 있다. 이는 「先苦後樂」이다. 우리는 이 지혜를 배워야 한다.

○ 한글 專用의 글은 老年 세대일수록 읽기가 불편하다(註1 참조). 人類文明의 발전에 貢獻공헌한 위대한 著述이나 作品은 人生의 晚年期만년기에 이루어지는 것인데, 老年 세대에 불편을 주는 한글 專用은 옳지 않다.

○ 우리는 愛國과 文字의 기능을 혼동해서는 아니 된다. 表意文字의 利点을 살려 國力을 더 키우는 것이 愛國하는 길이다. 오늘의 한글 專用은, 우선 한글이 쉽다는 韓國人의 조급성과, 한글이 우리글이니까 하는 잘못된 愛國心(國粹主義)이 이끌어 가고 있다. 國粹主義국수주의는 나라 일을 그르친다. 우리는 나라를 사랑하기 때문에 제 것을 내세우고 남의 것을 배척하는데 비하여, 日本人들은 나라를 사랑하기 때문에 自國의 大國化를 위하여 남의 것을 수용한다. 祖上들이 二千年 동안이나 써 온 漢

字를 굳이 남의 글자라 하여 배척해서는 안 된다.

o 日本은 漢字의 과학성과 논리성으로, 西洋學問을 的確 적확하게 표현하여 日本近代化의 學問的 기초를 닦는 데 성공하였다.5) 國際化의 시대에 사는 우리는 文字에 대한 閉鎖性폐쇄성을 버려야 나라가 발전한다. 漢字・漢 文敎育을 등한시하여서는, 中國・日本 등 漢字 문화권 안에 사는 우리는 生存을 위협받는다.

o 中國의 鄧小平이 "共産主義를 오래할수록 中國이 後進 한다"고 한 말을 想起상기할 것이다. 왜냐 하면, 우리가 한글 專用을 오래할 수록 國家 발전의 속도가 떨어질 것이며, 특히 漢字文化圈의 나라들과의 경쟁에서 落後 할 것이기 때문이다.6) 한글 專用은 스스로 '우물(井)'을 파는 格이다.

o 國語의 발전은 民族의 발전을 뜻한다. 그렇다고 하여 固有語고유어를 살려 쓰고 한글을 專用하여, 漢字語와 漢 字를 배척하는 것이, 國語 발전을 위하는 길이라고 한 다면, 이는 조급한 생각이다. 固有語는 거의가 기초 語 彙이니, 이에 漢字語를 많이 따 담아서 語彙를 넉넉하

---

5) 林健太郎(하야시 겐타로) 前東京大學總長과의 인터뷰(朝鮮日報, 1994. 9. 29) 참조.
6) 筆者는 위 註3의 拙著(VII章)에 「漢字교육은 國力培養과 克日의 길」의 이 름으로 7편의 論文을 실었다.

게 하고, 漢字를 혼용하여 漢字의 表意文字로서의 長點
을 살려 效率的인 國語生活로 國力을 키우는 것이, 國
語 발전을 위하는 길임을 알아야 한다.

○漢字語가 든 文章이나 漢字語를 이해하는 데 있어서,
漢字를 배운 어린이는 배우지 아니한 어린이에 비하여,
100m 경주에서 2~30m 앞서 출발하여 달리는 것과 같
다. 이러한 의미에서 우리의 어린이들은 日本의 어린이
들에게 뒤져 있다.

○지금의 한글 專用의 政策은 漢盲者를 量産하여 漢字의
表意文字로서의 우수성을 모르게 해 놓고, 한글 專用으
로 이끌어 가고 있다. 漢字를 배려하지 아니한 「국어
기본법」의 제정은 잘못이다. 政府 当局者는 漢字 교육
을 바라는 국민의 興望여망을 저버리고 있다. 즉 대다수
국민이 초등학교부터의 漢字 교육을 切感하고 있는
데,7) 이를 外面하여, 私敎育에서 맡고 있다. 이 책에서
는 위에서 말한 바와 같은 의미에서 漢字를 혼용한다.

---

7) 2002년, 敎育部長官을 지낸 13명이, 초등학교부터 漢字를 가르쳐야 함을
   政府에 建議한 일이 있었는데, 이를 계기로 KBS가 조사한 바에 의하면,
   조사대상자의 64%(홈페이지지상으로는 71%)가 초등학교에서부터 漢字를
   가르쳐야 한다는데 찬성하였다.(『語文硏究』(韓國語文敎育硏究會) 114號
   (2002) p.341 참조) 또 大企業의 76%가 入社때 漢字시험에 찬성하였다
   (朝鮮日報, 2004. 9. 8) 또 작년(2003) 초등학생의 漢字能力 검정시험 응시
   자 수가, 전체 응시자수 78만여 명 중 53만여 명이나 되었다. 이는 4년 간
   9배로 늘어난 수치이다(朝鮮日報, 2004. 8. 19. 「漢字熱風」 참조).

차례

1

古代에는 對馬島도 「韓國」이었다

머리말

古代 對馬島는 「韓鄕之島」한향지도(『日本書紀』) 등에서 보는 바와 같이, 馬韓・辰韓・弁韓과 같은 韓國이었다. 古代에 韓半島人이 이 섬에 많이 건너가서 살았기 때문이다. 그런데, 三韓의 「韓」과 對馬島의 「韓」은 現行音이 「한」이나, 古代音은 *kan(日本의 現行音이 kan)으로, kara의 표기에 借用차용되었다. 즉 이 *kan의 韻尾운미 -n 의 外破音化외파음화 (kan-a, -a는 添入된 母音)에 의하여, 「韓」은 kara를 표기한 것이다 (*kan→kan-a>kara). 『日本書紀』 등 日本의 古代 기록에서 「韓」을 kara로 읽은 이유가 여기에 있다. 그리고, 「韓」字로써 표기된 kara는 ‘城’이나 ‘나라(國)’의 뜻에 유래하였다. 古代 城邑國시대에는 城이 곧 나라(國)였기 때문이다. 또 그 뜻이 변하여 큰 마을(大邑, 里)도 kara라고 하였다. 廣開土王碑文 百濟 地域의 地名의 표기에서 ‘城’을 「韓」으로 표기하였다. 그리고, 『三國遺事』(卷1)에 나타나는 日本・中華・吳・越・女眞 등 九韓의 「韓」은 ‘나라(國)’의 뜻이다.1) 그러므로, 古代 韓國人이 가서 나라(城邑國 혹은 地方國)을 세워서

---

1)　「韓」에 대한 표기와 그 뜻에 대하여서는 拙著, 『韓國古代國名地名硏究』 (螢雪出版社, 1982), pp.64〜69, 『日本古代地名硏究』(亞細亞文化社, 1996), pp.324〜328 등 참조.

사는 곳은 「韓國」이었으니, 아래에서 고찰하게 될 對馬島의 「韓」도 그러한 것이다. 日王의 조상을 말하는 天孫 瓊瓊杵尊(이니기노 미코토)가 하늘(高天原)로부터 降臨했다고 하는, 日本 南九州의 「韓國」(『古事記』)도 그러한 것이다.2)

　古代 國名에서, 그 이름이 불려진 폭은 狹域협역과 廣域광역의 두 가지로 나누어 생각된다. 위 kara의 경우, 처음에는 王이나 首長이 있었던 城을 kara라 불렀던 것이나, 차츰 그 이름으로 부르는 폭이 넓어져서, 王이나 首長이 통치한 領域(領, 거느릴령)을 모두 kara라 부르게 되었다. 이는 東萊郡廳이 있었던 東萊邑을 東萊라 불렀던 것이나, 차츰 그 폭이 넓어져서 東萊郡 전역을 東萊로 부르게 된 것과 비교된다. 그리고, 이는 원래 보통명사였으나, 住民들이 부르는 사이에 固有名詞로 굳어졌다. 또 이는 후대에 들어온 文字(漢字)에 定着정착됨으로써 固有名詞로서의 자리를 더욱 굳혔다. 오늘날 도처에서 볼 수 있는 수리산은 '首山'을 뜻하는 보통명사였는데, 차츰 固有名詞로 굳어졌으며, 그 중에는 「首尒山」으로 定着되어, 固有名詞로서의 자리를 더욱 굳혔다. 洛東江 流域의 여러 加羅國도 城이나 나라(國)를 뜻하는 보통명사였다. 이 kara도 住民들

---

2) 拙著, 『日本古代地名硏究』, pp.56~67, pp.284~292 참조.

이 부르는 사이에 固有名詞化한 것인데, 이를 「弁」(곳갈변, 借訓表記)字로 定着됨으로써 馬韓·辰韓과 구별되는 固有名詞로서의 자리를 굳혔다. 이 kara의 표기에는 「韓」字 외에도 여러 가지 異表記가 있었으니, 洛東江 流域에서는 이곳대로 「加羅」「加良」「伽落」「駕洛」「弁」 등의 異表記(異, 다를이)가 있었고, 對馬島에서는 그곳대로 「加羅」「韓良」「迦羅」「唐」의 異表記가 있었다.

우리는 古代에 對馬島가 우리의 땅이었을 것이라는 말을 흔히 한다. 이 섬이 釜山과 可視的 거리에 있어, 日本의 北九州(약 124km)보다 釜山쪽(약 50km)이 가깝기 때문이다. 또 양식(쌀)도 日本列島의 쌀이 남아도는 20세기 후반까지는 韓國의 쌀에 의존하였고, 文化도 倭보다 韓國이 높았기 때문이다. 그러나, 金富軾(1075~1152) 등에 의하여 편찬된 『三國史記』(1145)에는 이에 대한 기록이 누락되었다. 이에 비하여 『桓檀古記』에는, 이 섬에 任那와 함께 新羅·高句麗·百濟가 있었다고 하였다. 또 이 섬에 佐護加羅·仁位加羅·雞知加羅가 있었다 하고(佐護·仁位·雞知는 현재 이 섬에서 불려지고 있는 地名임), 「加羅」에는 '首邑'(首, 머리수)의 뜻이 있다고 하였다. 이 셋의 加羅를 「三加羅」라 하고, 이를 韓半島의 「三韓」(셋의 kara)와 구별하기 위하여 「三汗」으로 표기(「汗」은 「韓」과 같은 kara의 표기)하였다.

이 論考에서는『日本書紀』등에 나타난 기록과 對馬島의 地名을 통하여, 古代 對馬島는 韓半島와 같은「韓國」이었음을 밝히고자 한다.

1. 韓鄕之島

『日本書紀』(神代紀)에「韓鄕之島」가 나타난다. 이는 日王의 始祖格인 天照大神의 男弟인 素盞嗚尊(스사노오노 미코토)가 韓鄕之島에서 나무를 심은 神話에서 볼 수 있다. 이 神話에서, 이 섬에는 金銀이 많이 있다고 하였다. 그런데, 日本 史家들은 韓半島 특히 新羅에 金銀이 많다는 先入觀선입관과 함께, 韓鄕之島를 韓半島의 韓國이라 하였다. 日本 史家들은「韓」字만 보면 무조건 韓半島의「韓」이라 하였다. 그들 중에는 韓鄕之島를 古代 韓國으로 보고, 이 것이『日本書紀』에 나타남을 보아서, 古代에 韓國이 大八洲國(古代 日本)에 포함되어 있었다고 하였다. 이는 대단히 위험한 생각이다. 왜냐 하면, 任那日本府說, 南韓經營說남한경영설과 함께, 韓國을 그들의 領土 안에 편입하려는 意識의식이 싹텄기 때문이다. 그러나, 韓國은 섬(島)이 아니다. 韓鄕之島는 對馬島에 比定된다. 韓鄕之島의「鄕」은 對馬

島의 十鄕을 말하는 것이다. 古代에 對馬島를 十鄕이라
하였다. 『桓檀古記』에서는 高句麗가 對馬島를 '十國으로
나누어 다스렸다(分治十國)'고 하였는데, 對馬島의 十鄕은
이 十國과 같은 것이다. 『日本書紀』에서 「韓鄕」을 kara
-kuni로 읽는데, kuni는 '國'의 뜻이다. 『日本書紀』 欽明
23年紀에 任那 十國이 나타나는데, 이 十國도 對馬島 十
鄕과 같은 것이고, 『桓檀古記』의 十國과 같은 것이다.3)
이 十鄕은 뒤에 八鄕, 八郡으로 바뀌었다. 현재 對馬島는
行政區域上 六町으로 나누었는데, 이 六町도 十國, 十鄕,
八鄕, 八郡을 이은 것이다. 또 이 神話에 나타나는 杉나무
(日本名 스기), 전나무(檜, 히노키), 비자나무(柀, 마키), 여장나무(樟
欅, 쿠스)는 현재 對馬島에 생장한다. 韓國에서는 氣候 관계
로 이러한 나무는 자라지 않는다. 또 金銀은 對馬島에서
도 많이 생산하였다. 『對馬國貢銀記』(1097)에도 金銀이 나
타나 있고, 對馬島의 地名과 佐須(사스)의 銀坑(坑, 구덩이갱)의
자취에서도 이를 볼 수 있다.4) 『津島紀事』에는 素盞嗚尊
이 對馬島에 나무를 심은 神話가 나타나 있다. 「津島」는
「쓰시마」, 즉 對馬島를 표기한 것으로, 이 책은 對馬島의
역사를 기술한 것이다. 素盞嗚尊이 對馬島와 緣故(연고)가

---

3) 拙著, 『任那國과 對馬島』(亞細亞文化社, 1987), pp.228~234 참조.
4) 上揭書, pp.112~114 참조.

깊은 實存人物실존인물임은, 현재 이 섬에 그와 그의 妃비와 그의 子女들을 함께 祀(祀, 제사사)한 神社가 50여 社나 있음을 보아서 알 수 있다.5) 위에서 설명한 바와 같이, 韓鄕之島가 對馬島를 말하는 것임은 의심의 여지가 없다.

2. 韓島

古代에 對馬島를 韓鄕之島, 韓島 등 「韓」(가라)이라 했음은 人名에서도 볼 수 있다. 즉 『日本書紀』 天智 10年紀에 韓島勝娑婆 등, 對馬島 출신의 4명의 이름을 볼 수 있다. 그런데, 이 韓島勝娑婆는 kara-sima no suguri saba로 읽는다. 여기에서 kara-sima는 「가라섬」 즉 韓島를 말하는 것이고, no는 소유격의 助詞이고, suguri(勝)는 '村長, 村干'의 뜻으로, 歸化人 부락의 豪族호족6)을 말한다. 그리고, saba(娑婆)는 이 사람의 本名이다. 그러므로, 이 人名은 '가라섬(韓島)에 사는 村長 娑婆'의 뜻이다. 天智 10년은 671년에 해당하는데, 이때만 하여도 이 섬을 가라섬(韓島)이라 했음을 알 수 있다. 이 韓島는 韓鄕之島와 같은 것이다.

---

5) 拙著, 『日本古代地名硏究』, p.23, pp.26~28 참조.
6) 大野晋 等 編, 『岩波古語辭典』(東京, 岩波書店, 1977), p.692 참조.

3. 對馬島의 「韓」字 表記 地名

머리말에서, 地名에는 狹域(狹, 좁을협)과 廣域(廣, 넓을광)의 두 가지 이름이 있음을 말하였다. 城이나 큰 邑落을 뜻하는 kara도 그러하니, 對馬島를 韓島라 함은 廣域의 이름이다. 이에 대해, 對馬島 안의 큰 邑落도 kara라 하였는데, 이 地名의 표기에도 「韓」字를 借用(借, 빌차)하였다. 즉 『對州編年略』(神功 5年紀)에 '韓蘇使主라는 賢者(賢, 어질현)를 얻어서 朝廷에 아뢰었다'는 기사가 있다. 이 人名에서 韓蘇는 kara-so의 표기이고, 使主는 omi의 표기로, 이는 上代의 姓의 하나이며, 蕃人번인에게 내린 것이라고 한다.7) 그런데, kara-so(韓蘇)는 地名이니, 韓蘇使主는 'kara-so(韓蘇)에 사는 使主'의 뜻이다. 그러면, 이 kara-so(韓蘇)가 어디냐 하는 것이 문제된다. 이는 對馬 上島 西岸의 良港양항 kara-su에 比定된다. 현재 이를 「唐洲」로 표기하나, 古代에는 kara-so라 하고 「韓蘇」로 표기하였다. 申叔舟(1414~1475)의 『海東諸國』에는 「加羅愁」로 표기하였다. 여기에서 kara에 「韓」「加羅」「唐」字가 借用됨을 볼 수 있다. 이 kara-su(加羅愁·唐洲), kara-so(韓蘇)는 kara＋su/so로 분석되는

---

7) 新村 出, 『辭苑』(東京, 博文館, 1941), p.267 참조.

데, kara는 '城'이나 '큰 邑落'을 뜻하는 것이고, su/so는 '村'의 뜻이다. 위에서 본 '村長, 村干'을 뜻하는 su-guri의 su는 '村'의 뜻이니, kara-su의 su는 이와 같은 것이다. guri(< kuri)는 '干'이니, 이는 *kan(干)의 韻尾 -n의 外破音化에 의한 kara(< kan - a)에서 변한 것으로 보인다. 또 '村'을 su-ki라고도 하였는데, su는 '村'의 뜻이고 -ki는 접미사이다. 즉 『日本書紀』(神功 49年紀)에 意流村을 州流須祇로도 표기하였는데, 意流와 州流가 대응하고, 村과 須祇(su-ki)가 대응한다. 이를 보아서, 古代에 '村'을 su라고 했음을 알 수 있다. kara-so(韓蘇)의 so는 이 su의 異形態이형태이다. 이 地名은 원래 kara(韓 · 加羅 · 唐)였는데, 후대에 su(愁 · 洲) 또는 so(蘇)가 첨가한 것이다. 이는 現行 國語에서 갈미산(大山의 뜻, 「미」도 산의 뜻), 驛前앞, 妻家집에서 보는 바의 「산」 「앞」 「집」과 같은 것이다. 이는 그 先行語의 뜻을 돕기 위하여 二次的으로 첨가한 것이다.

對馬 上島 伊奈(이나)에 韓良(가라)의 地名이 있다. 이 地名은 伊奈의 海岸에 남아 있으나, 원래 伊奈를 kara(韓良)라 하였을 것이다. 이는, 下島의 嚴原(이즈하라)를 古代에 jara(야라, 耶良), jora(요라, 與良)라 하였는데, 현재 그 海邊해변에 耶良崎(야와사키)의 地名을 남기고 있는 것과 같다. 『津島紀事』에서는 이를 「迦羅」로 표기하였다. 伊奈는 이 지역의 중

심 마을이다. 이곳의 kara를 현재 「韓良」로 표기하니, 이
는 二字化의 地名이다. 즉 韓(kara)에 良(ra)를 첨가하여 二字
化한 것이다.

對馬 上島 鰐浦(와니우다)의 동북쪽에 韓崎(가라사키)라는 地
名이 있다. 이는 마을이 아니다. 崎는 saki 또는 misaki라
읽는데, 陸地가 바다에 突出돌출한 곳을 말한다. 이 地名은
아마 '大崎'에 유래한 것으로 생각된다. 古代에 韓國과 日
本에서 한가지로 '大'를 kara라 했기[8) 때문이다. 이 kara
도 같은 값에 「韓」字로 표기하였다. 對馬島가 「韓」이기
때문이다.

對馬島에서 큰 邑落(그러나, 韓半島에 비하면 크지 않다. 섬이기 때문이
다)에 유래한 kara系의 地名은 다음에서도 볼 수 있다. 「韓」
의 표기와는 無關하나, 참고로 들어 둔다.

> • kara-su no baru(上島 北岸 佐護) … 이곳의 kara-su는 아직
> 漢字에 定着되지 않았다. no는 '의'의 뜻. baru는 '벌(原)'의 뜻.
> • huru-ki(朽木) (上島 吉田의 古地名) … 이는 kuru-ki에서 변
> 한 것인데, 이는 kara-ki의 異形態이다. -ki는 접미사. 이는 古代
> 韓國地名의 kara-ki(韓岐), kərə-ki(闕支)와 비교된다.

---

8) 拙著, 『日本古代地名研究』, pp.455~459 참조.

• huru-sato(古里) (上島) … huru-sato의 huru는 위 huru(朽)와 같은 것이다. kuru > huru(古), sato(里의 뜻)는 후대에 첨가한 것이다.

• kaja(賀谷) (下島 美津島町) … 이는 弁韓 지역의 kaja(伽倻) 地名과 비교된다. kara에서 변한 것이다. 이곳에는 洞窟 住居의 자취가 있다.

4. 下韓任那之政의 「韓」

『日本書紀』 欽明 4年紀에 다음과 같은 기사가 있다.

百濟가 紀臣奈率彌麻沙와 中部奈率己連을 보내어 下韓任那의 政을 아뢰었다.

(百濟遺紀臣奈率彌麻沙 中部奈率己連 來奏下韓任那之政)

위 기사에서 下韓이 어디냐가 문제된다. 日本 史家들은 이를 韓半島의 南韓을 말하는 것이라 하였다. 그리하여, 任那까지도 洛東江 流域에 있었다고 하였다. 그러나, 이는 옳지 않다. 任那가 韓國의 南韓이 아닌, 對馬島에 있었다고 함은 여러 곳에서 말하였다.9) 이 下韓은 對馬 下島

를 가리킨다. 古代의 對馬島가 kara(韓)國이었기 때문이다.
이 下韓은 對馬 上島에 對한 槪念이다. 따라서, 「下韓任
那之政」은 對馬 下島의 雞知에 있는 任那(別言任那)의 政勢
정세를 말한다. 그런데, 『日本書紀』에서 이 「下韓」을
arihisi kara 또는 arusi kara로 읽는다. 欽明 5年紀에는
‘만약에 南韓에 郡令과 城主를 두어서 云云’이 나타나는
데, 이 「南韓」도 한가지로 읽는다. 이 「南韓」은 「下韓」
과 같은 것이다. 또 欽明 2年紀에 「南加羅」가 나타나는
데, 이것도 「下韓」 등과 같이 읽는다. 그러나, 여기에서
보는 「加羅」는 「韓」과 같은 語形의 표기이기는 하나, 南
加羅는 對馬島 안에 있는 한 마을 이름이다. 이는 위에서
말한 kara-su(加羅愁 · 唐洲)에 比定된다.10) 이는 伊奈村의 韓
良(迦羅)의 西南方에 위치한다. 또 神功 49年紀에 ‘木羅斤
資가 云云 南蠻남만忱彌多禮를 무찔러서’가 나타나는데,
「南蠻」도 한가지로 읽는다. 忱彌多禮는 濟州島에 比定된
다.11)

그런데, arihisi kara, arusi kara는 「앞가라」(前韓, 前加羅)의
前次形인 「앒ㅅ가라」 에서 변한 것이다. 「앞」의 古代語

---

9) 拙著, 『任那國과對馬島』 및 上揭書, pp.307~321 등 참조.
10) 拙著, 『任那國과對馬島』, p.271 참조.
11) 上揭書, p.278 참조.

는 「앒」이다(앒셔다, '앞서다'의 뜻, 『月印釋譜』 十 13). 즉 arihisi(< aruhisi) 의 ari는 「알」에 해당하고, hi는 「ㅂ」에서 변한 것이고, si 는 사이시웃이다. arusi는 aruhisi에서 hi가 脫落한 것이다. 이는 모두 일반 言語로 命名된 보통명사이다. 집을 南向 으로 짓고 살았기 때문에, 南을 앞이라 하고 北을 뒤라 하 였다. 또 南을 아래(下)라 하고 北을 위(上)라 하였다. 위에 든 네 地名에서 下韓과 南韓은 對馬 下島를 말하고, 南加 羅는 kara-su(唐洲)에 比定되고, 南蠻은 濟州島를 가리킨다. 日本 史家들은 이 地名들이 韓國語로 造語(造, 지을조)됨을 보아서, 下南, 南韓이 韓半島의 南韓이라 하였다. 이는 說 得力설득력이 있어 보이나, 옳지 않다. 이 地名들은 이 섬에 살았던 古代 韓國人에 의하여 命名된 對馬島의 地名이다. 오늘날 對馬島가 日本에 속해 있으나, 이 섬이 日本의 領 有(領, 거느릴령)로 된 것은 7세기말 혹은 8세기 초의 일이다. 즉 7세기 후반기에 百濟(660)와 高句麗(668)가 멸망하자, 對 馬島에 있었던 百濟와 高句麗 邑落國이 따라서 멸망하였 다. 對馬島에 대한 韓半島의 百濟와 高句麗의 영향력이 없어지자, 倭는 이를 기회로 684년(日本, 天武白鳳12)에 對馬島 의 耶良(야라)(現 對馬島 首邑인 嚴原의 古代 地名) 즉 任那 地名의 安 羅(아라)에 國府를 설치하였다. 耶良(야라)와 安羅(아라)는 같 은 곳의 地名이다(p.393. 399 참조). 對馬島의 新羅 邑落國도

600년(日本, 推古8)과 623년(推古31), 倭의 두 번의 공격을 받아서 큰 타격을 입고 멸망의 길을 걷게 되었다. 이로써 對馬島는 倭의 領有가 되었다. 그러나, 『日本書紀』의 기록이 끝나는 697년(持統 11)보다 2년 전인 695년에 王子 金良琳과 朴强國을 倭에 보내어 國政을 아뢰고(奏) 請함을 보아서, 이때까지 新羅 邑落國이 존속하고 있었음을 알 수 있다.12)

❖『韓日言語文化研究』(韓日言語文化研究所) 제6집(2002)에 실은 것

---

12) 拙著, 『任那國과對馬島』 pp.565~566, 拙著, 『日本古代地名研究』 p.376, pp.592~593, 「四邑落國 멸망의 時期와 그 이유」 참조.

2

任那國의 對馬島 比定

1. 日本 史家들의 任那 研究와 그 目的

任那는 韓國측 기록에서 『三國史記』에 1회, 『桓檀古記』
에 4회, 廣開土王碑文에 1회, 眞鏡大師碑文에 1회, 그리고
『三國史記』에 任那의 異表記인 「木出」(木出島)이 2회로 나타
나는데 비하여, 日本측의 『日本書紀』에서는 「任那」와 그
異表記인 「稔禮임례」가 210여 회 나타나며, 또 中國의 『宋
書』 등에서도 몇 곳에 보인다. 그러면, 이 任那가 어디에
있었던 것일까? 그 소재지가 문제된다. 우리가 이 任那의
比定비정 문제에 대하여 보다 관심을 갖게 된 이유는, 『日本
書紀』에 「任那日本府」가 나타나며, 또 任那를 「天皇附庸」
(天皇의 屬國)이라는 기록이 나타나는 동시에, 日本 史家들은
이를 4세기 중엽에서 6세기 중엽까지 약 200년 간, 六加耶
를 중심한 南韓지역에 있었던 그들의 植民地的 領域이라
주장하여 왔기 때문이다. 그리고, 任那日本府를 日帝治下
의 朝鮮總督府와 같은 정치적 機構기구라 하여, 南韓經營說
경영설을 주장하여 왔기 때문이다. 지난 36년 간의 强占강점
도 약 1400년 전에 新羅에 멸망되었다고 하는 任那를 되찾
자는 것이 그들의 標榜표방이었다. 이 문제는 韓日間의 古
代史의 쟁점이 되고 있을 뿐만 아니라, 앞으로 양국간의
올바른 관계 유지를 위하여서도, 해결하고 넘어가야 할 중

요한 문제이다. 日本에서는 최근까지 이에 대한 연구 論著가 나오고 있으며, 아직도 歷史敎科書에 이를 실어서 가르치고 있다.

　다음에는 日本 史家들이 任那를 金海 또는 高靈고령에 比定하여, 六加耶 지역을 그들의 屬領속령이라 주장해 왔던 대표적인 사람과 연구의 시대적 배경과 연구 목적을 보기로 한다. 日本에서 任那의 연구는 德川幕府의 말기에 國學硏究에 대한 활기를 띠면서부터 관심을 가지게 되었고, 明治 초기부터 본격적인 연구가 시작되었다. 그리고, 明治 시대에 들어서 對外關係에 대한 관심이 높아지자, 이에 대한 연구가 더욱 활발하여졌다. 그 대표적인 몇 학자와 저술을 보면 다음과 같다. 먼저 스가(管政友)의 『任那考』 3卷(1893)과 나가(那珂通世)의 「加羅考」(1894~1896)와 쓰다(津田左右吉)의 「任那彊域考임나강역고」(1913)를 들 수 있는데, 쓰다(津田)는 그의 논고에서 '옛적 우리나라가 南韓에 屬領을 가졌을 때에 그 통치기관을 任那日本府라 히였으며, 任那는 日本府의 소재지였던 加羅의 별명으로 사용되었다'고 하였다. 그리고, 이마니시(今西龍)의 「加羅彊域考」(1919)와 아유가이(鮎貝房之進)의 『雜攷잡고』 제7집 上下 2권(1937)을 들 수 있는데, 아유가이(鮎貝)는 『日本書紀』 任那 관계의 많은 地名들을 韓國의 地名들에 比定하였다. 日本 史家들은 이 문제에 대하여 계속 연구하였으니, 2차대전 패전 이후에 나온 책으로서는, 이께우찌(池內宏)의 『日本上古の研究』(1947)를 들 수 있다. 이 책은 저자가 東京大學에서 강의한 草稿초고에 첨가하여 간행한 것인데, 12장으로 된 이 著書에는 제3장 我國과 韓半島 및 大陸과의 교섭, 제11장 加羅의 멸망, 제12장 安羅에 있어서의 我官家의 몰락 등이 들어 있다. 이 책은 『日本書紀』 任那 관계 기사에 나타나는 任那와 新羅·百濟·高麗를 모두 韓地의 국명으로 보고 倭의 對外交涉史대외교섭사를 쓴 것이다.

다음은 스에마쓰(末松保和)의 『任那興亡史』(1949)와 이노우에(井上秀雄)의 『任那日本府と倭』(1978)를 들 수 있다. 스에마쓰(末松)의 『任那興亡史』는 6판(1977)까지 나와 많은 영향을 주었는데, 그는 그의 저서에서 任那 연구의 목적에 대하여 '對韓關係 내지 對大陸關係史 중에서 『日本書紀』의 隨時隨處수시수처에서 任那를 보는 것이 아니고, 任那를 주축으로 하여 對韓關係 내지 對大陸關係가 發展消長발전소장한 實相을 파악하는 것'이라 하였다. 이노우에(井上)의 저술에서는 「소위 任那日本府에 대하여」, 「任那日本府의 政府組織」, 「古代日本의 南朝鮮經營」 등으로 서술하였다.

그들은 任那에 대한 文獻上의 연구뿐만 아니라, 考古學的 연구도 겸하였다. 그러나, 이마니시(今西龍)의 金海 貝塚

패총 조사(1906) 이후 사이토(齊藤忠) 등의 高靈 古墳 조사(1939)까지, 30여 년 간의 조사에서 얻은 성과는 아무 것도 없었다.

그러면, 日人 史家들이 이 문제에 대하여 왜 그렇게 끈질기게 달라붙어 연구하게 되었느냐 하는 것이 문제된다. 이는 軍國主義 사회의 시대적 배경에 따라서, 韓國을 비롯한 대륙침략에 그 목적이 있었으니, 任那를 南韓에 比定함으로써 韓國 强占강점에 대한 合理性합리성을 찾을 수 있었기 때문이다. 이에 대하여, 이노우에(井上) 교수는 위에서 보인 저서에서 '明治 20년代에 구라파에서 史學이 도입되고, 大陸 침략의 國粹主義국수주의가 점차 學界에까지 침투되어, 1945년의 敗戰패전에 이르기까지 日本 古代史의 主流는, 日本의 빛나는 歷史를 설명하고 朝鮮支配를 강조하는 것이었다'라고 하였다.

2. 日本 史家들의 主張과 그 誤謬

다음에는 日本 史家들이 任那를 六加耶를 중심으로 한 南韓 일대라 주장하는 이유를 보고, 그 오류를 지적하기로 한다. 日本 史家들이 任那를 이 지역에 比定하는 方法

은, 주로 『日本書紀』 任那 기사에 많이 나타나는 國名·地名이, 韓地에 있었던 國名·地名이라는 것이다. 그러나, 그 地名들의 比定 자체가 잘못 되었을 때는, 그것에서 導出_{도출}된 任那史가 虛構_{허구}에 지나지 않음은 말할 나위 없다.

그런데, 國名·地名을 比定하는데 있어서 미리 유의해야 할 것은, 國名·地名은 固有名詞이기는 하나, 그것이 命名되던 당시는 일반 語辭_{어사}로 된 보통명사였다는 것이다. 그 한 例로, 「수리山·수리재」는 固有名詞이기는 하나 도처에 볼 수 있으니, 이는 정(頂)수리의 「수리」와 같은 語辭로, 높은 山, 높은 재에 붙여진 이름이다. 또 「한내」는 '大川', 「한들」은 '大野'에 유래한다. 國名·地名은 일반 語辭로 命名된 것이기 때문에, 古代 住民들의 이주와 함께 그 國名·地名도 이동했던 것이다. 그러므로, 古代 國名·地名은 지역에 따라서 시대에 따라서 語形과 表記上의 차이가 있기는 하나, 同系 地名이 여러 곳에 分布_{분포}한다. 그런데, 이러한 言語學的 지식이 없는 日本 史家들은, 任那 관계 地名이 古代 韓地의 國名·地名과 같거나 비슷한 것이 있으면, 이에 맞추어서 함부로 이를 南韓에 比定하여, 任那가 南韓에 있었다고 주장하였던 것이다.

이에 그 몇 例를 보기로 한다. 즉 廣開土王碑文에 「任

那加羅」, 『三國史記』列傳(强首傳)에 「任那加良」이 보이고, 또 『日本書紀』 任那 十國名 중에 「加羅」, 任那 地名에 「南加羅」가 보이는데, 이 「加羅」・「加良」을 직관적으로 六加耶의 加耶(<加羅)라 생각하고, 任那까지도 六加耶에 있었다고 본 것이다. 그러나, 「加羅」・「加良」은 '城'이나 '邑落'을 뜻하는 일반 語辭인 「가라」에 유래한 것으로, 이와 同源의 國名・地名은 韓地뿐만 아니라, 對馬島와 日本列島에도 널리 分布하였다. 三韓의 「韓」(古代 日本의 文獻에서는 이를 「가라」라 읽음), 弁韓의 「弁」(곳갈의 「갈」,<「*가라」)뿐만 아니라, 對馬島의 「韓良」(가라)・「加羅愁」(唐洲)는 이와 同系 地名들이다. 그리하여, 任羅 十國 중의 加羅는 對馬島의 韓良(가라) 또는 瀨田(세따)의 栗栖(구루스)에 比定된다. 對馬島는 韓國과 가까운 관계로 古代 韓國人들이 많이 건너가서 살았던 것이니, 「對馬島」는 「가라섬」의 표기이다. 日本列島에서 古代 韓國과 관련된 韓(kara)를 「韓・加羅・加良・可良・賀羅・賀良」 등으로 표기하였는데, 이와 같은 이름을 地名・神社名・姓氏名에서 많이 볼 수 있다. 이마니시(今西龍)는 金海를 南加羅라 하고 高靈을 任那라 하여, 이곳에 任那日本府가 있었다고 하였다. 그러나, 任那의 크기에 대하여 『日本書紀』 推古 31年紀에 '任那는 小國이나 天皇의 附庸이라'라 하였다. 金海 駕洛國은 六加耶 중에

서도 宗主國종주국이며, 高靈加耶는 大加耶인데, 이러한 나라를 潤色윤색과 誇張과장이 심한 『日本書紀』에서 「小國」이라 했을 리가 없다. 또 欽明 2年紀에 南加羅는 蕞爾狹小최이협소한 곳이라 하였다. 「蕞」는 小貌소모의 뜻이고(爾는 語助詞), 「狹小」는 地形이 좁고 작은 것을 말한다. 그러므로, 이는 六加耶 중의 宗主國인 駕洛國을 가리킨 것이 아니니, 이는 對馬島의 加羅愁(kara-su)에 比定된다. 加羅愁는 韓良(kara) 또는 kuru-su(栗栖)의 서남쪽에 위치한다.

아유가이(鮎貝房之進)는 任那를 金海라 하였는데, 그 이유는 다음과 같다. 즉 『新增東國輿地勝覽』에 金海의 古代地名을 主浦·臨海라 하였는데, 이 「主」·「臨」이 任那의 「任」과 같기 때문이라는 것이다. 그러나, 主浦·臨海의 「主」·「臨」은 地形物에 의한 이름으로, 이러한 地名은 金海뿐만 아니라, 主浦(慶南 熊川), 主山(慶南 巨濟), 主屹山(慶北 聞慶), 主谷(慶北 寧海), 臨河(慶北 安東), 臨川(慶北 尙州), 臨溪(全南 靈光), 臨津渡(京畿 坡州), 臨溪(江原 江陵) 등 다른 곳에도 넓게 分布하고 있다. 그러므로, 이 주장은 옳지 않다. 그리고, 任那를 高靈에 있었다고 하는 이유는 다음과 같다. 즉 『日本書紀』垂仁 2年紀에, 任那國에서 온 使臣에게 '어느 나라 사람이냐'고 물으니, '意富加羅國王의 아들'이라 하였는데, 이 「意富加羅」를 大加耶로 보는 것이다. 「意富」를 日

本語 '大'를 뜻하는 「오호」의 前次形 「오보」의 表記로 본 것이다. 그리하여, 이 使臣이 大加耶에서 왔다고 한 것이다. 그러나, 만일에 그 使臣이 大加耶에서 왔다고 하면, 日本語 「오보」(大)가 섞인 「오보가라」(意富加羅)라 하지 않고 「健加羅」 또는 「近加羅」(큰 가라)라 하였을 것이다. 이 「意富加羅」는 「오보가라」의 표기가 아닌, 「이부가라」 또는 「니부가라」의 표기로 보아야 하니, 이는 「이무가라」 또는 「니무가라」(任加羅)에서 「ㅁ」音이 「ㅂ」音으로 바뀐 것이다. 古代 日本語에서 「ㅁ」音이 「ㅂ」音으로 바뀐 例는 由麻里>由波里(尿), 閇美(헤미)>反鼻(헤비)(蛇), 思麻良久>「しばらく」(시바라쿠)(暫) 등의 例를 들 수 있다. 또 日本 史家들이 任那를 六加耶라 주장하는, 强한 근거로 내세우는 地名(國名)이 있다. 任那 十國 중의 「安羅」가 그것이니, 이를 咸安의 古代 國名 「阿羅」라 하였다. 그러나, 安羅(아라)는 阿尸良(「아라라」의 표기. '王邑'의 뜻)와 같은, '王邑'에 유래한 地名이니, 이와 同系 地名은 다른 곳에도 있다. 즉 『新增東國輿地勝覽』에 나타나는 安城・安邑・安州 등의 「安」은 현행음이 「안」이나, 古代 國語가 開音節語개음절어였던 관계로 「아나」로 受容수용되어 「아라」를 표기(「아나~아라」에서 ㄴ~ㄹ音이 互用)한 것이다. 對馬島의 「야라」(耶良), 「아레」(阿禮)와 日本 列島의 「安那」(아나), 穴戸(아나토)・穴(아나)國의 「穴」(訓「아나」)

도 「아라」에서 變異한 것으로, ‘王邑’에 유래한 地名들이다. 그러므로, 어떠한 地名의 語形이나 表記字가 같거나 비슷하다고 하여, 이 地名이 바로 이것에 比定된다고 함은 매우 위험하다. 이 安羅(아라)는 對馬島의 首邑인 嚴原(이즈하라)의 古代地名 「야라」(耶良)에 比定된다. 다음은 「多羅」의 例를 들기로 한다. 아유가이(鮎貝)는 이를 慶南 陜川의 古代地名 「大良」으로 보았다. 그러나, 「大良」은 借音에 의한 「다라」의 표기가 아닌, 「가라」의 表記이다. 「大」의 古代 訓이 「가라」이므로, 「大」는 이 全語形의 借訓표기이고, 「良」은 그 第二音節 「라」의 표기(二字化 表記)이다. 이 多羅는 對馬島의 쓰나(綱) 地名에 比定된다. 이 地名은 ‘다라 > 두라 > 쓰라 > 쓰나’로 변한 것이다. 語頭의 「ㄷ · ㅌ」音이 破擦音化파찰음화한 例는 흔하게 볼 수 있다. 이와 같은 音韻變化는 國語와 日本語 즉 탈(面) : 쓰라(面), 두레박(汲水器) : 쓰루베(汲水器), 두루미(鶴) : 쓰루(鶴) 등에서 볼 수 있다. 『日本書紀』에 나타난 任那 十國名을, 日本 史家들은 큰 나라의 이름들로 생각하고, 이를 南韓 각지에 比定하였다. 그러나, 古代 國家란 城邑國성읍국으로서, 首長수장이 있었던 마을(村落)이 곧 「國」이었다. 對馬島는 山地가 많고 또 險험하여 陸路가 막혀 있는 관계로, 古代 韓地에서 건너간 사람들이 渠帥거수(首長)가 되어, 큰 浦마다 村落

國을 形成하였던 것이니, 任那 十國 중의 加羅·安羅·多羅 등은 이 村落國촌락국의 이름이다. 『桓檀古記』에서도 廣開土王이 對馬島를 十國으로 나누어 統治(分治十國)했다는 기록이 있다. 쓰다(津田左右吉)·이마니시(今西龍)·아유가이(鮎貝房之進)·스에마쓰(末松保和) 등이 比定한 任那 地名들을 보면, 任那 地名으로 든 32개 중에서, 比定이 서로 일치한 것은 위에서 말한 加羅·安羅·多羅 정도이고, 다른 것들은 거의 일치하지 않는다. 이 외에 日本 史家들이 많이 드는 例가 『三國史記』 列傳(强首傳)에 보이는 「臣本任那加良人」의 기록과 眞鏡大師碑진경대사비에 보이는 「其先任那王族」이다. 즉 强首강수가 王의 물음에 대답하기를 '臣의 本은 任那加良人인데 云云'하였는데, 이 「本」은 本貫본관을 말하는 것으로 거주지와는 상관 없다. 또 眞鏡大師의 祖先이 任那 王族이라 하니, 이 任那는 金海 등 韓地의 地名일 것이라 생각하였다. 그러나, 對馬島는 日本列島보다 韓國쪽이 가까울 뿐만 아니라(釜山~對馬島 약 50km, 對馬島~九州 福岡 약 124km), 釜山에서 서로 바라다 볼 수 있는 可視的 距離에 있어, 古代 韓國人이 많이 건너가서 살았으며, 任那 또는 加羅 등의 村落國을 세운 사람도 韓國人이었다. 倭가 對馬島에 國府를 설치한 해가 7세기末 즉 684年(日本 天武 白鳳 12)의 일이니, 그 전까지는 政治的으로 文化的으로 韓國에 속해 있었다. 그리고, 또 廣開土王碑文의 「追至任那加羅」를 든다. 그러나, 廣開土王碑文의 對倭관계 기사가 집중적으로 欠落(全文의 欠落字 260字 중 對倭관계 기사에 153字 欠落)되어 있다. 이는 日本 陸軍 參謀本部에서 故意的고의적으로 이 碑文을 깎아낸 것으로 보지 않을 수 없으니, 桂延壽·李觀楫님의 「廣開土王聖陵碑文徵實」에 의하면, 그 欠落된 부분에 對馬島에 比定되는 地名들이 들어 있다.

任那加羅는 對馬島를 全稱하는 것이며, 『日本書紀』에 보이는 任那日本府는 雞知에 있었던 倭의 官家를 말한다.

3. 任那의 所在地는 對馬島

위에서 筆者는 任那 十國 중 몇 개의 地名을 對馬島에 比定하였다. 筆者는 對馬島를 4회 踏査답사(延 30餘日 체재)하여 『日本書紀』에 보이는 任那 관계의 많은 地名들을 對馬島에 比定한 바 있다. 任那 地名들이 對馬島에 比定될 뿐만 아니라, 다음과 같은 이유를 보아서라도 任那는 對馬島에 있었던 것으로 보아야 한다.

1)『日本書紀』崇神 65年紀의, 任那國의 사신이 처음으로 朝貢조공한 기사에서, 任那國의 位置를 설명한 「任那者

去筑紫國二千餘里 北阻海 以在鷄林之西南」의 기사가 있다. 이는 '任那는 筑紫國축자국(北九州에 위치함)을 去하기 二千餘里인데, (그 任那의)北에 바다로 막혀 있으며, 鷄林(慶州)의 西南에 있다'로 풀이 된다. 그런데, 日本 史家들은 「北阻海」를 筑紫國의 北에 바다로 막혀 있다고 해석하여, 任那가 六加耶에 있었다고 하였다. 그러나, 이는 억지 해석이니, 「北」은 筑紫國의 「北」이 아닌 任那의 「北」으로 해석해야 한다. 그 이유는, 이 文에서 主語는 「任那者」이기 때문이다. 그리고, 中國의 『魏志東夷傳』에 보면, 狗耶韓國(金海)에서 北九州의 末盧國말로국까지 3千餘里라 하여, 韓國-對馬國-一支國(壹岐島)-末盧國(北九州)을 각 1千里라 하였으니, 北九州의 筑紫에서 2千餘里를 去한 地點은 對馬島이다.

2) 『桓檀古記』에서는 任那가 對馬島에 있었음을 다음과 같이 明示하였다. 즉 '任那는 본래 對馬島의 西北界에 있었는데, 北에는 바다로 막혀 있다(北阻海). 國尾(구니오)城에서 통치했다. 東西에 황폐한 村落이 있어 任那에 혹은 朝貢하고 혹은 謀叛하였다. 후에 對馬 二島(上·下島)는 마침내 任那의 제패한 바가 되어, 이로부터 任那는 對馬島를 全稱전칭하게 되었다.' 그런데, 여기에 나오는 國尾城의 「國尾」는 日本 借訓에 의한 「구니오」의 표기이다. 이 地名은 현재 對馬島 西北쪽의 「가리오」(狩尾)에 比定된다. 그곳에

나라(國)(日本語 kuni'國')가 있었기 때문에 「가리오」와 흡이 비슷한 「國尾(구니오)」로 표기한 것이다. 이 國尾城은 對馬 上島의 北西쪽에 위치하였다. 기사까(木坂)·가리오(狩尾) 지역은 對馬島內에서 埋藏文化財매장문화재가 가장 풍부한 곳이다. 이곳에 初期 任那가 있었다고 생각된다.

3) 任那가 對馬島에 있었을 것임은 倭寇왜구의 침입과 격퇴 및 그 對備의 방향에서도 알 수 있다. 『三國史記』에 倭寇 침입에 관한 기사가 30여 군데 나타나는데, 그들이 침입한 방향이 「東辺」(辺, 갓변)·「南辺」·「海辺」·「木出島」·「風島」 등이었으며, 또 배를 타고 왔다. 그들을 맞아 싸운 곳도 慶州 東辺의 吐含山토함산 쪽(斧峴)과 北쪽 海辺인 盈德(沙道城)이었으며, 그들을 추격한 곳도 迎日(獨山) 또는 海口였다. 만일에 金海 또는 高靈에 任那日本府와 같은 政治的 機構기구가 있었다면 陸路로 침입하여 왔을 것이며, 그들을 격퇴한 곳도 그쪽이었을 것이다. 그리고, 倭寇에 對備한 기록이 5곳에 보이는데, 이 기사도 배(船)·바다(海)·對馬島에 관련되고, 鎭(진압할 진)과 城을 쌓은 곳도 바다쪽에 위치했다. 그리고, 그들의 침입한 시기가 거의 4·5·6월 夏穀하곡이 날 무렵임을 보아서, 그들의 목적이 부족한 식량을 약탈하는데 있었으며, 政治的 목적이 있었던 것이 아니다.

4) 『日本書紀』 任那 기사에서, 그 기사 내용의 방향이나 환경을 보아서, 任那를 對馬島로 보지 않을 수 없는 것이 있다. 즉 神功 49年紀에 木羅斤資가 比自炑·南加羅·喙國·安羅·多羅·卓淳·加羅를 치고 '軍兵을 西쪽으로 돌려서' 南蠻 忱彌多禮 즉 濟州島를 쳤다는 기사가 있다. 그런데, 이러한 地名들이 韓地에 있었다면, '軍兵을 西쪽으로 돌려서'라 하지 않았을 것이다. 濟州島는 對馬島의 西쪽에 있으므로, 위 地名들을 對馬島에 있었던 地名으로 보지 않을 수 없다. 또 한 例를 들면, 神功 46年紀에 百濟人 久氐구저가 卓淳國에 가서 倭에 가는 길을 물었는데, 그 때에 길을 알려준 사람의 말이 '바다가 멀고 풍랑이 심하니, 큰 배를 타야만 갈 수 있다'고 한 기사가 있다. 日本 史家들은 이 卓淳을 大邱에 比定하였으나, 百濟人이 무엇 때문에 大邱까지 가서 倭에 가는 길을 물었을 것인가? 大邱 사람은 倭에 가는 뱃길에 대하여 잘 알지 못했을 것이다. 이 地名은 對馬島에 比定된다.

5) 『日本書紀』에서의 任那 또는 南加羅의 크기에 대한 설명을 보아서, 이를 金海의 加羅(駕洛國)로 볼 수 없다.

6) 『日本書紀』 등에 任羅·加羅 또는 新羅·高靈의 王名이 보이는데, 이 王名들은 韓地의 王名들이 아니다. 즉 繼體 23年紀에 「任那王 己能末多干岐」가 보이며, 또 『新

撰姓氏錄』에 任那 出自의 王名 즉 「賀室王・佐利王・左利金・佐利己牟」 등이 보이는데, 이들 王名은 駕洛國의 王名에는 없다. 神功 62年紀에 「加羅王 己本旱岐」가 보이며, 繼體 23年紀에 「加羅王 阿利斯等」이 보이는데, 이 王名도 駕洛國의 王名에는 없다. 『日本書紀』의 任那 관계 기사에 新羅・百濟・高麗가 任那와 함께 나타나는데, 日本 史家들은 이를 韓地의 新羅・百濟・高句麗로 보았다. 그러나, 이것도 對馬島에 있었던 邑落國名이다. 日本列島 안에서도 이러한 邑落名을 볼 수 있다. 仲哀 9年紀의 「新羅王 宇流助富利知干」, 繼體 23年紀의 「新羅王 左利遲」, 그리고, 欽明 23年紀의 高麗王 「陽香」, 繼體 25年紀의 高麗王 「安」은 對馬島의 邑落國의 王名으로 보지 않을 수 없다. 韓地의 新羅나 高句麗에서는 이러한 王名을 볼 수 없기 때문이다.

7) 『日本書紀』 任那 기사에 나타나는 神名(神人名)을 對馬島의 神社名에서 볼 수 있다. 이를 보아서 그 任那 기사의 背景이 對馬島임을 알 수 있다. 즉 繼體 6年紀에 '住吉大神이 바다 바깥 金銀의 나라(海表金銀之國)인 高麗・百濟・新羅・任那 등을 胎中태중에 있는 譽田天皇(應神)에게 授託한 것'이라는 기사가 있는데, 이 住吉神社가 현재 對馬島의 雞知(게찌) 등 4곳에 있다. 住吉大神이 古代 韓地의 高

句麗(당시 首都 平壤)·百濟(首都 公州)·新羅(首都 慶州)를 胎中에 있는 應神王에게 授託수탁했다는 것은 語不成說어불성설이다. 應神王은 현재 對馬島의 기사까(木坂) 八幡宮 등에 祀(제사사)하고 있다. 또 金銀의 나라라 하니 韓地의 나라로 생각하기 쉬우나, 倭에는 나지 않았던 金銀이 對馬島에 많이 生産된 자취가 남아 있다.

8) 任那 관련의 기사에 金銀·珊瑚산호·樹木名이 보이는데, 이것들을 對馬島에서 볼 수 있어, 任那가 對馬島에 比定된다. 위에서 본 바의 「海表金銀之國」에 任那가 들어 있는데, 金銀은 韓地뿐만 아니라 對馬島에도 生産되었다. 그리고, 箕準기준의 馬韓시대에 任那가 馬韓에 珊瑚를 바쳤다는 기록이 있는데, 珊瑚는 對馬島에서 난다. 金海에서는 기후 관계로 현재는 물론 古代에도 나지 않았을 것이다. 또 『日本書紀』 神代紀(上)에 「韓鄕之島」가 나타나는데, 이 「韓鄕之島」의 「韓」은 「任那下韓之政」의 「韓」과 같은 것으로, 이는 「가라」의 表記이다. 또 이 神話에 나오는 杉(수기)·檜(히노끼)·柀(마키) 등은 현재 對馬島에 있는 나무들이다.

9) 倭가 7세기 말 즉 684년에 비로소 對馬島의 「야라」(耶良)에 國府를 설치했음을 보아서, 그 이전의 對馬島는 百濟·新羅·高句麗와 倭와의 勢力의 角逐場각축장이었음

을 알 수 있다. 『日本書紀』에 나타나는 任那 기사들은, 이
를 보이는 것이다.

10) 任那 地名 중에서 加羅·安羅와 同系 地名(國名)을
韓地에서도 볼 수 있다. 그러나, 美佐祇(미자키, '崎'의 뜻), 布那
宇羅(후나우라, '船浦'의 뜻), 島曲의 曲(마가리, 地形이 굽은 곳), 斯岐(시
키, '城'의 뜻)의 地名들은 對馬島에서만 볼 수 있는 것들이다.

11) 『增訂對馬島誌』(p.909, 943)에 任那 地名에 대한 기록
이 있다. 즉 '志多留란 地名은 古代 任那에 있었다고 한
다', '志多賀란 地名은 古代 任那國에 있었다고 한다'라는
기록이 있다. 그런데, 志多留·志多賀 地名이 현재 對馬
島에서 불려지고 있다.

12) 4~6세기 倭의 軍事力으로 南韓을 지배했다는 것
은 말이 안 된다. 中國 史書에 보이는 韓·倭 兩國의 軍
事力을 對比하여 볼 때, 韓地의 軍事力이 월등하게 우세
하였다.

4. 任那·木出島와 對馬島의 「나무로」(南室)

위에서 任那國을 金海나 高靈이 아닌, 對馬島로 보아야
할 이유를 말하였다. 그러면, 이 任那國이 對馬島의 어디

에 있었겠느냐 하는 것이 문제된다. 여기에서 任那 國名의 表記와 名義, 그리고 그 다른 表記(異表記)들에 대하여 살펴보고, 이 國名(地名)이 對馬島의 어디에 比定될 것인가를 살펴보기로 한다. 먼저 그 表記표기와 名義를 보기로 한다. 「任那」는 현행음이 「임나」이나 古代에서는 「니마나」의 표기에 차용된 것으로 생각된다. 현행어는 閉音節語폐음절어로 「任」이 「임」(<「님」)으로 발음되나, 古代 國語는 子音에 母音이 연결된 開音節語개음절어로, 「任」은 添入첨입된 母音에 의하여 「니마」로 受容수용되었을 것이다. 日本에서는 「任那」를 「미마나」라 하는데, 이는 「니마나」(任那)의 頭音 「ㄴ」音이 第二音節의 「ㅁ」音에 同化되어 「미마나」(任那)가 된 것이다. 이 「니마나」는 ‘主’를 뜻하는 「니마」와 땅‘壤’을 뜻하는 「나」가 合成한 것이니, 이 「나」‘壤’는 古代 國語에서 뿐만 아니라, 滿洲語와 日本語에서도 볼 수 있다. 그러므로, 「니마나」(任那)는 君長군장이 있었던 ‘主邑’에 유래한 國名(地名)이다. 아유가이(鮎貝)는 이를 金海에 比定하여, 君主國 즉 天皇國이라 하였다.

　다음에는 「任那」의 異表記를 보기로 한다. 『三國史記』 脫解王 17年紀의 「倭人侵木出島」의 「木出」은 新羅人의 借訓표기에 의한 「나모나 / 나무나」 혹은 「나마」의 表記로, 이는 「任那」(니마나)의 다른 表記로 생각된다. 對馬島에서는 나무(木)가 많이 나(出)기 때문에 그 환경을 생각하여, 같은 값에 「木出」로 표기한 것이다. 「任那」가 借音(借, 빌차) 표기임에 비하여 「木出」은 借訓표기이다. 여기서 「니마 (任)」와 「나모 / 나무」(木)와의 語形上의 차이가 문제된다. 그러나, 같은 말에 두 개 이상의 語形이 있을 수 있는 것 이니, 현대어에서 방향을 가리키는 표준어 「쪽」은, 慶尙 道 方言에서 「짝 : 쪽 : 쭉」이 있고, 「놈」(者)도 「놈 : 넘 : 늠」의 세 가지 形態가 있다. 朝鮮朝 初期語에서도 「가 락 : ᄀᆞ락(指), 잣 : 것(物), 아비 : 어비(父), 앒 : 엎(前), ᄉᆞ 미 : 소미(袖)」 등의 異形態(이형태)가 있음을 보아서, 古代 國語에 있어서도 '主'를 뜻하는 말에 「니마」와 「나모」 등 의 異形態가 있었던 것으로 생각된다.

그런데, 이 木出(木出島)은 對馬島로 보아야 하니, 그 이 유는 다음과 같다. 즉 新羅의 충신 朴堤上이, 倭에 볼모로 간 未斯欣을 구출하여 본국으로 보내고, 자신은 處刑처형 되었는데, 그가 處刑된 장소를 『日本書紀』에서는 對馬島 라 기록하고, 『三國史記』에서는 木島라 기록하였다. 그런 데, 木島는 木出島의 略記약기이다. 古代 地名에서 이와 같 은 略記는 八居里>八里, 平西山縣>平山縣, 障項口縣>障 口縣 등 흔하게 볼 수 있다. 따라서 木島=木出島=對馬島 의 관계를 생각할 수 있으며, 「木出」의 異表記인 「任那」

도 對馬島임을 알 수 있다. 다음에는 任那(니마나)·木出(나마나 / 나모나 / 나무나)가 對馬島의 어디에 比定될 것인가 하는 것이 문제된다. 任那(또는 木出)는 狹義협의와 廣義광의의 두 가지가 있으니, 『日本書紀』 欽明 23年紀에서는 「別言」과 「總言」으로 설명하였다. 이는, 東萊라 하면 그곳의 官署관서가 있었던 東萊와, 그곳의 官長이 통괄한 전지역을 말하는 東萊(東萊郡)의 두 가지 뜻이 있음과 비교된다. 그러면, 狹義 즉 別言으로서의 任那는 어디에 있었던 것일까? 이는 對馬島의 雞知에 比定(中期任那)되는데, 그곳에서 가까운 南室(나무로)는 그 자취로 생각된다. 「南室」은 日本의 借訓차훈에 의한 「나무로」의 표기로, 이는 '主'를 뜻하는 「나마」의 異形態인 「나무」와 땅(壤)을 뜻하는 「로」가 合成한 것이다. 이 「로」(<「노」)는 「나」'壤'의 異形態로, 「니타로(尼多老)」·와니로(臥尼老)·구시로(仇時老)·나이로(那伊老) 등 對馬島 地名에서 많은 예를 볼 수 있다. 이 「로」는 高句麗 地名 今勿奴·骨衣奴·萬弩에서, 壤(땅)을 뜻하는 「奴·弩」와 같은 것이다. 이 「나무로」(南室)는 「나무나」(木出)·「니마나」(任那) 또는 「니무로」(稔禮)(『日本書紀』)의 자취이다. 한번 땅위에 붙여진 地名은 그 語形과 표기가 바뀔지라도, 좀처럼 그 자취가 지워지지 않는다.

그런데, 對馬島에 南室(나무로) 地名이 두 곳에 있다. 그 하나는 對馬島 西北岸에 있는 木坂(기사카)의 南쪽(약 4km 거리)에 있고, 그 다른 하나는 嚴原(이즈하라, 현재 首邑) 이전의 首邑(主邑)이었던 雞知(게찌)의 枝村이다. 古代에 있어서 木坂(기사까)와 雞知(게찌)가 任那(니마나), 南室(나무로) 등으로 불렸던 것이나, 그곳이 木坂(기사까)·雞知(게찌)라는 새로운 이름으로 불려지자, 南室(나무로) 地名이 그 가까운 技村(枝, 가지지)에 남아 있는 것이다.

위에서 살펴본 바와 같이, 『桓檀古記』에 任那가 對馬島의 西北界에 있었다고 하였다. 따라서 筆者는, 埋藏文化財매장문화재가 풍부하고 또 古代 韓國과 깊은 관계가 있었던 木坂(기사카)를 初期任那로 보고자하며, 이는 雞知(게찌)에서 새로 일어난 任那(中期任那)에게 통합된 것으로 보고자 한다. 雞知(게찌)에 任那가 있었다고 보는 이유는, 그 枝村에 나무로(南室) 地名이 남아 있을 뿐만 아니라, 그곳이 古代 韓國과 倭를 잇는 交通의 要衝地요충지인 동시에, 農業과 漁業을 같이 할 수 있는 生産的 조건을 갖추고 있으며, 倭王의 墓制묘제와 같은 前方後圓墳전방후원분 등 古墳群고분군이 있기 때문이다. 그리고, 이곳의 古墳群을 축조한 연대가 任那國의 연대와 같음을 보아서, 이 古墳群은 任那王族의 무덤으로 생각된다. 그리고, 『日本書紀』에 보이는 「任那日本府」는 이곳에 있었던 倭의 官家로 생각된다.

雞知에 있었던 任那는 佐護에서 南下한 新羅에 멸망되
자, 南室(나무로)로 옮겨(이를 末期任那로 보려 한다), 약 100년 간
그 命脈을 유지하다가 646년에 완전히 멸망하였다. 그리
고, 『日本書紀』欽明 23年紀에 보이는 總言任那총언임나는
對馬島 전체를 가리키며, 別言任那별언임나는 雞知任那(中期
任那)를 말한다.

위 글에서 말한 바, 筆者의 任那 對馬島說에 대한 日本
學者들의 반향 등 몇 가지 註를 붙인다.

ㄱ) 이 글은 『伽耶』 2號(伽耶文化社, 1988)에 실었던 것인데,
　　日本 東京 所在의 「統一日報」에서, 이를 日譯하여 1989. 7.
　　4, 이후 6회로 나누어 連載하였다.

ㄴ) 이 任那國의 對馬島 比定에 대한 자세한 설명은 拙著, 『任
　　那國과 對馬島』(서울, 亞細亞文化社, 初版 1987, 再版
　　1990, 597면) 참조. 이 책은 初版 『任那は對馬にあった』
　　(任那는 對馬에 있었다)(大阪, ソウル書林, 1989), 再版 『任
　　那國と對馬』(任那國과 對馬)(東京, 東洋書院, 1992)의 이름
　　으로 日譯되었다. 日譯版의 出版費는 (株)韓信建設의 姜大
　　龍 社長이 出捐하였다.

ㄷ) 筆者는 이 日譯版을 1~3次에 걸쳐서 약 650부를 日本의 歷
　　史敎科書 古代史(任那)분야 執筆者와 歷史敎科書 제작의

出版社와 著名한 學者, 言論社, 學術機關과 全國圖書館에 寄贈하였다. 그들은, 筆者의 이 주장에 대하여 肯定的으로 評價하고 있다. 즉 이 책을 읽고 筆者에게 보내온 편지에는 다음과 같은 것이 있다. '客觀的 手法으로 치

對馬島地名踏査
(藤井勝男씨(左)와 著者)

밀한 考證을 거듭하여, 學問的인 先生님의 方法論은 說得力이 있는 것으로, 今後 學界에 波紋을 불러일으킬 것으로 期待되며…'(東京大學 敎授 尾形 勇). '古代 韓國語의 該博한 知識에 터(基)한 地名의 考證과 比定에 敬服합니다. 이에 의해서 韓國과 日本의 交涉史는 물론, 日本古代史의 연구에 큰 躍進이 있을 것입니다'(大阪大學 名譽敎授 時野谷勝). '名著를 惠贈하여 주어서 感謝합니다…어떠한 世界에서도 通說이라는 것으로부터 脫却하는 것이 얼마나 重要한가, 그러기 위하여서는 說得力 있는 考證이 얼마나 필요한가를, 先生님의 著書에서는 十二分 보여 주고 있다고 생각됩니다'(朝日新聞社 社長 中江利忠) 등, 특히 對馬島 출신으로서 對馬島 地名 연구의 第一人者인 후지이(藤井勝男)

씨는 '매우 興味 있는 主張에 同感합니다. 특히 對馬의 新羅·高麗·百濟任那의 地名 추정에 同感합니다'라 하고, 또 그는 釜山MBC 放送局의 記者와의 인터뷰에서 즉 同 放送局에서 방송한 프로 「歷史紀行 對馬島 任那國을 찾아서」(1992. 8. 14, 45분간)(筆者와 함께 1주일간 現地 촬영한 내용)에서도, 筆者가 對馬島에 比定한 任那 地名들이 "꼭 그대로 인정 된다"고 하였다. 筆者는 任那 地名 踏査次(4회, 30餘日間) 對馬島에 갔을 때마다 후지이(藤井勝南)씨의 도움을 받았다. 筆者는 위 放送 내용의 畵面에 따른 해설을 日譯한 테이프 70여 개를 만들어서 歷史敎科書 執筆者와 同 出版社, 著名한 學者들에게 寄贈했다. 이에 대해서도 筆者의 주장에 同意하는 많은 편지가 왔다.

筆者가 寄贈本을 보낸 이후, 1991~4년에 출판된 5개 出版社(全國 15개社 중)의 7종의 歷史敎科書에서는 任那 문제를 다루지 않았다. 이러한 歷史敎科書는 그 이후에 더 늘어났을 것이다. 『名稱科學』(仁荷大學), 第2號(1996. 2)에 실은 拙著 『任那は大馬にあつた』의 解題 참조.

❖拙著, 『日本古代地名研究』(서울, 亞細亞文化社, 1996) 및 『日本古代地名の研究』(東京, 東洋書院, 2000), 『同』增補版(2003)에 실은 것

3

伽倻史의 再構와 任那 問題

머리말

근래에 金海[1]지역에서 많은 遺物유물이 出土되어, 伽倻史 再構재구에 활기를 띠게 되었다. 즉 釜山의 福泉洞 古墳, 金海 禮安里 遺跡地유적지, 大成洞 古墳, 酒村面 良洞里 古墳 등에서 발굴된 많은 遺物들은, 기록이 부족한 伽倻史 연구에 새 境地경지를 보여주었다. 伽倻史 연구에서, 中國의 史料에 보이는 약간의 기록은 伽倻史를 窺知(窺, 엿볼규)하는데 얼마만큼의 도움이 되거니와, 國內 기록으로서는 『駕洛國記』를 제외하고서는 별로 알려진 것이 없어, 안타깝게 여겨져 왔던 것이 사실이다. 이와 같은 遺物의 발굴은 考古學的 성과로서 높이 평가된다. 그러나, 古代史 再構에서 考古學이 모두가 아니다. 伽倻史 再構라는 큰 役事(役, 일역)에는 考古學・文獻學과 함께 地名學도 동참해야 한다. 地名이란 장소 표시의 言語이면서, 時代의 추이에 따라서 累積누적되어온 귀중한 文化遺産문화유산이다.

---

1) 이 글에서 人名・地名(國名 포함)・書冊名 등 固有名詞와 團體名・制度名, 그리고, 글을 이해하는데 도움이 된다고 생각되는 用語는 漢字로 적었다. 글의 뜻을 명확하게 이해할 수 있고, 또 한 줄(行)에 漢字가 몇 자씩 섞여 있는 것 이, 漢字의 視覺性과 表意性으로 讀書에 도움이 될 것으로 생각되기 때문이다.

그런데, 廣開土王碑文에 나타나는 追至任那加羅,『三國史記』(強首傳)에 보이는 任那加良,『日本書紀』에 보이는 任那日本府 등의 任那 문제를, 伽倻史 再構에 넣어야 할 것인가 말아야 할 것인가 하는 것이 문제되지 않을 수 없다. 日本 史家들이, 任那加羅가 洛東江 流域의 金海지역에 있었다고 하였고, 國內 일부 學者들 중에서는 任那加羅가 곧 金官伽倻였다고 하고 있기 때문이다. 그러나, 任那加羅·金官伽倻 등의 加羅(伽倻)에 대한 명칭과,『日本書紀』에 나타나는, 任那 기사 관련의 많은 國名·地名들은 考古學에서 다룰 문제가 아니다. 왜냐하면, 이는 地名 語源 탐구, 地名 分布, 표기의 異同 문제, 語形變化에 대한 音韻論的 고찰 등 言語學에 관한 것으로, 考古學者들이 直觀的직관적으로 설명할 수 있는 문제가 아니기 때문이다. 이를 文獻學에서 다룬다 하더라도, 地名이란 學問을 잘 알지 못하고서는 함부로 말할 수 없다. 이와 같은 國名·地名은 出土品과 동등한 價値가치를 가지는 文化遺産이기 때문이다. 古代史 再構를 위해서는 國名·地名에 대한 지식 즉 言語學的 지식이 있어야 한다.

國名·地名이라 하면 固有名詞로 알고 있다. 그러나, 國名·地名이 처음에 붙여질 당시는, 일반 言語로 만들어진 보통명사였다. 金官伽倻, 任那加羅 등의 명칭과,『日本

書紀』任那國 관련 기사에 보이는 많은 國名·地名들은, 약 1,600년 내지 2,000년 이전에 붙여진 것인데, 이는 時代의 추이에 따라서 語形上의 많은 변화를 겪었다. 또 표기에 있어서도, 時代에 따라서 地域에 따라서 表記者에 따라서, 또 韓國과 日本에 따라서 달랐다. 그리하여, 같은 장소의 同系 國名·地名이라 하더라도, 文獻에 따라서 다르게 나타나고, 다른 장소(異所)의 同系 國名·地名이라 하더라도, 표기가 같을 수가 있다. 그 예를 '城邑'을 뜻하는 kara에서 들면, 이 地名語는 對馬島에도 널리 分布분포하였다. 對馬島에 이주한 古代 韓國人이 그곳에서도 '城邑'을 kara라 불렀기 때문이다. 그런데, 이 kara를 金海지역에서는 金海지역대로 加羅·加良·駕洛·伽落으로 표기하였다. 이 표기에서 良·洛·落의 -ŋ, -k 韻尾는, 古代 國語가 子音-母音, 子音-母音으로 연결된 開音節語개음절어 (오늘날과 같은 받침소리가 거의 없었음)였던 관계로 표기에 반영되지 않았다. 뿐만 아니라, 「弁」도 그의 訓 곳갈의 「갈」, 그의 古代形에 의한 *kara의 표기이다. 또 對馬島에서는 對馬島대로 이 kara를 迦羅·加羅·唐·韓良·韓 등으로 표기하였다. 그리고, 두 곳의 「加羅」의 표기에서 보는 바와 같이, 두 곳의 표기가 우연히 같을 수가 있다. 이 kara系 國名·地名은, 古代 韓國人의 日本에의 이주에 의하여 日

本列島에도 널리 전파하였는데, 日本列島의 地名에서는
韓·唐·辛·漢·韓良·加羅·加良·賀羅·賀良·可
良·可樂·甘良 등으로 표기하였다.2) 이를 보아서 地名
語가 몸(體)이라면, 표기는 옷(衣)과 같은 것임을 알 수가 있
다. 옷은 겉에 걸쳐서 입는 물건이니, 표기는 얼마든지 바
꿀 수 있다. 그러므로, 표기는 地名語만큼 믿을 것이 못된
다. 그러나, 몸이라 할 수 있는 地名語도 여러 곳에 分布
하였다.

  이를 보아서, 『日本書紀』의 任那 기사에 나타나는 「新
羅」를 慶州의 新羅로만 생각해서는 안 된다. 新羅의 이름
이 붙은 地名이 對馬島와 日本列島에 널리 分布하고 있기
때문이다. 古代 新羅人이 對馬島와 日本列島에 이주해 가
서도, 先住地선주지인 新羅의 國名을 본적지의 이름처럼 마
을(邑落)의 이름에 붙여서 불렀기 때문이다. 이는 百濟와
高句麗 國名에서도 한가지이다. 이러한 연구는 考古學에
서나 文獻學에서 다룰 문제가 아니고, 地名學에서 다루어
야 할 문제이다. 그러므로, 考古學이나 文獻學을 하는 사
람은, 古代史 再構에서 地名學을 연구하는 사람의 論文에

---

2) 筆者는 拙著『日本古代地名硏究—韓國 옛 地名과의 比較—』(亞細亞文化
   社, 1996). pp.397~410에서, 이와 같은 kara系의 地名(國名)을 33개, 神社
   名을 11 개, 姓氏名을 60개 들었다.

보다 관심을 가져야 할 것이다. 과거에 地名에 대한 이러한 지식이 없이, 任那 國名·地名을 함부로 南韓에 比定한 日本 史家들의 任那 연구는 이제 비판되어야 한다. 이와 함께, 伽倻史 再構에서 任那 地名에 대한 깊은 穿鑿없이, 그들의 說을 함부로 받아들여서는 안 된다.

日本 史家들은, 『日本書紀』에 나타나는 「任那日本府」, 「任那小國天皇附庸」(推古 31年紀) 등을 들어서, 任那는 4세기 중엽에서 6세기 중엽까지 약 200년 간, 南韓에 있었던 그들의 植民地的 領域영역이라 주장하였다. 그리고, 『日本書紀』 朝貢조공 기사에 나타나는 新羅·百濟·高麗는 韓半島의 新羅·百濟·高句麗를 가리키는 것이라 하여, 韓國은 역사적으로 日本에 朝貢을 바친 나라라 卑下(卑, 낮을 비)하고, 民族的으로 우월감을 가졌었다. 그러나, 이 朝貢 기사의 新羅·百濟·高麗는 韓半島 三國의 分國으로서, 對馬島에 있었던 邑落國으로 생각된다.3) 이는 斷言단언할 수 있다. 그러므로, 任那 문제를 伽倻史에 '넣고 안 넣고' 하는 문제를, "任那加羅의 「加羅」가 金官伽倻의 「伽倻(加羅)」와 같은 것이니까" 하는 式으로 直觀的으로 판단하여, 이를 伽倻史에 넣어서는 안 된다. 任那와 함께 나타나는

---

3) 拙著, 『任那國과 對馬島』(亞細亞文化社, 1987). pp.150~193. 註2의 拙著. pp.588~593 참조.

新羅·百濟·高麗가 어디에 있었던 國名(地名)이냐 하는, 보다 큰 문제가 가로놓여 있기 때문이다. 이 國名(地名)은 任那 위치 추정과 함께 생각해야 할 문제이다. 筆者의 연구에 의하면, 任那(中期任那)는 對馬 下島의 雞知(게찌)에 比定되며,4) 또 이는 對馬島를 총칭하는 이름으로도 불렸다. 즉 任那는 두 가지 이름으로 불렸으니, 전자와 같이 그 지역 중의 한 마을(邑落)을 稱칭한 것(이를 別言任那라 했음)과, 후자와 같이 그 지역을 총칭한 것(이를 總言任那라 했음)이 그것이다.

이 論考에서는, 과거 日本 史家들이 韓國 지배에 대한 목적 의식에 傾倒경도되어 잘못 比定한 몇 예를 보이고, 또 文獻學과 考古學에서 잘못 比定하기 쉬운 몇 개의 地名을 들추어내어, 이를 설명하여 任那 문제를 伽倻史 再構에 넣어서는 안 됨을 말하고자 한다.

1. 日本 史家들의 任那 연구의 目的과 誤謬

(1) 任那 硏究의 目的과 方法

日本 史家들의 任那에 대한 연구는, 江戶(에도)시대 즉

---

4) 拙著, 『任那國과 對馬島』, p.209, pp.222~224.

德川幕府의 말기에 國學운동이 일어나면서부터 관심을 가지게 되었다. 그러나, 그 본격적인 연구는 明治시대에 들어서부터 시작되었으니, 對外 관계, 특히 對韓國 관계에 대한 관심이 높아지자, 이 연구가 활기를 띠게 되었다. 그 대표적인 몇 史家들을 들어, 그 연구 내용과 연구 목적을 간단히 설명하기로 한다. 먼저, 스가(菅政友)의 『任那考』 3권을 들 수 있는데, 이는 1893년에 成稿성고하였다(『菅政友全集』<1907>에 실음). 이는 侵略主義 史筆의 啓蒙書계몽서이다. 그는 任那를 멸망한 新羅를 慶州의 新羅로 보고, 任那의 멸망을 그의 『任那考』의 序文에서 다음과 같이 애석하게 말하였다.

新羅가 이 나라(任那)를 倂呑(병탐)할 생각으로 노리고 있었고, 百濟 또한 이 나라를 보호하여 <中略> 빼앗기지 않으려고 애를 썼다. 슬프다. 皇國의 尊嚴과 威勢의 약화로 <中略> 任那 日本 官家는 有名無實하여 終焉(종언)을 告하기에 이르렀다.

다음에는 나가(那珂通世)의 「加羅考」(『史學雜誌』에 連載, 1894~1896)를 들 수 있다. 그는 加羅諸國을 任那諸國이라 하였다. 이에 이어 쓰타(津田左右吉)의 「任那疆域考」(『朝鮮歷史地理』 2권, 1913)에서는, 『日本書紀』에 나타나는 加羅·安羅·南加羅·

卓淳 등 任那 관련 地名을 南韓 각지에 比定하고, 다음과 같이 말하였다.

自古로 朝鮮은, 北은 漢의 植民地였고, 南은 古代 日本의 統治 지역이었으니, 현대에 와서, 日本이 朝鮮을 倂合함은 歷史 발전의 필연적인 것이다.

그리고, 『津田左右吉全集』(11卷 p.119)에 실은 「任那疆域考」에서, 著者 쓰다(津田)는 다음과 같이 말하였다.

옛적에 우리나라가 南韓에 屬領을 가졌을 때에, 그 統治機關을 任那日本府라 하였으며, 任那는 日本府의 所在地였던 加羅國의 별명으로 사용되었다.

다음은 이마니시(今西龍)의 「加羅疆域考」(『史林』 第4卷 3·4號, 1919)를 들 수 있다. 그는 加羅諸國을 任那諸國이라 하고, 津田左右吉이 任那의 首邑을 金海로 본 것에 반대하여, 金海를 南加羅로 돌리고, 高靈邑 客舍객사에 「任那日本府」의 현판을 붙이고, 여기가 任那日本府였다고 力說하였다.

다음에는 아유가이(鮎貝房之進)의 『雜攷』잡고 第七輯(日本書紀 朝鮮地名攷) 上·下卷(1938)을 들 수 있다. 그런데, 그들은 공

통적으로 洛東江 流域의 加羅(伽倻)諸國이 任那國이었다 하고, 또 『日本書紀』 任那 기사에 나타나는 新羅·百濟·高麗를 韓半島의 三國으로 보았다. 그들은 文獻문헌에 의한 연구와 함께, 考古學的 연구도 겸하였는데, 1906년 今西龍의 金海貝塚 조사 이후, 1939년 사이토(齋藤忠)의 高靈古墳 조사에 이르기까지 30여 년 간, 조사의 성과는 아무 것도 없었다.

1945년 敗戰패전 이후에 출판된 著書로서는, 이케우치(池內宏)의 『日本上古の研究』(1947)를 들 수 있는데, 이는 그가 東京大學에서 「日朝交涉史」라 題한 강의의 草稿초고에 첨가하여 刊行한 것이다. 여기에서도 任那 기사의 新羅·百濟·高麗를 韓半島의 三國이라 하고, 加羅·安羅 등을 南韓에 있었던 地名이라 하였다.

다음은 스에마쓰(末松保和)의 『任那興亡史』를 들 수 있는데, 이 책은 1949년에 1刷가 나오고, 1977년에 6刷가 나왔다. 그만큼 讀者들이 이 책을 많이 사서 읽었다는 것이며, 영향력이 컸다는 것이다. 그는 任那 연구의 목적에 대하여 다음과 같이 말하였다.

> 對韓 관계 내지 對大陸 關係史 중에서, 『日本書紀』의 隨時隨處(수시수처)에서 任那를 보는 것이 아니고, 任那를 주축으로 하

여 對韓 관계 내지 對大陸 관계가 發展消長(발전소장)한 實相을 파악하는 것이다.

英文 번역까지 붙은 이 책은, 아유가이(鮎貝)의 『雜攷』(影印本)와 함께, 세계 각국의 圖書館에 많이 기증하였다고 한다. 다음은 이노우에(井上秀雄)의 『任那日本府と倭』(1978)를 들 수 있다. 이 論著(총 433면)에서는, 그 目次에서 '소위 任那日本府에 대하여', '任那日本府의 行政組織', '古代日本의 소위 南朝鮮經營'… 등으로 서술하였는데, 대체로 이케우치(池內 宏), 스에마쓰(末松保和)의 방법을 그대로 답습하고 있다.5)

위에서 보는 바와 같이, 日本 史家들은 任那 문제에 대하여 끈질기게 연구하였다. 그들의 執念집념은 놀랄 만하다. 그러면, 왜 이 문제에 대하여 그렇게 執着하였을까? 이는 그들의 韓國 지배에 대한 合理化에 있었다. 이노우에(井上) 교수는 위에 든 論著에서 다음과 같이 말하였다.

明治 20年代에 구라파에서 史學이 導入(도입)되고, 大陸 침략의

---

5) 井上 교수는, 1986년 東北大學에서 만나기 이전부터 交流가 있었던 사이기는 하나, 1990년 筆者의 『任那は對馬にあった』(任那는 對馬에 있었다)를 기증한 이후는, 任那 문제에 대하여 더 이상 論한 것을 보지 못하였다. 日本 史家들의 任那 연구에 대해서는 註3의 拙著. pp.1~9 참조.

國粹主義(국수주의)가 점차 學界에까지 침투되어, 1945년의 敗戰(패전)에 이르기까지 日本 古代史의 主流는, 日本의 빛나는 歷史를 설명하고, 朝鮮支配를 강조하는 것이었다.

이와 같은 그들의 韓國 지배에 대한 執念집념은 과거의 일로만 돌릴 수 없다. 우리는 이를 경계해야 한다. 새 千年을 내다보는 우리는 쉬운 것에 安住안주해서는 안 되니, 日本 學者들이 쌓은 지식을 앉아서 받아들이기만 해서는 안 된다. 이는 任那 문제에 限한 것이 아니다. 쉬운 쪽만 따라가고 있는 오늘날의 文字政策에도 문제가 있다. 學問 특히 傳統文化 내지 國學에 대한 深層的심층적 연구가 안 되며, 또 穿鑿力천착력을 날로 잃어가고 있기 때문이다. 이는 日本과의 경쟁력을 약화시킬 뿐이다.6)

근래에 金海에서 騎馬戰團기마전단의 甲冑類갑주류 등 많은 遺物이 出土되자, 4~6세기 南韓 지배 云云하던 日本 史家들은 이에 대해 회의를 가졌으며, 筆者의 任那 對馬島說에 同調하기도 하였다.7) 歷史敎科書도 일부 고쳐가고 있

---

6) 漢字·漢文敎科는 內容敎科인 동시에 道具敎科인데, 이를 등한시해서는 學問의 발전을 期할 수 없다. 젊은 층은 大學의 심장부라 할 수 있는 圖書館 이용을 잘못하여, 先行연구의 論文(國漢文 혼용)을 잘 읽지 못한다. 지금과 같은 語文政策으로는 日本과의 격차가 날로 커갈 것이니, 국가 경쟁 내지 生存 전략의 次元에서 漢字·漢文교육은 강화되어야 하며, 漢字文盲은 퇴치되어야 한다.

다.8) 그러나, 아직 많은 敎科書에서 洛東江 유역의 加羅(伽倻)가 任那였다 하고, 어떤 敎科書에서는 「加羅(任那)」와 같이 괄호 안에 任那를 넣어서 가르치고 있다. 또 『日本書紀』任那 기사의 新羅·百濟·高麗를 韓半島의 三國이라 하여, '大和政權은 南韓의 加羅(任那)諸國을 그 세력 하에 넣고 百濟와 손을 잡아 新羅를 압박하고, 北의 高句麗와 싸웠다'로 기술하고 있다. 우리는 韓日간의 平和와 共榮을 위해, 日本 史家들의 이와 같은 敎科書 기술에 대해 보다 관심을 가져야 할 것이다.9)

다음에는 日本 史家들의 任那 연구의 방법을 보기로

---

7) 筆者는 拙著 『任那は對馬にあった』(任那는 對馬에 있었다)와, 그 再版本 『任那國と對馬』(任那國과 對馬)를, 1~3次에 걸쳐서 日本의 歷史敎科書 집필자, 同敎科書 출판사, 著名한 學者, 研究機關, 全國圖書館 등에 약 650부를 기증하였는데, 日本의 讀者들로부터 筆者의 주장에 同調하는 많은 편지를 받았다. 『名稱科學』(仁荷大學) 第2號(1996) 「李炳銑 著 『任那は對馬にあった』의 解題」 및 朝鮮日報 1992. 2. 14. 文化欄 「日學者들, "任那는 對馬島에 있었다"」 참조.

8) 筆者가 조사한 바에 의하면, 1990년 봄에 筆者의 『任那は對馬にあった』(1989. 12)를, 日本의 15개 歷史敎科書 출판사(편집부)와, 약 50명(교과서 1本당 2명씩)의 同敎科書 古代史 분야 집필자에게 기증한 이후, 1991~4년(3년 간)에 간행된 5개社의 7종의 敎科書에서는 任那 문제를 다루지 않았다. 日本의 歷史 敎科書는 3년마다 바뀌어 나오는데, 그 이후 이러한 敎科書가 더 늘어났을 것이다.

9) 筆者는 註2의 拙著 日譯本 『日本古代地名の研究』(東京, 東洋書院, 2000. 5. 총 750면) Ⅵ章 「任那와 加羅는 별개임」을 말한 자리(p.398)에서, "日本의 歷史家들이 굳이 「任那=加羅(韓半島의 加羅)라고 하는 敎科書를 만들어서, 이를 後進들에게 가르침은 非良心的이고 歷史를 왜곡하는 犯罪行爲"라고 하였다.

한다. 이를 任那 연구의 대표자라 할 수 있는 아유가이(鮎貝房之進)의 『雜攷』第七輯(上 · 下卷)에서 보기로 한다. 이 책에서 上卷은 『日本書紀』神代紀부터 應神紀응신기까지, 下卷은 雄略紀부터 天智紀에 이르기까지의 총 140여 개의 地名을 朝鮮地名이라 하여, 南韓의 각지에 比定하였다. 그 고찰의 방법으로서는, 다른 史家들이 대부분 『三國史記』와 『三國遺事』 등의 史料사료에 그친 것에 비해, 그는 후대의 文獻과 五万分의 一 地圖까지 써서 任那 관련 地名을 南韓의 각지에 맞추어 넣었다. 그는 任那 관련의 地名을 韓國語로 해석하는 등 言語學的 고찰을 시도하였는데, 이는 다른 史家들에게서 볼 수 없는 점이다. 그러나, 그는 任那 관련 地名의 語形(音形)과 표기(借字 · 用字)가 같거나 비슷하면, 모두 朝鮮地名이라 하여 꿰어 맞추는 식으로 하여 比定하였다. 이는 日本 史家들의 공통된 방법이기도 하다.

(2) 地名 比定의 誤謬

앞에서 말한 바와 같이, 地名이란 일반 言語로써 만들어진 보통명사였다. 그리고, 古代 住民이 새 移住地에 가서도 先住地에서와 같은 言語로 같은 방법으로 地名을 지어서 불렀기 때문에, 같은 地名이 여러 곳에 分布하였다.

古代 韓國人의 日本에의 이주에 의하여, 같은 地名이 對馬島와 日本列島에도 널리 分布하였다. 즉 15세기 國語 드르'野', 현행어 들'野', 江原道 地名에서 보는 드루'野'는 현재 對馬島 地名에 다라(多良), 다라(田良), 오오(大)다라(多羅), 칸다라('큰 들'의 뜻) 등으로 남아 있으며, 日本列島에서도 이와 同系 地名을 볼 수 있다. 南韓에만 약 240개나 分布하고 있는 수리산(首山의 뜻), 수리재(首嶺)와, 약 300개나 分布하는 갈미산(大山), 갈미봉(大山峰)과 同系 地名이 對馬島와 日本列島에도 널리 분포하며10), 異所 地名의 같은 表記도 볼 수 있다. 그러나, 日本 史家들은 앞에서 말한 任那 연구의 목적의식에 傾倒되어, 이러한 고려는 하지 않았다. 地名의 比定이 잘못되었을 때에는, 그것에서 導出된 任那 史가 沙上樓閣사상누각에 지나지 않음은 말할 나위 없다. 筆者는 『日本書紀』에 나타나는 任那 관련 地名 약 80개를 對馬島에서 찾았다.11) 그러므로, 日本 史家들이 말하는 朝鮮 地名이란 4~6세기경의 對馬島 地名을 가리키는 것으로 보아야 한다. 다음에는 任那 관련 地名에서, 同系 地名의 分布를 무시하고, 이를 함부로 金海지역에 附會부회한 몇 예를 들기로 한다.

---

10) 註2의 拙著, pp.227~233, pp.502~504 참조.
11) 註3의 拙著, pp.228~360.

① 任那를 臨海·主浦에 附會

아유가이(鮎貝)는, 任那를 君主國 즉 天皇國을 칭하는 것이라 하고, 任那를 金海에 比定하였다. 그는 任那의 任임이 韓國語 '主'를 뜻하는 「임」과 같은 것이라 하였다. 그리하여, 이 「임」(任)은 『新增東國輿地勝覽』 金海郡名 중의 臨海임해의 「臨」과 같은 것이며, 같은 책에서의 金海의 主浦주포의 「主」도 이와 같은 것이라 하였다.12) 그러나, 任那는 nima'主' + na'地' → nima-na의 造語形式을 가지는 國名(地名)으로, 지방의 君長(首長)이 있었던 '主邑'을 뜻한다. 그런데, 金海를 가리키는 臨海와 主浦(許后가 처음 와서 배를 맨 곳)는 地形名이니, 그곳의 地形이 그 부근의 다른 地形에 비하여 '主된 것(海·浦)'에 붙여진 것이다. 이와 같은 地形名은 각지에서 볼 수 있다. 즉 「臨」字 표기의 地名으로는, 『新增東國輿地勝覽』에서 臨海(京畿·麻田), 臨城浦(全羅·珍島), 臨津渡(京畿·坡州), 臨川(慶尙·榮州), 臨川(江原·麟蹄), 臨河(慶尙·安東), 臨溪(全羅·靈光), 臨溪(江原·江陵)를 볼 수 있고, 「主」字 표기의 地名으로는, 같은 책에서 主浦(慶尙·熊川), 主山(慶尙·巨濟), 主屹山(慶尙·聞慶), 主谷(慶尙·寧海) 등을 볼 수 있다. 이 외에도 '主'를 뜻하는 地名에 任·林·陰·念 등이 借

---

12) 鮎貝房之進, 『雜攷』 第二輯(1931). pp.5~6. 『雜攷』 第七輯 上卷(1938). p.43.

用되었다. 그러므로, 金海의 臨海·主浦와 任那는 아무런 관련이 없다.

　② 任那加羅의 「加羅」를 金海지역의 「加羅」(伽倻)

　諸國으로 잘못 안 것

　日本 史家들은, 廣開土王碑文에 나타난 任那加羅의 「加羅」와 『三國史記』에 나타나는 任那加良의 「加良」을, 洛東江 流域의 加羅(伽倻) 諸國의 「加羅」로 보았다. 그 語形 kara와 표기가 같기 때문이다. 그러나, 두 「加羅」는 뜻이 다르고, 그가 占점하는 장소가 다르다. 즉 전자의 「加羅」는 ‘城’이나 ‘邑落(큰 마을)’을 뜻하는 보통명사이나, 후자의 「加羅」는 고유명사이다. 『桓檀古記』任那 관련 기사에 三加羅 즉 佐護加羅·仁位加羅·雞知加羅가 나타나는데, 佐護(사고)·仁位(니이)·雞知(게찌)는 현재 對馬島에서 불려지고 있는 地名이다. 『桓檀古記』에서는 이 「加羅」에 ‘首邑’의 뜻이 있다고 하였다. 任那加羅도 對馬島를 稱칭하는 것이니, 任那加羅의 「加羅」는 對馬島 三加羅의 「加羅」와 같은 보통명사로 보아야 한다. 筆者는 이 「加羅」를 廣開土王碑文에 나타나는, ‘城’을 뜻하는 kara(韓)와 같은 것으로 보고자 한다. 즉 이 碑文에서, 百濟지역에서 데리고 간 포로들의 本籍地名의 표기에 「城」, 「韓」, 「城韓」, 「韓城」

이 섞여 나오는데, 여기에서 「韓」字로 표기된 kara[13]에 ‘城’의 뜻이 있음을 알 수 있다.

또 kara(韓)에는 ‘나라(國)’의 뜻이 있다. 한내‘大川’, 수리산‘首山’들이, 住民들에게 일정한 장소 표시로 불려지는 동안에 고유명사로 굳어진 것과 한가지로, ‘城’이나 ‘邑落’을 뜻하는 kara(加羅 · 韓)도 일정한 장소 표시의 고유명사로 굳어졌다. 즉 金海지역에서는 이 kara가 加羅 · 加良 · 駕洛 · 伽落 · 弁으로(또 kara에서 변한 kaja에는 加耶 · 伽耶 · 伽倻로) 표기되어 고유명사화 하였으며, 對馬島에서는 對馬島대로 이 kara가 迦羅 · 加羅 · 唐 · 韓良 · 韓으로(또 kara에서 변한 kaja는 賀谷으로) 표기되어 고유명사화 하였다. 그러므로, 任那加羅의 「加羅」와 金海지역의 加羅 諸國의 「加羅」는 別個의 것이다. 이에 대하여서는 別稿[14]에서 자세히 설명하였다.

　　③ 對馬島의 「韓」을 韓半島의 「韓」으로 잘못 안 것

　　『日本書紀』欽明 2年紀에 「任那下韓之政」이 나타나고, 同 5年紀에 「任那之下韓百濟郡令城主」와 「置南韓郡令城

---

13) 拙著, 『韓國古代國名地名研究』(螢雪出版社, 1982). pp.68~69 및 註2의 拙著, pp.324~328 참조.

14) 拙稿, 「廣開土王碑文의 任那加羅考－KBS 역사스페셜의 伽倻 흥망의 블랙박스를 비판함－」, 『名稱科學』(名稱科學研究所) 第7號(2000. 2) 및 『語文研究』(韓國語文教育研究會) 105號(2000. 3)의 두 곳에 실은 것 참조.

主」가 나타나는데, 日本 史家들은 여기에서 보는 「下韓」
과 「南韓」을 韓半島의 南韓이라 하고, 任那도 金海지역에
있었다고 하였다. 또 同 2年紀에 南加羅가 나타나는데,
이마니시(今西)는 이를 金海라 보았다. 『日本書紀』에서 이
下韓·南韓·南加羅를 모두 arihisi kara 또는 arusi kara
로 읽었다. 이는 「앞가라」(前韓·前加羅)의 前次形인 「앒ㅅ가
라」에 유래된 地名이다. 집을 南向으로 짓고 살았기 때문
에, 아래쪽에 있는 kara(韓·加羅)가 「앒ㅅ가라」이다. 이를
분석하면, arihisi의 ari는 「알」에 해당되고, hi는 「ㅂ」에
해당되고, si는 사이시옷이다. 그리고, arusi는 aruhisi가
줄어진 것이다. 下韓·南韓은 對馬 下島를 가리키니, 對
馬 上島에 對가 되는 명칭이다. 그런데, 日本 史家들은 이
地名들이 韓國語로 된 것이기 때문에, 이 地名들을 韓半
島의 地名이라 하였다. 이는 說得力이 있어 보이나, 옳지
않다. 왜냐하면, 對馬島가 日本의 領有가 된 것이 7세기
말 내지 8세기 초의 일이니15), 이러한 地名들은 對馬島가
日本의 領有로 되기 이전에, 그곳에 살았던 韓國人에 의
하여 命名명명된 것이기 때문이다.
　日本의 『塵袋』(卷2)에 의하면, '對馬島는 옛날 新羅와 꼭

---

15) 註2의 拙著, pp.374~377 참조.

같은 곳'이라 하였다. 『新增東國輿地勝覽』에도 '對馬島는 옛날에 鷄林(新羅)에 예속되었다'고 하였다. 對馬島에 百濟 와 高句麗 邑落國도 있었다. 一言으로 하여, 古代 對馬島 는 韓國의 屬島였다. 그리하여, 對馬島를 「韓鄕之島」, 「韓 島」라 하였고(註2 拙著 참조), 對馬 上島의 kara를 「韓良」로, 下島의 kara-so(唐洲의 異稱)를 「韓蘇」로, kara-saki를 「韓崎」 로 표기하는 등, kara를 「韓」字로 표기하였다. 韓半島에서 와 한가지로, 그곳에서도 '城邑'을 kara라 했기 때문이다. 『日本書紀』의 「任那下韓之政」에서 任那는 對馬島를 총칭 하는 것(總言任那)이고, 下韓은 對馬 下島를 말하는 것이다. 古代 對馬島가 韓半島와 같은 kara(韓)國 즉 韓鄕之島였던 것이다.

④ 任那 十國에 대한 오해

『日本書紀』欽明 23年紀에 「新羅打滅任那官家」가 나 타나고, 이에 이어서 「總言任那」총언임나와 「別言任那」별언임 나가 나타나는데, 別言任那에 「加羅國, 安羅國, 斯二岐國, 多羅國, 卒麻國, 古嵯國, 子他國, 散半下國, 乞湌國, 稔禮 國 合十國」의 이름이 나타난다. 여기에서의 別言任那는 總言任那에 對가 되는, 하나 하나의 邑落을 말한 것이다. 日本 史家들은 이 十國을 확대 해석하여, 이를 南韓의 전

지역에 比定하였다. 그러나, 이는 옳지 않다. 總言任那는 對馬 全島를 말하는 것이고, 別言任那의 十國은 對馬島 十鄕을 말하는 것이기 때문이다. 古代에 對馬島를 十鄕이라 하였는데, 城邑國 시대에 있어서 「國」과 「鄕」은 거의 같은 뜻으로, 古代 日本에서는 國과 鄕을 한가지로 kuni(國)라 읽었다. 『桓檀古記』에서는 '任那는 對馬島를 全稱전칭한 것'이라 하고(이는 總言任那를 말한 것이다), 永樂 10년(400)에 高句麗가 對馬島를 정벌하여 十國으로 나누어 다스렸다(分治十國)고 기록하였다. 그런데, 對馬島 十鄕은 이 「分治十國」의 十國과 같은 것으로, 十鄕은 高句麗가 分治十國했던 자취로 보인다. 이 十鄕은 뒤에 八郡으로 불렸는데, 오늘날 對馬島 行政區劃의 六町은 이와 관련된다. 그런데, 對馬島의 地形은 山地가 많고 또 험하여 陸路로는 내왕이 불편하여, 큰 浦마다 韓半島에서 건너간 사람들이 渠帥거수(首長)가 되어 독자적으로 통치했으니, 이것이 十國이요 十鄕이다. 壹岐섬은 地形이 평탄하나, 對馬島는 이와 다르다. 위에 보인 任那 十國名은 對馬島에 比定된다.16)

---

16) 註3의 拙著, pp.234~259.

2.『日本書紀』任那 기사의 新羅·百濟高麗

앞에서 말한 바와 같이, 日本 史家들은『日本書紀』任那 기사와 함께 나타나는 新羅·百濟·高麗를 韓半島의 三國으로 생각하였다. 그러나, 이는 옳지 않다. 이 문제는 國內 史學者들에게도 어려운 대목으로 생각된다.『桓檀古記』에서는 對馬島에 任那와 함께, 新羅·百濟·高句麗가 있었음을 다음과 같이 기록하였다.

이로부터 任那는 對馬島를 全稱하였다. 云云. 任那는 三加羅로 나뉘었으니, 이른 바 加羅는 首邑을 칭하는 것이다. 이로부터 三汗이 서로 다투어 세월이 오래가도록 화해하지 아니하니, 佐護加羅는 新羅에 속하고, 仁位加羅는 高句麗에 속하고, 雞知加羅는 百濟에 속하게 된 것이 이것이다.

(自是任那乃對島全稱也 云云 任那又分爲三加羅 所謂加羅者首邑之稱也 自是三汗相爭歲久不解 佐護加羅屬新羅 仁位加羅屬高句麗 雞知加羅屬百濟 是也)

위의 기사에서 유의할 것은, 對馬島의 三加羅를「三汗」으로 표기한 점이다. 즉 三汗(三加羅)은 佐護加羅·仁位加羅·雞知加羅를 말한다. 이는 韓半島의「三韓」과 구별하기 위한 것이다. 「韓」과 「汗」이 현행음으로는 「한」이나, 古代音은 *kan이었을 것이다(現日本音 kan). 이 *kan(韓・汗)은 韻尾 -n의 外破音化에 의하여 kara를 표기한 것이다(*kan→kana>kara). -n의 外破音化는 古代 國語가 子音-母音, 子音-母音의 音節構造음절구조를 가지는 開音節語였기 때문이다. 이 外破音化는 오늘날 cream [kri:m]→/크리무/, strike [straik] →/스트라이크/로, 즉 끝 音節에 母音이 첨가하고, k, s, t에도 子音의 연결을 피하여 각각 /으/가 添入하는 것에서도 볼 수 있다. 그리고, kana→kara와 같이, 語中의 n이 r音化하는 예는 古代 國名・地名 표기에서 예사로 볼 수 있다.

다음에는 對馬島에 新羅・百濟・高句麗가 있었음을, 『日本書紀』 및 對馬島에 전하는 기록과, 현재 對馬島에 남아 있는 地名을 통하여 살펴보기로 한다. 이에 대하여서는 別稿17)에서 말하였으나, 여기에서 간단히 설명하기로 한다.

(1) 新羅

對馬島의 新羅 邑落國에 대하여서는 註2의 拙著에 실은 「對馬島의 新羅 邑落國」을 一讀하여 주기 바란다. 『桓

---

17) 上揭書, pp.150~193.

檀古記』외의 韓國측 기록으로는,『新增東國興地勝覽』(卷
23) 東萊山川條에 다음과 같은 기록이 있다.

> 對馬島는 즉 日本國의 對馬州이다. 옛날에 우리 鷄林(新羅)에 예
> 속되어 있었으나, 언제 倭人의 所據소거가 되었는지 알 수 없다.
> (對馬島卽日本國對馬州也 旧隷我鷄林 未知何時倭人所據)

이에 대하여,『對州編年略』에 다음과 같은 기록이 있
다. 이 책의 이름에서「對州」는 對馬州가 줄어진 것이니,
對馬島의 역사를 編年的편년적(햇수에 따라서 편찬한 것)으로 略述
약술한 것이라는 뜻이다. 이 책은 對馬島人 藤定房의 著인
데, 그의 卒年은 1732년(亨保 17)이다.

> 山家要略記＜後鳥羽院 때에 天台僧 顯眞이 지은 書＞에 말하
> 기를, 對馬島는 高麗國(高句麗國)의 牧이요, 新羅人이 살았다.
> 開化天皇代에 (新羅가) 이 섬으로부터 襲來하여 왔다. 仲哀天皇
> 이 豊浦宮으로부터 對馬島에 가서(幸行하여) 新羅를 정벌하여
> 마침내 이 섬을 빼앗았다. 云云
> (山家要略記＜後鳥羽院 天台僧顯眞撰之書＞云對馬島者高麗國
> 之牧也 新羅住之 開化天皇代 從此島襲來 仲哀天皇豊浦宮幸對
> 馬島 伐新羅竟取此島 云云)

위 글에서 對馬島의 新羅를 정벌한 仲哀天皇은 4세기의 人物로 보는데, 그는 日本史에서 新羅의 정벌로 이름이 있는 神功后의 남편이다. 『日本書紀』에 기록된, 神功后가 정벌한 新羅도 慶州의 新羅가 아니고, 對馬島의 新羅이다.18)

對馬島의 新羅에 대하여, 日本의 『塵袋』(卷2)에서는 다음과 같이 기록하였다.

무릇 對馬島는 옛날 新羅國과 꼭 같은 곳이다. 사람의 모습도 그 곳에서 생산되는 土産物도 있는 것은 모두 新羅와 다름이 없다.

對馬島의 新羅 邑落國은, 慶州 新羅의 초기에, 對馬 上島의 북단 佐須奈(사스나)의 시라에(地名)에서 일어나서, 對馬島에서 가장 넓은 들을 가진 佐護(사고)에 옮겼다가(農作이 가능함), 540년 경에 南下하여 雞知(게찌)의 任那를 멸망하고 雞知를 占有하여, 그곳에서 약 150년 간 對馬 全島에 세력을 폈다. 그러나, 600년(推古 8)과 623년(推古 31)에 倭의 공격을 두 번 받고 크게 쇠퇴하였다. 이 新羅는 540년 이후 『日本書紀』의 기록이 끝나는 697년(持統 11)까지 45회나 倭

---

18) 註2의 拙著, pp.292~296.

에 朝貢조공하였는데, 이 중에서 처음 공격을 받은 600년까지의 60년 간은 그 횟수가 10회임에 비하여, 그 이후 약 90여 년 간은 35회나 되었다. 또 647년(孝德大化 3), 649(同 5), 655년(齊明元) 등 倭에 세 번이나 볼모(質)를 보냈으며, 677(天武 5) 이후 세 번이나 倭에 政事를 청했다. 나라를 지탱하기 어려우니, 나라를 맡아 달라는 것이다. 즉 『日本書紀』에 다음과 같은 기사가 있다.

- 天武 5년(677) 11월에 新羅가 沙飡 金淸平을 보내어 政事를 請하고, 아울러 級飡 金好儒 등을 보내어 朝貢을 하였다.
- 同 14년(686) 11월에 新羅가 波珍飡金智詳·大阿飡金健勳을 보내어 政事를 請했다.
- 持統 9년(695) 3월에 新羅가 王子金良琳·補命薩飡朴强國 등을 보내어 國政을 아뢰(奏하)고 (國政을)請했다.

위 기사는 慶州의 新羅가 三國을 통일(668)한 이후의 일이다. 그러므로, 위 기사의 新羅를 慶州의 新羅로 볼 수 없다. 三國을 통일한 强盛(강성)한 新羅가 무엇 때문에 倭에 政事를 세 번이나 請할 것인가 하는 것이다. 『日本書紀』에 보이는 新羅王 「字流助富利知干」, 新羅王 「佐利遲」는 對馬島 新羅의 王名으로 보아야 한다. 현재 對馬島에 남

아 있는 시라코(白子), 시라에(白江), 시라키山(白木山, 新羅山)(이 地
名들에서 「시라」는 新羅를 말한 것), 소라비루(이 지방민들은 이를 「徐羅伐」로
표기함)의 地名은, 당시의 地名이 전해 온 것이다.

新羅의 地名(國名)은 여러 가지 異表記가 있었으나. 日本
列島에도 널리 分布하였다.19) 이를 보아서, 그 길목인 對
馬島에도 新羅가 있었을 것임은 짐작하고도 남음이 있다.

(2) 百濟

『桓檀古記』에서 對馬島의 雞知는 百濟에 속하였다고
하였는데, 『日本書紀』의 기록과 현재 남아 있는 遺跡유적
은 이와 일치한다. 즉 『日本書紀』 欽明 4年紀(543)에 다음
과 같은 기사가 있다.

十一月에 津守連을 보내어 百濟를 가르쳐서(詔하여) 말하기를
任那의 下韓에있는 百濟의 郡令과 城主는 마땅히 日本府에 붙
을 것이나. 云云. 이 날에 聖明王이 詔勅(그 칙)을 듣고, 二佐不
과 內頭 및 諸臣에게 "詔勅이 이와 같으니, 어떻게 해야할 것인

---

19) 新羅人의 이주에 의한, 日本列島에 전파된 「新羅」(日本에서 新羅를
    sirs-ki, sira-ko, sira라고 함, -ki, -ko는 접미사)는 新羅, 新良, 眞良, 信羅,
    新座, 白, 白木, 白子, 白城, 新良木, 志良岐, 信露貴 등으로 표기되었다. 筆
    者는 拙著『日本古代地名研究』pp.422~432에서, 이러한 地名을 22개, 神
    社名을 6개, 寺刹名을 2개, 姓氏名을 25개 들었다.

가" 하고 두루 물었다. 三佐平 등은 "下韓에 있는 우리의 郡令과 城主는 보낼 수(日本府에 붙을 수) 없습니다." 云云.

(冬十一月遣津守連詔百濟曰在任那之下韓百濟郡令城主 宜附日本府云云. 是日聖明王聞宣勅己 歷問三佐平內頭及諸臣曰詔勅如是 當復何如 三佐平等答曰在下韓之我郡令城主 不可出之云云)

위 기사에서 「任那之下韓 百濟郡令城主」의 任那는 總言任那로서 對馬島를 총칭하는 것이고, 下韓은 對馬 下島를 가리키는 것이고, 百濟의 郡令과 城主는 下島 雞知에 있는 百濟郡의 郡令과 城主를 말한다. 여기에서 下韓 즉 arihisi kara에 대하여서는 앞에서 말하였다. 『日本書紀』의 任那 기사에서 下韓·南韓·東韓이 나타나는데, 이는 對馬島 즉 韓鄉之島, 韓島의 「韓」으로 불려지는 지역이 넓어서 편의상 이를 구분하여 부른 이름이다. 이는 韓半島에서 「韓」으로 불려지는 지역이 넓어서, 馬韓·辰韓·弁韓으로 구분하여 부른 것과 한가지이다. 그리고, 城主의 城은 雞知에 있는 현재 朝鮮式 山城(百濟人이 쌓은 城)으로 불려지고 있는, 天險천험의 要害地요해지인 黑瀬(구로세)城을 말하는 것이다. 이를 보아서, 雞知에 韓半島의 百濟에 直屬직속된 百濟郡이 있었음을 알 수 있다. 郡令은 郡守를 말한다. 우리 學界의 일부에서는 金海에 任那가 있었다고 보고, 金海에 百濟 세력이 있었던 것이 아닌가 하고 의심하나, 그렇지 않다.

百濟城에 대해서는,『日本書紀』雄略 9年紀(465)에 다음과 같은 기사가 있다.

> 新羅가 云云 對馬島 밖에 나아가서 匝羅의 밖에 자취를 감추고, 高麗에서 오는 貢物을 막고 百濟의 城을 삼켰다.
> (新羅云云 投身對馬之外 竄跡匝羅之表 阻高麗之貢 呑百濟之城)

이 기사에서 보는「百濟之城」도 黑瀨城에 比定된다. 對馬島 밖에 나아간 新羅가 삼킨(呑한) 百濟의 城을, 韓半島 안에 있는 百濟城으로 볼 수 없다. 위 기사에서「匝羅」는 sa-wara로 읽는데, 이는 佐護에 있었던 新羅의 首邑名이다. 이는「서울」,'京'과 같은 말이다. 이는 神功 5年紀에는 草羅(sa-wara)로 표기되었다.

앞에서 든 기사에서 任那之下韓 百濟郡令城主에서의 任那는 總言任那 즉 對馬 全島를 말하는 것이나, 別言任那는 對馬 下島의 雞知에 比定된다. 종전에 우리 學界에서는 任那라 하면 倭의 세력으로 알고 있었으나, 그렇지 않다. 倭란 任那國에 와서 있었던 百濟系인 倭의 官家, 이

른 바 日本府를 말한다. 다시 말하면, 倭＝日本府로서, 이
는 別言任那인 雞知에 駐在주재하고 있었던, 오늘날의 領
事館영사관의 기능을 했던 倭의 官廳으로 보아야 한다. 그
러므로, 任那를 倭로 보아서는 아니 된다. 任那의 國名도
百濟語에서 유래한 것이니, 이는 nima-na의 표기이다. 이
를 日本에서 mima-na로 읽음은, nima의 語頭의 n-이 第
二音節의 m에 同化(逆行同化)되어 mima가 된 것이다(nima
-na>mina-na). 別言任那를 「稔禮」라 하였는데, 이는 nima-na
(任那)의 異形態인 *nimu-ro의 표기로 보인다. 이 nimu-ro
가 mimu-ro로도 변하였으니(nimu-ro>minu-ro), 日本列島內의
地名과 姓氏名에서 mimu-ro(三室·三諸·御室 등)를 볼 수 있
다.20) 그런데, 稔禮는 百濟의 ‘郡邑’을 뜻하는 檐魯와 同
系地名으로 보인다. 檐은 古代音이 「염」이니, 『集韻』 등
에 余廉切이라 하였다. 檐魯는 「염」의 韻尾 -m의 外破音
化에 의한 jəmu-ro(여무로)의 표기로 생각된다. 이는 「담로」
의 표기로 볼 수 없다. 百濟에 22檐魯가 있었음은 두루
아는 일이다. 그러므로, 任那~稔禮~檐魯는 同系地名의 표
기로 생각된다.

　任那國을 세운 사람도 百濟人으로 생각된다. 즉 雞知의

---

20) 註2의 拙著, pp.451~453.

任那는 百濟의 八大姓의 하나인 木氏系의 百濟將 木羅斤
資(그의 아들의 이름은 木滿致)가 세운 것으로 생각되며, 雞知에
있는 前方後圓墳群은 木羅斤資와 그 子孫 등 任那王族의
무덤으로 생각된다.21) 이 古墳群은 百濟의 領域이었던 全
羅南道 海南郡과 咸平郡 長鼓山의 前方後圓墳과 같은 墓
制임에 유의하여야 할 것이다. 그러므로, 任那의 문제는
伽倻史에서 다룰 문제가 아니고, 百濟史에서 다루어야 할
문제이다.

百濟의 國名은 異表記가 있었으나, 大阪에 있었던 百濟
郡을 비롯하여 日本列島의 각지에도 널리 분포하고 있었
다.22) 이를 보아서, 日本으로 가는 길목인 對馬島에도 百
濟가 있었을 것임은 넉넉히 짐작할 수 있다.

(3) 高句麗

『桓檀古記』에 다음과 같은 기사가 있다.

任那는 본래 對馬島의 西北界에 있었다. 云云. 永樂 10년에 三

---

21) 上揭書, pp.85~86.
22) 百濟人의 이주에 의한, 日本列島에 전파된 「百濟」(日本에서는 百濟를
kudara, kudara-ki라 함. 百濟의 都城에 유래함)는 百濟, 久多良, 珍品, 百
濟木, 久多良來 등으로 표기되었다. 筆者는 拙著 『日本古代地名研究』
pp.432~439에서, 이러한 地名을 11개, 神社名을 2개, 寺刹名을 5개, 姓氏
名을 18개 들었다.

加羅가 모두 우리(高句麗)에게 歸屬(귀속)되었다. 이로부터 바다
와 陸地의 諸倭가 모두 任那에 統屬(통속)되었다. 十國으로 나
누어 다스리니, 號해서 聯政(연정)으로 하였다. 그러나, 高句麗
에 直轄(직할)되어 있어, 烈帝의 命하는 일이 아니면, 스스로
專行(전행)할 수 없었다.

(任那者本在對馬島西北界云云 永樂十年三加羅盡歸我 自是陸海
諸倭悉統於任那 分治十國 號爲聯政 然直轄於高句麗 非烈帝所
命 不得自專也)

위 기사에서, 永樂 10년(400)에 高句麗에 歸屬된 三加羅
에 대하여서는 앞에서 말하였다. 高句麗가 對馬島를 정벌
하여 十國으로 나누어 다스렸다고 하였는데, 對馬島 十鄕
은 이 十國의 자취일 것이라 함도 앞에서 말하였다. 『對
州編年略』에 기록된 「對馬島者高麗國之牧」에서, 高麗는
高句麗를 말하고, 牧(牧, 먹일목)은 治와 牧場의 뜻이 있는데,
이는 후자로 생각된다. 오늘날 對馬島의 名物로 알려져
있는 조랑말은, 對馬島가 高句麗의 목장이었을 당시의 말
의 종자로 생각되기 때문이다(畵報 참조). 對馬島는 濟州島와
한가지로 섬이기 때문에, 말이 도망갈 염려가 없어 放牧
(放, 놓을방)하기에 적합하다. 이 『對州編年略』의 기록은 위
『桓檀古記』의 기사를 뒷받침한다. 그리고, 『日本書紀』 欽

明 23年紀에 보이는 高麗王 「陽香」과 「安」은 對馬島 高句麗 邑落國의 王名으로 생각된다. 그리고, 對馬 上島에 있는 高麗山은 高句麗 邑落國 당시에 붙여진 이름으로 생각된다.

高麗(高句麗) 國名은 異表記가 많으나, 日本列島에도 널리 분포하였다.23) 이를 보아서, 그 길목인 對馬島에도 高麗(高句麗)가 있었을 것임은 넉넉히 짐작할 수 있다.

이상에서 살펴본 바와 같이, 古代 對馬島는 韓國의 屬島속도로, 이 섬에 韓半島 三國의 分國분국 혹은 屬郡속군으로서 新羅·百濟·高句麗가 있었으며, 이와 함께 百濟人이 세운 任那가 있었음은 의심할 여지가 없다.

3. 木羅斤資와 葛城襲津彦의 新羅 정벌 관련 地名

『日本書紀』에서 新羅 정벌 관련의 地名을 살펴보기로 한다. 이는 任那에 관련된 地名으로, 任那의 위치를 추정

---

23) 高句麗人의 이주에 의한, 日本列島에 전파된 「高麗」(日本에서는 高麗를 koma라고 함, 貊耳에서 유래함. 이는 koma-ki의 표기임)는 高麗, 狛, 駒, 巨麻, 巨摩, 胡麻, 胡摩, 胡間, 古萬, 古滿 등으로 표기되었다. 筆者는 拙著 『日本古代地名研究』 pp.443~451에서 이러한 地名을 13개, 神社名을 4개, 寺刹名을 6개, 姓氏名을 52개 들었다.

하는데 도움이 된다.

木羅斤資와 沙沙奴跪에게 명하여 精兵을 거느리고, 沙白蓋盧와 함께 가게 하였다. 卓淳에 모여 新羅를 쳐서 깨뜨렸다. 이로 因하여 比自㶱·南加羅·㖨國·安羅·多羅·卓淳·加羅의 七國을 평정하였다(神功 49年紀).

위 七國이란 七邑落을 말하는 것인데, 이는 對馬島에 比定된다. 즉 比自㶱을, 日本 史家들은 慶南 昌寧의 古代 地名 比自火에 比定하였으나, 이는 對馬 上島 北端의 比田勝(히다가쓰)에 比定된다. 比田勝의 본래의 이름은 比之方(히지가다)였는데, 이곳 宗上 野介茂久의 戰勝을 기려 比田勝로 바꾸었다고 한다(가다 '方'와 가쓰 '勝'의 音이 비슷함). 그런데, 比自㶱은 韓國의 比自火를 의식하여, 比之→比自로, 가다(干瀉의 뜻)를 比自火의 「火」를 의식하여 㶱로 改作한 것이다.24) 南加羅와 加羅도 對馬島에 比定된다. 加羅는 伊奈(이나)村의 韓良(가라)(迦羅로도 표기)에 比定된다. 伊奈村 동쪽 海岸에 韓良 地名이 남아 있는데, 이는 본래 伊奈村이 韓良였던 자취로 보인다. 下島 嚴原의 古代 地名이 耶良(또는 與良)였는데, 현재

---

24) 註3의 拙著, pp.268∼270 참조.

그 海岸에 耶良崎(야라사키)의 地名을 남기고 있을 뿐이다. 瀬田(세타)의 栗栖(구루수)는 원래 kara-su에서 변한 것으로, 加羅는 伊奈의 kara(韓良·迦羅)와 瀬田의 kara-su의 kara에 比定된다. 이 두 곳은 가까운 거리에 있다. 南加羅는 이곳의 西南方에 있는 唐洲(加羅愁)에 比定된다. 이마니시(今西龍)는 南加羅를 金海라 하였다. 그러나, 『日本書紀』에서 南加羅는 「蕞爾狹小」한(地形이 작고 좁은) 곳이라 하였는데, 金海는 地形上으로도 이에 맞지 않는다. kara-su(加羅愁)의 su는 su-guri(村干·村主) 또는 su-ki(村의 뜻, -ki는 접미사)에서 보는 su‘村’와 같은 것으로, kara에 설명적으로 첨가한 것이다. ‘村’을 뜻하는 su가 ‘邑落’을 뜻하는 kara에 첨가하여, 그 뜻을 설명한 것이니, 이 su‘村’는 「驛前앞」의 「앞」과 같은 구실을 한다. 喙國은 未詳이다. 多羅를 이마니시(今西), 아유가이(鮎貝) 등은 慶南 陜川의 古代 地名 大良에 比定하였다. 그러나, 大良은 tara의 표기가 아니고, 加羅諸國과 같은 kara의 표기이다. 이는 借訓표기이니, 「大」의 古代 訓이 kara이다(良은 第二音節 ra의 표기). tara(多羅)는 원래 ‘市邑’을 뜻하는 말이었으니, 蔚珍·碧珍·珍城 등에서 보는 「珍」은 tara에서 변한 tura의 표기로 생각된다. 이는 日本語 me-tura-si‘珍’의 tura와 비교된다.25) 對馬島 地名에서 보는, una-tsura(女連), ka-tsura(大村의 뜻)의 tsura는 원래 tara에서 tura>tsura로 변하였다. 이는

tsuna로도 변화였으니(r의 n音化) 大綱(oo tsuna), 小綱(ko tsuna)의 tsuna는 그러한 예이다. 任那 地名의 多羅는 對馬島의 綱(tsuna) 地名에 比定되니, tara(多羅)는 약 1,500년 동안에 tura>tsura>tsuna로 변한 것이다. 이는 北方의 蒙古語 tura'市邑', 터키語 tura'市邑'에서도 볼 수 있다.

위에 보인 神功 49年紀에 다음의 기사가 이어진다.

> 곧 兵을 옮겨 西로 돌려 古奚津에 이르러, 南蛮 忱彌多禮를 무찔러 百濟에 주었었다. 이에 王肖古와 王子貴須가 군대를 거느리고 와서 만났다. 이 때에 比利·辟中·布彌支·半古의 四邑이 스스로 항복하였다. 이에 百濟王의 父子가 荒田別, 木羅斤資 등과 意流村<이제 州流須祗라 한다>에서 만나서 서로 기뻐하고, 후하게 禮遇(예우)하여 보냈다. 오직 千熊長彥은 百濟王과 함께 百濟國에 이르러 辟支山에 올라서 맹세하고 云云.

위에서 比定한 七邑落은, 이 기사에서 보는 意流村, 州流須祗의 地名과 관련이 있다. 이 기사에서 보는 地名들이 對馬島에 있었던 地名일 때는, 위에서 比定한 七邑落名도 對馬島에 있었던 地名임이 확실해지기 때문이다. 먼

---

25) 註2의 拙著, p.98.

저 南蛮(蛮, 오랑케 만) 忱彌多禮를 살펴보기로 한다. 南蛮은
『日本書紀』에서 欽明紀의 下韓·南韓·南加羅와 한가지
로 arihisi kara 또는 arusi kara로 읽었다. 이는 「앒ㅅ가라」
즉 「앞가라」(前韓·前加羅)의 뜻이다. 欽明紀의 下韓·南韓은
對馬 下島를 가리키고, 南加羅는 上島 西海岸의 加羅愁(唐
洲)를 가리킨 것인데, 이에 비하여 이 arihisi kara(앞가라, 前
韓·前加羅) 즉 南蛮 忱彌多禮는 濟州島를 가리킨다. 이 명칭
도 보통명사에 유래한다. kara(加羅·韓)에 '城'이나 '邑落(큰
마을)' 또는 '나라(國)'의 뜻이 있음을 想起상기할 것이다. 「앞
가라」가 한 곳에만 있는 것이 아니니, 집을 南向으로 짓
고 살았기 때문에 앞쪽 또는 아래쪽(南쪽)에 있는 가라(韓·
加羅)가 「앞가라」이다. 忱彌多禮는 濟州島의 古代 地名인
耽牟羅에 比定된다. 日本 史家들도 이를 濟州島에 比定하
였다. 南蛮이라는 形容語가 붙었고, 忱彌와 耽牟가 비교
되기 때문이다. 위 기사에서 '兵을 옮겨 西로 돌려…'에
서, 앞에서 比定한 七邑落名이 對馬島의 地名임이 더욱
확실해진다. 왜냐하면, 對馬島는 濟州島의동쪽에 있기 때
문이다. 다음은 意流村의류촌을 보기로 한다. 아유가이(鮎貝),
스에마쓰(末松) 등 日本 史家들은 意流村을 百濟의 首都인
慰禮城위례성에 比定하였다. 그러나, 이 기사에 나타나는
일들의 순서를 보아서 즉 '王과 王子가 군대를 거느리고

와서 만났다', '王과 함께 百濟國에 이르러…' 등을 보아
서, 意流村은 百濟 밖에 있는 地名임을 알 수 있다. 그리
고, 百濟의 都城도성인 慰禮城을 意流村의 「村」으로 기록
하지는 않았을 것이다. 이는 佐護의 與良原(요라바루)에 比
定된다. 意流는 與良(요라)와 비교되고, 村은 '村'을 뜻하는
바루(原)와 비교된다. 그 分註의 州流須祇에서, 州流는 意
流의 變形으로 보이고, 須祇(suki)는 '村'의 뜻이니, 須祇는
意流村의 「村」과 대응한다. 이 suki는 日本에서 '城'을 뜻
하는 siki26)와 같은 것이다(suki>siki). 新羅의 俗語에 大村을
城이라 하였다. 이 suki는 su'村'에 접미사 -ki가 첨가한
것이니, su-guri'村主'의 su도 이와 같은 것이다. 이 suki(須
祇)는 對馬島의 地名 鋤埼(suki-saki), 犂埼(suki-saki)의 suki와 같
은 것이다.

『日本書紀』 神功 5年紀에 다음과 같은 기사가 있다.

葛城襲津彦을 (徵叱許智에게) 딸려 보냈다. 함께 對馬島에 이르
러 鋤海의 水門에 宿하였다. 葛城襲津彦은 云云 新羅에 가서 蹈
鞴津에서 자고(次하고) 草羅城을 함락(拔)하고 돌아왔다. 이때
에 데리고 온 俘人들은 지금의 桑原·佐糜·高宮·忍海, 무릇 四邑

---

26) 大野晋 등, 『岩波古語辭典』(1977), p.598.

에 사는 漢人들의 조상이다.

이 기사에서 葛城襲津彦은 徵叱許智(未斯欣)를 따라서 對馬島의 鉏(사히)海의 水門(지금의 佐護의 湊)에서 자고, 新羅의 草羅城을 함락하고 돌아왔는데, 그때에 포로(俘人)로 데리고 온 사람이, 大和(야마토) 지방의 四邑에 사는 漢人들의 조상이라 한다. 그런데, 위 四邑 중의 桑原(소하라)(이를 구와하라로도 읽으나, 원래 소하라의 표기임)는 大和國 葛上郡 桑原에 比定되고, 佐糜(사비)는 大和國 南葛城郡 葛城村 字 佐味(사비)村에 比定된다.27) 이러한 地名은 그들의 先住地의 地名을 옮겨 붙인 것인데, 大和國의 桑原(소하라)는 對馬島 曾(소)의 桑原(소하라) 地名에서 옮겨 간 것이고, 佐糜(사비)와 佐味(사비)는 對馬島 新羅의 首邑인 鉏(사히)(이는 沙比로도 표기)에서 옮겨 간 것이다. 그리고, 漢人은 韓人을 말한다. 奈良市에 있는 漢國神社는 원래 韓國神社였다. 韓國 地名에서도 「漢」과 「韓」을 通해 썼으니, 『三國遺事』 新羅始祖條의 「漢岐部又作韓岐部」에서 이를 볼 수 있다. 이를 보아서, 이 기사에서의 漢人은, 大和 지방에 살았던 對馬島 출신의 韓人임을 알 수 있다. 日本의 古代 기록에 의하면, 韓半島의

---

27) 飯田季治, 『日本書紀新講』(中)(明文社, 1940), p.259 再引用.

百濟·新羅와 任那(對馬島)를 한가지로 韓(가라)라 하였다.28) 이를 보아서, 葛城襲津彦은 慶州의 新羅를 정벌한 것이 아니고, 對馬島 佐護의 新羅를 정벌하고 돌아간 것임을 알 수 있다.

이상에서 任那 관련의 國名·地名을 對馬島에 比定하였다. 任那 문제에 있어서 우리가 다함께 유의해야 할 것은, 우리가 알지 못했던 것을 穿鑿(천착)해 보지도 않고, 日本 學者들이 쌓은 지식을 앉아서 받아들이려는 安易(안이)한 생각을 버려야 한다는 것이다. 이는 任那 문제에 限한 것이 아니다. 또 무슨 일이든, 전체를 파서 본(穿鑿한) 뒤에 그것의 한 부분을 생각해야 할 것이니, 한 부분만을 파서 보고 전체를 짐작하여, 이로써 섣불리 결론을 지으려고 해서는 안 된다는 것이다.

❖『伽倻의 歷史와 文化』(釜山, 東義大學校, 人文研究論集 5號, 2000)에 실은 것

---

28) 註2의 拙著, pp.419~422 참조.

4

廣開土王碑文의 「任那加羅」考

• KBS 歷史스페셜

「伽倻 흥망의 블랙박스」를 비판함 •

1. 問題 提起

지난 1999년 2월 20일 KBS의 '歷史스페셜'에서 「伽倻 흥망의 블랙박스」를 방송하였다. 그 내용에서, 金海지역에 鐵製 甲冑갑주·鐵鋌철정 등의 遺物이 많이 出土됨을 보아서 金官伽倻는 鐵을 생산하는 强盛강성한 海洋國이었다 하고, 이러한 나라가 400년에 新羅를 도와서 南下한 高句麗 五萬의 大軍에 멸망되었다고 하였다. 廣開土王碑文에 나타나는 倭를 金海지역에 있었던 任那加羅라 하고, 伽倻와 倭의 연합군이 新羅를 공격했기 때문에, 新羅가 高句麗에 援軍을 청한 것이라 하였다. 廣開土王碑文에 나타나는 「追至任那加羅」를 高句麗軍이 金官伽倻까지 공격해 간 것이라 해석하고, 이 때에 金官伽倻는 高句麗에 멸망된 것이라 하여, 任那加羅를 金官伽倻라 하였다. 그리하여, 532년(法興王 19)에 伽倻國이 멸망했다고 하는 『三國史記』의 기록은 잘못된 것이니, 이는 400년에 멸망한 것으로 수정되어야 한다고 하였다. 그러나, 이는 잘못된 推論추론이다. 왜냐하면, 伽倻國 멸망의 연대도 맞지 않거니와, 그 형식도 맞지 않는다. 즉 『三國史記』에는 法興王 19년(532)에 金官國의 仇亥王구해왕이 妃비와 세 아들과 더불어 國帑(帑, 나라금고노)·寶物보물을 바치고 항복하였다고 하였으며, 金官國이 高句麗에 멸망되었다는 기록은 아무 데도 찾아볼 수 없다. 任那加羅는 金官伽倻가 아니었기 때문이다. 이 방송 내용은 日本 史家들이 만든 任那 金海說을 그대로 받아들여 이야기를 꾸민 것에 지나지 않는다.

과거 日本 史家들은 任那加羅에 대한 잘못된 해석과 잘못된 比定(比, 견줄비)으로, 南韓經營說남한경영설 등 그릇된 史觀사관을 수립하였다. 이 史觀은 韓國 침략에 대한 思想을 불러 일으켜, 그 결과 우리는 20세기 전반기에 植民地 지배라는 民族的 수모와 엄청난 피해를 입었다.

이제 새 千年을 내다보는 우리는, 앞으로는 그러한 (또는 그와 비슷한) 일을 되풀이하여서는 안 될 것이며, 또 日本과 中國의 强大國 사이에서 生存하기 위하여서는 國力을 키우는 한편, 우리의 歷史를 바로 알아야 할 것이다. 古代 韓日關係에 있어서, 왜곡된 歷史를 바로잡아 올바른 歷史 인식을 갖도록 하여야 할 것이다. 따라서, 과거 日本人들이 쌓은 지식과 史觀을 받아들여, 함부로 歷史 推論추론을 하는 일도 삼가야 할 것이다. 學問에 대한 穿鑿천착 없이 편안하고 쉬운 것에 安住안주하여, 日本學者들의 學說을 비판 없이 받아들이거나, 또 우리 자신을 알고 이웃(隣國)을 알려는 노력을 하지 않아서는, 치열한 경쟁 속에서 살아남기 힘들 것이다. 쉬운 쪽만 따라가고 있는 오늘날의

語文政策에도 문제가 있다.1)

　　KBS에서는 ‘歷史스페셜’을 통하여, 잃었던 歷史를 되찾는 일에 많이 노력하였다. 이는 높이 評價평가되거니와, 지난번에 방송한 것에서, 任那加羅를 金官伽倻로 보고 伽倻史를 再構재구한 것에 대해서는 매우 애석하게 생각한다. 잘못된 韓日關係史를 바로잡는 일은 이 世代를 사는 우리들의 責務책무이기 때문이다. 이에 방송된 「任那加羅」를 비판하기로 한다.

2. 任那加羅의 「加羅」와 任那 十國 중의 「加羅」

(1)「加羅」의 잘못된 해석과 地名에 대한 知識 부족

　　日本 史家들은 廣開土王碑文에 나타나는 a) 任那加羅의 「加羅」가 金官伽倻(加羅)의 「加羅」와 같은 것이라 하고, 任那까지도 金海에 比定하였다. 또 『日本書紀』(이하 『書紀』)

---

1) 學問의 발전은 물론, 우리 자신을 알기 위하여, 文化·通商 등 日本·中國과 교류하고 그들을 알기 위하여, 또 生存 전략을 위하여 漢字·漢文敎育은 강화되어야 한다. 우리는 愛國과 文字 기능 문제를 혼동하고 있다. 漢字의 表意文字로서의 기능을 살려서 國力을 키우는 것이 愛國하는 길임을 알아야 한다. 漢字實力의 低下는 學問을 穿鑿하는 힘을 弱化시킨다.

欽明 23年紀(562)에 보이는 b) 任那 十國2) 중의 「加羅」도
任那加羅의 「加羅」와 같은 것이며, c) 金官伽倻의 「加羅」
와도 같은 것이라 하였다. 그리고, 『書紀』에 나타나는 任
那下韓・南韓・東韓・諸韓의 「韓」도 韓半島의 韓國을
말하는 것이라 하여, a)加羅=b)加羅=c)加羅(伽倻)=南韓의
관계를 주장하였다. 그리하여, 『書紀』의 任那日本府의 기
록과 함께 任那南韓說, 南韓經營說을 주장하였고, 『書紀』
推古 31年紀의 「任那小國 天皇附庸」(附庸은 속국의 뜻)의 기록
과 함께, 南韓이 그들의 植民地的식민지적 領域이었다는 史
觀사관을 수립하였다. 그들의 任那에 대한 연구는 明治 초
기 이후에 활발하였는데, 그들의 이러한 그릇된 史觀은
大國化의 의식과 大陸 침략의 사상과 함께, 마침내 韓國
을 그들의 植民地로 만들었다. 그리하여, 우리는 20世紀
전반기에 엄청난 民族的 受難수난을 겪어야 했는데, 이와
같은 民族의 不幸도 「任那加羅」 또는 「韓」에 대한 그릇
된 해석과 그릇된 比定에서부터 비롯된 것이다. 이는 一
言으로 하여 地名과 國名에 대한 知識의 부족에 기인하는
것이다. 日本 史家들 중에는, 아직도 任那가 金海에 있었
다고 생각하는 사람이 많고, 또 敎科書에서도 이를 실어

---

2) 이는 對馬島 十鄕과 같은 것이다. 拙著, 『任那國과 對馬島』(亞細亞文化社,
  1987), pp.228~234 참조.

서, 4~6세기경에 南韓이 大和(야마토) 政權의 지배하에 있었던 것처럼 가르치고 있다. 그러므로, 그들의 그릇된 史觀을 바로 잡기 위해서는, 우리 자신부터 國名·地名이란 무엇이냐 하는 것부터 알아야 한다.

地名이란 語形과 語義(義, 뜻의)와 表記의 삼요소로 된 장소 표시의 言語이다. 그 예를 한내(大川)·한들(大野)·수리산(首山)·수리재(首嶺)·갈미봉(大山峯)에서 들면, 한내·한들의 「한」은 '큰(大)'의 뜻이고, 수리산·수리재의 「수리」는 '首'의 뜻이다. 南韓에만 하여도 수리봉·수리산·수리재 등이 240개나 分布(분포)하고, 또 suri-bari, suri-batshi jama(富士山의 別稱), suri-mi 등 日本地名에도 널리 分布하고 있다.3) 이 「수리」는 머리의 가장 높은 곳을 말하는 頂수리의 「수리」와 같은 것이니, 수리산·수리재는 가장 높은 산, 높은 재를 말하는 것이다. 古代 地名에서 이 「수리」를 「首尒」로 표기하였으니, 「수」를 「首」字로 표기함은, 그 뜻이 '首'임을 보이는 것이다. 그러므로, 이 「首」는 借音 表記(차음표기)인 동시에 表意的(표의적) 表記이다. 또 수리산을 「鷲山」(鷲, 독수리취)으로 표기하였으니, 이는 산에 독수리가

---

3) 이 수리系 地名은 對馬島는 물론, 日本列島에도 널리 分布한다. 拙著.『日本古代地名研究—韓國 옛地名과의 比較—』(亞細亞文化社, 1996), pp.227~233, p.502 참조.

산다는 환경을 감안한 것이다. 南韓에서만 약 300개나 分布하고, 또 日本에도 널리 分布하는 갈미봉 · 갈미산4)의 「갈」은 '大'의 뜻이고, 「미」는 '山'의 뜻이다. 이와 같은 地名은 그곳 住民들이 쓰는 일반 言語로써 만들어졌다. 地名이라 하면 固有名詞로 알고 있으나, 그 命名된 과정을 보면 일반 言語로써 만들어진 普通名詞였다. 그리고, 地名은 住民들의 移住와 함께 이동한다. 왜냐하면, 새 移住地에 가서도 先住地선주지에서와 같은 言語로 같은 방법으로 地名을 만들어서 불렀기 때문이다. 그러므로, 地名의 分布는 方言의 分布와 같이 널리 分布한다.

語形에 있어서, 한내 · 한들의 「한」은 「간」(<*kan)에서 변한 것이다. 對馬島 地名에서 tara(田良), tara(多良), 또는 oo tara(大多羅)(安神 소재), oo tara(大多羅)(嚴原 소재), oo(大)tara(樫根 소재), kan tara(豊 소재)에서 보는 tara는 들'野'(15세기 國語 드르, 江原道 地名 드루)와 같은 것인데, kan tara는 '큰 들'의 뜻이다. 수리산의 異形態에 소리산이 있으니, 『三國史記』地理志의 率已山 · 所利山은 이를 표기한 것이다. 또 갈미산의 「갈미」는 「가라뫼」에서 第二音節의 母音이 脫落하고, 「뫼」가 「미」로 변하여 된 것이다.

---

4) 이 地名은 日本에 널리 分布한다. 上揭書, pp.502~504 참조.

그리고, 표기는 표기하는 사람에 따라서 다르고, 時代에 따라서 地域지역에 따라서 다르며, 같은 地名이 文獻문헌에 따라서, 또 같은 文獻에서도 표기자에 따라서 다르게 나타난다. 그 예를 金海지역과 對馬島에 分布하는 kara '城邑'에서 들기로 한다. 金海지역의 kara는 加羅・加良・伽落・駕洛・弁으로 표기되었다. 즉 『三國史記』에서 加羅・加良・伽落・駕洛의 異表記를 볼 수 있는데, 이는 모두 kara의 표기로 생각되니, 良・落・洛의 韻尾 -ŋ, -k은 그 표기에 반영되지 않은 것으로 생각되기 때문이다. 古代 地名 표기에서, 이와 같은 韻尾는 外破音化하여 표기에 반영되기도 하나, 대부분 반영되지 않았다. 古代 國語가 開音節語개음절어였기 때문이다.5) 그리고, 「弁」(곳갈 변, 『字會』中22, 『類合』上30)도 借訓에 의한 kara의 표기이고, 弁韓의 「韓」도 借音(*kan)에 의한 kara의 표기이다. 이와 同系인 kara 地名은 對馬島에서도 볼 수 있으니, 三國시대는 물론, 三韓시대부터 많은 사람들이 건너가서 살았기 때문이다. 對馬島에서는 이 kara의 표기에 韓良・迦羅・

---

5) 拙著, 『韓國古代國名地名硏究』(螢雪出版社, 1982), pp.295~315. 「開音節의 表記와 漢字音의 受用」, 拙著, 『國語學論攷』(亞細亞文化社, 1993), pp.66~95. 「古代國語 開音節에 대하여」, 『同』 pp.3~22. 「古代 入聲韻尾 t의 r音化에 대하여―古代國語 開音節 硏究의 一環으로―」, 註3의 拙著, pp.11~12, p.325 참조.

加羅·唐 등으로 借字되었고, 또 韓·汗으로도 借字되었다. 金海지역에「가야」(伽倻)가 있는 것과 한가지로, 그곳에서도「가라」에서 변한「가야」(賀谷)가 있다. 이와 같이 두 곳의 kara의 표기에 金海는 金海대로 異表記가 있고, 對馬島는 對馬島대로 異表記가 있다. 그러나, 두 곳의 표기가 같을 수도 있으니,「加羅」「韓」이 그러한 예이다.

이를 보아서 표기는 그 地名語만큼 중요하지 않다. 地名語가 몸이라면 표기는 옷과 같으니(옷은 얼마든지 바꾸어 입을 수가 있으니), 표기는 表記者에 따라서 시대에 따라서 다를 수가 있기 때문이다. 몸도 항상 同一한 것이 아니다. 나이를 먹으면 몸이 변하듯이, 時代의 推移추이에 따라서 또 地域에 따라서 地名語도 변한다. 이것이 變異形態(異形態)이다. 그러므로, 歷史 地名을 比定비정하기 위하여서는, 위에서 말한 바와 같은 古代 地名에 대한 言語學的 知識이 있어야 하고, 그 地域의 歷史的 배경도 알아야 한다. 그 地域에서 出土된 遺物유물에 대하여서 소홀히 해서는 안 된다. 이와 같은 知識의 뒷받침 없이 함부로 地名을 比定함은 위험한 일이다. 잘못 比定한 地名 위에 쌓은 任那史는 砂上樓閣사상누각에 지나지 않는다.

(2) 加羅·韓의 표기와 語源

위에서 말한 바, 任那加羅의 「加羅」, 任那 十國 중의 「加羅」, 金海의 「加羅」(伽倻)는 表記上으로는 같으나, 의미상의 차이가 있고, 또 그가 占(占, 점령할점)하는 장소가 다르다. 이를 알기 위하여 「加羅」로써 표기된 kara의 語源어원부터 알아보기로 한다. 『桓檀古記』에 佐護加羅·仁位加羅·雞知加羅가 나타나는데, 이 加羅에 '首邑'의 뜻이 있다고 하였다. 이 셋의 加羅는 古代 對馬島를 대표하는 首邑이다. 이는 普通名詞이다. 任那加羅도 위 三加羅와 같은 對馬島의 地名으로, 「加羅」는 '邑落(마을)'을 뜻하는 普通名詞로 생각된다. 그리고, 이 kara(加羅)는 아래에서 고찰하게 될 廣開土王碑文의 韓(kara)와 같은 것으로, kara(韓)에 '城'의 뜻이 있다. 또 『三國遺事』에 九韓이 나타나는데, 이 九韓에는 日本·中華·吳越·女眞 등 國名이 들어 있다. 이를 보아서 韓(kara)에는 '나라'(國)의 뜻이 있음을 알수 있다. 古代 城邑國시대에는 王이 있는 城이 곧 나라(國)였다. 따라서 kara(加羅)에는 '首邑' 또는 '城'이나 '나라(國)'의 뜻이 있음을 알 수 있다.

다음에는 廣開土王碑文에 보이는 「韓」을 통하여, kara(加羅)의 뜻을 알아보기로 한다. 먼저 「韓」으로 표기된 語形부터 보면, 「韓」의 현행음이 han이나(日本음 kan), 古代음은

*kan으로 再構된다. 즉 B. Karlgren과 周法高가 再構한 上古音이 ɡ'ân, ɡan이다. 이것이 古代 國語에서 *kan으로 受容되고, 韻尾 -n이 外破音化하여 kana로 受容되고, 또 두 母音 사이에서 나는 n은 間隙度간극도가 큰 r로 變動(間隙同化)하여 kara가 된 것이다. 다시 말하여 「韓」은 kara를 표기한 것이다.6) 『書紀』에서 「韓」을 kara로 읽는 것은, 古代 韓國에서 「韓」을 kara로 읽었기 때문이다. F. de Saussure는 子音과 母音의 間隙(aperture)를 0度에서 7度로 나누었는데, 이에 의하면, a는 7度이고 n은 2度이고 r은 3度이다.7) 그리하여, *kana(韓)의 ana는 7-2-7度에서 7-3-7度(ara)로 변동하여 kara가 된 것이다. kan이 kana로 -n이 外破音化외파음화한 이유는, 古代 國語가 CVCV(C는 子音, V는 母音)를 基調(基, 터기)로 하는 開音節語(上述 註5)였기 때문이다. 오늘날 老年層에서는 cream[kri:m]을 /크리무/로, steam[sti:m]을 /스티무/로 발음한다. 末音에 母音이 添入첨입된다. 젊은 層에서도 strike[straik]를 /스트라이크/로, book[buk]을 /부크, 북크/로 발음한다. 子音의 연결을 피하여 s, t에 각각 母音 /으/가 添入하고 끝 音節음절에도 母音이 添入하였다. 이를

---

6) 上揭 拙著, 『韓國古代國名地名研究』, pp.64~66 및 註3의 拙著, pp.324~328 참조.
7) 許 雄, 『國語音韻學』(正音社, 1969), pp.27~28 참조.

보아서 古代 國語에서의(특히 地名·國名 표기에서의) 外破音化를
짐작할 수 있다. 이에 古代 地名의 복수 표기에서, 그와
같은 몇 예를 보면 다음과 같다.

安市城 : 丸都城, 仁夫里 : 爾陵夫里, 同福 : 豆夫只, 習谿 : 習
比谷

위 安市城 : 丸都城에서, 「安」은 韻尾 -n의 外破音化에
의한 ara(<ana<an)의 표기로 보아야 하니, 그와 對應하는 「丸」
(訓, 알<*ara)이 ara의 표기로 보이기 때문이다. 仁夫里 : 爾陵
夫里에서도 「仁」은 그의 韻尾 -n의 外破音化에 의한 iri의
표기로 보아야 하니, 그와 대응하는 「爾陵」이 iri의 표기로
보이기 때문이다. 同福의 「福」과 習谿의 「習」도 그의 韻尾
-k, -p의 外破音化에 의한 표기일 것이니, 그와 대응 표기
된 「夫只」 「習比」를 보아서 이를 알 수 있다.8) 이를 보아
서 韓(*kan)이 kara의 표기에 借用됨을 알 수 있다.

다음에는 kara(韓)의 뜻이 문제된다. 이는 414년에 세워
진 廣開土王碑文에서, 그 뜻이 '城'임을 알 수 있다. 즉 이
碑文에서, 百濟에서 데리고 간 포로들의 本籍 地名에서

---

8) 註3의 拙著, p.325. 拙著, 『國語學論攷』, pp.69~80 참조.

「韓」과「城」이 섞여 나오고, 또「韓城」또는「城韓」이 뒤
바뀌어 나타남을 볼 수 있기 때문이다.9)

> ㄱ) 地名 끝에「城」字가 붙은 것……34개(梁城, 新城, 南蘇城, 牟婁城,
>   干城, 牟水城 등)
>
> ㄴ) 地名의 끝이나,「城」의 앞뒤에「韓」字가 붙은 것……7개(豆比鴨
>   岑韓, 求底韓, 含葛城韓穢, 客賢韓, 巴奴城韓, 百殘南居韓, 大
>   山韓城 등)
>
> ㄷ) 그 외「城」「韓」이 붙지 않은 것……8개(東海賈, 梁谷, 安夫連,
>   ○池, 匈牟, 客頭 등)

위 49개 地名에서, 41개에「韓」「城」또는「城韓」「韓
城」이 섞여 나온다. 또「南居韓」은 高句麗 五萬의 大軍이
新羅를 도와서 發兵발병한「男居城」으로 보인다. 이를 보
아서 kara(韓)에 '城'의 뜻이 있음을 알 수 있다. 그러나, 이
는 큰 마을(邑落)을 뜻하는 것으로 해석된다. 왜냐하면, 『梁
書』양서 新羅條에「그 俗에 城을 健牟羅건모라라고 한다」라
고 함을 볼 수 있기 때문이다.「健」은 '큰'의 뜻이고「牟
羅」는 '마을'의 뜻이다. 國語에서는 死語가 되었으나, 日

---

9) 註5의 拙著, 『韓國古代國名地名研究』, pp.68~69 참조.

本語에서는 mura‘村’로 남아 있다.

위에서 살펴본 바와 같이, 任那加羅의 加羅(kara)는 對馬島 三加羅(『桓檀古記』)의 加羅‘首邑’와 廣開土王碑文에서 보는 韓(kara)‘城’와 같은 것이다.

(3) 普通名詞로서의 kara(加羅·韓)와, 固有名詞로서의 kara(加羅·韓)

『桓檀古記』에서, 「加羅」는 ‘首邑’을 稱하는 것이라 하였다. 이는 普通名詞이다.

이로부터 任那는 對馬島를 全稱(전칭)하게 되었다. 云云. 任那는 또 三加羅로 나뉘었으니, 이른바 加羅는 首邑을 稱하는 것이다. 이로부터 三汗이 서로 다투어 세월이 오래 가도록 화해하지 아니하니, 佐護(사고)加羅는 新羅에 속하고, 仁位(니이)加羅는 高句麗에 속하고, 雞知(게찌)加羅는 百濟에 속하게 된 것이 이것이다.

(自是任那乃對島全稱也 云云 任那又分爲三加羅 所爲加羅者首邑之稱也 自是三汗相爭歲久不解 佐護加羅屬新羅 仁位加羅屬高句麗 雞知加羅屬百濟 是也)

위 기사에서, 三加羅는 佐護加羅 · 仁位加羅 · 雞知加羅

를 말하는 것인데, 佐護·仁位·雞知는 현재 對馬島에서 불려지고 있는 地名이다. 여기에서 유의할 것은 「三汗」의 표기이다. 이는 三加羅를 말하는 것으로, 「汗」은 韻尾 -n 의 外破音化에 의한 kara의 표기이다. 이는 「韓」이 kara의 표기에 借用된 것과 같다. 이 「三汗」은 韓半島의 「三韓」 과 구별하기 위한 것이다. 表記者의 마음씨(用心)를 읽을 수 있다.

韓半島와 對馬島에서, 普通名詞로서의 kara의 표기를 보면 다음과 같다.

> 韓半島에서…廣開土王碑文의 韓(kara),『三國遺事』에서의 九韓
> 의 韓(kara)
> 對馬島에서…『桓檀古記』의 三加羅의 加羅(kara), 三汗의 汗
> (kara)

地名이란 이와 같이 일반 言語로 된 普通名詞이기는 하나, 住民들이 부르는 동안에 차츰 固有名詞化고유명사화하 였다. 즉 앞에서 예로 든 한내·한들·수리산 등에서, 한 내는 큰내(한내·大川)가 흐르는 일정한 장소를 가리키는 것 으로, 이는 固有名詞化하였다. 한들·수리산도 한가지이 며, '城邑'을 뜻하는 kara도 한가지이다. 韓半島와 對馬島

에서 固有名詞化한 kara의 표기를 보면 다음과 같다.

> 韓半島에서…馬韓·辰韓·弁韓 三韓 등의 韓, 弁·加羅(伽倻)·加良,
> 大良·江陽 등
> 對馬島에서…韓鄉之島·韓島의 韓, 下韓·南韓·東韓의 韓, 韓良, 加
> 羅·唐 등

위에 보인 固有名詞의 지역 구분을 보면 다음과 같다. 즉 kara'城邑'로 命名된 지역의 폭이 너무 넓어서, 그 말에 다른 말로 修飾(飾, 꾸밀식)하여 서로를 구별하였다. 이를 韓半島에서 보면, 韓(kara)로 불려지는 지역이 넓어서(이는 廣域<광역>의 kara이다), 이를 馬·辰·弁으로 修飾하여 馬韓·辰韓·弁韓으로 불렀다. 古代 對馬島도 韓鄉之島·韓島 등 韓(kara)라 하였는데, 그 지역이 넓어서 下南·南韓 또는 東韓으로 구별하여 불렀다. 이 廣域의 kara에 韓半島와 對馬島에서 한가지로 「韓」字로 표기한 것에 유의할 것이다. 그리고, 구별된 狹域협역의 kara에서도, 金海지역에서는 「弁」(kara의 표기)으로 표기하였으나, 時代가 推移추이함에 따라서 加羅·加良·駕洛·伽落으로 표기하였다. kara에서 바뀐 kaja(가야)의 표기에는 加耶·伽耶·伽倻로, 中國 史書에서는 狗邪·拘邪로 표기하였다. kaja로 불려지는 지역이 너무 넓어서 金官伽倻·大伽倻·小伽倻 등, 伽倻의 앞에 金官·大·小·阿羅·古寧·星山·非火 등으로 修飾하여 서로를 구별하였다. 對馬島에서도 이를 볼 수 있으니, 上島 伊奈(이나)의 kara는 韓良·迦羅로 표기하고, 上島 西岸의 kara는 唐·加羅로 표기하였다. 金海의 kara는 加羅·加良·駕洛·伽落 등으로 표기한데 비하여, 慶南 陝川의 kara는 大良·江陽으로 표기하였다. '大'의 古代國語가 kara이니, 大良은 「大」의 借訓에 의한 kara'城邑'의 표기(良는 ra의 표기)이고, '江'의 古代國語가 kʌrʌ(15세기 國語 ᄀᄅᆞᆷ의 ㅁ은 후대에 발달한 것)이니, 江陽도 kara'城邑'의 표기(陽는 a의 표기)로 생각된다.10) 高靈·古寧 등은 kara의 異形態인 koro의 표기로 생각된다. 對馬島에서도 伊奈의 kara는 韓良·迦羅로, 上島 西岸의 kara는 唐·加羅로 표기하여 서로를 구별하였으며, 또 kara의 異形態의 地名으로 후루사토(古里)(후루는 kuru에서 변한 것, 사토는 '里'의 뜻), 후루키(朽木)(후루키는 kuru-ki에서 변한 것) 등을 볼 수 있다.

　이상에서 고찰한 바와 같이, 「任那加羅」는 '任那의 邑落', '任那라는 나라'의 뜻이다. 이 kara(加羅)는 kara(韓)와 같은 '城邑'을 뜻하는 普通名詞보통명사이니, 「加羅」는 對馬島

---

10) 註3의 拙著, pp.414~417 참조.

三加羅(佐護加羅·仁位加羅·雞知加羅)의 「加羅」와 같은 보통명사이다. 이에 비해, 『書紀』任那 十國 중의 하나인 「加羅」는 對馬島에 比定되는 地名이다. 이는 固有名詞이다.

3. 對馬島의 韓(kara)와 韓良(kara)·加羅(kara)의 地名

(1) 韓鄕之島, 韓島와 對馬島 名義, 下韓·南韓

① 韓鄕之島

古代 對馬島를 韓鄕之島라 하였다. 즉 『書紀』神代紀에 素盞嗚尊이 韓鄕之島에서 나무를 심은 神話가 있는데, 『書紀』에서는 「韓鄕」을 「韓國」과 한가지로 kara kuni로 읽는다. 日本 史家들은 이를 韓國이라 하나11) 韓國은 섬이 아니다. 韓鄕之島를 對馬島로 보아야 할 이유는, ㄱ) 韓鄕之島에서 「鄕」은 古代 對馬島의 十鄕 또는 八鄕의 「鄕」을 말하는 것이고, 또 對馬島가 섬이기 때문이다. ㄴ) 이 神話에는 수기(杉), 전나무(檜), 비자나무(柀), 여장나무(櫲樟) 등이 나타나는데, 이는 현재 對馬島에 있는 나무들이다. 韓半島에서는 기후 관계로 자라지 않는다. ㄷ) 이 神

---

11) 金澤庄三郎, 『日鮮同祖論』(汎洋社, 1943), p.76. 飯田季治, 『日本書紀新講』 (明文堂), 上卷(1940), p.253 등 참조.

話에는 이 섬에 金銀이 많다고 하였는데, 日本 史家들은 韓國에 金銀이 많다는 先入見으로, 韓鄉之島를 韓國이라 하였다. 그러나, 對馬島에도 金銀이 많이 났으니, 佐須(사스)에 銀坑은갱의 자취(畫報 참조)와 그와 관련된 地名이 남아 있다. ㄹ) 위 神話를 뒷받침하는 것으로, 對馬島의 歷史를 기록한 『對州編年略』에 素盞嗚尊이 지금의 三峯(미네)山에 植樹를 했다는 기록이 있다. ㅁ) 素盞嗚尊이 對馬島에 오래 살았던 實存人物실존인물임은, 현재 이 섬에 그와 그의 父子 등 家族을 祀(제사사)한 神社가 50餘社나 있다.12)

② 韓島와 對馬島 名義

對馬島 출신의 人名에 韓島가 나타난다. 즉 『書紀』天智 10年紀에 韓島勝娑婆의 人名이 보이는데, 韓島는 kara sima의 표기로 그 사람의 출신 地名이고, 勝은 '村干·村主'를 뜻하는 suguri의 표기이니,13) 이 사람의 이름은 '韓島의 村主인 娑婆'의 뜻이다. 天智 10년은 671년에 해당되니, 7세기 후반에도 이 섬을 kara sima(가라-섬)라 했음을 알 수 있다. 또 上島 西岸(岸, 언덕안)의 kara-su(唐洲·加羅愁)에 유래된 人名에 「韓」으로 표기된 것을 볼 수 있다. 즉 『對

---

12) 註3의 拙著, pp.26~28 참조.
13) 金澤庄三郎 前揭書, p.147.

州編年略』에 韓蘇使主가 보이는데, 韓蘇(가라소)는 이 kara
-su(唐洲.加羅愁)의 地名이고, 使主(오미)는 上代 姓의 하나로
蕃人(蕃, 오랑캐번)에게 내린 것이라 한다.14) 이 人名에서 地
名 kara의 표기에 「韓」字를 借用하였다. 韓島는 韓鄕之島
와 같은 것인데, 對馬島를 kara-sima(가라–섬, 韓島)라 한 것
은, 對馬島에 古代 韓國人이 많이 살았고, 이 섬에서도 韓
半島에서와 한가지로 城邑을 kara라 했기 때문이다.

그런데, 「對馬島」의 표기를 잘 살펴보면, 이는 「韓島」
와 같은 kara-sima(가라–섬)의 표기임을 알 수 있다. 3세기
말에 편찬된 『魏志東夷傳』에 「對馬國」이 나타나는데, 이
「對馬」는 古代 韓國人에 의한 借訓表記차훈표기로 생각된
다. 倭에 文字와 말(馬)이 들어간 것이 5세기 말 내지 6세
기 초의 일이니, 「對馬」가 倭人에 의하여 표기된 것으로
볼 수 없다. 말(馬)이라는 동물을 모르고, 文字가 없는 倭
人이 이를 표기할 수 없었을 것이기 때문이다. 「對」는
'竝・比・敵・等・雙'을 뜻하는 15세기 國語 「곫-」과,
'對立・報復'을 뜻하는 慶尙道 方言 「갋-」의 語根 kʌl・
kal(〈*kʌrʌ・*kara)(-ㅂ은 접미사로 후대에 발달한 것)을 표기한 것이고,
「馬」는 古代 國語 kəl(〈*kərə) 혹은 그의 陽性母音形인

---

14) 新出 村, 『辭苑』(博文館, 1941), p.267.

*kal(⟨*kara)의 표기로 생각되니, 윷놀이의 말 이름 걸‘馬’과 『三國史記』 卷14, 大武神王 3年條의 神馬名 「駏驤」거루(말이라는 語)는 이와 같은 것으로 생각된다. 그리하여, 「對」와 「馬」는 두 字로써 하나의 kara(韓)를 표기한 것으로 생각된다. 이는 二字化의 표기인데, ‘馬韓에 對한다’의 뜻이 되도록 造語(造, 지을조)하였다.15)

③ 下韓·南韓과 東韓16)

『書紀』 欽明 2年紀에 「下韓任那之政」, 同 5年紀에 「任那之下韓百濟郡令城主」가 나타나며, 또 同 5年紀에 「在下韓之百濟郡令城主」, 「置南韓郡令城主」가 나타난다. 여기에 나타나는 「下韓」과 「南韓」을, 日本 史家들은 韓半島의 南韓을 말하는 것이라 하였으나, 그렇지 않다. 對馬島는 「韓鄕」이니, 下韓은 이 韓鄕 또는 韓島의 아래(下)쪽의 섬인 對馬 下島를 가리킨다. 任那之下韓 百濟郡令城主는 對馬 下島의 百濟의 郡令과 城主를 말하는 것이니, 任那는 對馬 全島를 말하는 것이고, 百濟郡令 城主는 對馬 下島의 雞知(게찌)에 있었던 百濟의 郡令과 城主를 말한다. 『桓檀古記』에 ‘雞知는 百濟에 속하였다’고 하였는데, 당시에

---

15) 註3의 拙著, pp.302~306 참조.
16) 上揭書, pp.335~336 참조.

雞知는 百濟의 郡이었던 것이다. 그리고, 城主의 「城」은 雞知에 있는 현재 朝鮮式山城으로 불려지고 있는 黑瀨(구로세)城을 말한다.17) 위에서 보인 南韓은 下韓과 같은 것으로, 『書紀』에서는 下韓과 南韓을 한가지로 arusi kara(阿留之架良), 또는 arihisi kara로 읽었다. 이는 韓國語 앒ㅅ가라(>앞가라, ㄹ脫落, '前韓')에 유래한다.18) 집을 南向으로 짓고 살았기 때문에, 南을 아래(下) 또는 앞이라 하고, 北을 위(上) 또는 뒤라 하였다. 이 語形의 비교에서, aru/ari는 앒(前)의 「알」에 해당되고, hi는 「ㅂ」에 해당되고, si는 사이시옷이고, kara 는 韓(kara)에 해당된다. arusi는 aruhisi가 줄어진 것이다. 日本 史家들은 이 地名이 韓國語로 만들어져 있음을 보아서 「任那之下韓」의 任那가 南韓에 있었다고 하였다. 이는 說得力(설득력)이 있어 보이나, 옳지 않다. 왜냐하면, 이 下南·南韓은 對馬 下島를 가리키니, 이는 古代에 그곳에 살았던 韓國人에 의하여 命名된 것이기 때문이다. 즉 古代 對馬島는 韓國의 屬島(속도)였으니, 三國시대에는 이 섬에 韓半島의 新羅·高句麗의 分國과 百濟의 屬郡이 있었다. 新羅는 가장 오래 존속하였으니, 佐護(사고)에 있

---

17) 上揭書, pp.333~335 「百濟城」, 이 책 p.127 「百濟의 城」 참조.
18) 飯田季治, 『日本書紀新講』(1940) 下卷 p.125. 3卷으로 된 이 책은 1936년에 初版이 나오고, 1940년에 8版이 나왔다.

었던 新羅는 難知에 있었던 任那를 滅멸하고, 그 곳에서 150년 이상 全島에 세력을 폈다.[19] 日本의『塵袋』卷2에서는 「對馬島는 옛날 新羅國과 꼭 같은 곳」이라 하였다.

『書紀』應神 16年紀에 「東韓」이 나타난다. 이는 아마 對馬 上島의 東쪽 지역을 가리키는 것으로 생각된다. 日本 史家들도 이 東韓을 韓國에 比定비정하지 못하였다. 比定할 곳이 없기 때문이다. 對馬島에서의 韓(가라)를 下韓·南韓 또는 東韓으로 나누어 부른 것은, 韓半島의 韓(가라)를 馬韓·辰韓·弁韓으로 나누어 부른 것과 같다.

(2) 對馬島의 韓良(가라)·加羅(가라) 등의 地名

위에서 古代 對馬島를 韓鄕·韓島·東韓·諸韓 등 韓(가라)로 부른 이유를, 이 섬에 古代 韓國人이 많이 살았고, 또 이 섬에서 城邑을 kara라 했던 것에서 찾았다. 이와 함께 이 섬에도 韓半島에서와 한가지로 狹域 또는 狹義(狹, 좁을협)의 kara'城邑'系[20) 地名이 있다. '城邑'을 뜻하는 kara系의 地名에는, 그 異形態이형태로서 koro, kuru의 地名과, 이들 語形에 접미사 -ki가 첨가한 kara-ki, koro-ki,

---

19) 註3의 拙著, p.376 참조.
20) 이는 「韓」(가라)로 표기된 廣域(또는 廣義)의 kara系 地名에 반대되는 개념이다. 註3의 拙著, p.330, 336 참조.

kuru-ki의 地名이 있었는데, 對馬島에서도 이와 같은 地名이 分布하였다. 對馬島 地名에서 이러한 異形態 地名을 보기에 앞서, ㄱ) 高句麗. ㄴ) 百濟. ㄷ) 新羅 地名에서, '城'이나 '里'를 kara, 또는 koro, kuru라 하였음을 보기로 한다.

> ㄱ) 本有五族有消奴部 絕奴部 順奴部 灌奴部 桂婁部(『魏志』高句麗)
>
> 鉛城本乃勿忽(『史記』地理4, 高句麗)
>
> 戍城縣本高句麗首爾忽(『史記』地理2 長堤)
>
> 溝漊者高句麗名城也(『魏志』高句麗)
>
> ㄴ) 大山韓城。南居韓, 巴奴城韓(廣開土王碑文)
>
> 辟城縣本辟骨縣(『史記』地理4, 大山)
>
> 斌城縣本百濟賓屈縣(『同』地理3, 大山)
>
> ㄷ) 星山郡本一利郡<一云 里山郡>景德王改名 今加利縣(『史記』地理1, 星山)
>
> 八里縣本八屈里縣(『同』地理1, 壽昌)
>
> 辰韓之地古六村云云 初降于明活山 是爲漢岐部又作韓岐部(『遺事』新羅始祖 赫居世)

위 ㄱ)에서 高句麗 五族名中의 桂婁部의 「桂婁」는, 桂의

現行音이 ke이나 古代音은 佳와 같은 ka일 것으로, karu의
표기로 생각된다. 이는 ㄴ) 百濟 지역의 韓(kara), ㄷ) 新羅
지역의 ‘里’와 대응 표기된 加利(kara/kari), 辰韓의 漢岐(kara-ki),
韓岐(kara-ki)(-ki는 접미사)의 kara와 같은 것으로 생각된다. 그리
고, ‘城’과 대응 표기된 ㄱ)의 忽(koro), ㄴ)의 ‘骨’(koro)는 ‘城’
을 뜻하는 高句麗의 溝漊(kuru), 百濟의 屈(kuru)의 異形態이
고, 新羅의 ‘里’와 대응 표기된 居里(kərə/kəri)와도 같은 것으
로 생각된다. 이들 語形은 kara의 異形態로 생각된다. 「忽」
「骨」과 「屈」은 현행음이 「홀」·「골」·「굴」이나, 入聲韻
尾 -t의 外破音化[21)에] 의하여, koro(忽·骨), koru(屈)를 표기하
였을 것이다. 즉 忽, 骨은 *kot으로 再構재구되는데, 韻尾 -t
가 外破音化하여 kot-o(o는 添入한 것)>kodo>koro로 바뀌었을
것이다. 屈(*kut)도 한가지이다. 日本語에서 ‘나라(國)’를 뜻
하는 kuni는 高句麗의 ‘城’을 뜻하는 kuru(溝漊), 百濟의
kuru(屈)에서 kunu>kuni로 語形이 바뀌었을 것이다.[22)] 紙
面 관계로 위 ㄱ), ㄴ), ㄷ)에 대한 설명을 다하지 못하니,
拙著[23)로] 미룬다. 그런데, 이러한 語辭어사들이 地名으로
굳어졌으니, 金海지역의 「弁」「加羅」는 위에서 본 바 ‘城

---

21) 許雄, 前揭書, p.22, p.101. 拙著, 『國語學論攷』, pp.13~21 참조.
22) 拙著, 『日本古代地名研究』, pp.104~107 참조.
23) 上揭書 pp.410~414 참조.

邑’에 유래된 kara를 표기한 것이며, 慶南 陜川郡의 古代 地名 「大良」과 「江陽」도 ‘城邑’에 유래된 kara를 표기한 것이다. 또 高靈伽倻, 古寧伽倻의 「高靈」「古寧」도 ‘城’이나 ‘里’를 뜻하는 koro에서 유래하였을 것이니, 古代 國名·地名 표기에서, 靈·寧에서 보는 것과 같은 韻尾 -ŋ은 그 표기에 거의 반영되지 않았다. 이와 같은 地名은 全國에 分布하니, 南原의 옛 地名 「古龍」도 koro의 표기일 것이다.24) 그 외 『三國史記』 地理志에 보이는 古祿只(koro-ki), 結己(koro-ki/kərə-ki), 屈支(kuru-ki), 軍支(kuru-ki)도 이와 同系地名으로 생각된다. ‘城’을 뜻하는 kara, 그 異形態인 koro/kuru는 南下할수록 그 뜻이 ‘里’ 또는 ‘邑落’의 뜻으로 바뀌었다.

이와 같은 말이 地名으로 굳어진 예는 對馬島의 現地名에서도 볼 수 있다.

韓良(kara)(『津島紀事』에는 迦羅로 표기) (上島 伊奈村)

kara-su no baru(上島北岸 佐護)

唐洲(kara-su)(『海東諸國記』에는 加羅愁로 표기) (上島 西岸)

古里(huru-sato)(<*kuru-sato)(sato‘里’는 후대에 설명적으로 첨

---

24) 上揭書, p.412, 415, 418 참조.

가된 것)(上島 北岸)

黑瀨(kuro-se)(下島, 淺茅灣에 臨하는 곳)

朽木(huru-ki<*kuru-ki)(『海東諸國記』에는 仇知只로 표기)(上島

吉田의 古地名)

賀谷(kaja, 가야)(<*kara)(下島 美津島)(이 地名은 金海지역의

가야<伽倻>와 비교된다)

『書紀』 任那 十國 중의 하나인 加羅는 위 地名에서의
韓良(迦羅)에 比定되고, 南加羅는 唐洲(加羅愁)에 比定된다.
金海의 加羅는 같은 語源이나 同名異所의 地名이다. 『書
紀』(720)의 「加羅」는 8세기 초의 『書紀』의 편찬자에 의하
여 표기된 것인데, 오늘날의 對馬島에서의 地名 표기가
그와 같을 수 없다. 표기는 時代에 따라서, 지역에 따라
서, 표기자에 따라서 다르기 때문이다. 佐護의 kara-su(이는
아직 漢字에 定着되지 않음)와 上島 西岸의 kara-su(唐洲·加羅愁)의 su
는 '村主·村十'을 뜻하는 su-guri(上述)의 ɒu'村'와 같은 것
으로, 후대에 설명적으로 첨가된 것이다(갈미산'大山', 驛前앞에서
「산」「앞」은 그 앞의 「미」와 「前」의 뜻을 드러내기 위하여 후대에 첨가된 것인데,
su'村'도 이와 같은 것이다). kuro-se(黑瀨)의 se도 su'村'에서 변한
듯하다. *kuru-ki(>huru-ki, 朽木)의 -ki는 韓半島의 koro-ki(古祿
只), kuru-ki(屈支) 등에서 보는 -ki와 같은 접미사이다.

4. 任那國의 對馬島 比定

任那加羅에서 보는 任那는 對馬島에 比定된다. 筆者는 『書紀』에 나타나는 任那國 관련의 地名에 대한 語源 연구, 同系地名의 分布, 表記의 異同 등 言語學的 연구와, 그 地名이 나타나는 문장 전후의 事件 내용의 분석과, 수차의 답사로, 任那國을 對馬島에 比定하였다.25) 이에 대해서는 아래 註의 拙著로 미루나, 여기서는 이 拙著(pp.97~126)에서 보인 13개항을 들어, 간단히 설명하기로 한다. 이 13개항에서는 崎(미사키), 船浦(후나우라), 曲(마가리) 등, 對馬島에서 볼 수 있는 地名을 제외하고는, 任那 관련의 많은 地名을 들지 않았다. 왜냐하면, kara系 地名에 南韓에 加羅(加良 등)가 있고, 對馬島에도 韓良(迦羅)·加羅(唐)가 있으며, ara系에도 南韓에 阿羅(ara) 阿那(ana)가 있고, 對馬島에도 安羅(ara), 穴(訓 ana)가 있는 것과 같이, 同系地名이 韓半島와 對馬島에 다같이 分布하고 있어, 이로써 任那의 위치를 추정하는데 크게 도움이 되지 않기 때문이다. 이에 비해, 아래에 보이는 13개항의 것은, 任那를 對馬島로

---

25) 拙著,『任那國과對馬島』(亞細亞文化社, 1刷 1987, 再刷 1990), 日本語版 『任那は對馬にあった』(任那는 對馬에 있었다)(日本, 大阪 ソウル書林, 1987), 再版에서는『任那と對馬』(日本, 東京 東洋書院, 1992)로 改題함.

보지 않을 수 없는 資料와 조건들이다.

   1) 任那의 위치가 明示되어 있는 韓國측의 資料

   2) 任那의 위치가 明示되어 있는 日本측의 資料

   3) 倭寇의 침입의 方向과 그 性格

   4) 『書紀』任那 기사에 나타난 地名·國名의 방향과 그 환경

   5) 『書紀』에 나타난 任那·南加羅의 크기

   6) 『書紀』에 나타난 任那·加羅·新羅·高麗(高句麗)의 王名

   7) 『書紀』任那 기사에 나타난 神(人)名과 現對馬島의 神社名

   8) 任那國의 金銀·珊瑚(산호)·樹木(수목) 등 産物

   9) 任那 멸망의 時期와 倭의 對馬島 國府 설치의 時期

   10) 任那地名 중 美佐祇(崎), 布那宇羅(船浦), 曲(마가리) 등 韓
      國에서는 볼 수 없는 地名

   11) 對馬島에 남아 있는 任那·新羅·高麗의 기록

   12) 對馬島의 南室(나무로), 白木山(新羅山), 高麗山 등 任那 기
      사 관련의 國名·地名

   13) 4~6세기의 韓·倭의 軍事力 비교

이에 대해, 紙面관계로 간단히 설명한다.

먼저, 1)에 대하여, 『桓檀古記』에 다음과 같은 기록이
있다.

任那는 본래 對馬島의 西北界에 있었는데, 北에는 바다로 막혀 있다(北阻海). 國尾城에서 통치하였다. 云云. 후에 對馬 二島(上下島)는 마침내 任那가 제압한 바가 되어, 이로부터 任那는 對馬島를 全稱(稱, 일컬을칭)하게 되었다.

(任那者本在對馬島西北界 北阻海 有治日國尾城 云云 後對馬二島遂爲任那所制 故自是任那乃對島全稱也)

2)에 대하여서는, 『書紀』에 任那가 처음으로 나타나는 崇神 65年紀에서, 任那의 위치에 대하여 다음과 같이 記述하였다.

任那는 筑紫國을 떠나기(去하기) 二千餘里인데, (任那의) 北에 바다로 막혀 있어(北阻海), 이로써 雞林의 西南에 있다.

(任那者去筑紫國二千餘里 北阻海 以在雞林之西南)

이 기사는 ㄱ) 任那가 北에 바다로 막혀 있다는 환경과, ㄴ) 筑紫國(北九州)에서 二千餘里 떨어져 있다는 거리와, ㄷ) 雞林계림의 西南에 있다는 방향으로 설명하고 있다. 日本 史家들은 ㄱ)에 대하여, 任那를 金海라 하고, 筑紫國축자국에서 볼 때 (筑紫國의)北에 바다로 막혀 있다고 하였으나, 이는 옳지 않다. 이 문장에서 主語는 筑紫國이 아니고 任那이기 때문이다. 『桓檀古記』에도 任那의 北에 바다로 막혀 있다고 하였다. ㄴ)에 대하여서는, 中國의 『魏志東夷傳』 『後漢書』에서 狗邪(拘邪)韓國(金海)－對馬國－壹岐國－北九州의 末盧國말로국 사이를 각 千里로 보고, 金海에서 北九州까지를 三千里라 하였으니, 北九州(筑紫國)에서 二千餘里의 거리는 對馬島에 해당된다. ㄷ)에 대하여서는, 현재 地圖上으로 볼 때, 對馬島는 慶州(雞林)의 南에 위치하니, '任那가 雞林의 西南에 있다'함은 조금 맞지 않는다. 그러나, 古代人의 이러한 착오는 큰 문제가 안 된다.

3)에 대하여 보면, 『三國史記』에 倭寇왜구 침입에 관한 기사가 30여 곳에 나타나는데, 그들이 침입한 방향이 東邊·南邊·木出島·風島 등이며, 또 배를 타고 왔다. 그들을 맞아 싸운 곳도 慶州의 東邊 吐含山(斧峴), 北쪽 海邊인 盈德(沙道城)이었으며, 추격한 곳도 迎日(獨山)과 海口였다. 만일에 金海 또는 高靈에 任那日本府와 같은 政治機構가 있었거나, 그러한 政治機構가 없었다고 하더라도 金海에 倭의 세력이 있었다면, 혹은 金官伽倻가 任那國이었다면, 바다가 아닌 陸路로 침입하였을 것이고, 또 그쪽으로 도망쳐 갔을 것이다. 『三國史記』에 倭寇에 대비한 기록이 5곳에 보이는데, 그 기사도 배·바다·對馬島에 관련된다.

4) 『書紀』 神功 46年紀에 다음과 같은 기사가 있다. 즉

百濟人 久氏가 卓淳國에 가서 倭에 가는 길을 물었는데, 길을 가르쳐준 사람은 '바다가 멀고 풍랑이 심하니, 큰 배를 타야 갈 수가 있다'고 하였다. 이 卓淳은 任那 관련의 地名으로, 바닷가에 있었음을 알 수 있다. 이 「卓淳」은 「卓」의 韻尾 -k와 「淳」의 韻尾 -n의 外破音化에 의한 takutsuno의 표기이다. 이는 『萬葉集』에 보이는 栲角 (takutsuno), 『出雲國風土記』에 보이는 多久豆乃(takutsuno) 등 5 종의 異表記가 있다. 이는 對馬 上島 北岸의 佐護(사고) 부근에 있었던 地名으로 추정되는데, 日本 史家들은 이를 大邱에 比定하였다. 그러나, 百濟人이 大邱까지 가서 倭에 가는 길을 물었을 턱이 없고, 또 大邱 사람들은 倭에 가는 뱃길을 잘 알지 못했을 것이다.

5) 『書紀』 推古 31年紀에 「任那는 小國이나 天皇의 附庸이다」라는 기사가 있다. 附庸(附, 붙을부)은 屬國의 뜻이다. 金官伽倻는 六伽倻 중에서도 宗主國인데, 이를 「小國」이라 할 수 없다. 같은 책 欽明 2年紀에 「南加羅는 蕞爾狹小한 곳」이라 하였는데, 「蕞」는 작은 모양(小貌)의 뜻이고, 「爾」는 語助辭이고, 「狹小」는 地形이 좁고 작은 곳을 말한다. 日本 史家는 南加羅를 金海라 하였으나, 金海는 狹小한 곳이 아니다.

6) 『書紀』 繼體 23年紀에 「任那王 己能末多干岐」가 보

이고,『新撰姓氏錄』의 任那 出自의 姓氏條에 「賀室王, 佐利王, 佐利金, 佐利己牟」가 보인다. 또 神功 62年紀에 「加羅王 己本旱岐」, 繼體 23年紀에 「加羅王 阿利斯等」이 보인다. 또 仲哀 9年紀에 「新羅王 宇流助富利知干」, 繼體 23年紀에 「新羅王 佐利遲」가 보인다. 그리고, 欽明 23年紀의 高麗王名에 「陽香」「安」이 나타난다. 이러한 王名은 韓半島의 王名이 아니다. 韓半島 三國의 分國으로서의 對馬島에 있었던 邑落國들의 王名이다.

7)『書紀』繼體 6年紀에 '住吉大神이 바다 밖(海表)의 金銀의 나라인 高麗·百濟·新羅·任那를 胎中태중에 있는 譽田天皇(應神)에게 주어서 맡겼다(授託)'라는 기사가 있다. 그런데, 이 기사에서의 住吉大神을 祀한 住吉神社가 현재 對馬島의 雞知 등 4곳에 있다. 또 이 섬에는 日本 本土에서는 생산되지 않았던 金銀이 많이 생산되었다.26) 이 4國은 對馬島에 있었던 邑落國이니, 이를 韓半島의 國名으로 볼 수 없다. 韓半島에 있었던 4國을 胎中에 있는 倭의 應神王에게 맡겨서 주었다는 것은 말이 안 된다.

8) 위 7)의 繼體 6年紀에 「海表金銀之國」, 仲哀 8年紀의 栲衾新羅의 이야기에서 「眼炎耀之金銀彩色 多在其國」

---

26) 註2의 拙著, pp.111~116 참조.

의 기록이 보이는데, 栲衾(다쿠후스마)는 위에서 말한 栲角(다쿠쑤노), 多久都乃(다쿠쑤노), 卓淳(다쿠쑤노)와 같은 地名으로, 佐護 부근에 있었던 地名이다. 對馬島에는 金銀이 많이 생산되었다. 아유가이(鮎貝房之進)는 箕準馬韓기준마한시대에, 任那가 馬韓에 珊瑚산호를 바쳤다는 기록을 보았다고 하였는데,27) 對馬島에 珊瑚가 생산된다. 金海 近海근해에는 기후 관계로 이것이 생산되지 않는다.

9) 『書紀』 孝德 大化 2年紀(646)에 「드디어 任那가 朝貢을 그만두었다(遂罷任那之調)」라는 기사가 있다. 任那는 사실상 이때에 멸망하였다. 그런데, 倭가 684년(天武白鳳 12)에 對馬 下島의 耶良(야라, 현재 首邑인 嚴原)에 國府(地方 관청)를 두었다. 耶良(야라)와 安羅(아라)는 같은 곳의 地名이다. 이 시기는, 韓半島의 百濟(660)와 高句麗(668)가 멸망하자, 그 屬郡과 分國이었던 對馬島의 百濟와 高句麗가 따라서 멸망하였을 때이다. 韓半島의 百濟와 高句麗의 간섭이 없어지자, 倭가 비로소 對馬島에 國府국부를 설치한 것이다. 그곳의 新羅도 7세기 말 혹은 8세기 초에 멸망하였을 것이니, 이 시기는 對馬島에 대한 韓國과 倭와의 세력의 교체기를 의미한다.

10) 『書紀』 任那 관련 기사에 「美佐祁」(미사키, 崎), 「布那

---

27) 鮎貝房之進, 『雜攷』 第2輯 上卷(1931), p.17.

宇羅」(후나우라, 船浦), 曲(마가리, 地形이 굽은 곳) 地名이 나타난다. 이는 바다와 관련된 日本語에 의한 地名이다. 金海나 高靈에서 이러한 地名을 찾을 수 없다. 이를 보아서 任那가 對馬島에 있었을 것임을 알 수 있다.

　　11) 『增訂對馬島誌』(1973)(p.909, 938)에, 현재 對馬島에서 불려지고 있는 地名이 任那 地名이라는 기록이 있다. 즉 '志多賀라는 地名은 古代 任那國에 있었다고 한다', '志多留라는 地名은 古代 任那에 있었다고 한다'의 기록이 있다.

　　12) 對馬島의 加羅愁(唐洲)는 『書紀』의 南加羅에 比定된다. 「任那」는 「任」님의 韻尾 -m의 外破音化에 의한 nima-na의 표기이다. 日本에서는 이를 mima-na로 읽는데, 이는 nima-na에서 mima-na로 변한 것이다(語頭 n의 m化). 『三國史記』脫解王 1年紀와, 『同』 地理志4에 나타나는 木出島는 對馬島를 가리키는 것으로,28) 「木出」은 借訓에 의한 *nama-na/*namu-na의 표기로 보이는데, 이 nima-na(任那), nama-na/namu-na(木出)는 對馬島 雞知의 枝村인 namu-ro(南室)에 比定된다. nima/nama/namu는 '主'의 뜻이고, na/ro(<no)는 '地'의 뜻이니, 任那는 地方의 君主가 있었던 '主邑'의 뜻이다. 雞知가 본래의 任那(nima-na)(中期任那)였으나, 雞

---

28) 註2의 拙著, pp.204~207 참조.

知에는 ketsi'首長, 渠帥' + baru'村'에 유래된 ketsi(雞知)의 地名(baru의 생략)이 優勢우세하자, 본래의 任那의 이름은 그의 枝村(枝, 가지지)인 namu-ro(南室)에 그 자취를 남기고 있다. 雞知任那가 멸망한 이후, 任那는 이곳에 물러나서 약 百년 간 명맥을 유지했던 것이니(이를 南室任那라 부르려 한다), 『書紀』에 이에 대한 기사가 14곳에나 보인다. 『書紀』 欽明 23年紀에 任那 十國名과 함께, 總言총언 任那와 別言별언 任那라는 말이 나온다. 總言任那는 全任那國 즉 對馬島 전체를 통틀어 부른 이름이고, 別言任那는 각각의 10개 邑落을 말하는 것인데, 別言으로서의 任那는 雞知에 比定된다. 이를 『書記』에서 稔禮라 하였다. 그리고, 雞知의 任那國은 百濟將 木羅斤資가 세운 것으로, 그 세력이 全島에 확대된 것으로 생각된다.29) 그리고, 廣開土王碑文의 任那加羅는 總言任那로서, 對馬를 全稱전칭하는 것이다.

  13) 4~6세기의 倭의 軍事力은 유치했다. 이를 『晉書』(265~418, 약 150년 간의 역사를 기록)에서 보면, 倭에 소와 말이 없다 하고, 兵器병기로는 칼·방패·활이 있다고 하였다. 『隋書』(586~617, 3대 30년 간의 역사를 기록)에는 倭의 兵器로 칼·창·도끼(斧)·활이 있고, 漆皮칠피로 갑옷을 만들며, 骨鏃(鏃, 화살촉)을

---

29) 前揭 拙著, 『日本古代地名硏究』(1996), p.85.

쓴다고 하였다. 비록 兵器가 있으나, 征戰(征, 정벌할정)을 하지 않는다고 하였다. 倭에 말이 들어간 것은 5세기 말 또는 6세기 초의 일이니, 『書紀』 應神 15年紀에 '百濟가 阿直岐를 시켜 良馬 二匹이필을 보냈다'는 기록이 있다. 이에 비하여 伽倻지역에서는 5세기 전반기에 騎馬戰團기마전단이 있었다. 1980~1981년에 발굴된 釜山 福泉洞 古墳에서는 鐵製武器·甲冑類갑주류·馬具·土器 등 1,830여 점이 出土되었으며, 甲冑類에는 實戰에 쓰던 馬面冑(冑, 투구주)도 나왔다.30) 이로써 보면, 당시에 倭가 伽倻지역을 지배했다는 것은 말이 안 된다.

이상에서 任那加羅에 대한 加羅의 語源과 任那의 위치를 설명하였다. 즉 加羅는 원래 '城'이나 '큰 邑落'을 뜻하는 보통명사로, 金海 등 六伽倻(六加羅)는 이것이 固有名詞化한 것이다. 그리고, 任那의 소재지는 對馬島로서, 任那加羅의 加羅는 佐護(사고)加羅·仁位(니이)加羅·雞知(게찌)加羅에서 보는 加羅와 같은 보통명사이다. 그리고, 任那加羅는 對馬島를 全稱하는 이름이다.

❖『語文硏究』(韓國語文敎育硏究會) 第105號(2000)와 『名稱科學』(名稱科學硏究所) 제7호(2002)에 실은 것

---

30) 註2의 拙著, p.542 참조.

5

對馬島의 新羅 邑落國

1. 問題提起

對馬島가 韓國과 가깝기 때문에, 古代에는 이 섬이 韓國에 속해 있었을 것이라는 생각은 누구나 해 본 일이 있을 것이나, 이곳에 新羅 邑落國이 있었으리라고 생각해 본 일은 별로 없는 듯하다. 왜냐하면, 『三國史記』에 이에 대한 기록이 없고, 또 學界학계에서도 이에 대해 문제삼아 온 일이 없었기 때문이다. 그러나, 『三國史記』(1145)의 편찬자인 金富軾(1075~1152)의 生存 당시는 對馬島가 日本에 속해 있었으므로, 『三國史記』에서 4~6세기경의 任那國과, 7세기 末 내지 8세기 初에 멸망했을 新羅 邑落國읍락국에 대한 기록을 빠뜨린 것이다. 이에 비해서, 『三國史記』보다 후대의 資料이기는 하나, 『桓檀古記』에 기록된 對馬島의 任那國과 新羅 邑落國에 관한 기록은 주목 할만하다. 『日本書紀』와 對馬島에 전하는 기록 등으로, 對馬島의 新羅 邑落國을 인정하지 않을 수 없기 때문이다. 이 論考에서는, 『日本書紀』와 對馬島에 전하는 기록과 對馬島의 地名을 통해서 그 所在를 확인하고, 그 盛衰성쇠를 살펴보기로 한다. 이에 대한 고찰에 앞서, 對馬島와 韓國과의 地理的 조건과 歷史的 背景배경을 대략 훑어보기로 한다.

對馬島는 韓國과 日本列島를 잇는 징검돌(渡石) 노릇을

한 섬으로서, 日本列島보다 韓國쪽이 가깝다. 즉 對馬島 南端에서 九州의 福岡(후쿠오카)까지가 약 124km임에 比하여, 對馬島의 北端북단에서 釜山까지는 약 50km에 지나지 않는다. 섬의 폭이 약 18km이고 길이가 약 82km이니, 對馬島의 길이보다 對馬島와 釜山과의 거리가 더 가깝다. 그리하여, 釜山과 對馬 上島의 北岸에 위치한 佐須奈(사스나) 사이에 定期정기 旅客船이 다니던 日帝시대에는, 對馬 上島의 北岸에 사는 사람들은, 對馬島의 首邑(首, 머리수)인 下島의 嚴原(이즈하라)에 가기보다 釜山에 오는 것이 가까운 관계로, 釜山과의 내왕이 빈번하였다. 지금은 釜山과 比田勝(히다카스) 사이에 旅客船여객선이 다니고 있어, 對馬島와의 내왕이 잦다. 그리고, 이 섬은 맑은 날이면 釜山의 龍頭山이나 太宗臺에서 바라다 볼 수 있으며, 또 對馬島의 千俵蒔(센뽀마키)山이나 佐須奈(사스나) 등지의 北岸에서도 韓國의 連山을 바라다 볼 수 있는 可視的가시적 거리에 있다. 이와 같이, 이 섬은 韓國과 서로 바라다 볼 수 있는 가까운 거리에 있어, 三韓·三國時代(또는 그 以前)부터 古代 韓國人들이 많이 건너가서, 큰 浦마다 渠帥(首長)가 되어 邑落國을 형성하였던 것이니, 오늘날 그곳에 그러한 地名이 많이 남아 있다. 이 섬은 山地가 많고 또 險험하여, 陸路육로로서는 내왕이 불편하여, 큰 浦마다 獨自的인 邑落國이 발달하였다. 對馬島의 十鄕(『和名類聚抄』 등)이니, 八郡(『海東諸國記』)이니, 「分治十國」(『桓檀古記』)이니, 「任那 十國」(『日本書紀』)이니 하는 것은 이를 두고 하는 말이다.

이 섬에는 日本 彌生(야요이)時代와 古墳時代(4세기부터 7세기까지)에 축조된 墳墓(石棺墓)가 아직 400基나 남아 있는데, 이러한 무덤의 主人도 韓地에서 건너간 사람들로 생각된다. 왜냐하면, 이 섬에 남이 있는 彌生(야요이) 遺跡이나 銅矛동모 出土地를 보면, 下島보다 上島에 많이 分布하고 있으며, 또 上島에서도 韓地와 對岸하는 西北岸에 더 많이 分布하고 있으며, 그 量으로도 下島보다 上島에 월등하게 많이 埋藏매장되어 있기 때문이다. 『桓檀古記』에 '古代부터 仇州(九州)와 對馬島는 곧 三韓이 分治한 곳이라'함은 이를 뒷받침하는 것이다. 三國時代에 들어와서는 新羅·百濟·高句麗 사람들이 邑落國을 이루어 集團的집단적으로 살았다. 『桓檀古記』에는 '任那(對馬島)는 三加羅로 나뉘었으니<中略>, 佐護加羅는 新羅에 속하고, 仁位加羅는 高句麗에 속하고, 雞知加羅는 百濟에 속하게 되었다'는 기록이 있다. 그리고, 같은 책에서 '永樂 10년(400)에 三加羅(佐護加羅·仁位加羅·雞知加羅)가 모두 우리(高句麗)에 歸屬귀속하게 되었는데, 이 이후로 海陸의 諸倭가 任那에 統禦통어되어 十國으로 分治하였다'라고 하였다. 이는 廣開土王이 步騎 5

萬으로 新羅를 도와서 倭를 뒤쫓아 任那加羅에 이르렀다
는 廣開土王의 碑文을 뒷받침한다. 高麗時代에 들어와서
도, 對馬島는 高麗와의 관계가 깊었다. 즉 현재 이 섬에는
高麗佛・高麗大藏經・高麗鉦(鉦, 징정)・高麗門 등의 遺物과
遺跡유적들이 많이 남아 있다. 또 1246년에 島主 宗씨의
조상인 惟宗重尙이 200騎를 이끌고 이 섬에 上陸하여 阿
比留(아히루) 在廳재청을 친 것도, 당시 島主格인 阿比留씨가
倭보다 高麗에 더 친밀한 관계를 맺어 왔고, 또 이로써 貿
易으로 많은 利得을 얻었기 때문이다. 朝鮮朝에 들어와
서, 世宗大王은 對馬島의 倭寇를 토벌하고, 그곳의 豪族
들에게 武官의 祿을 주어서 倭寇를 막았으니, 현재 이 섬
에는 당시의 敎旨(그곳에서는 이를 告身이라 함)가 남아 있다.

  倭는 684년(天武 白鳳 12)에 對馬島의 耶良(야라, 任那 기사의 安羅
〈아라〉, 現嚴原)에 國府를 두었다. 그러나, 中央政府와 먼 거
리에 있었으므로, 官吏관리가 中央政府의 任命을 받고도 부
임하지 않은 者가 많아, 中央政府의 힘이 미치지 못하였
다. 그리하여, 掾官연관이던 阿比留씨의 在廳 때는 물론, 宗
씨가 島主가 된 이후에도 韓國과 깊은 관계를 맺어 왔다.

  이와 같이, 對馬島와 韓國이 歷史的으로 깊은 관계가
있었던 까닭은, 地理的으로 가까울 뿐만 아니라, 農耕文
化와 佛敎文化 등 韓國에서 높은 文化가 건너갔으며, 20

세기 초반까지 韓國의 食糧에 의존1)해야 했기 때문이다.
이 섬에서는 아직도 高麗佛을 가운데 安置안치하고 倭佛을
그 곁에 앉힌다고 한다. 이 섬에는 山地가 많아서 벼농사
가 잘 안 되므로, 이 섬 사람들은 海物을 팔아서 쌀을 사
서 먹었는데, 韓地의 쌀을 먹지 않게 된 것은, 日本 본토
의 쌀이 남아도는 20세기 후반기부터라고 한다.

2. 對馬島의 新羅 邑落國에 대한 記錄

對馬島에 新羅 邑落國이 있었음을 보이는, 「新羅」의 기
록을 보기로 한다.

(1) 韓國측의 기록
　　① 『桓檀古記』에서의 「新羅」 기록
『桓檀古記』의 高句麗 本紀에 다음과 같은 기사가 있다.

　　이로부터 任那는 對馬島를 全稱(전칭)하게 되었다. 古代부터 仇

---

1) 釜山과 對馬島間에 定期旅客船이 다니던 당시(1945년 이전), 對馬 上島에
　사는 사람들은 釜山에 와서 쌀(米)을 사고 시장을 보고 映畵 구경도 하고,
　돌아가서 그 쌀로 밥을 지어 먹었다고 한다.

州(九州)와 對馬島는 곧 三韓이 分治한 곳이니, 본래 倭人이 世居
한 곳이 아니다. 任那는 또 三加羅로 나뉘었으니, 이른 바 加羅
는 首邑을 稱하는 것이다. 이로부터 三汗이 서로 다투어 세월이
오래 가도록 和解하지 아니하니, 佐護加羅는 新羅에 속하고, 仁
位加羅는 高句麗에 속하고, 雞知加羅는 百濟에 속하게 된 것이
이것이다.

(自是任那 乃對島全稱也 自古仇州對島 乃三韓分治之地也 本非
倭人世居地 任那又分爲三加羅 所謂加羅者首邑之稱也 自是三汗
相爭歲久不解 佐護加羅屬新羅 仁位加羅屬高句麗 雞知加羅屬百
濟 是也)

위 기사에서 「三韓」과 「三汗」의 표기에 유의할 것이
다. 즉 「三韓」은 韓地의 馬韓 · 辰韓 · 弁韓을 말하고, 「三
汗」은 對馬島의 三加羅 즉 佐護加羅 · 仁位加羅 · 雞知加
羅를 말한다. 「加羅」로 표기된 kara는 원래 '城' 또는 '邑
落'을 뜻하는 말임은 앞에서 말하였다. 위에서 加羅를 '首
邑'을 일컫는 것이라 함은 筆者의 해석과 거의 같다.

위 기록에서 三加羅는 對馬島를 대표하는 큰 邑落(읍락)
들이다. 위 기사에서 上島 北部에 위치하는 佐護加羅는
新羅에 속하게 되었다고 하였는데, 이 新羅는 佐護(사고)의
深山(미야마), 湊(마나토)와 그 부근에 比定된다.

②『新增東國輿地勝覽』에서의 新羅(「鷄林」) 기록

『新增東國輿地勝覽』(卷 23) 東萊·山川條에 다음과 같은 기사가 있다.

> 對馬島는 즉 日本 對馬州이다. 옛날에 우리 鷄林(新羅)에 예속되어 있었으나, 언제 倭人의 所據소거가 되었는지 알 수 없다. (對馬島卽日本國對馬州也 舊隸我鷄林 未知何時倭人所據)

이 외에 明宗 연간(1557~8)에 제작된 八道州縣圖인 「朝鮮方域之圖」2)와 朝鮮朝 末경의 「小羅洞天」 등에 對馬島가 韓國의 領土로 明記되어 있다. 이는 朝鮮朝 사람들의 領土意識영토의식을 보이는 것이다.

(2) 日本측의 기록

다음은 日本의 기록에서 新羅 邑落國을 보기로 한다.

①『對州編年略』의 「新羅住之」의 기록

이 책의 이름에서 「對州」는 對馬州의 略稱약칭이다. 上·中·下로된 이 책은 對馬島의 歷史를 編年的편년적으

---

2) 朝鮮日報, 1989. 8. 9. 참조.

로 기록한 것이다. 이 책은 對馬島人 藤定房의 著인데, 그가 죽은 해는 1732년(亨保 17)이다. 이 책에는 다음과 같은 기사가 있다.

山家要略記＜後鳥羽院 天台僧 顯眞이 撰한 書＞에 말하기를, 對馬島는 高麗國의 牧이요, 新羅人이 살았던 곳이다. 開化天皇代에 이 섬으로부터 襲來(습래)하여 왔다. 仲哀天皇이 豊浦宮으로부터 對馬島에 幸行하여 新羅를 征伐하여 마침내 이 섬을 빼앗고, 新羅高麗로 건너가서 合戰하다가, 흐르는 화살(流矢)에 맞았다. 이로 인하여 軍이 敗하여 이에 本朝로 向하여 돌아왔다. 云云
(山家要略記＜後鳥羽院 天台僧顯眞 撰之書＞云 對馬島者 高麗國之牧也 新羅住之 開化天皇代 從此島襲來 仲哀天皇 豊浦宮幸 對馬島 征伐新羅 竟取此島 渡新羅高麗合戰 中流矢軍敗 於是向 本朝飛着 云云)

위 글에서 引用한 『山家要略記』는 後鳥羽院(1186~1197) 時의 天台僧 顯眞이 지은 것이라 한다. 開化王代에 이 섬의 新羅가 襲來하여 온 일이 있으며, 仲哀王이 長門(나가토)의 豊浦宮에서 가서 이 섬의 新羅를 정벌하고, 韓地의 新羅와 高麗(高句麗)에 건너가서 싸우다가 화살에 맞아서 敗패하여 本朝로 돌아왔다는 것이다. 위 글에서 仲哀王은, 『日本

書紀』에서 新羅 征伐정벌로 이름이 있는 神功后(神功皇后)의 남편이다. 『日本書紀』의 新羅 征伐에 대한 이야기는, 이 기록에서 보는 바 對馬島의 新羅를 征伐한 이야기이다.

② 『塵袋』의 「新羅」 기록

『塵袋』의 卷2에 對馬島에 대한 다음과 같은 기사가 있다.3)

무릇 對馬島는 옛날 新羅國과 꼭 같은 곳이다. 사람의 모습도 그곳에서 생산되는 土産物도 있는 것은 모두 꼭 新羅와 다름이 없다.

이 기사는 위 『山家要略記』의 「新羅住之」의 기사를 뒷받침한다. 사람의 모습이나 産物이나 있는 것은 모두 新羅와 같다고 하니, 그들이 쓰는 말(用語)도 新羅語였음은 말할 나위 없다. 『日本書紀』에서 보는 바, 이 섬의 地名에 arihisi kara(앏ㅅ가라)(南韓·下韓)의 韓國 地名이 나타나는 것도 그러한 이유이다. sira-e(白江)·sira-ko(白子)·se-baru(瀨原)·sora-baru 등 新羅 관련의 地名과, 그 외 古代 韓國語로 된 地

______

3) 金澤庄三郎, 『日鮮同祖論』(1943), p.75 再引.

名들이 현재 對馬島에 남아 있다.4)

③ 『日本書紀』의 「栲衾新羅」

『日本書紀』仲哀 8年紀에 栲衾新羅가 나타난다.

9月 5日에 群臣(群, 무리군)에게 일러 熊襲(구마소)를 토벌할 것을 의논하는 자리에, 神託(신탁)이 있어 皇后에게 말하기를, "天皇은 어찌 熊襲의 不服을 걱정할 것인가.<中略> 어찌 兵을 일으켜 討伐할 것인가. (왜냐하면) 이 나라보다 나은 宝國이 있기 때문이다. 그 나라는 여기에서 向하는 津國(向津國)에 있다. 눈이 부시는 金銀彩色이 그 나라에 많이 있다. 이를 栲衾新羅라 한다."

이 기사는 神功后의 新羅 정벌(仲哀 9年紀)의 이야기에 앞서 나오는 이야기인데, 이 기사에 나오는 熊襲(구마소)는 古代 日本의 日向·薩摩·大隅 지방에 있었던 新羅의 別種이라 한다. 그리고, 「向津國」은 熊襲 討伐토벌을 의논하는 장소에서 '向하는 津國'을 표기한 것이며, 「津國」은 日本 訓

---

4) 拙著, 『任那國과 對馬島』, pp.163~172. 拙稿, 「對馬島의 地名考」, 『語文學』 (韓國語文學會) 第42輯(1982)(拙著, 『韓國古代國名地名研究』의 附錄에 轉載).

tsu no kuni를 표기한 것으로, 이는 對馬島에 比定된다. 왜냐하면, 日本에서 對馬島를 tsu-sima로 읽으며(津島로도 표기), 이를 『日本書紀』에서 「津國」(tsu no kuni, no는 '의'의 뜻, kuni는 '國'의 뜻)이라 함은 '「津島」(tsu-sima) 國'을 가리키는 것이기 때문이다. 위 기사에 「金銀彩色이 그 나라에 많이 있다」고 하였다. 후대의 日本 史家들은, 慶州 新羅에 金銀이 많이 있다는 先入觀(선입관)에 의하여, 栲衾新羅國의 「栲衾」을 古代의 노래에 나오는 枕詞(마쿠라 고토바)라 하고, 이 新羅를 慶州 新羅라고 하였다. 그러나, 歌集이 아닌 『日本書紀』에 나오는 이 栲衾을 枕詞라 할 수 없다. 그러므로, 이 新羅는 對馬島의 新羅 邑落國을 가리키는 것으로 보아야 한다.

④ 『出雲國風土記』의 「栲衾志羅紀·白來多久豆乃」

다음에는 『出雲國風土記』에서 보기로 한다. 出雲(이즈모)國은 古代 韓國人이 裏日本을 통하여 日本列島로 들어가는 길목에 위치한 작은 나라인데, 이 『風土記』에 「國引神話」(나라끌기 神話) 즉 出雲國은 어리고'稚' 작은'小' 나라이므로 栲衾志羅紀의 남은 三埼 즉 misaki'崎'를 끌고 와서 出雲國에 기워 붙이자(縫附)는 이야기가 있다. 이 기사에서 「志羅紀」는 sira-ki의 표기로 「新羅」를 말한다. 그리고, 이 神話에서 "나라여 오너라, 나라여 오너라" 하고 끌어다 붙인 것이 「白來多久豆乃云云」으로 이어진다. 이 기사에서 「白來」는 sira-ki의 표기로, 이는 「志羅紀」(sira-ki) 또는 「新羅」(sira-ki)의 다른 표기이다. 「多久豆乃」는 takutsuno의 借音표기로, 이는 「栲衾」(takuhusuma)의 다른 표기이다. 이 地名은 對馬島에 있었던 新羅 邑落國의 地名으로 생각된다. 다쿠후스마(栲衾)는 나무껍질로 짠 베(布)로 만든 이불(夜具)인데, 아래 다쿠쓰나(栲綱)의 音節을 늘여(延) 名詞로 만든 것이다. 이와 같은 말을 延語(연어)라고 한다.

⑤ 『萬葉集』의 「栲角乃新羅」·「栲綱之新羅」

日本의 古代 歌集인 『萬葉集』에 栲角乃新羅(takutsuno no siraki), 栲綱之新羅(takutsuna no siraki)가 보인다. 이는 'takutsuno(栲角) 또는 takutsuna(栲綱)의 新羅'의 뜻으로, 이 栲角·栲綱는 日本 史家들이 말하는 枕詞가 아닌, 固有名詞로 보아야 한다.

위에서 『日本書紀』 등 3文獻에서 栲衾新羅(『日本書紀』), 栲衾志羅紀(『出雲國風土記』), 栲角乃新羅(『萬葉集』), 栲綱之新羅(『同』), 白來多久豆乃(『出雲國風土記』)의 기록을 보았다. 이 5가지 표기의 形態는 對馬島에 있었던, 新羅에 대한 異表記이다. 이 地名(國名)은 두 形態가 合成한 것으로, 栲衾新羅＝栲衾志羅紀＝栲角乃新羅＝栲綱之新羅＝白來多久豆乃의 관계에서, 栲

衾=栲角=栲綱=多久豆乃가 같은 것이고, 新羅=志羅紀=白來가 같은 것이다. 前者는 固有名詞로, 對馬島에 있었던 任那 地名「卓淳」을 달리 표기한 것이다. 즉「卓淳」은 二字의 韻尾가 모두 外破音化한 takutsuno를 표기한 地名인데, 위에서 살펴본 栲角(takutsuno) 등은 이와 同一한 語形을 표기한, 異表記 地名들이다. 그리고, 이 卓淳은 對馬島의 佐護의 湊(마나토) 부근에 있었던 것으로 생각된다. 新羅人들이, 卓淳 부근에 比定되는 佐護의 湊 부근과, 佐護의 深山(미야마, 湊에서 佐護川을 따라 약 4km의 거리에 있음) 지역에 많이 살았던 것으로 생각된다. 그리하여, 이곳 湊(미나토) 부근의 卓淳(takutsuno)와 佐護(사고)지역의 新羅(sira-ki)를 takutsuno no sira-ki(栲角乃新羅)(no, 乃는 '의'의 뜻), takuhusuma no sira-ki(栲衾新羅·栲衾志羅紀)라 하기도 하고, 또 siraki takutsuno(白來多久豆乃)라 부르기도 하였다.

⑥『日本書紀』에 나타난「新羅」

앞에서 韓國과 日本의 史書에서 對馬島의 新羅 邑落國으로 보이는「新羅」의 기록을 들었거니와, 여기에서는, 『日本書紀』任那 기사 등에 보이는「新羅」를 들어, 이를 對馬島의 新羅 邑落國으로 보지 않을 수 없음을 살펴보기로 한다.

ㄱ) (皇后가) 久氏 등에 물어 말하기를 "百濟의 貢物이 新羅에
　　미치지 못함은 무엇 때문인가?" 하니, 대답하기를 "臣等이
　　길을 잃어서 沙比에 이르니, 新羅人이 臣等을 붙잡아서 옥
　　에 가두어 3개월이 지나서 죽이려 하여 云云."(神功 47年
　　紀)

ㄴ) 弓月君이 百濟로부터 돌아와서 아뢰어 말하기를 "臣이 저
　　의 나라의 人夫 百二十七縣의 사람을 거느리고 歸化하였습
　　니다. 그런데, 新羅人이 이를 막아서 모두 加羅에 머물게
　　하였습니다."(應神 14年紀)

위 ㄱ), ㄴ)에서 百濟는 韓地의 百濟로 생각되며, 新羅
는 對馬島의 新羅로 생각된다. 즉 ㄱ)의 기사에서 倭에
보내는 百濟의 使臣을 붙잡아서 억류한 것은, 新羅人의
散發的산발적인 행동이라 볼 수 없다. 原文에 「禁囹圄經三
月」이라 기록하였는데, 이는 新羅人의 집단적인 행동으
로 보지 않을 수 없다. ㄴ)에서는 倭에 歸化하는 127縣(이
는 誇張이다)의 사람들을 新羅人이 막았다고 한다. 그와 같은
많은 사람들을 막은 新羅人도 집단적인 것으로 보지 않을
수 없다. 이와 같은 新羅人의 행위는 百濟와 倭가 親交함
을 시기한 까닭으로 보인다. ㄴ)에서 127縣의 人夫를 머
물게 한 加羅를, 日本 史家들은 韓地의 加羅(金海)라고 하

나, 이와 같은 地名은 한 곳에만 있었던 것이 아니다. 이 기사에 나타난 加羅는 對馬 上島의 瀨田의 kurusu(栗栖)와 伊奈 부근에 있는 韓良(kara)(『津島紀事』에서는 迦羅)에 比定된다. 그리고, 위 기사에서의 新羅는 佐護의 湊(미나토) 부근에 있었던 新羅로 생각되니, 그 이유는 다음과 같다. 즉 위 ㄱ)에서는 百濟 使臣이 3개월이나 붙잡혀서 감옥살이를 한 곳을 沙比라 하였다.

그리고, ㄴ)에서는 127縣의 人夫가 倭에 가는 도중의 地名을 기록하지 않았으나, 이곳도 沙比로 생각된다. 이 「沙比」는, 新羅의 忠臣 朴堤上이 未斯欣을 本國으로 돌려보낸 일이 탄로되어, 그를 處刑처형한 鉏海水門(sahi no umi no minato)의 「鉏」(sahi)(<sabi)에 比定되는데, 이 鉏(sahi)는 佐護의 湊(미나토)에 比定된다.5) 즉 沙比(sahi)=鉏(sahi)=佐護의 湊(minato)의 관계에서, 위 ㄱ), ㄴ)의 事件은 對馬 上島 北岸의 佐護灣 부근에서 일어난 것임을 알 수 있다. 이곳은 對馬島에서 韓地로 통하고 또 韓地에서 對馬島로 통하는 關門관문이며, 佐護의 深山(미야마)에 들어가는 入口이다. 이를 보아서 이 부근에 新羅人이 집단으로 살고 있었음을 알 수 있다. 卓淳은 新羅(佐護)에 들어가는 곳에 있었을 것이

---

5) 永留久惠, 『對馬の文化財』(杉尾書店, 1978), pp.128∼130.

니, 『日本書紀』에 倭가 新羅를 치기 위하여 卓淳에 모인 기록을 볼 수 있기 때문이다.

또 한 例를 들기로 한다.

> 新羅는 西土에 自居하여 累代로 臣이라 稱하고 朝貢을 어김없이 하였으며, 朝貢의 職을 진실로 이루었다. 朕의 世에 이르러 新羅가 對馬島의 밖'外'에 進出(投身對馬之外)하고, 匝羅의 바깥'表'에 자취를 감추어서(竄跡匝羅之表), 高麗에서 오는 貢物을 막고 百濟의 城을 呑했다.(雄畧 9年紀)

위 기사에서 新羅가 韓地의 慶州 新羅냐, 對馬島 안의 新羅냐 하는 것이 문제된다. 이 新羅도 對馬島의 新羅로 보지 않을 수 없으니, 그 이유는 다음과 같다. 즉 위 기사의 原文 「投身對馬之外」와 「竄跡匝羅之表」는 對句를 이루는데, 앞句는 新羅가 對馬島의 밖에까지 進出했다 하고, 뒷句는 匝羅의 바깥에 자취를 감추었다고 하니, 「對馬」와 「匝羅」는 地理上으로 다같은 장소(對馬島)임을 알 수 있다. 日本 史家들은 이 匝羅를 慶尙南道 梁山의 옛 地名인 歃良에 比定하였으나, 이는 옳지 않다. 왜냐하면 對馬島 밖에까지 나아간 新羅가 梁山의 바깥에 자취를 감추었다는 것은, 글의 내용으로나 文의 構成으로 보아서 맞지 않는다. 匝羅(sa-wara)는 對馬島 안에 있는 地名으로, 이는 新羅 邑落國의 首邑名, 草羅(sa-wara), 草拔(*sai-bara), 助富利(*sohuri)와 같은 곳의 異表記로 보아야 한다.

위 기사에서 百濟의 城은 對馬島에 있는 城이니, 對馬島 밖에까지 나아간 新羅가 삼킨(呑한) 城을 對馬島 안에 있었던 城으로 보지 않을 수 없다. 그리고, 新羅가 貢物을 막았다는 高麗도 仁位加羅의 高句麗 邑落國을 가리킨 것으로 보아야 한다. 왜냐하면, 韓地의 高句麗(首都 平壤)에서 보낸 貢物을, 對馬島 밖에까지 가서 막았다는 것도 말이 안되거니와, 韓地의 高句麗가 倭에 貢物을 보냈을 리도 없기 때문이다. 이 기사에서 新羅·高麗·百濟는 對馬島 안에 있었던 邑落國으로 보아야 하니, 이는 위에서 본 바 『桓檀古記』의 三汗 즉 三加羅(佐護加羅·仁位加羅·雞知加羅)가 각각 新羅·高句麗·百濟에 속했다는 기록을 뒷받침한다.

『日本書紀』任那 기사에서 新羅와 高麗를 對馬島의 邑落으로 보지 않을 수 없는 一例를 더 들기도 한다. 天武 10年紀(682)에 다음의 기사가 있다.

天武 10년 7월 辛未날에 小錦下 采女臣 竹羅와 當摩公 楯을 新羅國에 보내고, 이날에 小錦下 佐伯連 廣足과 小墾田臣 麻呂을

高麗國에 보냈다. 같은 해 9월 己亥날에 高麗와 新羅에 보낸 使臣이 함께 이르러(共至) 朝廷에 돌아왔다. 〈中略〉 10월에 新羅가 沙㖨一吉湌 金忠平과 大奈末 金壹世를 보내어 調를 바쳤다. 이 달에 新羅使가 國王이 죽었다고 말하였다.

위 기사에서 7월의 辛未날에 新羅國과 高麗國에 보낸 사신들이, 같은 해 9월의 己亥날에 함께 朝廷에 돌아왔다고 하였다. 이 新羅와 高麗를 韓地의 新羅와 高句麗로 본다면, 交通이 불편하고 通信통신 시설도 갖추어 있지 않았던 시대에, 어찌 2개월 동안에 慶州와 平壤에 다녀올 수 있었을 것이며, 또 어찌 같은 날 같은 時에 맞추어 朝廷조정에 돌아올 수 있었을 것인가 하는 것이다. 이는 두 나라가 倭의 朝廷에서 가깝고 또 두 나라도 서로 가까운 거리에 있었기 때문에 가능한 것이다. 그리고, 이 때(天武 10년, 682)는 高句麗가 멸망한 14년 뒤이니, 倭의 朝廷에서 멸망한 高句麗의 首都인 平壤에 使臣을 보냈을 리가 없다.

그리고, 위 『日本書紀』의 任那 기사에 新羅 使臣들의 이름이 나타나는데, 이들 이름과 王이 죽은 해 등의 기사 내용도 慶州의 新羅와는 전혀 맞지 않는다. 그리고, 朝貢 횟수도 後代에 내려올수록 늘어가니, 慶州 新羅가 三國을 통일한 668년 이후 『日本書紀』에 나타난 新羅의 朝貢 횟수가 21회나 된다.6) 그러므로, 이 新羅를 慶州의 新羅로 볼 수 없는 일이다. 三國을 통일한 强盛강성한 新羅가 무엇 때문에 倭의 朝廷에 王子를 보내어 國政국정을 아뢰고(奏) 또 政事정사를 請하는 등 21회나 朝貢을 할 것인가 하는 것이다. 飛行機도 電話도 없었던 시대에 新羅使·任那使·百濟使·高麗(高句麗)使의 2國 내지 4國의 使臣들이 함께 朝貢하였다고 하는데(『日本書紀』), 이 4國을 韓半島에 있었던 나라로 볼 수 없다. 任那 朝貢 기사에 나타나는 新羅·百濟·高麗는 對馬島에 있었던 韓半島 三國의 分國이었다.

3. 對馬島의 新羅 王名과 首邑名

(1) 新羅 邑落國의 王名

『日本書紀』에 나타난 新羅 王名에 다음과 같은 것이 있다.

ㄱ) 一云, 이에 新羅王 宇流助富利知干이 맞이하여(仲哀 9年紀)

ㄴ) 이에 新羅王 波沙寐錦이 微叱己知波珍干岐로써 質로 삼았다.(同)

---

6) 拙著, 『任那國과 對馬島』, p.505.

ㄷ) 新羅王 佐利遲가 久遲布禮를 보냈다.(繼體 23年紀)

위 ㄱ), ㄴ)은 神功后의 新羅 정벌의 기사에 나타나는
데, 다같은 기사에서 ㄱ)에서는 一云의 형식으로「宇流助
富利知干」(우루소후리지간)으로 기록하고, ㄴ)에서는「波沙寐
錦」으로 기록하였다. 어느 것이나 다 慶州 新羅의 王名은
아니다. ㄱ)의 新羅王 宇流助富利知干은 對馬島 新羅의
首邑名에 유래한 王名이다. ㄴ)의 波沙寐錦을, 日本 史家
들은 慶州 新羅의 婆娑王이라 하나, 이 婆娑王과 仲哀 9년
과는 年代상의 차이가 크다. 仲哀王은 4세기의 人物이다.
이는 後代人의 改作이다. 즉 이 기사의 원래의 新羅 王名
은 宇流助富利知干이었는데, 加筆者가필자는 이를 婆娑王을
의식하여 波沙寐錦으로 改作하고, 또 實聖王 元年(402)에
倭에 볼모(質)로 간 未斯欣을 의식하여 '微叱己知波珍干岐
로써 質로 삼았다'로 加筆한 것이다. 未斯欣과 微叱己知
와의 比較에서, 未斯와 微叱가 대응하고「欣」과「己知」가
대응하니,「欣」의 訓이 긷-(<*기드-)(悅 : 긷글 열『倭語』上 21, 欣은 悅과
通함)이다. 그리고,「波珍干岐」는 *pʌtʌrʌ'海' 干岐의 표기
로 생각된다. ㄷ) 新羅王 佐利遲도 慶州의 新羅王名이 아
니다. 따라서 宇流助富利知干, 佐利遲는 對馬島에 있었던
新羅 邑落國의 王名으로 인정하지 않을 수 없다. 이와 함

께, 己能末多干岐・賀室王・佐利金 등 任那王名과, 己本
旱岐・阿利斯等 등 加羅 王名과 陽香・安 등 高麗(高句麗)
王名도 韓半島內의 王名에는 없는 것이니, 이들도 對馬島
內 邑落國들의 王名으로 보지 않을 수 없다.

(2) 新羅 邑落國의 首邑名

다음에는 新羅 邑落國의 首邑名을 보기로 한다.

ㄱ) 朕의 世에 이르러 新羅가 對馬島의 밖(外)에 進出하고 匝羅
의 바깥'表'에 자취를 감추어서 (『日本書紀』雄畧 9年紀)

ㄴ) 곧 新羅에 이르러 蹈鞴津에서 머물고(次) 草羅城을 치고 돌
아왔다. (『同』神功 5年紀)

ㄷ) 大師의 諱는 審希이고 俗姓은 新金氏이고 그 先(祖先)은 任
那王族이다. 草拔의 聖枝가 항상 隣兵에게 괴로움을 당하
여 우리나라(新羅)에 投降했다. (眞鏡大師碑)

ㄹ) 葛城襲津彦을 딸려서 보냈다. 함께 對馬島에 이르러 鉏海
의 水門에 宿하였다. (『日本書紀』神功 5年紀)

위 ㄱ)에서 匝羅는 對馬島에 있었던 新羅 邑落國의 首
邑의 이름으로 생각된다. 앞에서도 말한 바와 같이, 이 글
의 原文인 投身투신對馬之外, 竄跡잠적匝羅之表(表, 바깥표)의

對句에서, 匝羅는 對馬島 안에 있는 地名으로 보지 않을 수 없다. 그리고, 이 「匝羅」는 借音에 의한 *sa-wara'首邑, 京'의 표기로, 이는 오늘날의 「서울」(<*셔블)'京'을 표기한 것이다. ㄴ)에서의 「草羅」도 sa-wara의 표기이다. 『日本書紀』에서 匝羅·草羅를 다같이 sa-wara로 읽었다. ㄷ)의 草拔은 韓地의 借訓과 借音에 의한 *sai-bara의 표기로 생각된다. 「草」의 訓 「새」, 「拔」은 현행음이 「발」이나, 古代 國語가 開音節語로, 拔 *pat의 入聲韻尾 -t의 外破音에 의하여 *para(<pada<pat-a←pat)의 표기에 借用되었을 것이다. ㄷ)은 眞鏡大師진경대사의 家系에 대한 이야기인데, 草拔(*sai-bara)에 살던 聖枝가 隣兵인병으로부터의 고통을 감당하기 어려워 新羅(慶州)에 投降투항하여 新金氏라는 姓을 받았다고 한다. 이 新金氏에 대하여, 日本 史家들은 慶州 金氏와 구별하기 위하여, 金海 金氏를 말한 것이라 하였다. 이 新金氏를 金海 金氏로 보는 이유는 任那를 金海에 比定한 까닭이다. 그러나, 이 新金氏를 金海 金氏로 볼 수 없다. 왜냐하면, 慶州 金氏의 시조인 金閼智김알지의 탄생한 해가 63년이고, 金海 金氏의 시조인 首露王의 건국한 해가 42년인데, 金海 金氏를 새삼스럽게 新金氏라 했을 리가 없었을 것이기 때문이다. ㄹ) 鉏海(사히노우미)의 水門(미나토)는 對馬 上島 北岸에 있는 佐護(사고)의 湊(미나토)에 比定되는

데, 이 地名에서 sahi(鉏) no umi(海)는 sahi의 바다(海)의 뜻이
다. 그런데, sahi(鉏)는 新羅의 首邑을 뜻하는 *sa-buri에서
變異한 것이다. 이는 百濟의 首都 泗沘(사비)와 비교되니,
*sa-buri에서 i母音 앞의 r이 脫落하여 *sa-buri>sa-bui>
sa-bi>sahi(鉏)가 된 것이다. i 앞의 r은 쉽게 脫落한다. 百濟
의 王都名에 所夫里와 泗沘가 있었던 것과 같이, 對馬島
新羅의 首邑名에도 草羅(sa-wara)·匝羅(sa-wara)와 함께 鉏(sahi)
의 이름이 있었던 것이다. 이 地名은 對馬島의 湊(미나토)에
比定된다. 그리고, 아래에서 고찰하게 되는 王名에서의 助
富利(sohuri)도 이와 同系의 地名이다.

(3) 宇流助富利知干의 語源

『日本書紀』仲哀 9年紀에서 본 바 新羅 王名 宇流助富
利知干의 語源을 살펴보기로 한다. 이 王名은 新羅의 首
邑名과 관련된다. 이 王名은 몇 개의 形態로 分析되니, 이
는 宇流 + 助富利 + 知 + 干의 合成으로 생각된다. 즉 「宇
流」는 ‘王’을 뜻하는 *uru 혹은 *ərə/*əra를 표기한 것이
고, 「助富利」는 *so-buri(>so-huri) ‘首邑, 京’를 표기한 것이
고, 「知」는 人稱接尾辭 -ti를 표기한 것이고, 「干」는 干岐
의 略稱이다. 이 이름은 ‘王邑’을 뜻하는 *uru-soburi(宇流助
富利)에 접미사가 添加(첨가)하여 된 말이니, 「助富利」는 위에

서 본 바 「匝羅・草羅・草拔」와 同源語이다. 그리고, 「宇流」는 百濟語에서 '王'을 뜻하는 「於羅」와 비교된다.

王姓扶餘氏 號於羅瑕 民呼爲鞬吉支 夏言並王也 (『周書』 異域傳, 百濟)

즉 中國 夏나라 '王'에 比肩비견되는 於羅瑕의 「瑕」는 扶餘의 官名 馬加・牛加・豬加・狗加의 「加」와 같은 접미사 *ka의 표기이고, 「於羅」는 '王'을 뜻하는 *əra의 표기인데, 이는 비단 百濟語뿐 아니라, 韓地 全域에 널리 分布하였다. 이 말은 人文的 事象사상으로서의 王名에 볼 수 있을 뿐만 아니라, 地形・地物名에서도 널리 分布분포하였다.7) 이는 『三國史記』 등의 古代 地名과 現行 地名에서도 흔하게 볼 수 있다. 즉 閼也(아라)山(『史記』 地理 4), 於羅(어라)山(『輿覽』 14), 亏剌(우라)嶺(同 40), 閼(아라)川(『史記』 1), 亏羅川(同 1), 御來山(忠州 丹陽郡 1,063m), 魚來山(慶北 月城郡 563m) 등은 그러한 例로서, 이는 '圭山, 大山' 또는 '大川'에 유래한 地名들이다. 이 「宇流」는 다음에서 보는, 意流村과도 관련된다.

---

7) 拙著, 『韓國古代國名地名研究』, pp.194~204.

이에 百濟王의 父子가 荒田別과 木羅斤資 등을 意流村<이에
州流須祇라 한다>에서 만나, 서로 기뻐하고 厚하게 禮遇하여
보내었다. 오직 千熊長彦은 百濟王과 함께 百濟國에 이르러 辟
支山에 올라서 맹세하고 云云. (神功 49年紀)

위 기사에서 木羅斤資는 百濟의 將장으로 對馬島의 新
羅를 정벌하고, 比自炑·南加羅·喙國·安羅·多羅·卓
淳·加羅의 七國(邑)을 평정하였다. 위 기사는 百濟王이
그 고마움에 보답하는 마음으로 군사를 거느리고 가서 木
羅斤資 등을 意流村에서 만났다는 것이다. 그런데, 이 地
名「意流村」과 그 分註의「州流須祇」와의 비교에서,「意
流」와「州流」가 대응하고「村」과「須祇」가 대응하는데,
「州流」는「意流」의 變異形이거나, 아니면 城 또는 市邑을
뜻하는 tura에서 變異한 tsuru의 표기로 보이며, 須祇(suki)
는 日本語 siki‘城’의 異形態이다. 다음에는 意流村의 所
在地가 문제된다. 아유가이(鮎貝房之進), 스에마쓰(末松保和) 등
日本 史家들은, 이를 百濟의 王都 慰禮城위례성이라 하였
다. 그러나, ‘千熊長彦은 百濟王과 함께 百濟國에 이르러’
를 보아서 意流村은 百濟國에 이르기 이전의, 百濟 밖의
地名임을 알 수 있다. 그리고, 誇張과장과 潤色윤색이 심한
『日本書紀』에서 百濟의 都城인 慰禮城을 意流村의「村」

으로 기록했을 리가 없다. 이 意流村은 對馬島 新羅 邑落
國의 宇流助富利로 생각된다. 「意流」는 新羅 王名 宇流助
富利知干의 「宇流」와 같은 것이다. 그리고, 意流村은 對
馬 上島 佐護에 있는 與良原(jora-baru)(『增訂對馬島誌』, p1015)에 比
定된다. *uru(意流)와 jora(與良, 요라)와의 비교에서 後者의 半
母音 j-가 문제되나, *uru(意流) : jora(與良)는 같은 場所에 대
한 異名이다.

　이 j-는 aro(阿老) : jaro(野老), ara(卵)(卵山古城) : *jara(開)(開城),
*oro-tsai(百濟) : *jərə-tsai(十濟), ara(安羅) : jara(耶良, 야라)(:는 같은
장소에 대한 地名) 등에서도 볼 수 있다. ara(安羅) : jara(耶良) 등,
j의 有無에 의한 兩形이 共存하였다. 즉 ara(安羅)는 '主, 王'
(나라님 '王'의 「나라」) 또는 '나라(國)'를 뜻하는 nara의 語頭 n-이
口蓋音化구개음화하여 nara〉jara가 되고, 또 j-가 間隙간극이
큰 a母音 앞에서 脫落탈락한 것이니, 이는 nara〉ɲara〉jara〉
ara의 과정을 밟은 것이다. 이를 보아서 任那 十國 중의
「安羅」는 對馬島 嚴原(이즈하라)의 古代 地名 「耶良」(야라)에
比定됨을 알 수 있다.8) 이와 같이, 「意流」가 與良(jora)와 비
교되고, 또 「村」은 「原」(baru)와 비교된다. 對馬島에서 原
(baru)가 첨가되는 地名에는 두 가지 뜻이 있다. 그 하나는

---

8) 拙著, 『任那國과對馬島』, pp.237~243. 이 책, 「阿羅, 安羅의 語源과 그 比
　　定問題」 참조.

글자대로의 뜻 즉 '벌(들, 坪)'의 뜻이고, 그 다른 하나는 '村'의 뜻이다. 그리하여, 對馬島의 baru(原)는 新羅(慶州)의 '村邑'을 뜻하는 「火, 伐, 弗」와 비교된다. 따라서, 宇流助富利=意流村=與良原의 관계를 볼 수 있으니, 意流村 즉 宇流助富利는 新羅 邑落國의 王邑名으로, 이는 '王邑'을 뜻하는 助富利(sohuri)'京'에 유래한다. 이는 원래 보통명사였다.

(4) 瀨原(세바루)·白江(시라에)의 地名

對馬 下島의 雞知에 瀨原(세바루) 地名이 있다. 이는 雞知의 sira-e(白江)山에서 樽濱(다루가하마)로 가는 쪽에 있다. 地形이 크지는 않으나, 古代 首長(渠帥)의 居館이 있었을 만한 곳이다. 雞知의 sira-e(白江)도 이와 同源의 地名이니, '首邑'을 뜻하는 *səra-bori에서 sira-boi>sira-be>sira-he>sira-e로 變異(변이)한 것이다. i母音앞의 r은 쉽게 脫落한다. boi>be는 間音化현상이다. 이는 위에서 설명한 匝羅·草羅·草拔 또는 宇流助富利知干의 助富利와 同源의 地名이다. 그러면, 왜 雞知에 이 地名이 남아 있을까 하는 것이 문제된다. 『桓檀古記』에서 佐護加羅는 新羅에 속하게 되었다고 하였다. 따라서 筆者는 新羅 邑落國의 所在地를 佐護로 보았다. 그러나, 이와 同系地名이 한 곳에만 있는 것이 아니니, 白江(시라에)·瀨原(세바루) 地名은 新羅의 南下에 의하여 생

긴 것으로 생각한다. 즉 佐護의 新羅는 540년 경에 南下하여 雞知를 占有점유하였다. 따라서, 위에서 보인 匝羅(雄略 9年紀)·草羅(神功 5年紀)는 新羅가 南下하기 이전의 佐護에 比定된다. 그리고 sira-e(白江)·se-baru(瀬原)는 그 이후의 首邑에 유래한 地名으로 생각된다.

(5) 소라바루(徐羅伐)의 地名

이에 대하여서는 아래 新羅 南下 관련의 地名에서 말하기로 한다.

4. 對馬島의 新羅 地名과 新羅의 興亡

(1) 佐須奈의 sira-e와 新羅

對馬 上島 北岸의 良港인 佐須奈(사스나)에 sira-e 地名이 있다. 이는 아직 漢字의 표기상에 定着되지 않았다. 이 地名은 佐須奈의 중심 거리에서 東편으로 걸어서 5分의 거리에 있다. 이곳에서 佐須奈의 船着場선착장까지는 8分 거리이다. 이곳은 앞뒤에 산으로 둘러싸인 半盆地形반분지형이다. 對馬島에 山地가 많음에 비하면, 이곳은 얼안'廣'이 꽤 넓은 곳으로, 古代의 首邑이 있었을 만한 곳이다.

佐須奈의 地名 語源은 sasu'잣, 城' + na'壤, 地'의 合成이다. 이곳에 kasi-gou의 地名이 있는데, 이는 '首長의 鄕'에 유래한 것이다. 이 kasi는 kasi-hara(橿原)에서 설명한 kasi'首'와 같은 것이고, gou는 「鄕」의 音이다. 朝鮮朝 때에는 이곳에 檢問검문하는 機關기관이 두 곳에 있었고, 日帝 때에는 이곳과 釜山 사이에 定期旅客船정기여객선이 다녔다. 그리고, 그 東편에 鰐浦(와니우라)가 있는데, 이 wani(鰐)는 韓國語의 배(<*pani)'船'와 同源語로(拙著『日本古代地名硏究』 p.606 참조), 鰐浦는 '배를 대는 浦(船着浦)'에 유래한 地名이다. 이곳은 韓地와 가깝고 交通이 편리한 곳으로, 新羅 邑落國은 먼저 이곳에서 일어난 것으로 생각된다. 그 時期는 아마 新羅 초기로 추정된다. 이곳에 箱式石棺墓상식석관묘가 群集군집하고 있었던 것으로, 현재 약간 남아 있다.

이곳의 sira-e 地名은 sira + e의 두 形態의 合成으로 된 것이다. sira는 「新羅」와 같은 語源이다. sira의 si는 徐羅伐의 səra(徐羅)의 첫 音節 ə母音이 s의 調音位置조음위치에 끌리어(前舌音化하여) i로 變異한 것이다(səra>sira). 그리고, e는 *səra-bərə(徐羅伐), *sə-bərə(徐伐)의 *bərə(伐)의 異形態인 bori에서, i母音 앞에서 r이 脫落탈락하여 bori>boi>be>he>e로 變異한 것이다. 나리(川)>내(川), 누리(世)>뉘(世)에서 보는 바와 같이, i母音 앞의 r은 쉽게 脫落한다. 徐羅

伐은 원래 səra(徐羅)'首' + bərə(伐)'村邑'로 된, 즉 首邑에 유래한 地名인데, 위에서 설명한 sira-e 地名도 古代 邑落國의 首邑에 유래한 것이다. 이는 下島의 白江(시라에)와 같은 語源이다.

佐須奈에서 일어난 新羅는, 그곳에서 西南으로 약 8km쯤 떨어진, 佐護쪽으로 옮겨간 것으로 보인다. 佐護에는 本島 無比무비의 넓은 들이 있는데, 이곳에는 佐護川이 흐르고 있어, 벼농사(稻作)를 지을 수 있다. 佐須奈와 이곳 佐護의 千俵蒔山에서 韓國의 連山을 바라다 볼 수 있다. 이곳은 韓地와 가깝기 때문에, 新羅人 또는 그 이전부터 韓地人들이 稻作文化도작문화를 가지고 가서 살았던 것으로 생각된다. 이곳에는 彌生(야요이)時代의 文化 遺跡이 많이 남아 있으며, 특히 靑銅矛청동모의 出土로써 알려져 있다.9)

佐護에는 현재 湊(미나토), 友谷(도모에), 井口(이구치), 惠古(에코), 仁田內(니다우치), 深山(미야마) 中山區의 7개 마을이 있는데, 湊는 이 섬의 海上 關門관문으로서 交通이 편리하다. 그리고, 深山은 西北으로 湊를 통하여 韓地와의 내왕이 편리한 곳이며, 東北으로 佐須奈와 통하고, 西南으로 仁田(니타)와 통하는 交通上의 要衝地이다. 이러한 것들을 보

---

9) 永留久惠, 『對馬の古跡』(1970), p.141.

아서 佐須奈에서 일어난 新羅는, 벼농사를 지을 수 있는 生産的 조건에 따라 佐護로 옮겨 갔을 것이니, 新羅人은 陸上의 交通이 편리한 深山과 海上의 交通이 편리한 湊 등 佐護 일대에 퍼져 살았던 것으로 생각된다.

(2) 新羅의 南下와 新羅 관련 地名

佐護에 있었던 新羅는 차츰 그 勢力을 확대하여 6세기의 중엽에는 雞知(게찌)를 占有한 것으로 생각된다. 이곳 雞知에 新羅가 있었음을 보이는 地名들을 들어, 그 事實을 확인한 뒤에 南下한 연대를 살펴보기로 한다. 즉 對馬島의 首邑이었던 下島의 雞知에도 佐須奈에서와 같은 sira-e 地名이 있는데, 이는 「白江」으로 표기된다. 雞知는 雞知原(ketsi-baru)의 略形이다. ketsi는 '首長'을 뜻하는 kasi 와 同源語로, ketsi-baru(雞知原)는 首長 즉 渠帥거수가 雄據웅거한 마을(baru, 村)에 유래한 地名이다. 雞知의 「雞」(鷄)는 鷄林(慶州)의 「鷄」와 일치하는데, 이는 우연한 것으로 볼 수 없다. 그리고, 雞知의 本川을 白江川(시라에가와)라 하고 雞知의 東北편에 있는 山(住吉神社가 있는 곳)을 白江山(시라에야마)라 한다.10) 이곳의 北쪽에 se-baru(瀨原) 地名이 있고, 또 雞

---

10) 『增訂對馬島誌』(1973), p.682.

知에서 가까운 東北쪽, 對馬島 空港이 있는 곳에 白連(시레에)가 있다. 이 地名은 sira-e에서 變異한 것으로 생각된다. sira-e 地名이 ‘首邑’을 뜻하는 *səra-bori에 起源기원함은 위에서 설명하였다.

이 新羅와 관련된 地名은 雞知에서 가까운 嚴原(이즈하라)와 久田(구다) 또는 다른 地域에서도 볼 수 있다. 먼저 嚴原에서 보면, 嚴原港의 東편에 sira-ki山이 있다. 이는 日本 借訓차훈에 의하여 「白木山」 또는 「白磯山」으로 표기된다. 이는 ‘新羅山’을 표기한 것이다. 또 嚴原의 東편(雞知와 嚴原사이)에 高平山(다카히라야마)(曲<마가리>所在)에 sira-saki 神社가 있다. 이는 ‘新羅城의 神社’로 풀이되니, saki는 suki와 함께 ‘城’을 뜻하는 siki의 異形態이다. 그리고, 그곳에서 가까운 小浦(고우라)에 siroki-ga wata라는 地名이 있다. 이는 ‘新羅人이 경작하던 밭’으로 풀이된다. siro-ki는 ‘新羅’의 뜻이고, ga는 所有의 助詞이고, wata는 「밭」(15세기 國語 「밭」<*pata)과 비교되기 때문이다. 對馬島에서 「밭」을 wata라고도 한다. 이러한 地名을 보아서, 이 부근에 新羅人이 집단적으로 살고 있었음을 알 수 있다. 그리고, 嚴原의 南쪽에 久田(구다)라는 큰 邑落이 있는데, 이를 字(아자)로 sira-ko(白子)라 한다(畫報 참조). 이 地名은 sira-ki(新羅)와 同系 地名이니, sira는 ‘新羅’이고 -ko는 sira-ki의 -ki와 한가

지로 접미사이다. 이 sira-ko(白子) 地名은 다른 곳에서도 볼 수 있다. 즉 賀谷(가야)와 橫浦(요코우라) 사이의 白子(시라코)浦·白子崎에서도 볼 수 있다. 그리고, 淺茅灣(아소완)의 要衝地요충지인 竹敷(다케시키)와 上島 西海岸의 良港인 唐洲(가라스, 加羅愁)에도 있다. 이와 같은 地名의 分布는 新羅가 점차 그 세력을 확대한 것임을 의미한다. 그런데, 對馬島에서 白江(시라에), 白子(시라코)에 대하여, 이는 「海賊해적의 根據地근거지에 붙여진 地名」이라고 한다.11) 이는 후대에 들어간 日本人들이 新羅人을 辱욕되게 한 말로 생각된다.

　이와 같은 新羅 地名은 對馬島에만 있는 것이 아니다. 이는 日本列島 안에도 널리 分布하고 있으니, 이를 參考로 들기로 한다.

新羅訓(sira-kuni)神社, 祭神　白國天神·白國國主明神(播磨·兵庫縣)

新羅郡(志羅木 sira-ki, 白子 sira-ko)(武藏·埼玉縣)

新羅鄕(sira-ki鄕)(陸前·宮城縣)

新羅來(sira-ki)(白木 sira-ki)(肥後·熊本縣)

新羅浦(sira-ki浦)(備前·岡山縣)

---

11) 藤井勝男, 『嚴原地名聞き書帖』(1984), p.103.

白城(sira-ki)(越中·富山縣)

白木(sira-ki)(越前·福井縣)

白木(sira-ki)(筑後·福岡縣)

白木村(sira-ki村)(加賀·石川縣)

白木村(sira-ki村)(河內·大阪府)　등

　위에서　新羅訓(sira-kuni)·白國(sira-kuni)는 ‘新羅國’의　뜻이다. 武藏의　白子(sira-ko)는　新羅(sira-ki), 志羅木(sira-ki)와　같은　地名임에　유의할　것이다. 그리고,　白木(sira-ki)도 ‘新羅’의　표기임에　유의할　것이다. 이는　위에서　살펴본　바　對馬島의「白子·白木」와　같은　것이다. 위　地名들에서　보는　바와　같이,　新羅(또는 白·白木)에　國·郡·鄕·城·村　등이　첨가함을　보아서,　新羅人들이　그곳에서　國·郡·鄕·城·村을　이루고　살았던　것으로　보인다. 이를　보아서　日本列島로　건너가는　길목인　對馬島에　新羅　邑落國이　있었을　것임을　넉넉히　짐작할　수　있는　일이다.

　그리고,　對馬島　南端의　良港양항　豆酘(쓰쓰)에　sora-baru　地名이　있다. 이곳에는　新羅에서　傳來전래된　赤米를　神에게　바치는　風習이　아직　남아　있다. 이곳은　對馬島　六政廳의　하나가　있었던　곳이며,　北쪽은　龍良(다쓰라)　連山에　가리워져　있어,　古代에　獨自的독자적　小王國이　있었을　만한　곳이다. 그러므로, 이 sora-baru 地名은 南下한 新羅人이 세운 邑落國의 首邑名에 유래한 것으로 생각된다. 이 地名은 慶州 新羅의 *sərა-bərә(徐羅伐)와 비교된다. 이곳의 住民들은 이 sora-baru를 通常통상 「徐羅伐」로 표기한다고 하였다.

(3) 新羅 南下의 時期

다음에는 新羅 南下의 연대를 살펴보기로 한다. 이는 雞知任那[12])의 멸망과 같이 생각할 문제이다. 『桓檀古記』에서는 雞知加羅가 百濟에 속하게 되었다고 하였다. 그러나, 百濟 將帥인 木羅斤資는 七邑을 평정하고, 忱彌多禮(濟州島)를 정벌하여, 百濟에 돌려준 功으로(『日本書紀』 神功 49年紀), 이 雞知加羅에 任那國을 세운 것으로 생각된다. 같은 기록의 分註에 '木滿致는 木羅斤資가 新羅를 칠 때에, 그 나라 女人을 娶취하여 낳은 아들이다. 또 木滿致는 그의 父의 功으로 任那國을 專橫전횡하였다'는 기록이 있다. 이를 보아서 木羅斤資는 對馬島의 정벌의 功으로, 이 섬의 交通과 産業의 要衝地요충지인 雞知를 占有하여 任那國을 세우고, 그 아들인 木滿致는 父의 功으로 任那國을 專橫

---

12) 拙著, 『任那國과 對馬島』, pp.548~553.

한 것이다. 筆者는 이를 雞知任那라 부르려 하는데, 對馬島 西北界의 木坂(키사카)에서 일어난 初期任那 또는 木坂任那는, 새로 일어난 雞知任那에 통합된 것으로 생각된다. 그리고, 鷄知에 있었던 百濟는, 新羅의 南下 이후 그 西쪽 金田城(간다-성)이 있는 佐須村(사스-촌)으로 옮아간 것으로 생각된다. 따라서, 韓國측의 기록에서 볼 수 있는 任那加羅(廣開土王碑文), 任那加良(『三國史記』 列傳 强首傳)는 이곳 雞知加羅를 중심한 對馬全島를 가리키며, 『日本書紀』의 소위 任那日本府는 雞知加羅에 있었던 倭의 官家로 생각된다. 그리고, 오늘날 雞知의 鶴山(쓰루가야마)에 남아 있는 前方後圓의 巨大한 古墳은 百濟將 木羅斤資의 무덤으로 추정되며, 根曾(네조)에 있는 古墳群은 木羅斤資의 아들과 그 자손들의 무덤으로 생각된다. 370년경에 木羅斤資에 의하여 세워진 雞知의 任那는 6세기 중엽 즉 540년경에 新羅의 南下에 의하여 멸망하였을 것이니, 『日本書紀』 宣化 2年紀(537)[13]에 다음과 같은 기사가 있다.

　　10월에 新羅가 任那를 침략하므로, 天皇이 大伴金村大連에게

---

13) 592(崇峻 5년) 이전의 日本史 年代는 정확한 것이 아니다. 高柳光壽等編, 『日本史辭典』(1984), p.1364 참조. 다만 참고로 적었을 뿐이다. 앞에서 든 年代도 한가지이다.

명하여, 그의 아들 磐과 狹手彦을 보내어 任那를 돕게 하였다.
이 때에 磐은 筑紫에 머물면서 國政을 잡아서 三韓에 대비하고,
狹手彦은 任那를 鎭壓(진압)하고 百濟를 救했다.

이 때에 新羅는 任那와 百濟를 침공했던 것이니, 狹手彦은 任那를 도우고 百濟를 救했다고 한다. 이 기사에서 三韓은 對馬島의 三加羅로, 이는 對馬島를 代稱한 것이다. 이는 『桓檀古記』에서 보는 「三汗」과 같은 것이다. 그런데, 같은 책의 欽明 2年紀(541)에는, 百濟의 聖明王(聖王)이 任那國의 여러 旱岐한기들을 모아서 任那 再建을 의논하는 기사가 있다. 같은 5年紀(544)에도 任那日本府(日本官家)의 執事집사 등을 불러서 任那 復建을 이르는 기사가 있다. 欽明 2年紀와 同 5年紀에 「建任那」, 「建成任那」, 「興建흥건任那」, 「復建任那」 등이 보이니, 이를 보아서 雞知 任那는 이 때에 이미 멸망했던 것이다. 그러나, 이 때의 任那는 완전히 멸망한 것이 아니다. 任那는 雞知의 땅을 新羅에 빼앗기고 그곳에서 가까운 南室(나무로)에 물러났던 것이니, 이를 南室任那라 부르려 한다.14) 그러므로, 任那를 再建한다는 말은 新羅에 빼앗긴 雞知를 회복한다는

---

14) 拙稿, 『任那國과 對馬島』, pp.553~556.

뜻이다. 그런데, 欽明 23年紀(562)에 '新羅가 任那官家를
打滅타멸했다'는 기사가 있다. 이는, 後代人이 이 新羅를
慶州의 新羅로 생각하고 任那를 大加耶로 생각하여, 任
那國의 멸망을 大加耶의 멸망한 해(562)에 맞추어 加筆가필
한 것으로 생각된다.『日本書紀』에는 이와 같은 加筆의
흔적을 가끔 볼 수 있다.

(4) 新羅의 盛衰성쇠와 그 멸망

위에서 佐須奈에서 일어난 新羅는 佐護로, 다시 雞知로
南下하여 점차 그 세력을 全島에 폈음을 말하였다.『日本
書紀』에 新羅 王名으로 宇流助富利知干・波沙寐錦(이는 改
作인 듯)・佐利遲 등이 보이나, 王이 몇 代까지 계속되었는지
는 알 수 없다.『日本書紀』任那 기사에 보이는 新羅 使臣
은, 新羅 邑落國에서 보낸 것이며, 그 官名은 慶州 新羅와
같은 것이나, 金某 朴某 등의 人名은 慶州 新羅의 歷史에
보이는 人名이 아니다. 위『對州編年略』의「新羅住之」의
기록과『塵袋』의「對馬島는 新羅와 꼭 같은 곳이다」라는
기록 등을 보아서도, 新羅人이 그 세력을 널리 펴고 살았
던 것임을 알 수 있다. 그런데, 이 新羅는 540년경에 下南
하여, 對馬 下島의 要衝地요충지인 雞知를 占有한 것으로
생각되나, 다음 기사를 보아서 이미 그 이전에 그 세력이

南下하고 있었음을 알 수 있다. 즉 '新羅가 對馬島의 밖(外)에 進出하여, 匝羅의 바깥(表)에 자취를 감추고 高麗에서 오는 貢物공물을 막고 百濟의 城을 呑(삼킬 탐)했다'는 기사(雄略 9年紀, 465)에서, 이를 알 수 있다. 이 百濟의 城은, 新羅의 南下에 대비하여 雞知에 隣接인접한 黑瀬(구로세)의 天險의 要害地요해지에 쌓은 黑瀬城(朝鮮式 山城)을 말하는 것이니(畫報 참조),『對州編年略』에는 仲哀王이 이 城을 新羅에 대비하여 쌓은 것이라 하였다. 이를 보아서 佐護 新羅의 南下는 對馬島의 歷史에 큰 뜻을 갖는다. 그러나, 新羅가 任那를 본격적으로 공격한 것은『日本書紀』宣化紀에서 보는 바와 같이, 537년(宣化 2年) 경의 일이다. 欽明 2年紀(541)와 同 5年紀(544)에 任那 再建에 대한 기사가 나옴을 보아서, 이 때에 와서 雞知任那는 이미 멸망하였음을 알 수 있다.

　雞知를 占有한 新羅는 그 후 약 60년 간은 별일이 없었다. 그러나,『日本書紀』推古 8年紀(600)에 '8월에 新羅가 任那와 싸우므로 境部臣을 大將軍으로 하여 萬餘衆을 이끌고 가서 新羅를 정벌했다'는 기사가 있다. 또 그로부터 23년 뒤인 推古 31年紀(623)에, '大德境部臣 雄摩侶를 大將軍으로 하여, 數萬의 衆을 이끌고 가서 新羅를 정벌했다'는 기사가 있다. 이 글들에서「萬餘衆」이니「數萬의 衆」이니 함은 과장된 것이나, 기사 내용은 사실로 인정된

다. 이 두 번의 정벌로 新羅는 큰 打擊타격을 받은 것으로
보인다. 왜냐하면, 그 이후로 倭에 朝貢조공하는 횟수가
잦아졌기 때문이다. 즉 540년 이후『日本書紀』의 기록이
끝나는 697년(持統 11)까지 新羅가 朝貢使 또는 吊使조사를
보낸 횟수가 40회나 되는데, 이 중에서 600년 즉 境部臣
의 공격을 받기 전까지의 60년 간은 그 횟수가 4회임에
比하여, 그 이후 약 90년 간은 36회나 된다. 그리하여, 어
떤 때에는 거의 매년 朝貢하였으며, 어떤 해에는 1년에 2
회 朝貢하였다. 뿐만 아니라, 647년 이후 倭에 세 번이나
볼모(質)를 보냈다. 즉 647년(孝德 3)에 金春秋를 볼모로 보
낸 일이 있다. 스에마쓰(末松保和)는 이 金春秋를 慶州 新羅
의 金春秋라 했다.15) 그러나, 慶州 新羅의 金春秋(太宗武烈
王)가 倭에 볼모로 갔을 까닭이 없다. 같은 기록에서 金春
秋는 '姿顔이 아름답고 談笑담소를 잘 한다'고 하니, 이는
王名「武烈」의 이름에서 보는 것과 같은, 三國을 통일할
만한 英主영주의 인상이 아니다. 이『日本書紀』의 金春秋
는 慶州 新羅의 金春秋와 同名異人이다. 持統 3年紀(689)
에 '翳湌 金春秋가 勅을 받들었다'는 기사가 보이는데,
이 金春秋도 同名異人이다. 그후 孝德 5年紀(649)에 新羅

---

15) 末松保和,『任那興亡史』(1977), p.212.

王이 沙喙部 沙湌 金多遂를 볼모로 보낸 기사가 있고, 齊明 元年紀(655)에도 新羅가 及湌 彌武를 볼모로 보낸 기사가 있다. 또 新羅가 677년(天武 5) 이후 倭에 세 번이나 政事정사를 請청한 기사를 볼 수 있다.

- 天武 5년(677) 11월에 新羅가 金清平을 보내어 政事를 請하고, 아울러 金好儒 등을 보내어 朝貢하였다.
- 同 14년(686) 11월에 新羅가 波珍湌 金智詳·大阿湌 金健勳을 보내어 政事를 請했다.
- 持統 9년(695) 3월에 新羅가 王子 金良琳·補命薩湌 朴强國 등을 보내어 國政을 奏請했다.

위 기사 내용은, 年代上으로 보아서, 慶州 新羅가 三國을 통일한(668) 이후의 일들이다. 그러므로, 이 新羅를 對馬島의 新羅 邑落國으로 보지 않을 수 없다. 만일에 이 新羅를 慶州 新羅로 본다면, 三國을 통일한 强盛강성한 新羅가 무엇 때문에 倭에 21회나 朝貢을 하고, 3회나 政事정사를 請했을 것인가 하는 것이다. 이 기록들을 보아서, 對馬島의 新羅는 本國인 慶州 新羅의 도움이 없어, 600년 이후로 쇠퇴하였음을 알 수 있다. 慶州의 新羅는 三國 통일의 課業과업으로 이를 도울 餘力여력이 없었다. 그러나, 『日

本書紀』의 기록이 끝나는 697년(持統 11)보다 2년 전인 695년(持統 9)까지 新羅이 기록이 나타남을 보아서, 이 때까지 이곳의 新羅는 존속하고 있었음을 알 수 있다. 이를 보아서 對馬島 新羅 邑落國의 멸망은 8세기 초 이후의 일로 생각된다. 따라서, 韓國의 屬島속도였던 對馬島가 완전히 日本의 領有로 된 것은 8세기 초 이후의 일로 보아야 한다. 그러므로, 新羅는 雞知에서 150년 이상 都邑도읍한 것으로 보이며, 오늘날 雞知에 남아 있는 圓墳원분들은 그의 王族의 무덤으로 생각된다.

❖拙著,『日本古代地名研究』(1996) 및『日本古代地名の研究』(2000),『同』增補版(2003)에 실은 것

6

對馬島에 있었던 百濟 勢力에 대하여

- 百濟郡과 任那 建國을 중심으로 -

머리말

對馬島는 日本 九州와의 거리가 124km임에 비해, 釜山과는 약 50km의 거리에 있다. 맑은 날이면, 釜山에서 이 섬을 바라다볼 수 있고, 또 이 섬에서도 韓國의 連山을 바라다볼 수 있는 可視的가시적 거리에 있다. 『兩朝平壤錄』(日本之部)에 '對馬島는 朝鮮과 對하고 있다. 對馬島에서 釜山까지 五百里이니, 順風의 節에는 一日에 도착한다'고 하였고, 『皇明從臣錄』에는 '釜山과 對馬島는 서로 바라다보고 있어, 돛을 달고 반날(半日)에 도착한다'하고, 『武備志』(日本考)에는 '西北의 朝鮮에 이르려면, 對馬島를 출발하여 하룻밤(一夜)에 도착한다'고 하였다.1) 또 對馬島의 길이가 82km(폭 18km)이니, 上島 북부에 사는 주민들은 下島에 있는 雞知(게찌, 과거의 首邑)나 嚴原(이즈하라, 현재의 首邑)에 가기보다는 釜山에 오는 것이 가깝다. 文化도 倭보다 韓國이 優位우위에 있었으니, 지금도 對馬島에서는 高麗佛을 가운데 安置안치하고, 倭佛을 그 옆에 앉힌다고 한다.

또 對馬島는 山地가 많고 좋은 논밭이 적어, 식량도 韓半島에 의존하였다.2) 韓半島의 쌀을 먹지 않게 된 것은,

---

1) 平山 茀, 『津島紀事』(번역본), p.26 再引.
2) 對馬島의 아이들은, 봄철에 민들레 꽃씨를 바람에 날리며, "날아라 날아라

日本列島의 쌀이 남아도는 20세기 후반부터의 일일 것이라 한다. 이를 보아 對馬島의 주민들은 釜山 등지와 같은 生活圈 안에 있었음을 알 수 있다. 이러한 對馬島가 언제, 어쩌다가 日本의 領有가 되었을까 하는 생각은 누구나 한 번쯤은 해본 일일 것이다. 그러나, 『三國史記』에서는 이에 대해 전혀 기록된 바 없다. 『三國史記』(1145)의 편찬자인 金富軾(1075~1152)의 生存 당시는 對馬島가 이미 日本에 속해 있었으므로, 4~6세기경의 任那에 관한 것이나, 7세기 말 내지 8세기 초경까지, 이 섬에 있었던 新羅・百濟・高句麗 등 邑落國에 관한 기록을 빠뜨린 것이다. 韓半島人에 의해 세워진 이러한 邑落國들이 멸망한지 오래되어서(약 450년 이상), 이에 대한 것을 기록하지 않았던 것이다. 이에 비해, 『桓檀古記』는 『三國史記』 이후의 것이기는 하나, 對馬島에 任那가 있었다 하였고, 또 이 섬의 佐護(사고)・仁位(니이)・雞知(게찌)에 각각 新羅・高句麗・百濟가 있었다고 기록하였다. 우리는 이 기록을 소중히 알아야 할 것이다.

筆者는 오늘날 對馬島가 日本에 속해 있으나, 7세기 말경까지는 韓國의 屬島였음을 말한 바 있다. 즉 日本 史家

朝鮮까지 날아라. 朝鮮에 가서 쌀 사서 오너라" 하고 놀았다고 한다.

들이 그들의 植民地的 領域으로서 南韓에 있었다고 하는 任那는 對馬島에 있었는데,3) 이는 6세기 중엽에 멸망하고, 『日本書紀』 朝貢 기사에 나타나는 新羅·百濟·高麗는 韓半島 三國의 分國분국 혹은 屬郡속군으로서 對馬島에 있었던 邑落名인데, 이는 7세기 말 내지 8세기 초에 멸망한 것이라 하였다. 즉 百濟와 高麗는 그의 본국인 韓半島의 百濟와 高句麗가 망하자, 따라서 멸망하고, 新羅도 慶州 新羅의 초기에 對馬 上島의 佐須奈(사스나)의 시라에(地名)에서 일어나서 佐護에 머물다가, 南下하여 雞知의 任那를 멸하였으나, 倭의 두 번의 공격을 받고 7세기 말 내지 8세기 초에 멸망했다고 하였다.4)

『桓檀古記』에 의하면, 高句麗는 永樂 10년(400)에 對馬島를 정벌하여, 이곳을 十國으로 나누어 다스리니, 烈帝의 命한 바가 아니면 스스로 專行(專, 오로지전)할 수 없었다고 하였다. 그러면, 이 섬에서의 百濟는 어떠하였는가 하는 것이 문제된다. 이 論考에서는 『日本書紀』, 『桓檀古記』의

---

3) 拙著, 『任那國과 對馬島』(서울, 亞細亞文化社, 1987). 이 책의 日譯版 초판, 『任那は對馬にあった』(任那는 對馬에 있었다)(大阪, ソウル書林, 1989). 재판, 『任那國と對馬』(東京, 東洋書院, 1992) 등 참조.
4) 拙著, 『日本古代地名研究 ─韓國 옛 地名과의 比較─』(서울, 亞細亞文化社, 1996), pp.353~377, 「對馬島의 新羅 邑落國」 참조.
　　이 拙著는 『日本古代地名の研究 ─日韓古地名の源流と比較─』(東京, 東洋書院, 2000, 총 750쪽)의 이름으로 日譯版이 나왔다.

기록과 對馬島의 遺跡유적과 任那 地名을 근거로 하여, 이 섬에 百濟郡이 있었음을 살펴보고, 또 이 섬에 있었던 任那國도 百濟人에 의해 세워진 것임을 고찰하기로 한다.

1. 『日本書紀』의 百濟郡·百濟城의 對馬島 比定

『日本書紀』欽明 4年紀(543)에 다음과 같은 기사가 있다.

十一月에 津守連을 보내어 百濟를 가르쳐서(詔하여) 말하기를, 任那의 下韓에 있는 百濟의 郡令과 城主는 마땅히 日本府에 붙을 것이다. 云云. 이날에 聖明王이 詔勅조칙을 듣고, 三佐平과 內頭 및 諸臣에게 "詔勅이 이와 같으니, 어떻게 해야 할 것인가" 하고 두루 물었다. 三佐平 등은 "下韓에 있는 우리의 郡令과 城主는 보낼 수 없습니다. 云云."

(冬十一月 遣津守連詔百濟曰在任那之下韓 百濟郡令城主 宜附日本府 云云. 是日聖明王聞宣勅已 歷問三佐平內頭及諸臣曰詔勅如是 當復何如 三佐平等答曰在下韓之我郡令城主 不可出之云云)

위 기사의 「任那之下韓 百濟郡令城主」에서, 任那는 總言任那총언임나로서 對馬島를 총칭하는 것이고, 下韓은 對

馬 下島를 가리키는 것이거니와, 여기에서 「百濟郡令城
主」가 문제된다. 百濟郡令의 「令」은 지방장관의 뜻이니,
郡令은 오늘날의 郡守와 같은 것이고, 城主는 百濟城의
城主를 말한다. 日本 史家들과 국내 일부 史學者 중에는
위 기사에 나타나는 任那를 金海 지역에 있었다 하고, 下
韓을 韓半島의 南韓이라 하였다. 만일에 그러하다면, 金
海 지역에 百濟郡과 百濟城이 있었다고 해야 할 것이 아
닌가? 그러나, 이는 생각할 수 없는 일이니, 金海 지역에
百濟郡과 百濟城이 있었다는 기록이나 자취를 아무데도
찾아볼 수 없기 때문이다. 이 문제는 任那를 金海 지역에
比定하는 사람들이 가장 困惑곤혹해 하는 대목이다.

　위에 보인 기사는, 對馬 上島의 佐護(사고)에 있는 新羅
가 南下하여 雞知에 있었던 任那를 멸망하자, 韓半島의
百濟와 倭가 任那를 再建할 방법을 의논하는 것의 한 장
면이다. 이 기사에 앞서, 欽明 2年紀에 '七月에 百濟가 사
신을 보내어 와서 下韓의 任那의 政을 아뢰었다'는 기사
가 있다. 이는 對馬 下島의 雞知에 있었던 任那가 新羅에
敗패한 政狀을 倭에 알린 것을 말한다. 위 4年紀의 기사에
서, '任那의 下韓에 있는 百濟의 郡令과 城主는 마땅히 日
本府에 붙어야 한다'함은, 任那(對馬島)의 下韓(下島)에 있는
百濟의 郡令과 城主는, 任那에 駐在주재하고 있는 日本府

의 指揮지휘 아래에 들어가야 함을 말하는 것이다. 그러해
야만 新羅의 공격을 막아 任那를 다시 세울 수 있다는 것
이다. 그러나, 百濟는 이에 不應불응하였다.

다음에는, 위 기사의 百濟郡은 韓半島에 있었던 百濟郡
이 아니고, 韓半島 百濟의 屬郡으로서 對馬島에 있었던
百濟 邑落임을 보기로 한다. 또 百濟城도 對馬島에 있었
던 百濟城임을 보기로 한다. 對馬島에 百濟가 있었음은,
『桓檀古記』의 다음의 기사에서 볼 수 있다.

> 이로부터 任那는 對馬島를 全稱하였다. 云云. 任那는 三加羅로
> 나뉘었으니, 이른바 加羅는 首邑을 칭하는 것이다. 이로부터 三
> 汗이 서로 다투어 세월이 오래가도록 화해하지 아니하니, 佐護
> 加羅는 新羅에 속하고, 仁位加羅는 高句麗에 속하고, 雞知加羅
> 는 百濟에 속하게 된 것이 이것이다.
> (自是任那乃對島全稱也 云云 任那又分爲三加羅 所謂加羅者首
> 邑之稱也 自是三汗相爭歲久不解 佐護加羅屬新羅 仁位加羅屬高
> 句麗 雞知加羅屬百濟 是也)

위 기사에서 보는 바와 같이, 下島에 있는 雞知는 百濟
에 속하였다고 하였다. 따라서, 『日本書紀』의 百濟郡은
『桓檀古記』의 百濟와 같은 것으로, 雞知에 있었던 百濟를

말한다.

그리고, 『日本書紀』欽明 4年紀의 百濟城도 天險(천험)의 要害地(요해지)인 雞知의 黑瀨(구로세)城으로 보아야 한다. 이곳에 남아 있는 城跡(跡, 자취적)을 현재 이 섬에서 朝鮮式 山城이라 부르는데, 이는 百濟人의 기술에 의해 百濟人이 쌓은 것이기 때문이다(길이 2,860m). 이 城을 언제 누가 어떠한 목적으로 쌓은 것인가에 대해, 이 섬에서 두 가지 說이 있다. 그 하나는, 百濟系인 仲哀王이 北의 新羅를 막기 위해 쌓은 것이라 하는 것인데, 仲哀王은 4세기의 인물로 보고 있다. 다른 하나는, 羅唐聯合軍에 의해 敗한 倭가 뒤좇아 올 新羅軍에 대비하여 쌓은 金田(간다)城이라는 것인데, 이 地方民들은 黑瀨城을 金田城이라 부르고 있다. 그러나, 이는 옳지 않다. 金田은 이곳(雞知)으로부터 약 16km나 떨어진 西岸의 地名인데, 현재 이곳에 城跡이 남아 있기 때문이다. 또 『日本書紀』에서, 雞知에 黑瀨城을 쌓았다 하지 않고 '金田城을 쌓았다'고 기록하였기 때문이다. 이 黑瀨城은 현재 補修(보수)한 城跡(북측)과 그렇지 않은 舊城跡(남측)이 있다. 이는 欽明 5年紀(544)에 「修理防護云云」의 기사가 있음을 보아서, 이 당시에 修理(補修)한 것으로 보인다.5)

『日本書紀』에서 百濟城에 대한 기록은 다음 雄略 9年

紀에서도 볼 수 있다.

> 新羅가 西土로부터 云云. 몸을 對馬島의 밖(外)에 던져서(나아
> 가서) 자취를 匝羅의 밖(表)에 감추고, 高麗에서 오는 貢物을
> 막고 百濟의 城을 삼켰다(呑하였다).
> (新羅自居西土云云 投身對馬之外 竄跡匝羅之表 阻高麗之貢 呑
> 百濟之城)

이 기사에서 投身對馬之外와 竄跡匝羅之表는 對句를
이룬다. 그러므로, 匝羅를 對馬島의 안에 있었던 地名으로
보아야 한다. 日本 史家들은 匝羅를 慶南 梁山의 옛 地名
인 歃良삽량이라 하나, 이는 옳지 않다.『日本書紀』에서 匝
羅를 sa-wara로 읽는데, 이는 韓國語「서울(京)」에 유래된
地名이다. 이는 對馬 上島 佐護에 있었던 新羅 邑落國의
首邑名이다.『日本書紀』神功 5年紀에 보이는 草羅(이 地名
도『日本書紀』에서 sa-wara라 읽음)城과, 眞鏡大師碑文의 草拔(*sa-bara)
도 이와 같은 地名으로, sa-wara(匝羅)~sa-wara(草羅)~sa-bara
(草拔)는 같은 地名이다. 廣開土王碑文에서「追至任那加羅」

---

5) 黑瀨城에 대해서는 上揭書, pp.334~335 참조. 이 拙著, p.335에서 이 城의
   補修를 西岸의 金田(칸다)城 築城 당시에 했을 것이라 하였으나, 위와 같
   이 고친다.

이후에 나타나는 「新羅城」은 이 匝羅 즉 草羅城에 比定된다.6) 이와 같은 地名은 각지에서 볼 수 있다. 즉 慶州 新羅의 首都 徐伐(*sə-bərə), 尙州의 古代 國名 沙伐(*sa-bərə), 濊의 首邑名 東原京(*sai-bara), 後高句麗의 首邑名 鐵原(*soi-bara), 百濟의 首都名 所夫里(*so-buri), 草八國의 首邑名 草八(*sa-bara) 등은 그러한 예이다. 이는 對馬島뿐만 아니라, 日本列島에도 널리 傳播전파하였다.7) 그리고, 「高麗之貢」의 高麗는 韓半島의 高句麗가 아니고, 對馬島에 있었던 高句麗 邑落國으로 보아야 한다. 韓半島의 高句麗가 보낸 貢物(貢, 바칠 공)을 對馬島 밖에 나아간 新羅가 막았다는 것은 말이 안 되며, 高句麗가 倭에 貢物을 보냈을 까닭도 없기 때문이다. 그리고, 百濟之城은 韓半島 안에 있었던 百濟의 城이 아니고, 對馬島에 있었던 百濟의 城으로 보아야 한다. 그런데, 이 百濟의 城이 對馬島의 어디에 있었던 城이냐가 문제된다. 이 百濟의 城은 위에서 살펴본 바, 欽明 4年紀의 百濟郡令城主에서 보는 百濟城과 같은 것으로, 雞知의 북쪽에 있는 難攻不落난공불락의 黑瀨(구로세)城에 比定된다.

　여기에서 添言첨언할 것은, 『日本書紀』에서 이 百濟郡을

---

6) 拙稿, 「伽倻史의 再構와 任那問題」, 『伽倻의 歷史와 文化』(東義大學校, 「인
　　문연구논집」 5호, 2000) 중 pp.29~34, 「新羅城」 참조.
7) 拙著, 『日本古代地名研究』, pp.150~151 등 참조.

「百濟」로만 기록하고 있어, 韓半島의 百濟와 混同혼동하기 쉽다는 것이다. 그런데, 다음에 보이는 百濟도 對馬島의 百濟로 보지 않을 수 없다.

ㄱ) 이에 毛野臣이 任那의 久斯牟羅에 머물면서, 新羅와 百濟의 二國의 王을 불렀다. 新羅王 佐利遲는 久遲布禮를 보내고, 百濟는 恩率 彌騰利를 보내고 두 王은 가지 않았다 (繼體 23年紀).

ㄴ) 百濟가 사신을 보내어 加羅國의 多沙의 나루(津)를 割讓해 줄 것을 요구했다. 이에 의해, 物部伊勢連 등을 보내어, 이 나루를 百濟의 王에게 주기로 하였다. 加羅는 이에 대해 不平을 말했다. 그리하여, 勅使는 이 나루를 이웃의 百濟에 바로 주기를 꺼려 大島로 물러가고, 별도로 錄使를 보내어 扶餘에 주었다 (繼體 23年紀).

ㄷ) 沙至比跪를 보내어 新羅를 치게 했다. 新羅人이 美人 두 사람을 꾸며서 나루(津)에서 그를 맞아 유혹했다. 沙至比跪는 그 美人을 받아들이고, 되려 加羅를 쳤다. 加羅國王 己本旱岐는 그의 아들 百久氏 등과 그의 人民을 이끌고 百濟로 도망갔다 (神功 62年紀).

ㄹ) 十月에 新羅가 任那를 침공하므로, 天皇이 大伴 金村大連에게 명령하여, 그의 아들 磐과 狹手彦을 보내어 任那를 돕

게 하였다. 이때에 磐은 筑紫에 머물면서 國政을 잡아서 三
韓에 대비하고, 狹手彦은 任那를 鎭壓하고 百濟를 救하였
다 (宣化 2年紀).

ㅁ) 八月에 高麗·百濟·新羅·任那가 함께(竝) 사신을 보내어 貢物
을 바치고, 아울러 貢職(공직)을 닦았다 (欽明 元年紀).

ㅂ) 二月에 高麗·百濟·任那·新羅가 함께(竝) 사신을 보내어 調賦
(조부)를 바쳤다 (孝德大化 2年紀).

ㅅ) 이해에 高麗·百濟·新羅가 함께(竝) 사신을 보내어 進朝진조하
였다 (齊明 元年紀).

ㅇ) 이해에 高麗·百濟·新羅가 함께(竝) 사신을 보내어 進朝하였
다 (同 2年紀).

위 ㄱ)에서, 「新羅王 佐利遲」가 나타남을 보아서, 이
新羅는 對馬島의 新羅로 보지 않을 수 없다. 慶州의 新羅
에는 이러한 王名을 볼 수 없기 때문이다. 따라서, 이 新
羅와 함께 나타나는 百濟도 對馬島의 百濟로 보지 않을
수 없다. ㄴ)의 기사에서 「百濟의 王」의 百濟는 對馬島의
百濟로 보아야 한다. 加羅의 不平으로 多沙津을 이웃의
百濟에 바로 주지 못하고, 별도로 사신(錄使)을 扶餘에 보
내어 주었다는 것이다. 이 扶餘는 韓半島의 百濟를 말한
다. 이 기사에서의 加羅 · 多沙津 · 大島는 對馬島에 있었

던 地名이다.8) 그런데, 위 ㄱ)의 기사에서는, 百濟를 新羅
와 한가지로 「國」이라 하고, '二國의 王을 불렀다'고 하
였다. 또 ㄴ)에서도 「百濟의 王」이 나타난다. 『日本書紀』
에서, 新羅王 宇流助富利知干(仲哀 9年紀), 新羅王 佐利遲(繼體
23年紀), 高麗王 陽香(欽明 23年紀), 高麗王 安(同), 加羅王 己本旱
岐(神功 62年紀), 加羅王 阿利斯等(敏達 12年紀), 任那王 己能末多
干岐(繼體 23年紀)에서 보는 바와 같이, 新羅・高麗・加羅・
任那 邑落國에 있어서는 王名이 나타난다. 이에 비해, 百
濟에 있어서는 그러한 王名을 잘 볼 수 없다. 이를 보아,
對馬島의 百濟는 다른 邑落國과 한가지로 「國」으로 불려
지기도 하였으나, 韓半島 百濟의 屬郡속군으로서의 성격이
강했던 것으로 보인다. ㄷ)의 加羅는 「加羅王 己本旱岐」
가 나타남을 보아서, 對馬島에 있었던 邑落國으로 보지
않을 수 없다. 韓半島의 加羅國에는 이러한 王名을 볼 수
없기 때문이다. 따라서, 이와 함께 나타나는 百濟도 對馬
島의 百濟로 보지 않을 수 없다. ㄹ)에서 任那와 함께 나
타나는 百濟도 對馬島의 百濟로 보아야 한다. 그리고, 이
기사에 나타나는 「三韓」(셋의 kara)은 對馬島를 가리키는 것
으로, 이는 『桓檀古記』에 나타나는 三加羅(佐護加羅・仁位加

---

8)　拙著, 『任那國과對馬島』, p.235, 284, 323 참조.

羅·雞知加羅)와 같은 것이다. 「韓」(kara)와 「加羅」는 城이나 큰 邑落 또는 나라를 뜻하는 보통명사로,9) 이 셋의 kara (三韓·三加羅)는 對馬島를 대표하는 邑落이다. ㅁ) 이후의 朝貢 기사에 나타나는 百濟는, 이 朝貢 기사에 나타나는 新羅·高麗·任那와 한가지로 對馬島에 있었던 百濟로 보아야 한다. 비행기도 없었고, 通信 施設시설도 미비했던 당시에, 韓半島의 3國 내지 4國이 같은 날 같은 장소에 모여서 倭의 朝廷에 함께(竝) 朝貢했다는 것은 말이 안 된다. 위에 보인 欽明 元年(540), 孝德大化 2년(646), 齊明 元年(655), 齊明 2년(656)의 기사 내용은 6세기~7세기의 일인데, 이때에 韓半島의 4國(이 중, 任那를 日本 史家들은 韓半島의 加羅國이라 하나, 加羅國은 이미 멸망한지 오래됨) 혹은 3國의 사신들이 모여서, 倭에 朝貢했다는 것은 생각할 수 없는 일이다. 그와 같은 일은, 倭에 가까운 거리에 있었던 곳(對馬島)의 邑落國들이었기 때문에 가능했던 것이다.

　『日本書紀』에서는 對馬島의 新羅와 高句麗 邑落國도 韓半島의 新羅·高句麗와 한가지로 「新羅」「高麗」로 표

---

9) 拙著,『韓國古代國名地名硏究』(初刷 大邱, 螢雪出版社, 1982, 再刷 서울, 亞細亞文化社, 1988), pp.68~69.
　　拙著,『日本古代地名硏究』, pp.324~328.
　　拙稿,「廣開土王碑文의 '任那加羅'考－KBS의 '伽倻 흥망의 블랙박스'를 비판함－」,『語文硏究』(韓國語敎育硏究會, 105號, 2000) 중 pp.29~31 및 『名稱科學』(名稱科學硏究所, 제7호, 2000), pp.10~12 참조.

기하여, 두 곳을 혼동하기 쉽다. 다만, 新羅의 경우,『日本書紀』仲哀 8年紀에서는 栲衾新羅,『出雲國風土記』의 神話에서는 栲衾志羅紀(栲衾新羅),『萬葉集』에서는 栲角乃新羅, 栲綱之新羅 등과 같이, 新羅의 앞에 栲衾(다쿠후스마).栲角(다쿠쓰노).栲綱(다쿠쓰나) ─ 이는 任那 地名 卓淳(다쿠쓰노)와 같은 地名임─를 冠(冠, 갓관)하여 慶州의 新羅와 구별하였으나, 후대에 와서는 이를 생략하여 「新羅」로만 표기하였다.

2.『日本書紀』下韓任那, 南韓百濟郡令의 下韓, 南韓

앞에서 고찰한 바, 百濟와 任那가 나타나는『日本書紀』의 下韓과 南韓에 대하여 설명하기로 한다.

위 欽明 4年紀에서 살펴본 바의 下韓은, 같은 2年紀에도 나타난다.

> 百濟가 紀臣奈率 彌麻沙와 中部奈率 己連을 보내어 와서, 下韓의 任那의 政을 아뢰었다.
>
> (百済遺紀臣奈率彌麻沙 中部奈率己連 來奏下韓任那之政)

또, 같은 5年紀에서는 南韓이 나타난다.

> 만약에 南韓의 郡令과 城主를 두어서 修理(수리)하여 防護(방
> 호)하지 아니하면, 이 强敵을 막을 수 없으며, 또 新羅를 制禦
> (제어)할 수 없다.
> (若不置南韓郡令城主 修理防護 不可以禦此强敵 亦不可制新羅)

여기에서, 잠시 前述한 任那之下韓 百濟郡令城主(欽明 4
年紀)의 任那之下韓과, 위에서 보인 下韓任那之政(同 2年紀)의
두 任那에 대한 차이를 설명하기로 한다. 任那에는 두 가
지 뜻이 있으니, 그가 占점하는 장소의 폭에 따라서 그 뜻
이 다르다. 즉 그 하나는 對馬島를 총칭하는 이름인데,
『日本書紀』 欽明 23年紀에서는 이를 總言任那총언임나라
하였다. 그 다른 하나는 別言任那별언임나인데, 이는 任那國
(總言任那) 안에 있었던 10개 邑落 중의 하나를 말한다. 『日
本書紀』에서는 이 10개 邑落을 任那 十國이라 하였다. 日
本 史家들은 이를 南韓의 각지에 比定하고 南韓을 그들의
植民地的식민지적 領域영역이라 하였으나, 이는 옳지 않다.
이는 對馬島에 있었던 10개 邑落을 말하는 것이다. 이는
『倭名類聚抄』 등에 보이는 對馬島 十鄕을 말하는 것이니,
이는 『桓檀古記』에서 高句麗가 對馬島를 정벌하여 「分治

十國」했다는 十國과 같은 것이다. 이 10개 邑落 중의 하나인 任那를 欽明 23年紀에서는 「稔禮」로 표기하였다. 이는 下島 雞知에 있었던 것으로 생각된다. 이곳 雞知에 있었던 任那(稔禮)가 세력이 가장 컸기 때문에, 이 任那의 이름이 對馬島를 대표(총칭)하는 명칭으로 쓰였다. 따라서, 任那之下韓은 對馬島 중에서 아래쪽에 있는 kara(韓) 즉 對馬 下島를 말하는 것이다. 그리고, 下韓任那之政은 對馬 下島에 있는 任那의 政勢를 말하는 것이니, 下韓은 對馬 下島를 말하고, 任那는 이곳에 있었던 別言任那 즉 雞知에 있었던 任那를 말하는 것이다. 이 任那는 總言任那와 구별하기 위해 稔禮로 표기해야 옳았을 것이나, 欽明 23年紀 이외에는 모두 任那로만 표기하여 혼동하기 쉽다.

다음에는 下韓과 南韓에 대해 살펴보기로 한다. 여기에서 보는 「韓」는 kara의 표기이니, 이에 대해서는 여러 곳에서 말하였다.[10] 韓은 현행음이 han이나, 古代音은 *kan으로 再構된다(韓의 현행 日本音 kan). 漢·翰·瀚·干·旱 등도 한가지이다. 語頭 k-의 h-音化의 현상은 固有語에서도 볼 수 있으니, 地名 할미산은 갈미산에서 변한 것이고, 한들(大野)의 「한」은 *kan(큰의 異形態)에서 변한 것이다. 對馬島 地

---

10) 위 註 9 참조.

名에서의 kan-dara는 원래 '큰 들'에 유래한 것으로, 古代 韓國語에 의한 것이다. 이 *kan(韓)의 韻尾 -n이 外破音化하여, *kan은 kara를 표기한 것이다. 古代 國語가 子音 뒤에 母音이 따라서 첨가하는 開音節語[11]였기 때문이다. 이를 현대어에서 보면, cream [krim]은 일반 言衆언중들에게 /크리무/ 혹은 /쿠리무/로 받아들여지고 있다. 또 strike [straik]는 /스트라이크/로 받아들여지고 있다. 끝 音節에 母音이 첨가하고, 첫 音節이나 語中의 k, s, t에도 母音 /으/가 첨가하였다. bowl [boul]이라는 말도, 우리는 /뽈/로 (b가 ㅃ음으로) 받아들여진 데 비해, 日本에서는 /보우루/로 받아들이고, truck [trʌk]을 우리는 /추럭/으로 받아들인 데 비해, 日本에서는 /토라쿠/로 받아들였다. 이와 같이 외래어가 들어왔을 때에는, 自國 나름의 音韻음운의 특징에 맞게 받아들인 것이다. 이를 보아서, 古代 國語에 *kan(韓)이란 漢字音이 들어왔을 때에, 韻尾운미 -n이 外破音化외파음화하여, kana로 받아들였을 것임은 넉넉히 짐작할 수 있다. 그리고, kana에서 n이 r로 變動변동하여 kara가 된 것이다. 이와 같은 n~r의 變動은 大怒대노를 「대로」로,

---

11) 拙著, 『韓國古代國名地名硏究』, pp.295~315, 「開音節의 表記와 漢字音의 受容」; 『國語學論攷』(亞細亞文化社, 1993), pp.66~95, 「古代國語 開音節에 대하여」; 『同』, pp.3~22, 「古代入聲韻尾 t의 r音化에 대하여－古代國語開音節硏究의 一還으로－」 참조.

安寧안녕을 「알령」으로 발음하는 데서도 볼 수 있다. 『日本書紀』 등에서 「韓」을 kara로 읽는데, 이는 古代 韓國에서 「韓」이 kara의 표기에 借用차용되었기 때문이다. 그리고, 「韓」으로 표기된 kara는 본래 城이나 큰 邑落 또는 나라(國)의 뜻이다. 이는 「加羅」로 표기된 kara가 원래 城이나 큰 邑落 또는 나라(國)를 뜻하는 보통명사였음과 한가지이다.

그런데, 위에서 보인 下韓・南韓을 『日本書紀』에서는 arihisi kara 또는 arusi kara라 읽는다.12) 이는 「앞가라」(前韓, 前加羅)의 前次形인 「앒ㅅ가라」에서 변한 것이다. 欽明 2年紀에 南加羅가 나타나는데, 이것도 한가지로 읽는다. 여기에서 보는 kara(加羅)는 kara(韓)와 같은 것이다. 집을 南向으로 짓고 살았기 때문에, 아래(下)쪽 즉 남(南)쪽에 있는 kara(韓・加羅)가 「앞가라」(<앒ㅅ가라)인데, 「앞」의 古代形은 「앒」(앒 뒤'前後', 『釋譜』十~21)이다. 『日本書紀』 arihisi kara(下韓・南韓・南加羅)를 분석하면, arihisi(<aruhisi)의 ari는 「알」과 같은 것이고, hi는 「ㅂ」에서 변한 것이고, si는 사이시옷이다. 그리고, arusi는 aruhisi에서 hi가 줄어진 것이다. 이 「앒ㅅ가라」는 「뒷가라」와 對가 되는 것인데, arihisi kara(下韓・南韓)

---

12) 飯田季治, 『日本書紀新講』(東京, 明文社 1940) 下卷, p.125 참조.

는 對馬 上島에 對하는 命名이다. 古代 對馬島가 kara國 즉 韓鄉之島·韓島이기 때문에, 對馬 下島를 arihisi kara 라 했던 것이다. 南加羅에서 보는 arihisi kara는 한 邑落을 가리키는 地名으로, 이는 下韓·南韓과는 다르다. 이 南加羅는 上島 西岸의 kara-su(加羅愁·唐洲)에 比定된다. 이는 上島 伊奈(이나)의 kara(賀良)(迦羅로도 표기함)의 西南方에 위치하기 때문에 붙여진 것이다. 이 南加羅는 伊奈의 韓良(가라)에 對가 되는 命名이다. 이와 같이 命名된 地名은 다음에서도 볼 수 있다. 즉 百濟將 木羅斤資가 對馬島의 新羅와 七邑을 평정하고, 兵을 西로 돌려 南蠻忱彌多禮를 무찔렀다고 하는데, 이 南蠻남만도『日本書紀』에서 arihisi kara로 읽었다. 忱彌多禮는 濟州島에 比定되는데, 濟州島를 arihisi kara(南蠻)라 한 것은, 濟州島가 韓半島(kara國)의 아래쪽에 있기 때문이다.

그런데, 日本 史家들은, 위에서 본 바와 같은 任那 地名이 韓國語로 이루어져 있음을 보아서, 任那가 南韓에 있었다고 하였다. 이는 說得力설득력이 있어 보이나, 옳지 않다. 왜냐 하면, 對馬島가 日本의 領有로 된 것은 적어도 7세기 말 이후의 일13)로, 그 이전은 韓國에 속해 있었기

---

13) 拙著,『日本古代地名研究』, pp.592~593,「4邑落國 멸망의 時期와 그 이유」
　　참조.

때문이다. 이 地名은 對馬島가 日本 領有영유로 되기 이전에, 그곳에 살았던 新羅人·百濟人·高句麗人들에 의해 命名되고, 이것이 『日本書紀』에 오른 것이다.

3. 任那國의 建國과 百濟將 木羅斤資

다음에는, 對馬島의 雞知에 任那國을 세운 사람이 百濟人임을 고찰하기로 한다. 이는 첫째, 『日本書紀』에 나타나는, 百濟와 任那와의 관계에서 볼 수 있다.

> (百濟의 聖明王이) 任那(執事)에게 일러 말하기를 "옛날부터 우리 先祖 速故王, 貴首王이 당시의 旱岐들과 처음으로 和親화친을 맺고 兄弟가 되었다. 이제 나(百濟)는 그대(任那)를 子弟로 삼고, 그대는 나를 父兄으로 삼아서 云云" (欽明 2年紀)
>
> 聖明王이 일러서 말하기를, "옛날부터 任那는 우리 百濟와 子弟가 되기를 약속했다." (同 5年紀)

위 기사에서 百濟와 任那를 子弟와 兄弟의 관계라 하였다. 위 기사에서 聖明王이 나타나는 欽明 2년(541)은 百濟 聖王 19년에 해당된다. 또 위 기사에서의 速故王과 貴

首王은 神功 49年紀의 王 肖古와 王子 貴須와 같은 것으로 생각된다. 다만, 이는 연대상으로 보아서 百濟의 近肖古王(346~374), 近仇首(375~383)에 比定된다. 「近」은 '大'를 뜻하는 「큰」의 古代形을 표기한 것인데, 이것이 생략된 것으로 보인다. 肖古王(166~213), 仇首王(214~233)을 近肖古王, 近仇首王으로 본 이유는, 이 王 때 즉 4세기 중엽에 任那國이 樹立수립된 것으로 추정되기 때문이다.

　任那國을 百濟人이 세웠다고 생각하는 둘째 이유는, 任那의 國名이 百濟의 郡邑名에 유래하였기 때문이다. 즉 任那, 稔禮(別言任那)가 百濟의 郡邑名에 유래함을 보아서, 任那國을 세운 사람이 百濟人으로 생각된다. 任那는 nima -na의 표기이니, 任님은 그의 韻尾 -m의 外破音化에 의한 nima를 표기한 것이다. 日本에서는 任那를 mima-na라 하는데, 이는 첫 音節의 n-이 둘째 音節의 m에 同化(逆行同化) 된 것이다(nima-na>mima-na). 稔禮는 nima-na(任那)의 異形態인 *nimu-ro의 표기로 보이니, 이는 日本에 전파된 地名이나 姓氏名에 mimu-ro(三室, 御室 등)로 남아 있다.14) 즉 nimu-ro (稔禮)>mimu-ro(三室 등)로 변한 것이니, 이는 nima-na>mima -na로 변한 것과 같은 관계이다. 그런데, nima(任)/nimu(稔)

---

14) 拙著, 『日本古代地名研究』, p.452.

는 '主'를 뜻하는 韓國語이다. 이는 15세기 國語 님(主)과 同源語이다. na(那)와 ro(<no)(禮)는 땅(地)의 뜻이다. 高句麗 地名에서 '땅(地)'을 「內, 奈」와 함께 「奴, 弩」로도 표기하였다. nimu-ro(稔禮)의 ro는 no에서 변한 것으로, 이 no는 na의 異形態이다. 그러므로, 任那, 稔禮는 그 지역의 君長(님)이 있는 땅(邑落) 즉 '主邑'에 유래한다. 이와 같은 地名은 馬韓의 地名과 百濟 郡邑名에서도 볼 수 있다. 즉 『魏志東夷傳』의 馬韓 54國 중에 冉魯염로가 나타나는데, 이는 *jəmu-ro(여무로)의 표기로 생각된다. 그리고, 아래 『梁書』에서 보는 檐魯도 이와 同源語로 생각된다.

(百濟에서) 城을 固麻라 하고, 邑을 檐魯라 하니, 이는 마치 中國에서 郡縣을 말하는 것과 같다. 그 나라에 22개의 檐魯가 있는데, 모두 그들의 子弟들이나 宗族들이 나누어 據했다.
(號所治城曰固麻 謂邑檐魯如中國之言郡縣也 其國有二十二檐魯 皆以子弟宗族分據之)

위 기사에서, 檐魯의 檐은 古音이 「염」이니, 『集韻』에 余廉切(切, 反切절, 두 字의 音을 합하여 한 音을 얻는 방법)이라 하였다. 그러므로, 檐魯는 「담로」가 아닌 「염로」이다. 그러나, 『梁書』에서의 檐魯는, 檐의 韻尾 -m의 外破音에 의한 *ɲə mu-ro의 표기로, 이는 *nimu-ro(稔禮)와 音이 비슷하다. *ɲəmu-ro의 語頭 ɲ-은 원래 n-이었는데, n이 口蓋音化[15] 하여 ɲəmu-ro(녀무로)가 되고, 또 jəmu-ro(여무로)가 된 것이다. 이를 보아서, 稔禮, 任那는 檐魯와 同源으로, 百濟語 郡邑에 유래한 것임을 알 수 있다. 그리고, 稔禮, 任那는 百濟의 22개 檐魯 중의 하나였을 것으로 생각된다. 檐魯는 冉魯에서 보는 바와 같이, 이는 三韓시대부터 있었던 것이기는 하나, 百濟가 통일국을 이룬 이후에는 自治國의 성격을 띠었다.

任那國을 百濟人이 세웠을 것으로 생각하는 셋째 이유는, 현재 對馬 下島 雞知에 있는 前方後圓墳이 百濟의 墓制묘제이기 때문이다. 즉 雞知의 鶴山(쓰루가야마)에 남아 있는 前方後圓의 巨大 古墳은 後圓部후원부의 直徑이 17m, 前方部전방부의 길이가 23m, 後圓部의 높이가 4m, 前方部의 높이가 1m였다. 石室의 內部는 파괴되어 잘 알 수 없으나, 板石판석에 의한 大形의 箱式石棺상식석관으로 추정되며, 여기에서 나온 遺物과 墓의 構造로 보아서, 4세기 후반에서 5세기 初頭에 築造된 것으로 보고 있다. 이와 같은 前方後圓의 古墳은 全羅南道 海南郡과, 咸平郡의 長鼓

---

15) 拙著, 『韓國古代國名地名硏究』, pp.193~213.
　　 上揭書, pp.156~157 참조.

山장고산 古墳과 연결된다. 또 이는 大和 지방에 있는 倭王의 墓制와도 연결된다.

다음에는 이곳에 任那國을 세운 사람이 누구냐가 문제된다. 結論부터 말하면, 이는 百濟의 將帥장수인 木羅斤資로 생각된다. 그와 같이 생각하는 이유는 ㄱ) 木羅斤資의 공적, ㄴ) 그의 활동 시기와 任那國이 수립된 시기의 일치, ㄷ) 그의 활동 시기와, 『日本書紀』에 任那가 처음으로 나타나는 시기와의 일치를 볼 수 있다. 또 ㄹ) 雞知의 鶴山古墳은 이곳에 任那國을 세운 木羅斤資의 무덤으로 추정되는데, 木羅斤資의 활동 시기와 이 古墳이 築造된 시기의 일치를 볼 수 있기 때문이다. 아래에 이를 다시 살펴보기로 한다.

먼저 ㄱ)에 대하여 보면, 『日本書紀』 神功 49年紀에 다음과 같은 기사가 있다.

木羅斤資와 沙沙奴跪 <이 두 사람은 云云, 木羅斤資는 百濟將이다>에게 명하여 精兵(정병)을 거느리고, 沙白蓋盧와 함께 가게 하였다. 卓淳에 모여 新羅를 쳐서 깨뜨렸다. 이로 因하여 比自㶱·南加羅·㖨國·安羅·多羅·卓淳·加羅의 七國을 평정하였다. 곧 兵을 옮겨 西로 돌려 古奚津에 이르러, 南蠻 忱彌多禮를 정벌하여 百濟에 주었다. 이에 王 肖古와 王子 貴須가 또한 군대를 거느리고 와서 만났다. 이때에 比利·辟中·布彌支·半古의 四邑이 스스로 항복하였다. 이에 百濟王의 父子가 荒田別, 木羅斤資 등과 意流村<이제 州流須祇라 한다>에서 함께 만나서 서로 기뻐하고 후하게 禮遇예우하여 보냈다. 오직 千熊長彦과 百濟王은 百濟國에 이르러 辟支山에 올라서 맹세하고 云云.

위 기사에서, 百濟의 肖古王과 王子 貴須가 군대를 거느리고 와서 木羅斤資 등을 意流村의류촌에서 만나서, 서로 기뻐하고 후하게 禮遇하였다고 하였다. 여기에서 보는 地名 意流村을, 아유가이(鮎貝房之進), 스에마쓰(末松保和) 등 日本 史家들은 百濟의 首都인 慰禮城위례성이라 하나, 그렇지 않다. 위 기사에서 '王 肖古와 王子 貴須가 또한 군대를 거느리고 와서 만났다', '오직 千熊長彦과 百濟王은 百濟國에 이르러…' 등을 보아서, 意流村은 百濟 밖에 있는 地名임을 알 수 있다. 또 『日本書紀』의 편찬자가 百濟의 慰禮城의 「城」을 意流村의 「村」으로 기록하지는 않았을 것이다. 이 意流村을 <이제 州流須祇라 한다>에서, 州流는 意流가 변한 것인 듯하고, 須祇(수키)는 '村'의 뜻이다. 이 地名은 對馬島 佐護의 與良原(요라바루)에 比定된다. 즉 意流는 與良(요라)와 비교되고, 村은 原(바루)와 비교되니, 바루(原)에는 '村'과 '原'의 뜻이 있다. 위 기사에서 忱彌多禮

는 濟州島에 比定된다.16) '兵을 옮겨 西로 돌려…'에서, 그 앞에 나오는 七邑落이 對馬島의 地名임을 알 수 있다. 濟州島가 對馬島의 西에 있기 때문이다. 그리고, 이 七邑落도 對馬島에 比定된다.17) 이 기사에서, 百濟王 肖古와 王子 貴須는 연대상으로 보아서 近肖古王과 近仇首王에 比定된다. 「近」은 '大'를 뜻하는 「큰」의 古代形을 표기한 것인데, 『日本書紀』의 위 기사에서는 이것이 생략된 것이다(上述). 木羅斤資는 4세기 중엽의 人物인데, 위와 같이 比定함으로써 百濟王의 父子와 木羅斤資의 生存 연대가 일치한다. 또 任那는 4세기 중엽에서 6세기 중엽까지 약 200년 간 존속하였는데, 위와 같이 比定함으로써 任那 건국의 연대와도 일치한다.

任那國을 木羅斤資가 세웠을 것임은, 아래 木羅斤資의 아들 木滿致에 관한 기사에서도 볼 수 있다.

「百濟記」에 이르기를, 木滿致는 木羅斤資가 新羅를 칠 때에 그 나라 婦人을 娶(娶, 장가들취)하여 낳은 아들이다. 그의 父의 功으로 任那를 專斷전단하였다. 云云(應神 25年紀).

---

16) 拙著, 『任那國과對馬島』, p.278 참조.
17) 上揭書, pp.234~249, 261~277 참조.

위 기사에서 新羅는 對馬島 佐護에 있었던 新羅로 보아야 한다. 『日本書紀』에서 任那가 처음으로 나타나는 것은 崇神 65年紀인데, 崇神王은 4세기 人物로 추정된다.

위에서 살펴본 바와 같이, 任那國은 百濟 八大姓의 하나인 木羅斤資가 세운 것으로 생각된다. 任那·稔禮(別言任那)가 百濟의 檐魯와 同源의 地名임은 위에서 말하였다. 『梁書』 百濟條에서, 22개의 檐魯는 勢力家의 子弟들이나 宗族들이 分據분거했다고 하였는데, 對馬島에 있었던 任那(稔禮)도 22개의 檐魯 중 하나로 생각되며, 木羅斤資의 父子도 그 勢力家의 子弟 중의 하나로 생각된다. 그리고, 雞知의 鶴山(쓰루가야마) 前方後圓墳은 木羅斤資의 무덤으로 추정되니, 이 墓制가 百濟의 墓制이고, 이 墓의 築造 연대가 木羅斤資의 生存 연대와 일치하기 때문이다. 그러므로, 이곳의 鶴山(쓰루가야마)의 前方後圓墳과 根曾(네조)의 古墳群을 남기고 있음은 우연한 일이 아니다. 筆者가 雞知에 任那日本府 즉 任那官家가 있었다 하고, 이곳의 古墳群을 任那 王族의 무덤이라 한 것은, 이곳의 地理的 조건과, 農業과 漁業을 함께 할 수 있는 生産的 조건을 감안한 것이다.

木羅斤資는 위에서 살펴본 바의 功으로 雞知에 任那(니마나)를 세웠을 것으로 추정되는데, 任那는 현재 雞知의 西

雞知全景

南方 약 5km(직선거리)에 있는 南室(나무로)에 그 자취를 남기고 있다. 對馬島에 namu-ro(南室)의 地名이 두 곳에 있으니, 그 다른 하나는 初期任那가 있었던 것으로 추정되는 上島 kari-o(狩尾) 즉 木坂(키사카)의 남쪽 4km의 地點에 있다. 『桓檀古記』에서는, 任那國이 對馬島 西北界의 國尾(구니오)城에 있었다고 하였는데, 이 kuni-o(國尾)는 kari-o(狩尾)와 같은 곳이다. 이곳에 kuni(國)가 있었기 때문에, 같은 값에 國尾城이라 표기한 것이다. 『三國史記』 脫解王 17年紀에 보이는 倭人侵木出島의 「木出」은 借訓에 의한 *nama-na/*namu-na의 표기인데, 이는 nima-na(任那)의 異形態일 것

이다. 이는 namu-ro(南室)와도 同源의 地名으로 생각된다. 즉 nima-na(任那)~nama-na(木出)~namu-ro(南室) 또는 別言任那의 nimu-ro(稔禮)는 같은 地名으로, 그 異形態의 地名들로 생각된다. 이와 같이, 같은 장소에 대한 異形態의 地名(다르게 불려지는 地名)은 현재 韓國內의 地名에서도 볼 수 있다. 즉 慶南 陜川面 仁谷里에 넘실~남실의 地名(같은 마을에 대한 두 이름)이 있고, 居昌郡 上南面의 任佛里는 님불(任佛)里~남불(南佛)里의 두 이름으로 불려진다. 佐護(사고)에 있었던 新羅의 南下로 雞知의 땅을 빼앗긴 任那는, 이곳 南室(나무로)에서 약 100년 간 그 命脈명맥을 유지하였는데,18) 원래는 지금의 南室를 포함한 雞知가 nima-na(任那)였을 것이다. 雞知의 땅은, 그후 雞知라는 이름이 優勢우세하여, 雞知로만 불러 왔고, nima-na(任那)의 異形態인 namu-ro의 地名은 지금의 南室에 남아 있는 것이다.

4. 任那日本府와 百濟郡의 역할

『日本書紀』 欽明 2年紀 등에 任那日本府가 나타나는

---

18) 拙著, 『任那國과對馬島』, pp.553~556.

데, 任那日本府란 무엇이며, 이는 어디에 있었을까. 또 日
本府의 倭란 무엇인가 하는 것이 문제된다. 과거 日本 史
家들은, 任那日本府를 朝鮮總督府_{조선총독부}와 같은, 南韓에
있었던 政治的 機構라 하였다. 또 우리 학계의 일부 史家
들도, 任那를 韓半島에 있었던 倭의 세력으로 알았다. 그
러나, 任那의 명칭은 원래 百濟의 郡邑과 같은 것으로, 任
那國은 百濟將 木羅斤資가 세운 것으로 추정된다. 그런
데, 이 任那를 倭의 세력으로 알게 된 것은, 任那에 倭의
官家_(이른바 日本府)가 와서 있었기 때문이다. 즉 任那日本府
는 任那에 駐在하고 있었던 倭의 官家_(官廳)를 말하는 것으
로, 이는 오늘날의 日本 領事館과 같은 역할을 했던 것으
로 생각된다. 그러나, 軍事力을 가졌다_(p.320 참조). 그리고,
日本府의 이름도 任那國이 있었을 당시의 이름이 아니다.
日本이란 이름이 생긴 것은 7세기 후반기의 일이다. 그리
고, 日本府는 對馬島의 雞知에 있었으니, 任那는 이곳 雞
知에 比定된다.[19]

　다음에는 任那日本府의 倭에 대해 살펴보기로 한다. 北
九州의 倭奴國 등 倭_(奴의 생략)에 대해서는 別稿[20]에서 말
한 바 있으나, 任那日本府에 와서 있었던 倭는 飛鳥 등 近

---

19) 上揭書, pp.222~224 참조.
20) 拙著, 『日本古代國名研究』, pp.250~254. 참조.

畿地方에 있었던 百濟系의 倭를 말한다. 이 「倭」의 名義에 대한 言語學的 설명은 別稿21)로 미루나, 이 國名은 古代 韓國語에 의한 '王邑'에 유래한 것이다. 古代 國名은 대개 君主가 통치하고 있었던 王邑名이나 首邑名에 유래했다. 倭奴國의 「倭」字에는 여리다(柔軟)의 뜻(訓)이 있으니, 倭의 國名은 이의 借訓에 의한, 王邑(王이 있는 땅)을 뜻하는 jəri-no(倭奴)의 jəri(여리)를 표기한 것으로 생각된다. 즉 倭는 '王'을 뜻하는 nuri-ti(-ti는 인칭접미사)의 nuri의 異形態인 juri(유리) 또는 jəri의 표기인데, 15세기 國語 倭를 뜻하는 「예」는 jəri에서 i 앞의 r이 脫落하여 juri〉jəri〉jəi〉jəj, 예가 된 것이다. 「奴」는 '땅(地)'을 뜻하는 no의 표기인데, 「倭」는 倭奴의 이 奴가 생략된 것이다. 北九州의 倭奴國은 기원 1세기 전후에, 農耕文化를 가지고 건너간 對岸(대안)의 狗邪韓國人이 세운 것으로 추정되고,22) 大和(야마토) 지방의 倭는 주로 百濟人에 의해 세워진 것으로 추정된다. 倭奴에서 「奴」가 생략된 「倭」의 명칭은 全九州와 大和 지방의 國名으로 널리 불렸다.

다음에는 畿知에 있었던 百濟의 역할에 대해 고찰하기

21） 拙稿, 「韓半島에 없었던 倭에 대하여」(『韓國學報』(一志社) 第97號(1999) 참조.
22） 拙著, 『日本古代地名研究』, pp.258~260 참조.

로 한다. 이와 함께 雞知의 航路上의 위치도 살펴보기로
한다. 이곳 百濟의 첫째 역할은, 韓半島의 百濟人이 倭에
건너가는 징검돌(渡石) 혹은 中繼地중계지로서의 구실이었다.
日本의 大阪(오오사카)에 있었던 百濟23)는 日本에 있었던 百
濟 세력의 據點거점 혹은 飛鳥(아스카), 奈良(나라)로 들어가는
길목의 구실을 한 데 비해, 對馬島에 있었던 百濟는 韓半
島 百濟의 中繼地로서의 구실을 하였으니, 많은 百濟의
文物은 이곳을 통해 倭에 건너갔다.

　이에 韓半島의 百濟에서 大阪의 百濟로 가는 航路를 보
면, 對馬 上島 西岸의 良港양항인 唐洲(가라스, 加羅愁)(『日本書紀』의
南加羅는 이곳에 比定됨)를 거쳐서 淺茅灣(아소완)을 지나서 雞知에
이르는데, 이곳은 對馬 上下島의 중심지(지금의 嚴原 이전의 對馬
島 首邑)이다. 또 여기에서 壹岐島와 下關(시모노세키)를 거쳐서
瀨戶(세토) 內海를 지나서 大阪에 도착하였다. 그런데, 雞知
는 下島 東南部에 위치하니, 北은 樽浜(다루가하마)를 통해
淺茅灣을 지나서 韓國(百濟)으로 통하고, 東南으로는 高浜
灣(다카하마완)을 거쳐서 倭로 통하는 교통상의 要衝地요충지
이다. 뿐만 아니라, 이곳은 農業과 漁業을 함께 할 수 있
는 生産의 조건도 갖추고 있으며, 北에는 朝鮮式 山城이

---

23) 上揭書, pp.433~439 참조.

라 불려지는 黑瀬(구로세)城이 있다. 이는 『日本書紀』雄略 9年紀에 나타나는 百濟의城에 比定된다.

그리고, 韓半島 百濟의 中繼地로서의 이곳의 百濟는 6세기 중엽, 新羅의 南下로 雞知의 땅을 빼앗긴 이후에, 혹은 任那國의 수립과 함께 이곳을 任那國에 讓渡하고, 下島 西岸의 佐須(사스)의 땅으로 옮아간 것으로 생각된다. 佐須는 韓半島의 百濟에서 雞知보다 가까울 뿐만 아니라, 小茂田(고모다)港, 南端의 豆酘(쓰쓰)港 등 西岸의 航路를 이용하여 倭와 통하는 편리한 곳이다. 이곳 佐須(사스)에는 百濟人에 의해 採鑛채광된 銀坑(坑, 구덩이갱) 등 百濟와 관련된 遺跡이 많이 남아 있다.

對馬島 百濟의 두 번째의 역할은, 이 섬에 있었던 新羅·高麗(高句麗)·任那·加羅 등 여러 邑落國과 교섭하여, 自國의 이익을 도모하고, 倭와 교섭하는 일이었다. 즉 이 邑落國들은 상호간에 교류하면서, 倭와 교섭하였으니, 『日本書紀』에는 倭와의 교섭 관계가 많이 나타나 있다. 여러 邑落國 중에서 新羅와 倭와의 관계 기사가 가장 많으니, 70여개의 기사 중에는 慶州 新羅에 관한 것도 있을 것이나, 대부분 對馬島 新羅 邑落國에 관한 것이다. 이 기사에는 征伐·來朝·朝貢의 기사가 많다. 朝貢조공이란 宗主國종주국에 屬國이 때맞추어 禮物예물을 바치는 것을 말하는

것인데, 이 이름으로 古代 韓國의 높은 文化가 倭에 많이 전해졌다. 百濟와 倭와의 기사는 60여개가 나타나는데, 이 기사에는 韓半島 百濟와 倭와의 기사가 대부분이고, 對馬島 百濟와의 기사는 적다. 이는 新羅와 대조적이다. 新羅·百濟·高麗·任那가 함께 朝貢하는 기사에서 보는 百濟는 對馬島 百濟로 보아야 할 것이다. 對馬島의 百濟는 加羅·安羅와 連帶연대하여 北의 新羅를 막으려 애를 썼다. 그리고, 新羅의 위협 속에서도 新羅·高麗·任那와 함께 倭에 사신을 보냈다. 그러나, 660년, 韓半島의 百濟가 羅唐 聯合軍연합군에 의해 멸망하자, 對馬島의 百濟도 따라서 멸망의 길을 걷게 되었다.

❖『韓國學報』(一志社) 제101집(2000, 겨울)에 실은 것

7

『日本書紀』 朝貢 記事 등에 나타난
新羅·百濟高麗의 比定 問題

머리말

　『日本書紀』(이하『書紀』) 朝貢 기사에, 任那와 함께 新羅・百濟・高麗가 나타나는데, 日本 史家들은 任那는 물론, 이 新羅・百濟・高麗를 韓半島의 三國으로 보고 화려한 古代史를 構築구축하였다. 그리하여, 日本의 歷史敎科書에서는 洛東江낙동강 流域유역의 加羅(伽倻)가 任那라 하여, 「加羅(任那)」와 같이 加羅에 괄호를 하여 任那를 넣어 記述기술하였다. 또 ʻ大和(야마토) 政權은 加羅지방에 세력을 폈는데. 그 세력하에 들어간 지역을 任那라 한다', ʻ(大和政權은) 加羅(任那)를 발판으로 하여 百濟와 손을 잡고, 新羅를 압박하고 北의 高句麗와 싸웠다'고 기술하기도 하였다.1) 지난번에 「새 歷史敎科書를 만드는 會」에서 제작하여 文部科學省의 검정을 통과한 중학교 歷史敎科書에서도, 任那가 韓半島의 남부에 있었다고 보고, 『書紀』 朝貢 기사의 新羅・百濟・高麗를 韓半島의 三國으로 생각하고 기술하였다. 그러면, 『書紀』 朝貢 기사에 나타나는 新羅・百濟・高麗는 日本 史家들이 말한 바와 같이, 과연 韓半島

---

1)　拙著, 『日本古代地名硏究-韓國 옛 地名과의 比較-』(서울, 亞細亞文化社. 1996), p.323 등 참조.
　　이 책의 日譯版 『日本古代地名の硏究－日韓古地名の源流と比較－』(東京, 東洋書院. 2000), p.367 등 참조.

의 三國이었을까? 이는 古代 韓日關係史를 수립하는 데 있어서, 피해서 지나갈 수 없는 큰 문제로 提起제기되지 않을 수 없다.

이 문제는 任那國의 比定 문제와 함께 究明구명되어야 하는데, 『書紀』에 나타나는 任那日本府가 虛構허구임은, 1991년 3월 4일 NHK에서 방송한 「歷史誕生, 任那日本府の謎」(歷史 탄생, 任那日本府의 수수께끼)에서도 인정하였다. 즉 日本에서 出土된 古代 鐵製品철제품을 新日本製鐵의 연구팀이 微細미세 分析한 결과, 이는 伽倻지방에서 出土된 鐵製品과 같은 鐵材임을 보아서, 倭의 鐵이 伽倻지역에서 들어온 것이며, 伽倻지역의 製鐵의 기술이 倭의 기술보다 앞섰을 것이라 하였다. 大和政府가 통일국가를 형성한 것이 6세기 말경의 일이니, 大和政權이 4~6세기경에 伽倻지역에 任那日本府를 두어서, 이곳을 그의 세력하에 넣었다는 것은 있을 수 없는 일일 것이라 하였다. 그러나, 任那가 어디에 있었던 것이냐 하는 문제에 대하여서는 말하지 않았다. 日本 史家들이 任那國을 洛東江 流域에 있었다고 하는 것은, 地名에 대한 지식의 부족과, 韓國 지배에 대한 목적 의식이 앞섰기 때문이다.

筆者의 연구에 의하면 任那國은 對馬島에 있었다.2) 그리고, 『書紀』 朝貢 기사에서, 任那와 함께 나타나는 新

羅·百濟·高麗도 對馬島에 있었던 邑落名으로 보아야
한다. 이 三國을 對馬島에 있었던 邑落名으로 보아야 함
을 여러 곳에서 말하였으나, 이 論考에서는 그 이유를 集
約집약하여 설명하는 동시에, 이 三國은 韓半島 三國의 分
國 혹은 屬郡으로서의 성격이 강했음을 고찰하고자 한다.

　『書紀』(神代紀 上)의 神話에서 伊奘諾(이사나기)尊과 伊奘册
(이사나미)尊의 두 神人이 大八洲(古代 日本을 말함)를 낳(生)았다
하고, 對馬島와 壹岐島는 潮水조수의 물방울(沫)이 굳어져서
된 것이라 하여, 日本人들은 對馬島가 처음부터 日本의
領有였던 것처럼 알고 있다. 그러나, 對馬島를 「韓鄕之島
(『書紀』) 혹은 「韓島」(『同』)3)라 한 것에서 보는 바와 같이, 古
代 對馬島는 韓國의 領有였으니, 對馬島가 日本의 領有로
된 것은 후대의 일로 보아야 한다. 日本의 神話에서 日本
王家의 조상이라 하는 isanagi(伊奘諾)와 isanami(伊奘册)의 두
神人名도 古代 韓國의 地名과 韓國語로 造語된 것이며,4)
日本 神話의 배경인 高天原(다카마노하라)도 新羅 초기 伊西
國을 중심으로 한 南韓의 一角에 比定된다.5) 우리는 『書

---

2) 拙著, 『任那國과對馬島』(서울, 亞細亞文化社. 1987). 이 책의 日譯版 『任那
　は對馬にあった』(大阪, ソウル書林, 1989), 同再版 『任那國と對馬』(東京,
　東洋書院, 1992) 및 註1의 拙著 pp.307~321 「任那國의 對馬島 比定」 참
　조.
3) 拙著, 『日本古代地名研究』 p.21. 331, 同日譯版 p.23, 376 참조.
4) 上揭書, 韓國語版, pp.2~5 참조.

紀』朝貢 기사에 나타나는 新羅·百濟·高麗의 比定 문제와 함께, 韓日 古代 關係史를 밑뿌리(根底)부터 다시 보아야 할 것이다.

1. 『書紀』 朝貢 기사의 新羅·百濟·高麗와 任那의 比定

(1) 『書紀』 朝貢 기사에 나타난 新羅·高麗·任那 등의 王名

『書紀』 朝貢 기사의 新羅·百濟·高麗가 韓半島의 三國이 아님은, 우선 그 王名에서 볼 수 있다. 즉 『書紀』에서 보는 바 아래 王名은, 韓半島에 있었던 王名이 아님을 알 수 있다.

　　ㄱ) 新羅王 宇流助富利知干 (仲哀 9年紀)

　　　　新羅王 佐利遲 (繼体 23年紀)

　　ㄴ) 高麗王 陽香 (欽明 23年紀)

　　　　高麗王 安 (同 上)

---

5) 上揭書, pp.10~14 참조.

ㄷ) 任那王 己能末多干岐 (繼体 23年紀)

ㄹ) 加羅王 己本旱岐 (神功 62年紀)

　加羅王 阿利斯等 (繼体 23年紀)

위 ㄱ)의 于流助富利知干은 『書紀』에서 urusohuritikan 으로 읽는데, 이는 uru(于流)＋sohuri(助富利)＋ti(知)＋kan(干)으로 분석된다. 여기에서 uru(于流)는 '王'의 뜻이니, 이는 『周書』(異域伝, 百濟)의 「王姓扶餘氏 号於羅瑕」에서 보는 바, '王'을 뜻하는 於羅瑕(*əra-ka)의 *əra(於羅)(*-ka는 접미사)와 같은 것이고, sohuri(助富利)는 '서울(京)'과 同源語이고, -ti는 인칭접미사이고, kan(干)은 旱岐가 줄어진 것이다. 이 王名은 보통 명사에서 固有名詞化한 것이며, uru-sohuri(于流助富利)는 '王邑'의 뜻이다. 그런데, 이 sohuri(助富利)는 對馬島에 있었던 新羅의 首邑인 匝羅·草羅 또는 草拔에 比定된다.6) 즉 匝羅·草羅는 『書紀』에서 sa-wara로 읽으며, 草拔도 이와 비슷한 sa-bara의 표기이니, 이러한 地名은 '서울(京)'에 유래한다. 이 so-huri(助富利)는 이와 同源의 地名인데, 對馬島 佐護(사고)에 있었던 新羅의 首邑名에 유래한다. 이는 語形과 표기상의 차이가 있으나, 同源의 地名이다. 慶州 新羅

---

6) 上揭書, pp.364~368 참조.

의 王都名에서 徐羅伐·徐耶伐·徐伐·金城도 語形과 표기상의 차이를 볼 수 있고, 百濟의 王都名에서도 所夫里·泗沘의 차이를 볼 수 있으나, 이 地名들은 同源의 地名이다. 『書紀』神功 49年紀에 百濟王의 父子가, 新羅(이는 對馬島의 新羅로 보아야 함)를 정벌한 木羅斤資를 意流村에서 만났다고 하였는데, 이 意流村도 佐護(사고)에 있었던 新羅의 首邑을 가리킨 것이니, iru(意流)는 uru -sohuri(意流助富利)의 uru(宇流)와 같은 것으로 생각된다.

위에서 본 바와 같이, 『書紀』에서 新羅와 高麗의 王名은 있으나, 百濟의 王名은 나타나지 않는다. 『書紀』繼體 23年紀에 「百濟의 王」이 보이기는 하나, 王名을 볼 수 없다. 그 이유는, 對馬島의 百濟는 그 本國인 韓半島의 百濟에 直屬직속해 있었기 때문일 것이다. 즉 이곳의 百濟는 「國」으로서보다도, 韓半島 百濟의 「屬郡」으로서 存在했기 때문일 것이다. 『書紀』継体 23年紀에 '毛野臣이 新羅·百濟의 二國의 王을 불렀는데, 新羅王 佐利遲는 가지 않고 久遲布禮를 보냈다'는 기사가 있다. 여기에서 百濟는 「國」으로 나타난다. 이 기사에서 新羅王 佐利遲가 나타남을 보아서, 이 新羅를 慶州의 新羅로 볼 수 없다. 따라서, 이 百濟도 韓半島의 百濟로 볼 수 없으니, 對馬島의 百濟로 보아야 한다.

아래 欽明 4年紀에 「百濟郡」이 나타나는데, 이는 이 百濟國과 같은 것으로 보아야 한다.

> 11월에 津守連을 보내어 百濟를 가르쳐(詔하여) 말하기를, 任那의 下韓에 있는 百濟의 郡令과 城主는 마땅히 日本府에 붙을 것이다. 云云. 이날에 聖明王이 詔勅을 듣고, 三佐平과 內頭 및 諸臣에게 "詔勅이 이와 같으니, 어떻게 해야 할 것인가" 하고 두루 물었다. 三佐平 등은 "下韓에 있는 우리의 郡令과 城主는 보낼 수 없습니다. 云云."

위 기사에서 任那는 對馬島를 全稱 하는 것이고, 下韓은 對馬 下島를 말한다.7) 古代에 對馬島를 「韓鄕之島(『書紀』神代紀)」라 하였으니, 下韓의 「韓」은 韓鄕之島의 「韓」과 같은 것이다. 古代 對馬島는 韓半島와 같은 韓國(韓鄕)이었다. 『書紀』에서 韓鄕한향을 韓國과 같이 kara-kuni로 읽었는데, kuni는 '國'의 뜻이다. 따라서, 이 百濟郡은 對馬島의 百濟를 말한다.8) 다시 말하면, 對馬島에 있었던 百濟는 이 섬에 있었던 新羅・高麗(高句麗)에 비하여, 「國」으로서 보다도

---

7) 上揭書, pp.332~333 참조.
8) 拙稿, 「對馬島에 있었던 百濟勢力에 대하여」, 『韓國學報』 제101輯(2000. 겨울) 참조.

韓半島 百濟의「屬郡」으로서의 성격이 강했던 것으로 생
각된다.

(2)『書紀』朝貢 기사에서, 함께 보낸(竝遣使) 3~4 國의 朝貢使

『書紀』朝貢 기사의 新羅·百濟·高麗를 韓半島의 三國으로 볼 수 없다. 왜냐하면, 전화도 비행기도 없었던 시대에 韓半島의 3國 내지 4國의 사신이 어떻게 하여 한날 한시에 모여서 倭에 朝貢했겠느냐 하는 것이다. 즉 平壤에 首都가 있었던 高句麗와, 熊津(公川) 또는 扶餘에 首都가 있었던 百濟와, 慶州에 首都가 있었던 新羅와, 任那가 金海지역에 있었다고 가정한다면, 金海에 있었던 任那가 함께 朝貢使를 보내어(竝遣使), 같은 시간 같은 장소에 모여서 倭의 朝廷에 朝貢할 수 있었겠느냐 하는 것이다. 이는 있을 수 없는 일이니, 가까운 거리(對馬島)에 있었던 邑落國끼리였기 때문에 가능했던 것이다. 아래『書紀』기사에서 보는 바와 같이, 3國 내지 4國이 함께 사신을 보냈다(竝遣使)는 것은, 함께 사신을 보내어 왔다는 말이다. 즉 欽明 元年紀에서는「함께 貢職(貢, 바칠공)을 닦았다(竝修貢職)」라 하고, 欽明 10年紀에서는「함께 朝貢하였다(竝朝貢)」라고 하였는데,「竝」은 '함께, 나란히'의 뜻이다. 아래에 3~4國의

朝貢使를 함께 보내온 기사만을 보기로 한다(2國의 사신이 함께 왔다는 기사는 생략). 『書紀』에서 4國人이 함께 왔다고 하는, 처음의 기사는 應神紀응신기에서 볼 수 있다.

應神 7년 9월에 高麗人·百濟人·任那人·新羅人이 함께 來朝하였다.

위 기사에서는 「來朝」라 하였다. 이 4國人도 對馬島에 있었던 4邑落國人이 모여서 갔거나, 아니면, 韓半島의 高句麗人 · 百濟人 · 新羅人이 그 分國格인 對馬島의 高句麗(高麗) · 百濟 · 新羅에 모이고, 그곳의 任那人과 함께 倭에 갔을 것이다. 아래 기사에서 孝德효덕 白雉 5년에 弔使(弔, 조상할상)를 보낸 것을 제외하고는, 모두 朝貢한 기사들이다.

○ 欽明 元年(540) 8월에 高麗·百濟·新羅·任那가 함께 사신을 보내어(並遣使), 함께 貢職을 닦았다(並修貢職).

○ 舒明 10년(638), 이해에 百濟·新羅·任那가 함께 朝貢하였다(並朝貢).

○ 孝德大化 元年(645) 9월에 高麗·百濟·新羅가 함께 사신을 보내어(並遣使) 調를 바쳤다(進調). 百濟의 調使는 任那의 使를 겸하여 任那의 調를 바쳤다.

○ 孝德大化 2년(646) 2월에 高麗·百濟·任那·新羅가 함께 사신을

　보내어(竝遣使), 調賦를 바쳤다(貢獻調賦).

　○孝德白雉 5년(654), 이해에 高麗·百濟新羅가 함께 사신을 보
　　내어(竝遣使), 弔하였다(奉弔).

　○齊明 元年(655), 이해에 高麗·百濟新羅가 함께 사신을 보내어
　　(竝遣使), 調를 바쳤다(進調).

　○齊明 2년(656), 이해에 高麗·百濟新羅가 함께 사신을 보내어
　　(竝遣使), 調를 바쳤다(進調).

　위 應神紀는 5세기 말 내지 6세기 초의 일일 것이며, 欽
明 元年 이후의 기사는 6~7세기의 일이다. 任那가 646년(孝
德大化 2)에 완전히 멸망한 후에는 朝貢하지 못하였다. 朝貢이
란 宗主國에 屬國이 때맞추어 예물로 물건을 바치는 것을
말하며, 위 기사에서의 進調는 貢物을 바치는 것을 말한다.
그런데, 韓半島의 3國 내지 4國에서 倭에 朝貢使를 함께(並)
보냈을 리도 없고, 교통과 통신이 불편한 시대에 韓半島에
서 보낸 사신이 함께 만나서 朝貢할 수도 없었을 것이다.

(3) 『書紀』 天武 10年紀(682)의 倭가 新羅와 高　　麗에 보낸 使臣

　倭의 朝廷에서 新羅와 高麗에 보낸 사신이, 2개월 후에
함께 朝廷에 돌아왔다고 하였는데, 이 新羅와 高麗를 韓

半島의 新羅와 高句麗로 볼 수 없다. 즉『書紀』天武 10
年紀(682)에 다음과 같은 기사가 있다.

> 7월 辛未日(4日)에 小錦下 采女臣 竹羅 등을 新羅에 보내고, 이날
> 에 小錦下 佐伯連 廣足 등을 高麗에 보냈다. 云云. (같은 해) 9月
> 己亥(3日)에 高麗와 新羅에 보낸 사신이 함께 이르러(共至) 朝廷에
> 뵈었다(拜朝).

위 기사에서, 7월 4일 같은 날에 新羅와 高麗에 보낸
사신이, 그해 9월 4일에 함께(共) 歸朝귀조하였다고 하는데,
이 新羅와 高麗를 거리상으로 보아서 韓半島의 新羅와 高
句麗로 볼 수 없다. 뿐만 아니라, 이 해(天武 10년, 682)는 高句
麗가 멸망(668)한지 14년 뒤이다. 멸망한 高句麗에 무엇 때
문에 사신을 보냈겠느냐 하는 것이다.

(4) 韓半島 百濟·高句麗의 멸망 이후,『書紀』에 나타나는 百濟·高麗의 朝貢 기사

韓半島의 百濟(660)와 高句麗(668)가 멸망한 뒤에도,『書
紀』에는 계속하여 百濟와 高麗의 朝貢한 기사가 나타난
다. 이를 아래에 간략하게 든다.

○ 天智 2년(663) 2월에 百濟가 進調.

○ 同 7년(668) 4월에 百濟가 進調.

○ 同年 7월에 高麗가 進調.

○ 同 10년(671) 正月에 高麗가 進調.

○ 同年 2월에 百濟가 進調.

○ 同年 6월에 百濟가 進調.

○ 天武 元年(673) 3월에 高麗가 進調.

○ 同 2년(674) 8월에 高麗가 朝貢.

○ 同 4년(676) 3월에 高麗가 朝貢.

○ 同 5년(677) 11월에 高麗가 朝貢.

○ 同 8년(680) 2월에 高麗가 朝貢.

○ 同 9년(681) 5월에 高麗가 朝貢.

○ 同 11년(683) 6월에 高麗王이 下部助有 封婁毛切 등을 보내
   어 方物을 바쳤다.

위에서 보는 바와 같이, 韓半島의 百濟가 멸망한 뒤에 百濟가 進調한 횟수가 4회 나타나고, 韓半島의 高句麗가 멸망한 뒤에 高麗가 進調 혹은 朝貢한 횟수가 9회로 나타난다. 調는 구실, 戶調賦의 뜻이다. 進調는 朝貢과 같은 것이다. 특히 天武 11年紀(683)에서는, 高麗王이 方物(地方에서 나는 특산물)을 바쳤다고 하였다. 그러므로, 이러한 百濟와

高麗를 韓半島의 百濟와 高句麗로 볼 수 없다. 또 慶州의 新羅가 三國을 통일한 668년 이후에, 新羅가 進調 또는 朝貢한 횟수가 19회나 나타나는데, 이 新羅도 慶州의 新羅로 볼 수 없다. 三國을 통일한 强盛강성한 新羅가 668년 이후 『書紀』의 기록이 끝나는 697년(持統 11)까지의 29년 사이에, 무엇 때문에 19회나 朝貢했겠느냐 하는 것이다. 위에 보인 朝貢 기사와 新羅의 朝貢 횟수는 7세기 후반기에 있었던 것으로, 이는 對馬島가 日本의 領有로 넘어가는 과정을 보이는 것이다.

(5) 推古 31년(623) 倭의 新羅 침공 이후, 倭에 볼모(質)를 보낸 新羅와 政事를 請한 新羅

新羅가 倭의 침공을 받은 이후, 新羅의 朝貢 횟수가 잦아졌고, 3회의 볼모(質)를 보냈고, 마침내는 3회나 사신을 보내어 政事를 請하였다. 그런데, 이 新羅를 慶州의 新羅로 볼 수 없다. 『書紀』推古 31年紀에 다음과 같은 기사가 있다.

이해에 大德境部臣雄摩侶, 小德中臣連國으로써 大將軍으로 삼고, 小德大伴連, 小德河辺臣禰受 小德物部依網連乙等 云云을 副將軍으로 삼아서, 數萬의 衆을 이끌고 가서 新羅를 정벌하였다.

이보다 23년 전인 推古 8년(600)에도 다음과 같은 기사
가 있다.

> 2월에 境部臣을 명하여 大將軍으로 삼고, 穗積臣을 副將軍으로
> 삼아서 萬餘의 軍을 이끌고 가서, 任那를 위하여 新羅를 공격하
> 였다.

위 기사에서 「數萬의 衆」 혹은 「萬餘의 軍」은 과장된
것이나, 이 때에 新羅를 정벌한 것만은 사실로 인정된다.
왜냐하면, 그 이후 新羅의 朝貢 횟수가 잦아졌기 때문이다.
623년(推古 31) 이후 新羅가 朝貢한 해를 보면 다음과 같다.

    ◦ 638년(舒明 10)   ◦ 640년(同 12)

    ◦ 645년(孝德大化 元年)   ◦ 646년(同 2)

    ◦ 647년(同 3)   ◦ 648년(同 4)

    ◦ 650년(大化白稚元年)   ◦ 651년(同 2)

    ◦ 652년(同 3)   ◦ 653년(同 4)

    ◦ 654년(同 5) (이 해는 新羅가 高麗·百済와 함께 弔使를 보냄)

    ◦ 655년(齊明 元年)   ◦ 656년 (同 2)

    ◦ 668년(天智 7)   ◦ 669년(同 8)

    ◦ 671년(同 10)(이 해는 6월과 10월과 11월에, 1년에 3회 調를

바침)

○ 673년(天武 元年)

○ 676년(同 4)(이해는 2월과 3월, 2회 調를 바침)

○ 677년(同 5)   ○ 679년(同 7)

○ 680년(同 8)

○ 681년(同 9)(이해는 5월과 11월, 2회 調를 바침)

○ 682년(同 10)   ○ 684년(同 12)

○ 686년(同 14)   ○ 686년(天武朱島 元年)

○ 688년(持統 2)   ○ 692년(同 6)

○ 693년(同 7)   ○ 695년(同 9)

위에서 보는 바와 같이, 623년 倭의 침공 이후, 695년 (持統 9) 新羅가 사신을 보내어 세 번째 政事(政, 다스릴정)를 請할 때까지, 약 70년 간에 33회나 朝貢하였다. 그리고, 671년에는 한 해에 3회나 朝貢하였고, 676년과 681년에는 각각 2회씩 朝貢하였다. 그리고, 이 기간에 倭의 요청에 의하여 볼모(質)를 3회나 보내야 했다. 즉

○ 孝德大化 2년(646) 9월에 新羅에 사신을 보내어 볼모를 보내
  도록 하였다

○ 同 3년(647) 이 해에 上臣大阿湌 金春秋를 보내어 볼모로 하

였다. 金春秋는 모습(姿顔)이 아름답고 談笑를 잘하였다.

○同 5년(649) 이해에 新羅王이 沙喙部沙湌 金多遂를 보내어 볼모로 하였는데, 따른 者가 37人이었다.

○齊明 元年(655) 新羅가 及湌 彌武를 볼모로 하였다.

위 기사에서, 볼모로 간 上臣大阿湌 金春秋를 日本의 스에마쓰(末松保和)는 慶州 新羅의 金春秋라 하나9), 이는 그와 同名異人이다. 위 기사에서 보는 金春秋의 인상은 三國을 통일한 英主영주의 인상이 아니다. 持統 3年紀(689)에 '鍐湌 金春秋가 勅을 받들었다'가 보이는데, 이 金春秋도 同名異人이다. 위 기사에서의 金春秋는 對馬島의 新羅 邑落國에서 보낸 것으로 보아야 한다. 위에서 보는 바, 姓씨와 官名도 慶州 新羅와 같다. 이를 보아서도 對馬島 新羅는 慶州 新羅의 分國으로 생각된다. 그러나, 이 때의 對馬島의 新羅는 本國인 慶州 新羅의 도움을 받지 못하고 매우 衰殘쇠잔해 있었다. 慶州의 新羅는 三國의 통일에 餘念이 없어, 對馬島 新羅를 도울 餘力이 없었던 것이다. 그리하여, 對馬島의 新羅는 아래에서 보는 바와 같이, 마침내 3회나 倭에 사신을 보내어 政事를 請하였다.

---

9) 末松保和,『任那興亡史』(1977), p.212 참조.

○ 天武 5년(677) 11월에 新羅가 沙湌 金請平을 보내어 政事를
  請하였다.
○ 同 14년(686) 11월에 新羅가 波珍湌 金智祥과, 大阿湌 金建
  勳을 보내어 政事를 請하고 調를 바쳤다.
○ 持統 9년(695) 3월에 新羅가 王子 金良琳과 朴强國·韓奈末·金
  周漢·金忠仙을 보내어 政事를 아뢰고(奏) 請하였다.

위 기사에서, 695(持統 9)에는 王子까지 보내어 政事를 아
뢰고 請하였다고 함을 보아서, 더 이상 나라를 지탱하기
어려웠던 것임을 알 수 있다. 위 세 기사는 慶州의 新羅가
三國을 통일한 668년 이후의 일임을 유의할 것이다. 三國
을 통일한 慶州의 新羅가 王子까지 보내어 政事를 請했을
리가 없었을 것이기 때문이다. 『書紀』의 기록은 持統 11
년(697)에 끝나므로, 그 이후의 對馬島 新羅의 운명은 알
수 없으나, 위 기사들을 미루어 보아서, 8세기 초까지 존
속했을 것으로 생각된다.

우리는 『書紀』 朝貢기사의 新羅·百濟·高麗를 韓半
島의 三國으로 보고, 이 책을 事實에 전혀 맞지 않는 僞書
(僞, 거짓위)라 생각하기 쉬우나, 그렇지 않다. 이를 對馬島에
있었던 三邑落國으로 볼 때 그 事實性이 인정된다.

2. 『對州編年略』『塵袋』의 기록과 對馬島 地名 에서의 新羅・高麗

筆者는 위 설명의 과정에서, 『書記』 朝貢 기사의 新羅 와 高麗는 韓半島 新羅와 高句麗의 分國으로서, 百済는 그의 屬郡으로서 對馬島에 있었던 邑落名이라 하였다. 이 章에서는, 『對州編年略』과 『塵袋』에서 對馬島에 있었다 고 한 新羅와 高麗는 『書紀』의 新羅・高麗와 같은 것이 고, 현재 對馬島 地名에 남아 있는 新羅 즉 sira-ki(白木), sira-ko(白子)(日本에서 新羅를 sira-ki, sira-ko 또는 sira라 함. -ki, -ko는 접미사) 와 高麗도, 『書紀』의 新羅・高麗의 자취로 생각한다.

(1) 『對州編年略』『塵垈』에 나타나는 新羅・高麗

『對州編年略』은 對馬島의 歷史를 編年的편년적으로 略記 약기한 책임을 말한다. 이 책은 對馬島人 藤 定房이 지은 것인데, 그의 卒年은 1732년(享保 17)이다. 그의 父는 藤 齊 延인데, 그는 近世 對馬島의 國學을 개척한 學者이다. 그 런데, 이 책에는 다음과 같은 기사가 있다.

山家要略記＜後鳥羽院 天台僧顯眞이 지은 책＞에 말하기를, 對 馬島는 高麗國의 牧이요 新羅人이 살았다. 開化天皇代에 이 섬

으로부터 新羅가 습격하여 왔으므로, 仲哀天皇이 豊浦官으로부터 對馬島에 가서(幸行하여), 新羅를 정벌하여, 마침내 이 섬을 빼앗고, 新羅高麗에 건너가서 合戰하여 흐르는 화살(流矢)에 맞았다. 이로 인하여, 軍이 敗하여 本朝로 向하여 돌아왔다. (山家要略記＜後鳥羽院 天台僧顯眞撰之書＞云 對馬島者高麗國之 牧 新羅住之 開化天皇代 從此島襲來 仲哀天皇豊浦宮 幸對馬島征伐新羅 竟取此島 渡新羅高麗合戰 中流矢軍敗 於是向本朝飛着)

위 기사의 分註＜＞에 보이는 바, 『山家要略記』는 後鳥羽院(1186~1197) 時에 天台僧 顯眞이 지은 책이라 하였다. 開化天皇代에 이 섬에 있었던 新羅가 九州 등지에 襲來습래하였는데, 仲哀天皇이 長戶(나가토, 지금의 山口縣)의 豊浦宮에서 이 섬에 가서, 이 섬의 新羅를 정벌하였다고 하였다. 仲哀王은 4세기 人物로 추정되는데, 仲哀王은『書紀』기록에서 新羅의 정벌로 이름이 있는 神功后의 남편이다. 日本 史家들은,『書紀』에 나타나는 新羅 정벌을 慶州 新羅에 대한 정벌이라 하고, 日帝때에 이를 敎科書에 실어 日本人들의 意氣의기를 높였다. 그러나, 이는 위 기사에서 보는 바 對馬島 新羅의 정벌로 보아야 한다.10)

위 기사의 「高麗國之牧」은 高麗(高句麗)國의 牧場으로 해

석된다. 牧에는 治와 牧場의 뜻이 있는데, 여기에서는 후자로 해석된다. 오늘날 對馬島의 名物로 남아 있는 조랑말은, 對馬島가 高句麗의 목장이었을 당시의 말의 종자로 생각되기 때문이다. 이 조랑말은 小型으로, 사람의 어깨 정도의 키에 粗食(粗, 거칠조)하고 가풀막에 오르는 힘이 강하다. 純血種黑馬 또는 靑灰黑色馬이다(畵報 참조). 이는『魏志東義伝』高句麗條에 기록된 '그 말이 다 작으나, 곧잘 산에 오른다(其馬皆小 便登山)'의 말과 같은 종자로 생각된다. 對馬島는 섬이기 때문에 말이 도망할 염려가 없어, 放牧하기에 알맞다. 濟州島가 말로써 알려진 이유도 여기에 있다. 對馬島가 高句麗의 목장이 된 것은, 廣開土王이 對馬島를 정벌한 이후의 일로 생각된다.『桓檀古記』에서 廣開土王은 對馬島를 정벌하여, 十國으로 나누어 통치(分治十國)하고, 또 이를 直轄했다고 하였다. 위에서 본 바의,

ㄱ)『山家要約記』의「對馬島者 高麗國之牧」의 기록과,

ㄴ) 高句麗 말(馬)과 같은 종자로 인정되는 對馬島이 조랑말과,

ㄷ) 對馬島의 仁位(니이)가 高句麗에 속했다(仁位加羅屬高句麗)는『桓檀古記』의 기록과,

---

10) 拙著,『日本古代地名硏究』, pp.295~296 참조.

ㄹ) 「官兵云云 追至任那加羅」의 廣開土王의 碑文과,

ㅁ) 對馬島에 高麗山의 地名이 남아있음을 보아서,

對馬島가 高句麗의 治下에 있었을 것임을 넉넉히 짐작할 수 있다.

『山家要略記』의 「新羅住之」는 新羅人이 와서 살았다로 해석된다. 아래 『塵袋』(卷 2)의 기록에서도 이를 볼 수 있다.11)

무릇, 對馬島는 옛날 新羅國과 꼭 같은 곳이다. 사람의 모습도 그곳에서 나는 土産物도 있는 것은 모두 新羅와 다름이 없다. (凡は對馬の島は昔新羅國と同じていの所なリけリ. 人の姿も その所の土産もありとあるものきてい皆新羅に異らず)

(2) 對馬島에 남아 있는 新羅·高麗 地名의 자취

현재 對馬島에서 불려지고 있는 地名에서, 新羅와 高麗(高句麗)의 자취를 볼 수 있다. 이에 대하여 다른 곳에서 말하였으나, 다시 간단히 들기도 한다.

---

11) 金澤庄三郞, 『日鮮同祖論』(1943), p.75 再引.

① sira-ko(白子)

對馬 下島 嚴原(이즈하라)에서 가까운 久田(구다)를 字(아자, 町村內의 일부의 이름, 보통 부르는 이름)로 sira-ko(白子)라 부른다(畵報 참조). 큰 邑落이다. 이 sira-ko(白子)의 地名은, 賀谷(가야)와 橫浦(요코우라) 사이에도 白子浦(시라코우라), 白子崎(시라코미사키)의 地名을 볼 수 있다. 그리고, 竹敷(다케시키)와 唐洲(가라스)에도 각각 白子(시라코)가 있다.

② sira-ki山(白木山, 白磯山, 新羅山), sira-saki神社 등

嚴原港 東편에 sira-ki山이 있다. 이는 日本의 借訓에 의하여 白木山·白磯山으로 표기하는데,『新對馬島誌』에는 이를 新羅山이라 하였다(畵報 참조). 그리고, 嚴原 東편에 高平山(曲 마가리 所在)에 sira-saki 神社라는 古社(오래된 神社)가 있다. 對馬島 地名 연구의 제 一人者인 후지이(藤井勝男)씨의 말에 의하면, 이곳 小浦(고우리) 漁夫들이 1년에 한번씩 이 산에 올라가서 이 神社에 제사를 지낸다고 하였다. 그런데, 이 神社는 ‘新羅의 城主를 祀한 神社’로 해석된다. 즉 sira는 ‘新羅’이고 saki는 日本에서 suki와 함께 ‘城’을 뜻하는 말12)이기 때문이다. 그리고, 이곳 小浦에 siro-ki

---

12) 拙著,『日本古代地名硏究』, p.116 참조.

ga wata라는 地名이 있는데, 이는 '新羅人이 경작했던 밭'에서 유래한 것으로 생각된다. 즉 siro-ki는 sira-ki(白木), sira-ko(白子)와 같은 '新羅'이고, ga는 所有格의 助詞이고, wata는 韓國의 밭(<밭 田)과 비교되기 때문이다. 對馬島 方言에서 밭을 wata라 한다. 對馬島에서는, 日本 本土의 말인 hata-ke(畑, 밭)(이 말에서, hata는 對馬島의 wata, 韓國의 밭과 같은 것이고, ke는 접미사임)와 wata가 함께 쓰이고 있다. 15세기 國語에서 「밭」을 「받」이라 하였는데, 古代에는 末母音을 가진 *pata였을 것이니, 이것이 韓國에서는 pat(받)>path(밭)으로 변하고, 對馬島에서는 wata로 변하고, 日本 本土에서는 hata-ke로 변한 것이다. 이를 보아서, 현재 對馬島의 首邑인 嚴原(이즈하라) 일대와 久田(구다)에 新羅人이 집단을 이루고 살았음을 알 수 있다.

③ sira-e(白江)

古代 對馬島의 首邑이었던 雞知(게찌)에 sira-e(白江)山과 sira-e(白江)川이 있다. 이는 雞知의 중심지에 있다. 그런데, 이 sira-e의 sira는 '新羅'이고, e는 新羅 地名에서 「火・伐」로 표기되는 *bərə 혹은 *bəri(村, 邑의 뜻)에서 변한, bori에서 변이한 것으로 생각된다. 즉 *bərə의 끝 音節 ə는 r의 調音 위치에 끌리어, r의 조음 위치에 가까운 i로 변하였다

(bərə>bəri). 慶向道 方言에서의 가리(粉 · 가루), 자리(袋 · 자루), 마리(廳 · 마루), 바리(正 · 바로)는 이러한 音韻 현상이다. 이 *bəri를 對馬島에서 bori로 받아들이게 되었다. 韓國語 어(ə)와 日本語 オ(o)는 對応대응관계에 있기 때문이다. 또 i 앞의 r이 脫落하였으니, 나리>내 '川', 누리>뉘 '世', 무리>뮈 '竃' 등은 이러한 音韻 현상이다. 日本語에서도 이러한 현상을 볼 수 있다. 그리하여, *bori>*boi>*be가 되었으니, 이 be는 we 혹은 he의 과정을 거쳐서 e가 된 것이다. 즉 sira-e(白江)는 본래 慶州 新羅의 首都名 徐羅伐과 같은 *səra-bərə에서, *sira-bori>sira-be>sira-e로 된 것으로, '首邑'의 뜻이다.13) 즉 慶州의 *səra-bərə(徐羅伐)도 '首邑'의 뜻이니, sera(>sira)는 '首'의 뜻(頂수리의 「수리」는 이와 同源語)이고, *bərə(*bəri, *bori)는 '村, 邑'의 뜻이다. 「伐」을 *bərə의 표기로 본 것은, 伐의 韻尾 -t의 外破音化14)에 의한 것으로 보았기 때문이다(伐 *pət →*bətə>*bədə>*bərə). 이 地名은 본래 보통명사였으나, 固有名詞로 굳어졌다. 對馬島에서 sira-e 地名은 上島 北端북단의 良港양항인 佐須奈(사스나)에도 있다. 이곳의 sira-e는 아직 漢字 표기에 定着되지 않았다. 이를

---

13) 上揭書, p.369 참조.
14) 拙著, 『國語學論攷』(서울, 亞細亞文化社, 1993), pp.3~22 「古代入聲韻尾 t
　　의 r音化에 대하여」 참조.

보아서, 對馬島의 新羅는 본래 慶州에서 가까운 佐須奈에서 일어나서, 그곳 西南方 약 8km 떨어진 佐護(사고)에서 오랜 기간 머물다가, 南下하여 雞知의 任那를 滅하고, 그 세력을 全島에 폈던 것이다. 對馬島에서 白子(시라코), 白江(시라에)의 地名에 대하여, 「海賊의 근거지에 붙여진 地名」이라 한다.15) 이는, 후대에 이 섬에 들어온 日本人이, 新羅人을 욕되게 말한 것으로 생각된다.

④ sebaru(瀨原), saburo baru(三郞原)

前者는 雞知에 있고, 後者는 南室(나무로)에 있다. 이 地名들은 '首邑'을 뜻한 것으로 생각된다. 후자의 경우, 雞知에 있었던 任那는 新羅의 南下로 그 땅을 빼앗기고, 약 백년 간 南室에 있었는데, 이 地名은 그 때에 붙여진 것으로 생각된다. baru(原)는 후대에 첨가한 것이다. 이 地名은 慶州 新羅의 徐伐과 비교된다. 徐伐은 *sə-bərə 혹은 *sə-bəri의 표기로 생각되니, 이는 *səra- bərə(徐羅伐)에서 第二音節의 ra가 脫落한 것이다. 이와 같은 地名으로는 百濟의 所夫里, 狗邪韓國(金海)의 酒(*sə-buri)村, 沙伐國(尙州)의 沙伐(*sa-bərə), 後高句麗의 首都 鐵原(*soi-bərə) 등을 볼 수

---

15) 藤井勝男, 『嚴原地名聞き書帖』(1984), p.103 참조.

塔首(토오노쿠비) 箱式石棺墓

있다. 이 地名들은 원래 보통명사였다. 오늘날의 서울(京)
이라는 말에 유래한 地名들이다.

⑤ sora-baru(徐羅伐)

이 地名은 下島 南端의 豆酘(쓰쓰)에 있다. 이곳은 北에
龍良(다쓰라)山으로 가리워져 있어, 古代에 獨自的 邑落國
이 있었을 만한 곳이다. 이 sora-baru는 '首邑'의 뜻이니,
이는 慶州의 徐羅伐과 비교된다. 이 地方에서는 이를 통
상 「徐羅伐」로 표기한다.

上島 佐須奈에서 일어난 新羅가 언제 일어났는지, 그

시기는 잘 알 수 없으나, 아마 慶州 新羅의 초기로 추정된다. 이곳에 箱式石棺墓가 群集하고 있었는데, 지금도 약간 남아 있다. 또 이곳의 塔首(토오노쿠비) 古墳(2C~3C 箱式石棺墓)에서 銅矛·水晶·硝子玉·無紋土器가 많이 出土하였다. 日本 學者들도 이곳에 韓國系의 豪族호족이 있었던 것으로 추정하고 있다.

위에서 살펴본 sira-e(白江)·sora-baru(徐羅伐) 또는 sira-ko(白子)·sira-ki(白木) 등의 地名은, 對馬島에 있었던 新羅의 자취이니, 佐須奈에서 일어난 新羅는 佐護에 옮겨 오랜 동안 머물다가(이곳에는 農作을 할 수 있는, 對馬島에서 제일 넓은 들이 있음), 540년 경에 南下하여 下島 雞知에 있었던 任那를 滅멸하고, 그곳에서 약 150년 간 존속했던 것으로 추정된다. 이 섬의 新羅가 佐須奈에서 2세기 말경에 일어났다고 한다면, 이곳 對馬島의 新羅는 7세기 말 내지 8세기 초까지 약 500년 간, 慶州 新羅의 分國으로서 존속했을 것이다.

對馬島에 高麗(高句麗)의 자취를 보이는 地名은 上島에 高麗山이 있다. 對馬島 地名에 高麗의 자취를 많이 남기지 못했음은, 高麗가 新羅만큼 오랫동안 세력을 펴지 못했던 까닭일 것이다. 이 섬에서 百濟의 地名은 찾아보기 어렵다. 이 섬의 百濟는 雞知와 佐須村에 있어, 그 세력을 널리 펴지 못했던 까닭이라 생각된다.

對馬島에 新羅·百濟·高麗와 함께 任那도 있었으니. 그 자취로서 雞知의 枝村에 南室(나무로)의 地名이 있다. 이 namu-ro(南室)는 *nima-na(任那)와 同源의 地名이다. 즉 「任那」는 任 nim의 韻尾 -m의 外破音化에 의한 *nima-na의 표기이니, 日本에서 任那를 mina-na로 읽음은, 이 *nima-na(任那)에서 語頭의 n-이 제 二音節의 m에 逆行(역행) 同化한 까닭이다(nima-na>mima-na)[16]. 그리하여, namu-ro(南室)는 nima-na(任那)와, *nima -na(任那)의 異形態이자 任那의 異表記인 *nimu-ro(稔禮)(『書紀』 欽明 23年紀)와, *namu-na(木出島의 木出,『三國史記』1 脫解王 17)와 同源의 地名으로 생각된다. 그 語源을 보면, nima(任)~nimu(稔)~namu(南)~ namu(木)는 '主'를 뜻하는 15세기 國語 「님」과 同源語이고, na(那·出)~ro(禮)(<no)는 '땅(地)'을 뜻하는 말이니, 이는 高句麗·新羅·百濟 地名에서 보는 na(那·內)(滿洲語에서도 '땅'을 na라 함). 또는 高句麗 地名에서 '땅'을 뜻하는 no(奴·弩)와 같은 것이다. 古代 日本에서도 '땅'을 na, no 또는 ni라 하였다(註1의 拙著 p.173 참조). 對馬島 地名에서는 이 no가 ro로 많이 변하였으니, nita-ro(尼多老), wani-ro(臥尼老). kusi-ro(仇時老), nai-ro(那伊老), tou-ro(道于老), take-ro(多計老)의 ro는 '땅(地·壤)'을 뜻하는 na(那·內)의 異形態인

---

16) 拙著,『任那國과 對馬島』, pp.75~76 참조.

no(奴·弩)에서 변한 것이다. 따라서, nima-na(任那)~namu-ro
(南室)~nimu-ro(稔禮) 등은 '君主가 있는 땅(곳)' 즉 '主邑'에 유
래한 地名으로,17) 百濟의 檐魯도 이와 同源일 것이다.

　현재 韓國 地名에서, 같은 마을을 넘실~남실(南谷으로 표기,
'主谷'의 뜻)(慶南 陜川郡 陜川面 仁谷里)로 부르고, 또 님불(任佛)~남불(南
佛)('主村'의 뜻, 님, 남은 '主'의 뜻. 불은 新羅 地名에서 보는 伐, 弗과 같은 '村'의 뜻)
(慶南 居昌郡 上南面 任佛里)로 부름을 보아서, 즉 같은 마을에 대하
여 두 이름으로 부르고 있음을 보아서(둘 이상의 異形態가 있음을
보아서), nima-na(任那)~namu-na(木出)~nimu-ro(稔禮)~namu-ro(南室)
가 원래 같은 장소에 대한 同源의 地名이었음을 알 수 있
다. 그리고, 對馬島에 任那가 있었음을 보이는 地名으로서,
『增訂對馬島誌』(p.909, 938)에서 古代 任那 地名이라 기록된
志多留(시타루)와 志多賀(시타가)의 地名이, 현재 對馬 上島에
남아 있다.

(3) 日本 전역에 分布된 新羅·百濟·高麗의 地名·
社寺名 등과 對馬島의 新羅·百濟·高麗

新羅·百濟·高麗의 地名(國名)은, 비단 對馬島에 있었
던 것만은 아니다. 이는 日本 전역에도 分布하였다. 韓半

---

17) 拙著, 『任那國과對馬島』, pp.60~66 참조. *nama/*amu '主'는 註1 拙著
　　p.156 참조.

島의 新羅人·百濟人·高麗(高句麗)人이 渡海하여, 그들이 사는 마을의 이름에 本國名을 本籍 地名처럼 붙여서 불렀기 때문이다. 또 그들의 조상을 祀(사)한 神社를 新羅神社·百濟神社·高麗神社라 하였고, 그들의 절(寺刹)을 新羅寺·百濟寺·高麗寺라 하였다. 또 그들의 姓도 그의 國名을 따서 불렀다. 비록 그 표기(用字)는 여러 가지로 다르게 하였으나, 新羅·百濟·高麗에 유래된 地名과 社寺(神社·寺刹)名과 姓氏名을 日本 전역에서 볼 수 있다. 이를 보아서 對馬島에도 이러한 國名이 붙은 邑落이 있었을 것임을 알 수 있다.

日本에서 新羅·百濟·高麗·任那를 韓(kara)라 하였고[18], 新羅人·百濟人·高麗人·任那人을 韓人(kara-hito, kara-uto)(kara는 韓, hito, uto는 人의 뜻)이라 하였다. 韓이 kara 표기에 借用됨은 別稿[19]로 미룬다. 日本에서 이 kara의 표기에는 韓·韓良·加良·加羅·甘良·唐·辛·漢 등이 借用(用字)되었으며, 對馬島에서는 이 kara의 표기에 韓·加羅·韓良·唐 字가 借用되었다.[20] 對馬島에 이러한 kara 地名

---

18) 拙著,『日本古代地名研究』, pp.419~422「韓의 領域과 日本의 기록」참조.
19) 上揭書, pp.324~326
　　拙稿,「廣開土 王碑文의 任那加羅考」,『語文研究』(韓國語文教育研究會) 제10號(2000) 및『名稱科學』(名稱科學研究所) 제7號(2000) 참조.
20) 拙著,『日本古代地名研究』, p.331, pp.397~422 참조.

이 있음을 보아서, 이곳에도 新羅·百濟·高麗가 있었을
것임을 알 수 있다. 古代 日本에서 新羅·百濟·高麗·任
那(對馬島)를 韓(kara)라 부른 것은, 오늘날 南北韓을 한가지로
韓國이라 부르는 것과 같다. 日本에서 新羅를 sira, sira-ki,
sira-ko라 하였는데, 이를 新羅·新良·新良木·眞良·信
羅·白·白木·白子 등으로 표기하였다. 百濟를 kudara
혹은 kudara- gi라 하였는데, 이를 百濟·久多良·百濟
木·久多良木 등으로 표기하였다. 高麗를 koma라 하였는
데, 이를 高麗·狛·駒·巨麻·胡麻·巨萬 등으로 표기
하였다. 그런데, 筆者의 조사에 의하면, 이와 같은 韓系·
新羅系·百濟系·高麗系의 地名·神社名·社刹名·姓氏
名의 數는 다음과 같다.21)

구 분	地 名	神社名	寺刹名	姓氏名
韓 系	33	11	0	60
新羅系	22	16	2	25
百濟系	11	11	5	18
高麗系	13	4	6	52

　위 數値수치를 보아서, 韓半島의 三國人이 많이 건너가
서 살았음을 알 수 있다. 그러므로, 日本列島로 건너가는

---

21) 上揭書, pp.397~451 참조.

길목인 對馬島에 新羅·百濟·高麗와 任那가 있었을 것임은 짐작하고도 남음이 있다.

3. 『桓檀古記』『新增東國輿地勝覽』의 新羅·百濟 高句麗의 기록

위에서 日本측의 資料와 對馬島의 地名을 중심으로, 對馬島에 新羅·百濟·高麗 또는 任那가 있었음을 살펴보았거니와, 여기에서는 『桓檀古記』 등 韓國측의 資料에서, 對馬島에 이러한 邑落國이 있었음을 보기로 한다. 『桓檀古記』(高句麗 本記 6)에는, 任那는 본래 對馬島의 西北界에 있었는데, 뒤에 對馬 上下 二島를 제압하여, 任那는 對馬島를 全稱전칭하게 되었다고 하였다.

任那는 본래 對馬島의 西北界에 있었는데, 北에는 바다로 막혀 있다(北阻海). 國尾城에서 통치하였다. 云云. 對馬 二島는 마침내 任那가 제압한 바 되어, 이로부터 任那는 對馬島를 全稱하게 되었다.

(任那者本在對馬島西北界　北阻海有治日國尾城　云云　後對馬二島遂爲任那所制　故自是任那乃對島全稱也)

위 기사에서 任那가 北에 바다로 막혀(阻) 있다고 하였
는데, 이 「北阻海」는 『書紀』崇神 65年紀의 任那의 위치
를 설명하는 데서도 볼 수 있다. 이는 任那(對馬島)의 北에
大韓海峽으로 막혀 있음을 말한다. 그리고, 초기 任那를
통치한 國尾城의 國尾(이는 日本의 借訓에 의한 *kuni-o의 표기임)는,
지금의 對馬 上島 西北에 위치하는 kari-o에 比定된다. 이
는 현재 借訓에 의하여 「狩尾」로 표기된다. 이곳에 國(日本
에서 '國'을 kuni라 함)이 있었기 때문에, kari-o(狩尾)를 그와 音이
비슷한 國尾(kuni-o)로 표기한 것이다. 그리고, 對馬島의 佐
護(사고)·仁位(니이)·雞知(게찌)는 각각 新羅·高句麗·百
濟에 屬하였다고 하였다. 즉 위에 보인 기사에 이어, 다음
과 같은 기사가 있다.

任那는 또 三加羅로 나뉘었으니, 이른 바 加羅는 首邑을 칭하
는 것이다. 이로부터 三汗은 서로 다투어 세월이 오래 가도록
화해하지 아니하니, 佐護加羅는 新羅에 속하고, 仁位加羅는 高
句麗에 속하고, 雞知加羅는 百濟에 속하게 된 것이 이것이다.
(任那又分爲三加羅 所謂加羅者首邑之稱也 自是三汗相爭歲久不
解 佐護加羅屬新羅 仁位加羅屬高句麗 雞知加羅屬百濟 是也)

위 기사에서, 三加羅는 佐護加羅·仁位加羅·雞知加

羅를 말하는 것인데, 이는 古代 對馬 上下島를 대표하는 首邑이다. 이 地名들은 지금 對馬島에서 불려지고 있다. 이 「加羅」는 보통명사인데, 위 기사에서는 그 뜻이 '首邑'이라 하였다. 위 기사에서 三汗은 三加羅의 다른 표기(異表記)이다. 「汗」은 「韓」과 한가지로 현행음이 han이나, 古代音은 *kan으로 再構되니 (日本의 현행음 kan), 「汗」은 *kan의 韻尾 -n의 外破音化에 의한 kara의 표기이다(汗 *kan→kana>kara). 「汗」이 kara의 표기임은 「韓」이 kara의 표기(『書紀』에서 韓을 kara로 읽음)임과 같다. 그리하여, 이 「汗」은 「加羅」와 같은 語形을 표기한 것이다. 즉 kara(汗)~kara(韓)~kara(加羅)는 같은 것이다. 韓半島의 「三韓」도 셋의 kara(韓) 즉 馬韓, 辰韓, 弁韓을 말하는 것인데, 위에 보인 「三汗」으로 표기된 셋의 kara(加羅)는 佐護加羅, 仁位加羅, 雞知加羅를 말한다. 「汗」「韓」으로 표기된 kara나, 「加羅」로 표기된 kara는 본래 '城' '나라(國)' 또는 '큰 邑落'을 뜻하는 보통명사였다. 「韓」 즉 kara가 '城'의 뜻임은 廣開土王碑文(百濟地名)에 나타나는 南居韓·求底韓·客賢韓의 「韓」이 '城'을 뜻하는 kara의 표기로 보이기 때문이다. 즉 이 碑文의 大山韓城·巴奴城韓·舍葛城韓穢에서, 「韓」의 전후의 「城」은 「韓」의 뜻을 보이는 것으로 생각되기 때문이다.22) 또 「韓」 즉 kara가 '나라(國)'의 뜻임은, 『三國遺事』(馬韓條)에 「九韓」이 나타나는데, 이에는 日本·中華·吳越·乇羅·鷹遊·靺鞨·丹國·女眞·濊貊의 아홉의 國名을 들고 있는 데서 알 수 있다. 또 이 kara에 큰 마을(邑落·里)의 뜻이 있음은 다음에서 볼 수 있다. 즉 『三國史記』(地理志1, 星山條)에 里山의 「里」를 「加利」로 표기하였고, 『三國遺事』(卷1, 赫居世條)의 辰韓 六村名에서, 金山加里村을 漢岐部 또는 韓岐部로 하였다고 한 것에서 볼 수 있다. 즉 「加利」는 '里'를 뜻하는 kara 혹은 kari의 표기로, 加里의 「里」는 kara의 뜻을 보이며, 漢岐·韓岐는 '里'를 뜻하는 kara-ki의 표기(-ki는 접미사)로 보아야 할 것이기 때문이다. 다시 말하여, 加里와 漢·韓은 한 가지로 '里'를 뜻하는 kara의 표기로 보아야 할 것이기 때문이다. 이와 같은 kara는 住民들이 부르는 사이에 固有名詞化하고, 또 漢字의 표기에 定着되어, 오늘날 地名 혹은 國名으로 남아 있다. 다시 말하여, 『三汗』은 「三加羅」 또는 「三韓」과 같은 語形의 표기인데, 韓半島의 「三韓」과 구별하기 위하여 「三汗」으로 표기하였다. 古代史 再構에서 地名은 出土品과 동등한 가치를 가지는 것인데, 우리는 이 「三汗」의 표기를 소중히 알아야 하며, 「韓」 「汗」의 kara 語形 표기에 대한 言語學的 지식도 있어야

---

22) 上揭書, pp.324~326 「韓의 表記와 그뜻」 참조.

할 것이다.

다음에는 『桓檀古記』(高句麗本記6)에서, 對馬島와 韓半島의 高句麗와의 관계를 보기로 한다.

> 永樂 10年에 三加羅가 모두 우리(高句麗)에게 歸屬하였다. 이로부터 바다와 육지의 諸倭가 모두 任那에 통합되었다. 十國으로 나누어 다스리니, 号하여 聯政으로 하였다. 그러나, 高句麗에 直轄되어, 烈帝의 명하는 일이 아니면 스스로 專行할 수 없었다. (永樂十年三加羅盡歸我 自是海陸諸倭悉統於任那 分治十國 号爲聯政 然直轄於高句麗 非烈帝所命 不得自專也)

위 기사에서 永樂 10년(400)에 高句麗가 對馬島를 정벌하여 十國으로 나누어 다스렸다(分治十國)고 하였는데, 이는 史實로 인정된다. 이를 廣開土王碑文에서 보기로 한다.

> 官兵이 (倭兵의)자취를 밟아 (바다를) 건너서(越) (倭兵을) 夾攻하여 배후에 와서 급히 뒤쫓아서 任那加羅에 이르렀다. (官兵躡跡而越 夾攻來背 急追至任那加羅)

이 碑文에서「官兵~夾攻」의 8字는, 1898년(戊戌年)과 1912년(壬子年)의, 桂延壽·李觀輯님의 두 번의 碑文 徵實징실에

의하여 復元복원한 것이다(拙著, 『任那國과對馬島』, pp.487~492 참조). 위 기사에서 「越」에는 渡(度)의 뜻이 있다(『康熙字典』 등).23) 任那加羅에서의 加羅는 보통명사로, 任那加羅는 對馬島를 全稱하는 이름이다(위 『桓檀古記』의 기사 참조). 그리고, 追至任那加羅 이후에 이어지는 新羅城은 對馬島 佐護에 있었던 新羅의 首邑 草羅(사와라)城에 比定된다.

위 『桓檀古記』의 「分治十國」에서 보는 十國은 任那 十國(『書紀』 欽明 23)과 같은 것이며, 對馬島 十鄕은 그 자취로 생각된다. 日本 史家들은 任那 十國을 南韓의 각지에 比定하여, 南韓을 그들의 植民地的 영역이라 주장하였으나, 이는 잘못이다. 對馬島는 山地가 많고 또 山이 험하여, 陸路로는 서로 통하기 어려워, 韓半島에서 건너간 古代 韓國人이 큰 浦마다 首長이 되어 다스렸으니, 이것이 分治 十國이요, 任那 十國이요, 對馬島 十鄕이다. 위 『桓檀古記』의 기사를 뒷받침하는 것으로, 『對州編年略』의 「對馬島者高麗國之牧」의 기록과, 對馬島의 조랑말을 볼 수 있고, 또 對馬島에 高麗山의 地名을 남기고 있다.

앞에서 日本의 資料와 對馬島 地名을 통하여, 또 『桓檀古記』에서 對馬島에 新羅 등의 邑落이 있었음을 보았다.

---

23) 拙稿, 「伽耶史의 再構와 任那問題」, 『伽倻의 歷史와 文化』(釜山, 東義大學校, 人文研究論集 5호, 2000), p.32 참조.

다음에는, 『新增東國輿地勝覽』(卷23, 東萊·山川條)에서, 慶州의 新羅와 對馬島와의 관계를 보기로 한다.

> 對馬島는 즉 日本國 對馬州이다. 옛날에 우리 鷄林(新羅)에 예속되어 있었으나, 언제 倭人의 所據가 되었는지 알 수 없다.
> (對馬島卽日本國對馬州也 舊隷我鷄林 未知何時倭人所據)

위에서 鷄林은 新羅의 王都이니, 이는 곧 新羅를 의미한다. 위 기사에서 鷄林에 예속되었다고 하는 對馬島는, 그곳의 新羅가 對馬 全島에 세력을 폈을 당시의 對馬島를 말하는 것일 것이다.

맺음말

이상에서 論한 것을 要約하여 結論으로 삼으려 한다.

1. 『書紀』朝貢 기사에 나타나는 新羅·高麗·任那 등의 王名이 韓半島의 王名이 아님을 보아서, 이 新羅·高麗·任那 등은 韓半島에 있었던 國名으로 볼 수 없다. 전화도 비행기도 없었던 시대에 新羅·百濟·高麗·任那의 3國 내지 4國의 사신이 함께 朝貢함을 보아서, 이러한

나라는 倭에 가까운 對馬島의 邑落國에서 보낸 사신으로 보아야 한다. 또 韓半島의 百濟와 高句麗가 멸망한 뒤에도, 계속하여 朝貢하는 百濟와 高麗도 한가지이다. 623년에 倭의 공격을 받은 이후, 朝貢의 횟가 잦아지고, 倭의 요구에 의하여 세 번 볼모(質)를 보내고, 王子 등을 세 번이나 보내어 政事를 請한 新羅를 慶州의 新羅로 볼 수 없으니, 이는 對馬島에 있었던 新羅로 보아야 한다.

2. 위에서 말한 것을 뒷받침하는 것으로, 『對州編年略』에 '對馬島는 高麗國의 목장이었다(對馬島者高麗國之牧)'고 하였고, 또 對馬島에 '新羅人이 살았다(新羅住之)'고 하였다. 그리고, 『塵袋』에는 '對馬島는 옛날 新羅와 꼭 같은 곳'이라 하였다.

3. 또 이를 뒷받침하는 것으로, 『桓檀古記』에 '任那는 본래 對馬島의 西北界에 있었는데, 뒤에 對馬 上下島를 제압한 이후 對馬島를 全稱하게 되었다'하고, 對馬 上下島를 대표하는 佐護(사고)・仁位(니이)・雞知(게찌)는 각각 新羅・高句麗・百濟에 속하였다고 하였다.

4. 현재 對馬島의 地名에 新羅・高麗・任那의 자취를 볼 수 있다. 즉 新羅의 자취로서 白子(시라코), 白江(시라에), 瀨原(세바루), 徐羅伐(소라바루), 白木山(시라키야마, 新羅山) 등이 있고, 高麗의 자취로서 高麗山이 있다. 그리고, 任那의 자취

로서 雞知의 枝村에 南室(나무로)가 있다. 그리고,『增訂對馬島誌』에 任那 地名이었다고 하는 志多留(시타루)·志多賀(시타가)의 地名이 上島에 남아 있다.

5. 新羅·百濟·高麗의 地名·社寺名·姓氏名이 日本 전역에 널리 分布하였다. 韓半島의 三國人이 渡海하여, 그들이 사는 마을(邑落)에 그들의 本國名을 本籍地의 이름처럼 붙여서 불렀기 때문이다. 이를 보아서, 日本列島로 건너가는 길목인 對馬島에 新羅·百濟·高麗의 邑落이 있었을 것임은 넉넉히 짐작된다.

6. 古代 對馬島를 韓鄕之島 또는 韓島라고 하였다. 韓半島에서 건너간 사람들이, 그곳에서도 '城', '나라(國)', 혹은 '큰 마을(邑落)'을 kara(韓)라 하였기 때문이다. 이 섬을 韓鄕之島, 韓島라 한 것을 보면, 이 섬에 韓半島의 新羅人·百濟人·高句麗人 등이 많이 건너가서 살았음을 알 수 있다.

7. 『新增東國輿地勝覽』에 對馬島는 新羅(鷄林)에 예속되어 있었다고 하였다. 『書紀』繼体紀에「百済國」이 보이고, 欽明紀에「百濟郡」이 보이는데, 이는 그 기사 내용으로 보아서 對馬島의 百濟로 보아야 하며, 이는 韓半島 百濟의 屬郡으로 보아야 한다. 『桓檀古記』에서 廣開土王이 對馬島를 정벌하여, 이를 十國으로 나누어 통치하고, 또

高句麗가 直轄하였다고 하였다. 이를 보아서, 古代 對馬島는 韓國의 屬島였다고 할 수 있다.

이상에서 論한 바로써, 『書紀』 朝貢기사 등에 나타나는 新羅·百濟·高麗는 對馬島에 있었던 韓半島 三國의 分國 혹은 屬郡이었다고 結論 지을 수 있다.

우리는, 古代 對馬島와 韓國과의 歷史 관계를 말함에 있어서, 다음의 네 가지 점을 念頭에 두어야 할 것이다.

첫째, 釜山과 對馬島는 可視的 거리로서, 對馬 上島와 釜山과는 一日 生活圈에 있었던 점이다. ―『皇明從臣錄』에 '釜山과 對馬島는 서로 바라보고 있어, 돛을 달고 반날(半日)에 도착한다'하고, 『武備志』(日本考)에는 '西北의 朝鮮에 이르려면, 對馬島를 출발하여 하룻밤(一夜)에 도착한다'고 하였다.24)

둘째, 對馬島는 山地가 많고 논이 적어, 양식은 주로 韓國의 쌀에 의존하였던 점이다.

셋째, 文化가 倭보다 韓國이 優位우위였던 점이다.

넷째, 古代 韓國人이 日本列島에 移住해 간 시대적 배경이다. ―B.C. 3~B.C. 2 세기 경 이후, 水稻農業수도농업의 기술을 가진 南韓人이 많이 건너갔고, 5세기 경부터서

---

24) 平山 襄, 『津島紀事』(번역본), p.20 참조.

는 騎馬人이, 그리고 百濟 · 新羅 · 高句麗의 높은 文化를 가진 사람들이 많이 건너갔다. 따라서, 韓半島의 三國人은 그 발판으로서 혹은 중계지로서 對馬島에 分國이나 屬郡이 필요했던 것이다.

우리는 韓日 古代 關係史를 논의함에 있어서, 倭—伽倻, 倭–新羅(慶州) 등과 같이, 韓半島 안에서만 머물지 말고, 倭–對馬島–韓半島의 관계를 말해야 할 것이다. 이로써 올바른 韓日關係史를 構築구축할 수 있을 것이며, 또 韓日關係史를 왜곡하는 日本 史家들에게 맞대응 할 수 있을 것이다.

❖『名稱科學』(名稱科學硏究所) 제8호(2002) 및 『日本古代地名の硏究』增補版 (2003)에 실은 것

8

對馬島의 「가라」(韓)와 加羅邑落考

·그 名稱과 比定을 중심으로·

1. 問題提起

『日本書紀』의 任那 기사에 「加羅」가 보이는데, 이 kara(加羅)는 金海나 高靈 등 洛東江 유역의 大加耶였을까? 이는 廣開土王碑文에 보이는 任那加羅의 「加羅」, 『三國史記』(烈傳, 强首傳)에 보이는 任那加良의 「加良」과 같은 것이었을까? 이 「加羅」, 任那加羅의 「加羅」, 任那加良의 「加良」으로 표기된 kara의 뜻이 무엇인가? 그리고, 『日本書紀』任那 기사에 「諸韓」·「東韓」·「下韓」·「南韓」이 보이는데, 이 「韓」은 어떠한 語形을 표기한 것이며, 그 뜻이 무엇인가? 또 「韓」과 「加羅」와의 관계가 어떠하며, 이러한 地名들은 어디에 比定될 것인가 하는 것이 문제된다.

日本 史家들은 任那를 南韓에 있었던 그들의 植民地的식민지적 영역이라 하였는데, 이와 같이 주장하는 것은, 推古 15年紀에 '任那는 小國이나 天皇의 附庸이라(任那小國 天皇附庸)'는 등의 기사가 있기 때문이다. 附庸부용은 屬國속국의 뜻이다. 그리고, 任那를 南韓 지역에 있었다고 하는 것은, 廣開土王碑文의 「追至任那加羅」에 나타나는 任那加羅, 그리고, 『三國史記』의 「臣本任那加良人」의 「加羅·加良」이 金官伽耶 등 六加耶의 「加耶」(加羅)와 같은 것이라 생각하였기 때문이다. 그리하여, 直觀的직관적으로 任那

도 金海 등 六加耶 지역에 있었다고 생각하였다. 또 任那 관계의 기사에 諸韓·東韓·下韓·南韓 등의 「韓」을 南韓의 「韓」이라 생각하고, 金海 지역을 포함한 南韓 일대가 任那였다고 하였다. 日本에서 任那 연구는 주로 明治 초기 이후의 일이었는데, 당시 팽배했던 대륙 침략의 思想과 함께, 『日本書紀』 任那 관련 기사에 나타나는 많은 地名을 南韓 전역의 여기저기에 가져다 붙였다. 그리하여, 任那南韓說 또는 南韓經營說을 造作하게 되었다.

日本 史家들이 이와 같은 잘못된 주장을 하게 된 가장 큰 이유는, 國名·地名에 대한 지식의 부족이다. 國名·地名은 固有名詞고유명사이기는 하나, 처음에 命名될 당시는 일반 語辭어사로 된 보통명사로서, 「加羅」·「韓」으로 표기된 kara도 원래는 보통명사였다. 이러한 지식이 없는 日本 史家들은, 『日本書紀』에 나타나는 「加羅」kara와, 金海 또는 高靈의 大加耶大加羅의 「加羅」kara가 표기상으로 같기 때문에, 이를 함부로 金海 또는 高靈에 比定비정하였다. 『日本書紀』 任那 연구의 대표자라 할 만한 아유가이(鮎貝房之進)는, 『日本書紀』 任那 기사에 나타나는 加羅를, 慶尙道 南端의 加羅國을 가리키는 것이라 하고, 『日本書紀』의 下韓·南韓·諸韓 등의 「韓」은 '大'를 뜻하는 「한」의 표기로서, 이는 韓半島 남부의 총칭이라 하였다.1) 이와 같은

日本 史家들의 주장은, 당시 日本人들에게 설득력을 가졌었다. 이 學說은 아직도 살아 있으니, 현재 日本人의 상당 수가 南韓에 任那가 있었고, 또 그곳에 武人을 보내어 통치하였다고 한다. 그리고, 그들은 歷史敎科書에서 加羅가 곧 任那라 하고 가르치고 있다.2)

이 論考에서는 『日本書紀』의 많은 任那 地名 중에서 가장 대표적인 「加羅」와 「韓」을 言語學的 측면에서 고찰하고, 任那 기사에서의 「加羅」와 「韓」은 對馬島에 있었던 地名임을 밝히고자 한다. 그리고, 日本史家들은 「加羅」가 곧 「任那」라 하였으나, 加羅와 任那는 별개의 邑落國임을 밝히고자 한다.

2. 普通名詞로서의 「가라」(加羅·韓)

종전에 「加羅」라 하면, 金海 등지의 洛東江 유역의 六加耶를 생각하였다. 이 「加羅」로써 표기된 kara, 「韓」으

---

1) 鮎貝房之進, 『雜攷』 第二輯(1931), p.3, 第7輯 上卷(1938), p.11.
2) 『高校日本史』(實敎出版, 1986), 『中學社會(歷史分野)』(日本書籍, 1986), 『改訂日本史』(東京書籍, 1984) 등 대부분의 歷史敎科書에 「加羅(任那)」, 「加羅諸國(任那)」, 또는 「大和王權이 加羅地方(옛 弁韓의 地域)에 勢力을 폈는데, 그 勢力下에 들어간 地域을 任那라고 한다」 등으로 기술하였다.

로써 표기된 kara는 같은 것으로, 固有名詞로 굳어지기 이전의, 普通名詞로서의 그 뜻을 알아보기로 한다.

(1) 「韓」의 表記와 그 뜻

「加羅」와 「韓」은 표기가 다르고, 『三國史記』, 『日本書紀』 등에서 그 쓰이는 장소가 다르나, 다 같은 kara의 표기이다. 즉 「加羅」와 「韓」은 kara에 대한 異表記로서, 固有名詞로 굳어진 이후에 장소 표시의 기능을 달리 하였다. 이에 「韓」의 표기와 그 語源을 찾아보기로 한다.

이 「韓」은 현행음이 「한」이나 B. karglen과 周法高가 再構재구한 上古音이 각각 g'ân · gan이다. 그리고, 현재 日本 漢字音이 kan이니, 古代 韓國 漢字音도 *kan이었을 것이다. 語頭어두의 k-가 마찰음화하여 오늘날 「한」으로 남게 되었을 것이다. 그러면, 이 「韓」이 國名 · 地名 표기에서 어떠한 語形을 표기하였을까 하는 것이 문제된다. 古代 國語가 CVCV(C는 자음, V는 모음)를 基調로 하는 開音節語개음절어로서, 이 *kan(韓)은 韻尾(운미) -n의 外破音化로, 母音이 첨가된 *kana로 수용되고, 전후 母音 사이에서 나는 n은 間隙度간극도 7-2-7度→7-3-7度로 間隙同化하여, 즉 r로 變動하여, *kara가 된 것이다(kana>kara). 이와 같은 -n韻尾의 外破音化에 의한 표기는 安市城舊安寸城＜或云丸都城＞(『史記』

地理 4)에서도　볼　수　있다.　즉　安市城=安寸城=丸都城의　等式등식　관계에서　「丸」(현행　訓　「알」,<*ara)과　대응하는　「安」도　ara(<*ana←an)의　표기에　借用되었을　것이다.　또　『三國遺事』의　孝昭王代의　竹旨郎＜亦作竹曼亦名智官＞(『三國遺事』 2, 竹旨郎)의　기록에서　竹旨 = 竹曼의　관계를　볼　수　있는데,　旨(*moro)와　대응하는　「曼」은,　韻尾 -n의　外破音化에　의하여　*moro(旨)와　비슷한　語形을　표기하였다.　이와　같은　音韻의　外破音化에　의한　표기는,　-n 뿐만　아니라　-t, -p 등에서도　볼　수　있다.　이에　대하여서는　拙著3)로　미루나,　여기에서　그　몇　地名　例를　든다.

　　　陽聲韻尾의　外破音 ⋯ 安市城 : 丸都城。安賢 : 阿尸兮, 仁夫里
　　　　　　　　　　　: 爾陵夫里, 斤竝: 竝平, 軌津 : 道武郡,
　　　　　　　　　　　甘蓋 : 古莫夫里, 陰達 : 禦侮縣, 陰竹 :
　　　　　　　　　　　奴音竹, 竹曼 : 竹旨
　　　入聲韻尾의　外破音 ⋯ 岋山 : 及伐山, 習谿 : 習比谷, 甲忽 : 甲
　　　　　　　　　　　比古次, 單密 : 武冬彌知, 屈迁 : 仇乙峴,
　　　　　　　　　　　乙支 : 乙豆智, 同福 : 豆夫只, 弓福 : 張
　　　　　　　　　　　保皐

---

3)　拙著,『韓國古代國名地名硏究』, pp.295～315,『國語學論攷』, pp.69～80. 참조.

이에 대한 설명은 생략한다. 이는 현행 日本 地名에서
도 볼 수 있는데, 韻尾의 外破音化에 의한 표기는 韓日間
에 같았을 것이다.

信川 → sina gawa, 難波 → naniha, 但馬 → tanima, 讚岐 →
sanu-ki

讚良 → sara-ra, 敦賀 → tsuruga, 群馬 → guruma, 駿河 →
suruga

이를 보아서, 「韓」이 韻尾 -n의 外破音化에 의한 kara
의 표기임을 알 수 있을 것이다.

다음에는 古代 地名에서 「韓」이 *kara의 표기에 차용
된 例를 보기로 한다.

ㄱ) 河東郡本韓多沙郡 景德王改名 今因之(『史記』 地理 1 河東)

ㄴ) 韓山郡本百濟馬山縣 新羅因之(『輿覽』 17, 韓山, 沿革)

ㄷ) 韓敵山(『史記』, 地理1, 河東), 攻韓始城馬邑城克之(『同』 7,
文武 12)

위 ㄱ)에서 韓多沙=河東의 관계를 생각할 수 있다. 즉
「河東」은 「韓多沙」를 二字化하여, 「多」를 「東」으로 바꾸

어 표기한 깃이다(沙는 버림). 즉 「韓多」의 「多」를 '河(섬진강을 가리킨 듯)의 東'이라는 환경을 고려하여, 「多」와 픕이 비슷한 「東」으로 바꾸고, 「韓」(*kara)은 이와 語形이 거의 같은 「河」(*kʌrʌ)(혹은 *kara)로 바꾸어 「河東」으로 改名한 것이다. *kʌrʌ(河)는, 15세기 國語 「ᄀᆞ름」(江, 河)의 접미사 「-ㅁ」이 발달하기 이전의 語形이다. 이 「-ㅁ」을 제외한 「ᄀᆞ르」는, 오늘날 慶尙道 方言에서의 「걸」(渠) 또는 거령(걸+엉), 고랑(골+앙)의 「걸」, 「골」에 그 자취를 남기고 있다. 「韓多沙」 즉 *kara-tasa의 표기에서 tasa(多沙)의 뜻이 무엇인지는 알 수 없으나, kara(韓)는 '大'를 뜻한다. 같은 책의 河東郡의 屬縣 條에 「嶽陽縣本小多沙縣」의 기록이 보인다. 「韓多沙」(河東)와 「小多沙」(嶽陽)의 관계에서, 「韓」(*kara)가 「小」와 대립함을 보아서, kara(韓)가 '大'의 뜻임을 알 수 있다. *kara에 '河'와 '大'의 두 가지 뜻이 있으니, 이는 同音異義語동음이의어이다. 「韓」이 kara의 표기임은 ㄴ) 馬山=韓山의 관계에서도 볼 수 있다. 이는 현재 각지에서 볼 수 있는 「갈미」(峯)의 古代形 *kara-moi의 표기로 보인다. 즉 馬山의 「馬」는 「윷놀이」에서 보는 「걸」('馬'의 뜻)의 陽性母音形 *kal, 그의 古代形 *kara의 표기로 생각된다. 『三國史記』의 大武神王 3년조에 神馬名 「駏驤」거루가 보이는데, 이 「駏驤」는 「걸」의 고대형 *kəru/*kərə의 표기로 생각된다. ㄷ)의

「韓敵山」은 이와 대응 표기가 없으나, kara -moi의 표기로 생각된다. 즉 「韓敵」은 「韓」(*kara)와 「敵」(*kara)(15세기 國語 「긇-」‘敵’의 語根 「글-」 <*kara, 「겨루-」‘敵’와도 同源語)의 두 語形으로써 *kara-moi‘大山’의 *kara를 표기한 것이다. 이는 二重表記(또는 二字化의 表記)이다. 韓始城의 「韓始」도 「韓」(kara)과 「始」(「又」‘始’의 고대형 *kʌrʌ, 「又」은 「글」에서 변한 것. 이는 慶尙道方言 깔깔-‘新, 始’의 「깔」과 同源語)로써 즉 두 語形으로써 하나의 *kara를 표기한 것이다. 韓始城은 韓始山(*kara-moi)에 있는 城의 뜻(山의 略)으로 생각된다. 위 例들에서 「韓」이 *kara의 표기에 차용됨을 알 수 있다. 『日本書紀』에서 「韓」을 kara로 읽었으니, 이는 古代 韓國에서 「韓」을 kara로 읽은 자취가 남은 것이다.

위 韓多沙 등의 地名에서 「韓」은 ‘大’를 뜻하는 古代語인 *kara를 표기한 것이나, 三韓 등 國名에서의 「韓」(kara)의 뜻은 다른데서 찾아야 한다. 그러면, 馬韓·辰韓·弁韓의 「韓」(kara)가 어떠한 뜻을 가진 말을 표기한 것인가가 문제된다. 이 三韓의 「韓」(kara)을, 「韓」의 현대음 「한」에 맞추어, ‘大’를 뜻하는 「한」의 표기로 봄은 잘못이다. 이 「韓」은 위 ㄱ), ㄴ), ㄷ)의 地名에서 본 바와 같이, ‘大’의 뜻을 가진 kara를 표기한 것도 있다. 그러나, 三韓의 「韓」은 ‘城邑’을 뜻하는 *kara에 유래한 것이다. 이를 廣開土

王의 碑文에서 보기로 한다. 414년에 세워진 이 碑文에
는, 百濟의 征服_{정복} 지역에서 데리고 간 포로들의 本籍地
끝에, 「韓」字가 붙은 것, 「城」字가 붙은 것, 또는 「城韓」,
「韓城」과 같이 그 先後가 바뀐 것이 있는데, 그 數와 例
를 보면 다음과 같다.

ㄱ) 地名 끝에 「城」字가 붙은 것 … 34개(梁城·新城·南蘇城·牟婁
城·干城·牟水城 등)

ㄴ) 地名의 끝이나 城의 앞뒤에 「韓」字가 붙은 것 … 7개(豆比
鴨岑韓·求底韓·舍葛城韓穢·客賢韓·巴奴城韓·百殘南居韓·大山
韓城)

위 ㄴ)에서 「城」과 「韓」이 合成한 것 … 3개(舍葛城韓穢·巴奴城
韓·大山韓城)

ㄷ) 그 외 「城」, 「韓」이 붙지 않는 것 … 8개(東海員, 梁谷, 安夫
連, ○連, 勾牟客頭 등)

위 49개 地名 중에서, 「韓」이 地名의 끝이나 城의 앞뒤
에 붙은 것(7개)과, 「城」이 끝에 붙은 것(34개)이 섞여 나옴
을 보아서, 豆比鴨岑韓·求底韓·客賢韓·南居韓 등은
豆比鴨岑城·求底城·客賢城·南居城 등을 표기한 것으
로 보인다. 즉 「韓」(kara)는 곧 '城'을 뜻하는 것으로 생각

된다. 위 기록 중에서 특히 舍葛城韓穢·巴奴城韓의 「韓」
은 舍葛城·巴奴城의 「城」의 語形이 kara(韓)임을 보이고,
大山韓城의 「城」은 大山韓의 「韓」(kara)가 '城'의 뜻임을
보이는 것으로 생각된다. 그리고, 百殘 「南居韓」은 高句
麗 步騎五萬의 兵이 新羅를 돕기 위하여 發兵발병한 「南居
城」을 말한다. 이를 보아서 韓(kara)가 '城'의 뜻임을 알 수
있다. 이에 대한 자세한 설명은 別稿4)로 미룬다.

이와 같이 '城'을 뜻하는 kara(韓)는 上述한 바 '大'를 뜻
하는 *kara(韓)와 同音異義語동음이의어이다. 그리고, 馬韓·
辰韓·弁韓의 「韓」(kara)의 명칭이 생긴 것은, 古代에 이
지역에서 '城邑'성읍을 kara라 했기 때문이다. 또 「韓」에
「馬·辰·弁」으로 수식한 것은, kara(韓)로 불려지는 지역
이 너무 넓기 때문에, 이를 구분하기 위한 것이다. 현재의
慶尙南道와 慶尙北道의 일부를 포함한 弁韓의 「弁」도 借
訓(곳갈의 「갈」<*kara)에 의한, '城邑'을 뜻하는 kara의 표기이
며, 六加耶의 「加耶」도 이 kara(弁)에서 變異한 kaja(가야)를
표기한 것이다. 즉 金海 등 洛東江 유역의 「加羅」도 三韓
의 「韓」과 같은 '城邑'을 뜻하는 kara에 유래한 것이니,
이는 원래 普通名詞였으나 차츰 固有名詞로 굳어졌다. 이

---

4) 上揭書, pp.68~69 「廣開土王碑文의 '韓' 地名」 참조.

는 高句麗의 「句麗」가 ‘城’을 뜻하는 「溝驍」구루에 유래한 것과 같다. 이 kara는 韓國에서 뿐만 아니라, 日本列島에도 널리 분포하였다. 이는 「韓良・賀羅・加羅・加良・辛・唐・韓」 등으로 표기되었다. 그러나, 對馬島, 南九州, 大和 등을 제외한, 日本 각지에 분포한 대부분의 kara는 古代 ‘韓國’을 뜻하는, 고유명사로 굳어진 「韓」에서 命名된 것이다. 『三國遺事』 卷1에 「九夷・九韓」이 나타난다. 이 「九韓」에는 日本・中華・吳越・靺鞨・女眞 등의 이름이 들어 있는데, 「九韓」의 「韓」(kara)도 ‘城’ 또는 ‘國’의 뜻이다. 古代 城邑國성읍국 시대에 있어서는 「城」이 곧 나라(國)였기 때문이다.

(2) 『桓檀古記』의 三加羅와 任那加羅

『桓檀古記』에 「三加羅」의 기록이 보이는데, 이 중에서 「加羅」(kara)는 「韓」(kara)와 한가지로 ‘城邑’을 뜻하는 普通名詞이다. 아래 기사에서 「三加羅」를 「三汗」으로도 기록하였으니, 유의할 만하다.

이로부터 任那는 對馬島를 全稱하게 되었다. 古代부터 仇州(九州)와 對馬島는 곧 三韓이 分治한 곳이니, 본래 倭人이 世居한 곳이 아니다. 任那는 또 三加羅로 나뉘었으니, 이른바 加羅는

首邑을 稱하는 것이다. 이로부터 三汗이 서로 다투어 세월이 오래 가도록 화해하지 아니하니, 佐護加羅는 新羅에 속하고, 仁位加羅는 高句麗에 속하고, 雞知加羅는 百濟에 속하게 된 것이 이것이다.

(自是任那 乃對島全稱也 自古仇州對島 乃三韓分治之地也 本非倭人世居地 任那又分爲三加羅 所謂加羅者首邑之稱也 自是三汗相爭歲久不解 佐護加羅屬新羅 仁位加羅屬高句麗 雞知加羅屬百濟 是也)

위 기사에서 '加羅는 '首邑'을 稱하는 것'이라는 것과, 「三韓」과 「三汗」의 표기상의 차이에 유의할 것이다. 이 기사에서 보이는 佐護(사고)·仁位(니이)·雞知(게찌)는 현재 對馬島에서 쓰이고 있는 地名들이다. 다만, 현재 佐護加羅, 仁位加羅 식으로 「加羅」가 쓰이지는 않는다. 佐護(사고)는 上島의 北에 위치하고, 仁位(니이)는 上下島의 중간에 위치하고, 雞知(게찌)는 下島에 위치하고 있어, 이 三邑落은 古代에 對馬島를 대표했을 만한 首邑이었다. 『桓檀古記』에서 「加羅」가 '首邑'을 칭한다 함은, kara(韓.加羅)가 '城邑'의 뜻이라 하는 筆者의 설명과 거의 같다. 『桓檀古記』에서 보이는 이 「加羅」는 金海 등 洛東江 유역의 固有名詞化한 「加羅」가 아님을 알 수 있다. 이 '首邑'의 뜻을 가진 kara(加羅)는 普通名詞이니, 이는 위 廣開土王의 碑文에서 설명한, '城'을 뜻하는 「韓」(kara)와 같은 말임을 알 수 있다.

廣開土王碑文에 「追至任那加羅」의 기록이 나타난다. 이는 高句麗軍이 倭軍을 '뒤쫓아서 任那加羅에 이르렀다'는 것이다. 이 때에 高句麗軍이 對馬島까지 정벌했음은, 對馬島에서 편찬된 『對州編年略』에 「對馬島者高麗國之牧也」(高麗는 高句麗의 뜻)의 기록이 뒷받침하고 있다. 이를 보아서 任那加羅의 「加羅」도 佐護加羅·仁位加羅·雞知加羅에서 보는 「加羅」와 같은 보통명사임을 알 수 있다. 任那는 對馬島 雞知에 있었던 邑落國이다.5) 그리고, 三汗의 「汗」은 kara(<*kana←*kan)의 표기니, 이는 三韓의 「韓」이 kara의 표기임과 한가지이다. 이 「三汗」의 표기는 韓半島의 「三韓」과 구별하기 위한 것이다. 『桓檀古記』를 기술한 사람의 세심한 마음을 읽을 수가 있다. 이 「三汗」즉「三加羅」는 對馬島를 代稱대칭하였다. 그러나, 『日本書紀』(仲哀 9年紀) 神功后의 新羅 정벌의 기사에서, 「是所謂之三韓也」에서 보는 바와 같이, 對馬島의 「三加羅」를 「三韓」으로 표기하여, 日本 史家들로 하여금 이를 韓國으로 誤認오인

---

5) 拙著, 『任那國과 對馬島』(亞細亞文化社, 1987), pp.222~224 참조.

하게 하였다.

3. 固有名詞로서 廣域의 「가라」(韓)

위에서 말한 바와 같이, '城邑'을 뜻하는 kara는 住民들이 부르는 사이에 차츰 固有名詞로 굳어지게 되었다. 이는, 수리재'首嶺', 한내'大川' 등이 일반 語辭어사로 된 普通名詞였으나, 차츰 固有名詞로 굳어진 것과 한가지이다. 地名의 기능은 다른 곳 또는 다른 地形物과를 구별하는 데 있다. 「가라」'城邑' 또는 수리재'首嶺', 한내'大川' 등의 地名이 住民의 생활권 안에 둘 이상 있어서 서로 구별이 안 될 때에는, 그 地名 위에 어떠한 말로 수식을 하거나, 다른 地名으로 代替대체하게 된다. 또 古代 地名에 있어서는, 漢字의 표기를 다르게 함으로써 同系 地名間의 구별을 하였다.

固有名詞로서의 kara 地名에는 狹域과 廣域의 두 가지가 있다. 즉 어떠한 統治的 집단인 城邑을 kara라고 할 때에 그 kara가 가리키는 이름의 폭은 좁다. 이것이 狹域의 kara이다. 그리고, 그 統治力이 미치는(혹은 미치지 않더라도 그) 地域을 모두 kara라고 할 때에, kara라는 이름의 폭이 넓다. 이것이 廣域의 kara이다. 그 표기에 있어서, 前者의 경우는 「加羅·駕洛·加良·賀良」 등으로 표기하였고, 後者의 경우는 대개 「韓」字를 빌어서 표기하였다. 또 「韓」으로 부르는 지역이 너무 넓어서 馬韓·辰韓·弁韓과 같이, 「馬·辰·弁」字로써 「韓」(kara)를 수식하여, 지역을 구분하여 부르기도 하였다. 弁韓의 「弁」도 kara의 표기인데, 이 지역이 넓어서 金官加耶(金官加羅)·古寧加耶·大加耶·小加耶·阿羅加耶 등과 같이, 加耶(加羅)에 「金官·古寧·大·小·阿羅」 등으로 수식하여, 地域間을 구분하였다.

  이와 같은 것은 對馬島 地名에서도 볼 수 있다. 이를 아래에서 살펴보기로 한다.

(1) 韓島·韓鄕之島

  「韓」의 표기는 對馬島 地名에서도 볼 수 있다. 對馬島에서도 韓地와 한가지로 城邑을 kara라 불렀기 때문이다. 그리하여, 對馬島 전체를 「韓」(kara)라 하였다. 다만, 그곳이 섬(島)이기 때문에 「島」를 添記첨기하여 「韓島」라 했고, 또 그곳에 十鄕이 있었기 때문에, 그 「鄕」을 따서 「韓鄕之島」라고도 했다. 또 이 kara를 「對馬」의 二字로써 표기하기도 하였으니(p.433 참조), 이 때의 *kara는 固有名詞이기는 하나, 廣域광역의 뜻을 가졌다.

韓島 :『日本書紀』天智 10年紀에 「韓島勝娑婆」의 이름이 나타나는데, 이는 對馬島 출신이다. 그런데, 이 이름은 「韓島+勝+娑婆」의 合成語이다. 여기에서 「韓島」는 그 사람의 출신 地名으로, kara sima로 읽으니, 이는 對馬島를 가리킨다. 또 「勝」은 訓에 의하여 su-guri로 읽는다. 이는 '村長'의 뜻으로, 歸化人귀화인 부락의 豪族호족을 말한다. 그리고, 「娑婆」는 이 사람의 본래의 이름이다. 天智 10년은 671년에 해당되는데, 이때에도 對馬島를 kara sima(韓島) 즉 '가라섬'이라 했음을 알 수 있다.

그리고, 對馬島內의 狹域협역의 kara 地名에 유래한 kara(韓)의 人名을 볼 수 있다. 즉『對州編年略』(神功 5年紀)에 「韓蘇使主」가 나타난다. 視古君이라는 使者가 對馬島에 와서, 「韓蘇使主」라는 賢者현자를 얻어가서 朝廷조정에 아뢰(奏)었다는 기사가 있다. 이 이름에서 「韓蘇」는 kara-so 의 표기로, 이는 그 사람의 출신 地名이다. 「使主」는 omi 의 표기로, 上代의 姓의 하나이며, 蕃人에 내린 것이라 한다.6) 따라서, 이 이름은 'kara-so(韓蘇)에 사는 使主'에 유래한 것임을 알 수 있다. kara-so(韓蘇)는 對馬島 서해안의 kara- su(唐洲 · 加羅愁)에 比定된다.

---

6) 新村 出,『辭苑』(博文館, 1941), p.267.

韓鄕之島 :『日本書紀』神代紀 (上)의 神話에「韓鄕之島」
가 보인다. 이 韓鄕之島와 함께 金銀의 이야기가 나오고,
또「杉(수기)・檜(히노키)・柀(마키)」 등의 나무 이름이 나타난
다. 日本 史家들은「韓鄕之島」를 韓國이라 했다.「韓」字
만 보이면 모두 韓國이라 생각한 것이다. 그러나, 韓國은
「島」가 아니다. 金銀이라 하면 韓國을 생각하나, 對馬島
에서도 金・銀 등 광물이 많이 생산하였다. 또 위에 보인
나무들은 對馬島에 있는 나무들이다. 韓國에서는 기후 관
계로 자라지 않는다. 그리고, 韓鄕의「鄕」은 對馬島의 十
鄕의「鄕」을 가리키는 것이다. 古代에 對馬島는 十鄕으로
나누어져 있었으니, 이를 보아서『日本書紀』의 韓鄕之島
가 對馬島를 가리킴은 의심의 여지가 없다.

　이상에서 본 바, 古代 對馬島는 韓半島의 三韓과 같은
韓國이었음을 알 수 있다. 다만, 섬(島)이기 때문에「韓島」
또는「韓鄕之島」라 했을 뿐이다. 이러한 이름이『日本書
紀』에 올라 있음에 유의 할 것이다.

(2) 下韓・南韓・東韓

위에서 對馬島 전체를 kara라 하고, 이를「韓」字로 표기
했음을 보았다. 그런데, 이「韓」(kara)에「南・下・東」으로
수식하여, 地域間을 구분하였음을 볼 수 있다.

下韓·南韓 :『日本書紀』欽明 2年紀와 4年紀의 任那 관계 기사에서 '百濟가 下韓任那之政을 아뢰다', '任那의 下韓에 있는 百濟의 郡令군령·城主는 마땅히 日本府에 붙을 것이다'라는 기사가 있다. 그리고, 같은 5年紀에 '南韓에 郡令·城主를 두어서…', '만일에 南韓에 郡令·城主를 두어서 修理수리하여 防護방호하지 않으면, 이 强敵강적(北의 新羅)을 막을 수가 없다'는 기사가 있다. 이 기사들에서 보는 「南韓·下韓」은 한가지로 arihisi kara, 또는 arusi kara로 읽는다. 이는 古代 韓國語이니, 「앎(>앞, 前)ㅅ 가라」의 표기이다. 즉 arihi는 「앞」의 前次形인 「앎」의 語形을 말한 것으로, hi는 「ㅂ」이 變異한 것이고, si는 사이시옷(ㅅ)이고, kara는 「韓」 또는 「加羅」를 뜻한다. 이는 '앞(前) 또는 아래(下)에 있는 kara'를 말한다. 이 arusi kara(南韓·下韓)와 같이, 對馬島 地名이 古代 韓國語로 命名명명된 이유는, 古代의 對馬島가 韓國에 속해 있었고 또 韓國人이 많이 살았기 때문이다. 즉『新增東國輿地勝覽』(卷 23) 東萊山川條에 '對馬島는 옛날 우리 鷄林(新羅)에 예속되었으나, 언제 倭人의 所據소거가 되었는지 알 수 없다'는 기록이 있고, 對馬島에서 편찬된『對州編年略』에도 對馬島에 '新羅人이 살았다(新羅住之)', 또 日本의『塵袋』(卷 2)에는 '무릇 對馬島는 옛날 新羅國과 같은 곳이다. 사람의 모습도 그곳에서 生産_{생산}되는 土産物_{토산물}도, 있는 것은 모두 新羅와 다름없다'는 기록이 있다. 또 『桓檀古記』에도 對馬島에 新羅·百濟·高句麗가 있었다는 기록이 있다. 이곳의 任那도 百濟人에 의하여 세워졌으니, 이는 『日本書紀』欽明 2年紀와 5年紀에 보이는 百濟의 聖明王(聖明)의 말, 즉 "百濟는 옛날부터 任那와 子弟間, 兄弟間의 관계를 맺어 왔다"는 것 등에서 알 수 있다.

「任那의 下韓」에서 任那는 對馬島 전체를 가리킨 것이다. 『桓檀古記』에 『任那는 원래 對馬島의 西北界에 있었는데… 뒤에 對馬島 두 섬(上島·下島)이 마침내 任那에게 制霸_{제패}되어, 이로부터 任那는 對馬島를 全稱_{전칭}하게 되었다』는 기사가 있다. 下韓은 對馬島의 '아래(下) kara' 즉 對馬 下島를 가리킨다. 그리고, 『日本書紀』의 '下韓에 있는 百濟 郡令 城主'의 百濟 郡令은 對馬 下島 雞知(게찌)의 郡令을 말한다. 『桓檀古記』의 三汗(三加羅)에 대한 기사에서 '雞知加羅(게찌가라)는 百濟에 속하게 되었다'고 하였다. 『日本書紀』欽明 5年紀에서는 南韓의 百濟의 城을 수리하여 지키지 않으면, 북쪽 佐護(사고)의 新羅를 막을 수 없다고 하였다. 이를 보아서 下韓, 南韓은 對馬 下島임을 알 수 있다.

東韓 : 『日本書紀』應神 16年紀에 「東韓」이 보인다.

'天皇이 直支王(당시 直支太子)이 본국으로 돌아갈 때에 東韓의 땅을 주어서 보내었다'하고, 그 註에 '東韓이라 함은 甘羅城・高難城・爾林城이 그것이다'라고 하였다. 같은 책의 應神 8年紀에도 「東韓」이 보인다. 이 「東韓」은 동쪽에 있는 kara(韓)의 뜻인데, 이 땅이 어느 곳에 比定(비정)될 것이냐가 문제된다. 이 이름은 위에서 살펴본 「南韓」 또는 「南加羅」와 함께 생각해야 할 명칭이다. 이는 '동쪽의 가라(韓) 지역'으로 볼 수 있다. 이는 아마 對馬島의 「加羅」邑落의 동쪽을 가리킨 것으로 생각된다. 즉 甘羅(*kamu-na)는 上島 동쪽 해안의 kin←(*kimu)(琴)에 比定되고(na는 생략), 高難(*kona/*kora)는 그 부근에 있는 kuro- guma(黑隈)에 比定되고, 爾林은 그 아래쪽의 仁位(니이) 부근에 있었던 地名으로 생각된다. 왜냐하면, 같은 책 顯宗 3年紀에 '爾林은 高麗의 땅이라(爾林高麗地也)'는 기록이 있기 때문이다. 여기에서 보는 高麗는 對馬島의 高句麗를 가리키는 것으로, 『桓檀古記』에 '仁位는 高句麗에 속하게 되었나'는 기록이 있기 때문이다. 만일에 이 東韓을 韓地에서 찾는다면 比定할 곳이 없다. 즉 日本 史家들은, 南加羅를 高靈 즉 大加耶의 남쪽에 위치하는 金官加耶로 보았는데, 高靈 즉 大加耶의 동쪽에, 위에서 설명한 三邑落을 比定할 곳이 없다. 더욱이 그곳에 「爾林高麗地也」를 생각할 수 없는 일이다.

4. 固有名詞로서 狹域의 「가라」_(加羅)

다음에는 狹域_{협역}의 kara 地名을 보기로 한다. 이 狹域의 kara도 원래는 '城' 또는 '邑落'을 뜻하는 普通名詞였으나, 住民들이 부르는 사이에 차츰 固有名詞로 굳어진 것이다. 金官加耶 지역의 「弁」 또는 「加羅·駕洛」_(모두 「가라」의 표기)의 國名도 '城邑'에 유래한 것임을 앞에서 말하였거니와, 이는 狹域의 kara 地名이다. 이에 對馬島 地名에서 이와 같은 國名을 보기로 한다.

(1) 加羅와 南加羅

『日本書紀』 欽明 23年紀의 任那 十國名 중에 加羅가 나타난다. 이에 十國名을 모두 든다.

新羅打滅任那官家＜一本云二十一年 任那滅焉 總言任那 別言 加羅國 安羅國 斯二岐國 多羅國 卒麻國 古嵯國 子他國 散半下 國 乞湌國 稔禮國 合十國＞

위에서 보인 十國은 對馬島의 十鄕과 같은 것으로 생각된다.7) 이 任那 十國 중의 加羅國을 日本 史家들은 金海의 金官加耶 혹은 高靈의 大加耶로 생각하고, 위 十國을

南韓의 각지에 比定하였다. 그리고, 日本 史家들은 이 「加羅」를 任那加羅의 「加羅」와 같은 것으로 생각하여, 任那가 金海에 있었다고 생각하였다. 그러나, 이 「加羅」가 對馬島에 있었던 邑落임은, 아래에 가서 比定하기로 한다.

다음은 南加羅를 보기로 한다. 『日本書紀』에서 이 「南加羅」를, 위에서 살펴본 「南韓·下韓」과 한가지로 arihisi kara로 읽었다. 그러나, 이 南加羅는 南韓·下韓과는 다르다. 「南韓·下韓」은 對馬島를 가리키는 韓(kara 즉 韓鄕), 중에서, 남쪽(아래쪽)에 위치한 下島를 가리킨 것이다. 이는 廣域의 kara 地名이다'. 이에 비하여, 「南加羅」는 對馬 下島의 西海岸에 있었던 邑落을 가리킨다. 즉 이는 狹域의 kara이다. 『日本書紀』 欽明 2年紀에 「其南加羅㝡爾狹小」의 기사가 있는데, 이 기사에서 「㝡」는 작은 모양(小貌)의 뜻이고, 「爾」는 어조사이며, 「狹小」는 地形이 좁고 작은 것을 말한다. 日本 史家들은 이 南加羅를 高靈加耶에 대한 金官加耶라 하였다. 그러나, 潤色윤색과 과장이 심한 『日本書紀』에서 六加耶의 宗主國인 金官加耶를 「最爾狹小최이협소」라 하지는 않았을 것이다. 『日本書紀』 推古 31年紀에 '任那는 小國이나, 天皇의 附庸부용이라'는 기록이 있는데, 六

---

7) 拙著, 『任那國과對馬島』, pp.228~259 「任那十國名의 對馬島 比定」 참조.

加耶 중의 宗主國인 이 金官加耶를 「狹小」 또는 「小國」이
라 하지는 않았을 것이다. 이 地名은 對馬島에 있었던 狹
域의 kara 地名이다.

(2) 對馬島의 「가라」'城邑'系 地名

　古代에 對馬島를 kara(韓)라 했다. 그 이유는, 이곳에 있
어서도 城 또는 큰 마을'邑落'을 kara라 했기 때문이니, 이
는 廣域의 kara이다. 그런데, 城邑을 뜻하는 語形에는 kara
와 함께 *koro, *kuru도 있었다. 母音 교체에 의한 이와같
은 異形態는 中世國語에서, 아비(父) : 어비(父), 앞(前) : 엎(前),
갓(物) : 것(物), 곰ㄱ(穴) : 굼ㄱ(穴), 디(處) : 듸(處), 돌(等) : 들(等),
남다(越) : 넘다(越), 듧다(穿) : 둛다(穿) : 듧다(穿) 등에서 볼 수
있다. 또 現行 慶尙道 方言에서 方向을 뜻하는 「쪽」은 이
짝 · 그쪽 · 저쭉과 같이, 짝 · 쪽 · 쭉이 함께 쓰이고 있으
며, 卑下하는 「놈」은 놈 · 넘 · 늠이 共存한다.8) kara'城邑'
系 地名을 對馬島 地名에서 보기에 앞서, 韓地 地名에서
그 몇 例를 든다. 아래 地名은 狹域의 kara'城邑'系이다.
즉 아래 地名은 *koro, *kuru, kara 등 城이나 邑里를 뜻
하는 보통명사가 固有名詞로 된 것인데, 이것이 占하는

---

8) 拙著, 『日本古代地名硏究-韓國옛地名과의比較-』(1996), p.92 참조.

곳의 폭이 좁(狹)다.

ㄱ) 安市城舊安寸忽 〈或云丸都城〉 (『史記』 地理 4)

ㄴ) 溝漊者句麗名城也 (『魏地』 高句麗)

ㄷ) 辟城縣本辟骨 (『史記』 地理 4, 百濟)

ㄹ) 斌城縣百濟賓屈縣 (『同』 地理 3, 大山)

ㅁ) 星山郡本一利郡一云里山郡 景德王改名 今加利縣 (『同』 地理 1)

위 ㄱ), ㄴ)의 高句麗語 「忽」, 「溝漊」가 '城'을 뜻하는 *koro, *kuru의 표기이고, ㄷ), ㄹ)의 百濟 地名에서 「城」과 대응하는 「骨」, 「屈」도 入聲韻尾입성운미의 外破音化에 의한 *koro, *kuru의 표기로 생각된다. ㅁ)의 新羅 地名에서 「一利」(*kara의 표기), 「加利」와 대응하는 「里」도 kara 또는 kari의 표기임을 알 수 있다. 다시 말하면, 新羅에서 '里'를 kara 또는 kari라 했음을 알 수 있다. 辰韓진한의 六村名에서 加里村＝韓岐(*kara-ki)에서도 이를 볼 수 있다. *koro(忽·骨), *kuru(溝漊·屈) 또는 *kara(加里·里), kara(韓)에서 보는 바와 같이, 古代 地名에서 母音上의 차이에 의한 同系의 異形態地名을 많이 볼 수 있다.

對馬島의 古代 地名에서는, 이러한 對應대응 관계의 kara

系 地名을 살펴 볼 수 있는 자료가 전하지 않는다. 다만, 현재에 남아 있는 地名에서 그 몇 例를 살펴보기로 한다.

kara-su : 對馬 上島의 北岸에 있는 佐護(사고)에 kara-su no baru 地名이 있다. 여기에서의 baru는 韓國語「벌」‘原’과 비교된다. 이 地名에서의 kara는 ‘城邑’에 유래한 것으로 생각된다. kara가 원래 ‘城’에 유래한 것이나, 후대에는 사람이 모여 사는 ‘큰 마을邑落’의 뜻으로 축소하였다. 이는 韓地에서나 對馬島에서나 한가지이다. 佐護(사고)는 金海와 釜山을 對岸대안하고 있는데, 이곳에는 對馬島에서 가장 큰 平地가 있다. 古代 韓國人이 일찍부터 이곳에 건너가서 농사를 짓고 살았으니, ‘古代의 三韓의 文化는 주로 이곳을 통해서 本島에 들어왔다’고 하였다.9)

kuru-su(栗栖) : 上揭상게 西海岸으로 面한 곳에 瀨田(세타)가 있고, 이곳에 kuru-su(栗栖) 地名이 있다.10) 이 kuru-su(栗栖)는 kara-su에서 변이한 것으로 생각된다. 이곳은 교통이 편리하고 古蹟고적이 많은 곳이다. 對馬島의 加羅는 이곳 또는 伊奈의 韓良(가라)에 비정된다.

kara-su(唐洲 · 加羅愁) : 上島 西海쪽에 唐洲(kara-su) 地名이 있다. 이는 瀨田(세타)의 kuru-su(栗栖) 또는 韓良의 서남쪽에

---

9) 對馬敎育廳,『增訂對馬島誌』(東京, 名著出版, 1973), p.987. 참조.
10) 上揭書, pp.934~935,『津島紀事』(번역본), p.255. 참조.

위치하니, 『日本書紀』에 나타나는 南加羅는 이곳에 比定된다.

kuro-se(黑瀨) : 이는 下島의 淺茅灣(아소완)에 臨임하는 곳에 있는 地名으로, 이곳에 朝鮮式 山城 城跡이 있다.

위에서 든 4地名의 語形을 다음과 같이 비교하기로 한다. 즉 kara-su(佐護), kuru-su(栗栖)(<kara-su), kara-su(唐洲·加羅愁), kuro-se(黑瀨)에서 kara~kuru~kuro가 공통되고, su~se가 공통되는데, 前者는 kara'城邑'系 地名이며, 이에 첨가된 su/se는 '村'의 뜻으로 생각된다. 『日本書紀』에 歸化人귀화인에게 준 姓을 su-guri(村主)라 한다고 하였는데, 이는 '村干'의 뜻이다. 즉 su는 '村'의 뜻이며, guri는 '간(干)'(kan→kana>kara>guri)의 뜻이다. 이 su는 朝鮮朝語 「자(城)」(자안히 드러, 入城, 『朴通』重, 上57)와 비교되고, kuro-se(黑瀨)의 se는 「재(城)」(城曰재, 『行文』)와 비교된다. 日本의 sasi는 國語의 「잣(城)」과 비교됨을 보아서, 위 su, se도 「자(城), 재(城)」와 同源語동원어로 생각되니, 그뜻이 '城'에서 '村'으로 바뀐 것이다. 그리하여, 이 地名들은 '城村' 또는 '村里'에 유래한 것으로 생각된다.

이 외에 上島 東北岸에 huru-sato(古里)라는 地名이 있는데, 이 huru(<*kuru)는 이 邑落이 오래되어, 日本의 借訓차훈에 의한 「古」(訓 huru)字를 차용하였다. sato(里)는 이에 첨가

된 것이다. 또 上島 西海岸의 吉田(요시다)의 古代 地名이 huru-ki(杤木)(〈*kuru-ki)인데, 이 地名은 辰韓진한 시대의 kara-ki(韓岐)와 비교된다. 이 huru-sato(古里), huru-ki(杤木)에서 많은 遺物유물이 출토됨을 보아서, 오래된 邑落임을 알 수 있다. 그리고, 下島의 美津島(미쓰시마)에 kaja(賀谷) 地名이 있다. 이곳에는 古代人이 거주한 동굴과 貝塚이 남아 있으며, 야요이(彌生)시대 초기의 土器가 출토되었다. 이 地名 語形에서 kaja(가야)는 kara'城邑'에서 변이한 것으로, 이 語形은 金海 등지의 六加耶의 가야(加耶)와 비교된다.

5. 加羅와 南加羅의 比定

(1) 加羅

『日本書紀』에 나타나는 任那 十國 중의 하나인 加羅가, 金海나 高靈에 있었던 것이 아닌, 對馬島에 있었던 邑落 國임을 보기로 한다. 이를 위해, 任那 十國 중의 대표적인 몇 地名도 함께 對馬島 地名에서 찾아보기로 한다. 任那 十國名을 다시 든다.

加羅, 安羅, 斯二岐, 多羅, 卒麻, 古嵯, 子他, 散半下, 乞飡, 稔禮

위에서, 日本 史家들이 韓地 地名에 쉽게 比定할 수 있는 地名은 加羅→金海(加羅) 또는 高靈의 大加耶, 安羅→咸安(阿羅), 多羅→陜川(大良) 또는 大邱, 古嵯→固城(古自)이다. 그러나, 「安羅」(ara) 地名은 '王邑'에서 유래한 것으로, 이는 '王'을 뜻하는 əra-ka(於羅瑕)의 *əra(於羅)(<ara)(-ka는 접미사)와 同源동원의 地名이다. 이와 同系동계地名은 咸安의 「阿羅」(ara) 또는 「阿那」(ana), 對馬島의 ana(<*ara)(穴) 또는 jara(耶良), 日本列島 내의 ana(<*ara)(婀娜), ana(<*ara)(穴) 등 여러 곳에 볼 수 있다. 古代에 王邑이 여러 곳에 있었기 때문이다. 그런데, 『日本書紀』의 ara(安羅)는 對馬島의 嚴原(이즈하라)의 古代 地名인 jara(耶良·也良), jora(與良) 또는 그의 異形態인 ana(穴)에 比定된다. 「多羅」는 '城' 또는 '市邑'을 뜻하는 tara의 표기로, 이 地名도 韓地는 물론, 對馬島에도 여러 곳에 분포한다. 이 地名은 현재 對馬 上島 西岸의 tsuna(綱)에 比定된다. 任那 당시(4~6세기)의 tara(多羅)가 약 1,500년 동안에 tura>tsura>tsuna(綱)로 바뀐 것이다. 日本 史家들은 이를 陜川의 古代 地名인 「大良」이라 하나, 이 地名은 借訓과 借音에 의한 kara의 표기이다. 古代에 '大'를 *kara라 했다. 이 地名에서 「大」는 kara의 표기이고 「良」은 그의 第二音節의 표기(二字化의 표기)이다. 「古嵯」는 古代 '首長'수장을 뜻하는 kəsu(渠帥)와 同源의 표기로, 이는 古代에

首長이 居거했던 對馬 下島의 kasi(加志)에 比定된다. 이 곳
은 古代에 kasi(加志)鄕이 있었던 곳이다. 위에 보인 十國名
과, 이에 比定비정되는 현재의 對馬島 地名과의 표기가 다
르나, 표기는 시대에 따라서 변하고 표기자에 따라서 다
르니, 문제될 것이 없다. 安羅・多羅・古嵯의 地名 比定
에 대한 자세한 설명은 別稿11)로 미룬다.

다음에는 「加羅」에 대하여 보기로 한다. 地名 比定에
앞서, 우선 加羅國의 王名부터 보기로 하니, 『日本書紀』
神功 62年紀에 「加羅王 己本旱岐」가 보이고, 또 繼體 23
年紀에도 加羅王名에 「阿利斯等」이 보인다. 그런데, 이러
한 王名은 金海 金官加耶 王名에서나 高麗의 大加耶의 王
名에서는 볼 수 없다. 繼體 23年紀(529)에 다음과 같은 기
사가 올려있다. 여기에 나오는 몇 地名에 유의할 것이다.

> 春三月 百濟王이 下多利國守 穗積押山臣에게 일러 말하기를,
> "朝貢의 使臣들이 항상 嶋曲 〈海中島曲을 말하는 것이니 崎岸
> 이다. 俗으로 美佐祁라 한다〉 을 지날 때마다 風波에 시달려서
> 物件이 물에 젖고 훼손되는 등, 그 物件들의 모양이 없으니(無
> 色하니), 加羅의 多沙津을 臣의 朝貢 津路로 주시기 바랍니다"

---

11) 拙著, 『任那國과 對馬島』, p.237, 245, 250 참조.

라고 하였다. 이로 因하여 押山臣이 請하는 바를 아뢰었다. 이
달 物部의 伊勢連 父根, 吉士老 等을 보내어 百濟王에게 이 津
을 주기로 하였다. 이 때에 加羅王이 勅使에게 말하기를 "多沙
津은 官家를 설치한 이래, 臣의 나라의 朝貢을 위한 나루(津)입
니다. 이제부터 갑자기 바꾸어 이웃 나라(百濟)에 줄 수 있겠습
니까? 이는 본래 땅을 定하여 封한 것에 위배되는 일입니다"라
고 하였다. 이로 因하여 勅使 父根等이 그 面前에서 주는 것을
곤란하게 생각하여 大道에 들어 갔다. 그리하여, 별도로 錄史를
보내어 마침내 扶余에 주었다. 이로 因하여 加羅와 新羅가 결탁
하여 日本을 원망하기 시작하였다.

여기에 나오는 加羅가 어디에 있었던 加羅냐가 문제된
다. 이는 이 기사에 함께 나오는 「嶋曲, 海中島曲, 碕岸,
美佐祁, 多沙津, 大島」 등의 地名과 함께 생각하지 않을
수 없다. 먼저 嶋曲과 이를 설명한 海中島曲과 崎岸, 美佐
祁를 보기로 한다. 嶋曲은 섬(島)의 굽(曲)은 곳에 유래한 地
名으로, 曲은 日本 訓에 의한 magari의 표기이다. 對馬島
에 magari(曲)(南室 동편), oo-magari(大曲)(飼所), nana-magari(七曲)
(嚴原 北里) 등, magari(曲) 地名이 여러 곳에 있다. 그리고, 崎
岸의 「碕」는 육지가 바다에 내민 misaki의 표기로, 이는
「崎」(misaki)와 같은 것인데, 위 기사에서의 「美佐祁」(misaki)

는, 이를 借音차음표기한 것이다. 이 嶋曲(sima-magari)의 地名
은 對馬 上下島 사이에 위치한, 淺茅灣(아소완)에 있는 島山
島라는 섬의 北端북단 magari-adziro(曲綱代)의 magari(曲)에
比定된다. 이 곳은 百濟 使臣이 淺茅灣(아소완)을 지나서 倭
에 가는 도중에 위치한다. 이곳은 風浪풍랑이 심하여, 이곳
을 지날 때마다 배에 실은 물건이 훼손되는 일이 많았다.
그리하여, 이곳을 지나기에 앞서 多沙津에 들러서 물건을
다시 손보고 쉬어가기 위하여, 倭에 이 나루의 割讓할양을
요구했던 것이다. 加羅王은 勅使 父根 등에게, 多沙津은
加羅의 땅이므로 百濟에 줄 수 없음을 말한다. 이 기사에
서, 加羅는, 百濟에서 島山島의 magari-adziro(曲綱代)를 지
나서 倭에 가는 도중에 있는, 對馬島의 邑落임을 알 수 있
고, 多沙津은 加羅의 부근에 있는 나루(津)임을 알 수 있
다. 이 「多沙」는 上島 西海岸의 田志(다시)에 比定된다.
tasa(多沙)와 tasi(田志)와의 語形 비교에서, tasa의 末音節 母
音 a는 摩擦音마찰음 s의 調音조음 위치에 끌리어 i로 變異하
여, tasa>tasi로 된 것이다. 앞에서 말한 바와 같이, 地名
표기는 시대에 따라서 표기자에 따라서 다르므로, 「多沙」
와 「田志」의 표기상의 차이는 문제삼을 것이 못된다. 이
田志(다시)는 加羅에 比定되는 伊奈의 賀良(가라) 또는 瀨田
(세타)에서 가깝다. 그리고, 大島는 對馬 上下島의 중간에

위치한 仁位(니이)의 下里에 比定된다. 이곳에 三島가 있었
는데, 그 중에서 가장 큰 섬이 大島일 것이라 한다.12)

　같은 繼體 23年紀(529)에 다음과 같은 이야기가 있다. 즉
加羅王이 新羅王의 딸에게 장가들어 자식을 낳았는데, 新
羅王이 그 딸의 從者에게 新羅의 衣冠을 입게 하였다. 加
羅王 阿利斯等이 加羅의 의복을 입게 했는데, 新羅의 옷
으로 바꾸어 입은 사실을 알고, 화를 내어 使者를 新羅에
보내어 從者종자를 불러가게 하였다. 新羅王이 불쾌하여,
王女를 데려가려 하였으나 加羅王이 이에 응하지 아니하
였다. 그리하여, 되돌아가는 길에 도가(刀伽)·고파(古跛)·후
나우라(布那宇羅)의 三城을 쳤다고 한다. 그런데, 이 이야기
에 나오는 三邑落은 현재 對馬 上島의 瀨田(세타) 부근에
比定된다. 즉 刀伽(도가)는 瀨田(세타)에서 가까운 kosi -taka
(越高)에 比定된다. 이 kosi-taka의 kosi는 仁田(니타)에 있는
kosi no saka(越坂)의 kosi와 같은 것으로, 이는 '首'를 뜻하
는 *kəsi/*kasi와 同源으로 생각된다. 따라서, 刀伽(toka)는
kosi-taka(越高)의 kaka(高)에 比定된다. 그리고, 古跛(kopa)는
志多留(시타루)의 小字(koasa)인 kopu에 比定된다. 布那宇羅는
huna-ura의 표기로, huna는 '배(船)'의 뜻이고 ura는 '나루

---

12) 『增訂對馬島誌』, p.808 참조.

(浦)’의 뜻이다. 이는 ‘배를 대는 나루(浦)’에 유래하는 地名인데, huna(船) 地名은 對馬島에 oo-huna gosi(大船越), ko-huna gosi(小船越), huna-kura(船藏), huna-soko(船底), ni-huna(荷船) 등 여러 곳에 있다. 그런데, 위 三城 즉 三邑落 중의 huna-ura(布那宇羅)는 kosi-taka(越高)와 志田留(시타루) 사이에 있는 ina-ura(伊奈浦)에 比定될 듯하다. ina-ura는 아마 huna-ura에서 바뀐 것이 아닌가 생각되기 때문이다. 위 이야기에서, 加羅王 阿利斯等이 나오고, 또 이에 이어지는 이야기에 新羅王 佐利遲가 나오는데, 이는 물론 韓地의 王名이 아니다. 위에서 본 바와 같이, 『日本書紀』에서 加羅와 함께 나오는 地名은 對馬 上島의 서북 해안에 比定된다.

加羅가 百濟에서 倭에 가는 도중에 있는 邑落임은, 應神 14年紀에서도 볼 수 있다.

이 해 弓月君이 百濟로부터 왔다. 아뢰어 말하기를 “臣이 저의 나라 人夫 百二十七縣의 사람을 이끌고 歸化하는데, 新羅人이 길을 막아서 모두 加羅國에 두고 왔습니다”라고 하였다.

위에서 본 加羅는 對馬 上島 서해안의 瀨田(세타) 또는 이곳에서 가까운 伊奈(이나)의 韓良(가라)(迦羅로도 표기)에 比定된다. 이 瀨田(세타)에 있는 kuru-su(栗栖)는 kara-su에서 변이

한 것으로 생각된다. 이 곳에 d₃oo(城) no sae(際)라는 地名
이 있다. 이곳에 自然자연의 城郭성곽과 같은 것이 2개 있는
데, 이를 上城·下城이라 부른다. 또 이 곳은 고대 國廳의
소재지였다13)고 하니, 이 지역의 중심이었음을 알 수 있
다. 이 곳의 仁田(니타)港이 서북으로 향하고 있어, 韓國과
의 교통이 편리하다. 이 부근에 있는 樫瀧(가시타키)로부터
飼所(가이도코)에 이르는 길에 石塚(塚, 무덤총)이 있는데, 이곳
에서 石劍석검, 오목돌(凹石), 石鏃석촉의 破片파편, 돌도끼(石斧),
古土器고토기 등이 나왔다.14) 이러한 출토품들을 보아서 先
史時代선사시대부터 韓地의 주민들이 건너가서 살았던 것으
로 보인다. 그리고, 이곳은 金海의 加耶國과 對하고 있어,
加耶 사람들은 주로 이곳에 정착하여 살았던 것으로 생각
된다. 新羅는 佐護(사고)에, 高句麗는 仁位(니이)에, 百濟는
雞知(게찌)(뒤에는 佐須)에 그 邑落國이 있었음과 한가지로, 金
海의 加羅는 이곳 韓良(가라)와 瀨田(세타) 부근에 그 邑落國
이 있었을 것으로 추측된다.

(2) 南加羅

日本 史家들 중 이마니시(今西龍)는, 쓰다(津田左右吉)가 任那

---

13) 『津島紀事』(번역본), p.253, 255, 『增訂對馬島誌』, p.395, 948. 참조.
14) 『增訂對馬島誌』, p.929. 참조.

의 首邑을 金海로 본 데 반대하여, 그는 慶北의 高靈에 任那日本府가 있었다고 하고, 金海에는 南加羅가 있었다고 하였다. 그 이유는 『三國史記』(卷41 金庾信條 上)에 「南加耶」가 나타나기 때문이다. 이 南加耶의 「南」은 高靈의 大加耶에 대한 명칭이다. 그러나, 地名은 원래 普通名詞보통명사에서 固有名詞고유명사로 굳어진 것이기 때문에, 같은 地名이 한 곳에만 있는 것이 아니다. kara 地名도 한 곳에만 있는 것이 아니니, 南加羅(南加耶)도 한 곳에만 있었던 것이 아니다. 『日本書紀』에서는 「南韓·下韓·南加羅·南蠻」의 「南·下」를 모두 arihisi로 읽고 있다. 집을 南向으로 짓고 살았기 때문에, 북을 上으로, 남을 下로 또는 앞(前)으로 생각했던 까닭이다. 『日本書紀』 任那 기사에 보이는 南加羅는, 金海가 아닌 對馬島의 地名으로 보아야 한다. 南加羅는 對馬 上島 西南岸의 kara-su(唐洲·加羅愁)에 比定된다. 이는 伊奈(이나)의 韓良(kara)와 瀨田(세타)의 栗栖(kuru-su)의 서남쪽에 위치한다.

欽明 2年紀에 「南加羅는 작고 협소(南加羅 蕞爾狹小)한 곳」이라 하였는데, 唐洲는 地形이 넓지 않으나, 對馬島 西岸서안의 良港이다. 『海東諸國記』에는 「加羅愁浦 五十餘戶」라 기록되어 있다. 이곳은 韓國에서 淺茅灣(아소완)을 통하여 倭에 가는 길목의 입구에 위치하고 있다. 1957년(昭和 32),

이 곳의 加志志(가시시)中學의 新設 敷地부지를 열 때에, 數基수기의 箱式石棺상식석관이 나왔는데, 그 곳에서 對馬島에서는 보기 드문 彌生야요이시대의 人骨과 有柄式유병식 磨製石劍마제석검, 鐵劍式철제식의 石劍, 그리고, 磨製石鏃마제석촉 3本이 나왔다고 한다.15) 이를 보아서 이곳에는 先史時代부터 古代 韓國人이 건너가서 살았던 것으로 추측된다. 위에서 고찰한 바와 같이, 日本 史家들이 말하는 『日本書紀』의 「朝鮮地名」이란 對馬島 地名을 말하는 것이다.

6. 加羅와 任那는 別個 邑落

(1) 같은 記錄에서의 加羅와 任那

日本 史家들은 加羅을 任那로 생각하여, 金海의 金官國이(또는 高靈의 大加耶)가 곧 任那라 하였다. 그리하여, 오늘날 그들의 歷史 敎科書에서 4~6세기의 韓半島의 정세를 설명하는 곳에서, 「加羅(任那)」와 같이, 加羅에 괄호를 하고 任那를 넣어서 가르치고 있다(註2 참조). 日本 史家들이 加羅가 곧 任那라(바꾸어 말하면, 任那가 곧 加羅라) 생각하게 된 것은, 廣

---

15) 永留久惠, 『對馬の古跡』(1970), p.107.

開土王의 碑文에 「任那加羅」가 나타나기 때문이다. 日本에서 任那 연구의 啓蒙書라 할 수 있는, 스가(管政友)의 『任那考』 3권은 1893년에 成稿성고하였다. 이 때는 대륙 침략의 사상이 팽배했던 때인데, 關山月관산월이 1876년에 발견한 廣開土王碑의 拓本을, 스가(管政友)가 입수한 것이 1890년경이었다. 스가는 그 碑文 중에서 「任那加羅」의 4字를 발견하고 흥분하여, 任那가 곧 加羅라 생각하여, 『日本書紀』 任那 기사에 나타나는 많은 國名과 地名을 이에 맞추어 침략의 史筆을 마음대로 휘둘렀다. 이를 이은 나가(那珂通世)의 「加羅考」(『史學雜誌』에 連載, 1894.3~1896.10 刊)에서도 「任那」가 곧 加羅라 하였고, 쓰다(通田左右吉)의 「任那彊域考」(『朝鮮歷史地理』 所載, 1913.11 刊)에서는 '옛적 우리나라가 南韓에 屬領을 가졌을 때에 그 통치기관을 任那日本府라 하였으며, 任那는 日本府의 所在地였던 加羅國의 별명으로 사용되었다'고 하였다. 日本에서 任那가 곧 加羅라고 생각한 뿌리는 이들 史家에서부터 시작되었다. 그러나, 任那加羅의 「加羅」가 佐護加羅, 仁位加羅, 雞知加羅에서 보는 「加羅」와 같은 普通名詞임은 앞에서 말하였다. 地名에 대한 지식과 古代 韓國語에 대한 지식이 부족했던 당시에, 加羅의 뜻을 생각해 낼 수가 없었던 것이다.

　이에 任那와 加羅를 별개의 地名으로 보지 않을 수 없

음을, 『日本書紀』에서 보기로 한다.

  앞에서 보인 任那 十國名 중에는, 「加羅」와 「稔禮」 (*nimu-ro)가 함께 들어 있다. 즉 稔禮(*nimu-ro)는 別言任那_{별언}_{임나}를 말하는 것으로, 稔禮는 任那(*nima-na)의 다른 표기(異表_記)이다. 上述한 바, 欽明 23年紀의 別言으로서의 任那를 「稔禮」로 표기하였으나, 다른 데서는 이를 總言任那와 한 가지로 「任那」로 표기하여, 兩者를 혼동하기가 쉽다. 別言으로서의 任那(稔禮)의 세력이 가장 커서, 이로서 對馬島를 全稱하게 되었음에 유의할 것이다. 그런데, 任那 十國 중에 加羅와 이 任那(稔禮)가 함께 기록됨은, 加羅와 任那가 別個의 邑落名임을 의미한다.

  欽明 2年紀에 다음과 같은 기사가 있다.

> 4월에 安羅의 次旱岐 夷呑奚·大不孫久取柔利, 加羅의 上首位古殿奚, 卒麻의 旱岐, 散半奚의 旱岐의 兒, 多羅의 下旱岐 夷多, 斯二岐의 旱岐의 兒, 子他의 旱岐等이, 任那日本府 吉備臣 〈이름을 欠함〉 과 함께, 百濟에 가서 詔書를 들었다. 百濟의 聖明王이 任那의 旱岐等에 일러서 말하기를 "日本의 天皇이 詔하는 바는 任那를 다시 세우라는 것이다. 이에 어떠한 計策으로써 任那를 일으키겠는가"

위 글은, 百濟의 聖明王(聖王)이 安羅·加羅·卒麻·散半奚·多羅·斯二岐·子他 등의 任那旱岐임나한기 또는 그의 아들(兒) 등과 任那日本府의 吉備臣길비신을 모아서, 그들에게 倭王으로부터 보내온 글(詔書) 내용을 말하여, 任那 재건을 의논하는 장면의 일부이다. 위에 보인 七邑落名은 『日本書紀』 欽明 23年紀(562)에 보이는 任那 十國名 중의 七國名이다. 任那 十國名 중에서 古嵯·乞湌·稔禮가 빠져 있다. 위 글에서 七邑落의 旱岐를 묶어서 「任那의 旱岐等」이라 하였다. 「任那의 旱岐等」의 「任那」는 같은 23年紀에 보인 總言任那총언임나로서, 이는 任那 十國 전체를 두고 한 말이며, 각각의 七邑落名은 別言任那별언임나로서의 邑落名이다. 그리고, 「任那 復建복건」의 「任那」는 別言任那로서의 稔禮를 말한다.

위 글에서 加羅의 上首位 古殿奚의 이름은 들어 있으나, 別言任那의 旱岐名이 들어 있지 않다. 이는, 稔禮 즉 別言任那는 멸망하여 참석할 수 없었기 때문이다.

또 欽明 2年紀에 다음과 같은 기사가 이어진다.

聖明王이 말하기를 옛날에 先祖 速古王·貴首王의 世에, 安羅·加羅·卓淳의 旱岐等이 使者를 보내어 와서, 서로 통하여 親好를 맺어 子弟의 관계를 맺어서 항상 隆盛하기를 바라왔는데, 이제

新羅에 속아서 天皇을 忿怒케 하고 任那를 憤恨하게 함은 나의
과오이다… 그 啄己呑은, 加羅와 新羅와의 경계에 있어서, 連年
에 攻敗를 당하여 任那를 救援할 수가 없다.

위 기사에서 百濟와 安羅·加羅 등과의 관계를 볼 수
있다. '天皇을 忿怒분노…나의 과오'까지는 任那가 新羅에
게 멸망당하여 倭王을 성내게 함이 자신의 잘못이라 한
것인데, 이러한 형식의 글은 倭를 중심한 과장된 말이다.
그리고, 啄己呑녹기탄이 加羅와 新羅와의 사이(際)에 있어서,
매년에 新羅로부터 공격을 받아서, 任那를 도울 수 없다
함에 유의할 것이다. 加羅가 任那(稔禮)와 별개임을 보이는
것이기 때문이다.
또 欽明 13年紀에도 다음과 같은 기사가 있다.

百濟와 加羅와 安羅가 함께 사신을 보내어, "高麗와 新羅가 通
和하여 그 勢를 합하여 臣國과 任那를 멸망하려 하니, 救兵을
청합니다."

여기에서도, 한 文章에서 加羅와 任那가 별개의 邑落名
으로 나타난다. 이 기사에서 新羅는 佐護(사고)에 있었던
新羅 邑落國이고, 高麗는 仁位(니이)에 있었던 高句麗 邑落

國이다.

그리고, 王名에 있어서도, 「任那王 己能末多干岐」(繼體23年紀), 「加羅王 己本旱岐」(神功 62年紀)와 같이, 각각 다르게 기록되었다.

(2) 加羅와 任那의 對外 活動

다음에는 加羅와 任那의 대외 활동 관계를 보아서, 이 두 邑落國이 다른 邑落國임을 보이고자 한다.

加羅의 대외 활동에 관한 기사는 많지 않다. 먼저 加羅와 新羅의 관계를 보면, 이 두 나라는 가까운 거리에 있었던 까닭으로, 友好的우호적이기는 하나, 때로는 不和불화의 관계에 있었다. 이는 繼體 32年紀의 加羅와 新羅의 혼인 관계에서 볼 수 있다. 즉 加羅王이 新羅의 王女를 娶(장가갈취)한 것은 友好的이다. 그러나, 加羅王이 王女의 侍從者시종자에게 加羅의 옷을 입게 한 것을, 新羅王이 新羅의 옷으로 바꾸어 입게 한 것을 알고, 화를 내어 新羅에 사람을 보내어 侍從者시종자를 불러가게 했다고 하는데, 여기에서 不和의 관계를 볼 수 있다. 또 加羅王이 王女를 돌려주지 않은 것에 화를 내어 新羅王이 3개의 邑落을 쳤다는 이야기에서도 이를 볼 수 있다. 또 神功 62年紀에, 新羅의 美人計미인계로 加羅가 피해를 입은 이야기가 올려있다. 즉

倭가 沙至比跪사지비궤를 보내어 新羅를 쳤는데, 新羅人이 美女 두 사람을 예쁘게 단장하여 나루(津)에 가서 이를 맞이하여 유인하였다. 沙至比跪가 이를 받아들이고 新羅를 치지 아니하고 加羅를 정벌하여, 加羅王 己本旱岐는 그의 아들과 人民을 이끌고 百濟로 도망갔다는 이야기가 있다. 또 應神 14年紀에, 弓月君궁월군이 127縣의 人夫를 이끌고 倭에 귀화하였는데, 新羅人이 이를 막아서 加羅國에 두고 왔다는 기사가 있다. 이러한 이야기들은, 加羅가 倭와 적대 관계에 있었던 新羅의 가까이에 있었기 때문에 피해를 본 것이다. 그러나, 百濟가 倭와 友好的 관계에 있었으므로, 加羅는 新羅의 편에 서지 않을 수 없었던 일도 있었다. 즉 百濟가 加羅에 속해 있었던 多沙津을 割讓할양해 줄 것을 倭에 요구하자, 加羅가 이에 반대하였으나, 倭는 이를 百濟에 주었다. 그리하여, 加羅는 新羅와 더불어 倭를 원망하게 되었다는 이야기가 있다(繼體 23年紀).

加羅와 百濟와의 관계는 友好的이었나. 즉 欽明 2年紀에서 百濟 聖明王의 말에, "옛날 先祖 速古王 · 貴首王의 世에 安羅 · 加羅 · 卓淳의 旱岐 등이 使者를 보내어 와서 서로 통하고 親好하여 子弟의 관계를 맺었다"라고 한 기사가 있다. 위에서 본 바 新羅를 정벌하라고 보낸 沙至比跪가 新羅의 美人計에 속아서 加羅를 정벌하자, 加羅王이 그의 아들과 人民을 이끌고 百濟로 도망한 것과, 弓月君이 127縣의 人夫를 加羅에 둔 이야기를 보아서 이를 알 수 있다. 그러나, 百濟의 多沙津의 요구로 百濟와의 관계가 나빠진 일도 있었다.

加羅는 倭와도 友好的 관계였다. 加羅가 百濟·安羅와 함께 倭에 請兵청병함을 보아서 이를 알 수 있다. 즉 欽明 13年紀에 百濟와 加羅와 安羅가 함께 倭에 使臣을 보내어, "高麗와 新羅가 通和통화하여 臣國신국과 任那를 멸망하려 하니, 救兵구병을 청합니다"고 한 기사를 보아서, 百濟·加羅·安羅·任那(稔禮)가 한편이고, 新羅·高麗(高句麗)가 한편임을 알 수 있다.

加羅와 高麗(高句麗)는 敵對적대 관계에 있었다(위에 든 欽明 13年紀 참조).

다음에는 任那의 대외 관계를 보기로 한다. 任那와 新羅 관계는 6세기 초엽까지는 별다른 일이 없었다. 垂仁 2年紀에 任那使인 蘇那曷叱智가 본국으로 돌아갈 때에, 倭의 朝廷조정에서 준 선물을 도중에서 新羅에 빼앗겨, 두 나라의 원한이 이 때부터 시작되었다고 하나, 믿기 어렵다. 應神 7年紀에는 高麗人·百濟人·任那人·新羅人이 함께 來朝했다는 기사가 있다. 이는 對馬島의 邑落國들에서 보낸 使臣들일 것이다. 交通이 불편하고 通信통신 시설이

미비했던 시대에 韓半島의 三國과 對馬島의 任那國의 使
臣들이 함께 모여서 倭에「來朝」했다고 보기 어렵기 때
문이다. 雄略 8年紀에는 新羅가 高麗의 侵攻침공을 막기
위하여, 任那王에게 말하여, 任那國에 와서 있는 倭의 官
家 즉 任那日本府 行軍元帥행군원수의 도움으로 高麗를 깨
뜨린 기사가 있다. 任那와 新羅의 관계가 나빠진 것은 6
세기 전반기의 일이니, 이때에 佐護(사고)의 新羅는 南下하
여 雞知(게찌) 任那를 공격하였기 때문이다. 宣化 2年紀(537)
에 다음과 같은 기사가 있다.

> 10월에 新羅가 任那를 침략하므로, 天皇이 大伴 金村大連에게
> 명령하여, 그의 아들 磐과 狹手彦을 보내어 任那를 돕게 하였
> 다. 이 때에 磐은 筑紫에 머물면서 國政을 잡아서 三韓에 대비
> 하고, 狹手彦은 任那를 진압하고 百濟를 구했다.

　위 기사의 宣化 2년(537)은 韓地 新羅의 法興王 24년에
해당되는데, 이 때는 金海의 駕洛國이 이미 新羅에 멸망
된 뒤이다. 이 기사에 보이는 三韓은 3개의「가라」(加羅)를
말하는 것으로, 對馬島에 있었던 三加羅를 말한다. 三韓
즉 三加羅는 對馬島의 代名詞이다.『桓檀古記』에서는 이
를「三汗」이라 하였다. 欽明 2年紀(541)와 5年紀(544)에 百

濟의 聖明王이 任那 諸國의 旱岐한기와 日本府臣 등을 모
아 놓고, 任那 再建재건에 대해 의논을 하는 기사가 있음을
보아서, 이 때에 任那는 사실상 新羅에 멸망된 것이다. 그
런데, 欽明 23年紀에 '新羅가 任那를 打滅타멸했다'는 기사
가 있다. 이 기사에서의 欽明 23년(562)은 韓地의 新羅가
大加耶를 멸망한 해이다. 이 기사는 韓國의 史實에 맞추
어, 後代人이 加筆가필한 것으로 생각된다. 이 때에 任那는
雞知(게찌)의 땅을 新羅에 빼앗기고, 그의 서남쪽에 위치한
南室(나무로)에서 약 100년 간 존속했다.16) 筆者는 이를 末
期任那로 부르고자 하는데, 이 때의 任那의 대외 관계 기
사가 『日本書紀』에 14개 나타난다. 그 중에서 任那가 新
羅와 같이 활동했거나 관련한 기사가 10개나 된다. 이와
같이 任那는 新羅와 敵對적대 관계에 있으면서, 新羅와 함
께 倭에 使臣을 보내는 등 정치 활동을 하였다.

　任那와 百濟와의 관계는 매우 친밀한 사이였다. 欽明 2
年紀에 百濟는 任那와 子弟의 관계를 맺었다는 기사가 있
고, 같은 5年紀에도 百濟와 任那는 옛날부터 子弟이기를
약속했다는 기사가 있다. 이를 보아서, 任那는 對馬島의
七邑을 정벌하는데 공이 큰 百濟의 장수 木羅斤資가 세운

---

16) 拙著, 『任那國과 對馬島』(亞細亞文化社, 1987), pp.553∼556 참조.

것으로 생각된다. 任那와 百濟와의 관계가 그러했던 만큼, 百濟는 百濟系의 倭와 함께, 新羅에게 침공을 당한 任那를 도우려고 하였다. 欽明 2年紀와 5年紀에서 보는 任那再建의 이야기는 이를 잘 나타내고 있다.

任那와 倭와의 관계도, 任那와 百濟와의 관계와 한가지로, 친밀한 사이였다. 倭가 百濟에서 渡海도해한 사람들에 의하여 세워졌기 때문이다. 현재 나라(奈良) 지역(天理市)에 분포하고 있는 것과 같은 前方後圓전방후원의 古墳고분이 근년에 全羅南道 海南郡에서도 발견되었다. 즉 그곳의 長鼓山장고산 古墳이 前方後圓墳이라는 報告가 있었다. 이와 같은 古墳이 對馬島 雞知(게찌)에도 있다. 이곳에 있는 前方後圓墳 등의 古墳群은 任那王族의 무덤으로 추정된다. 그러므로, 이 墓制묘제는 百濟(全羅道)–任那(對馬島)–倭(奈良)로 연결된다. 따라서, 任那와 百濟·倭는 한편이고, 新羅는 이와 敵對 관계였다. 倭와 百濟가 新羅에 멸망된 任那를 회복하려는 것은 이러한 관계에 있었기 때문이다.

7. 맺음말

위에서 고찰한 바를 다음과 같이 요약하여 결론으로

삼는다.

첫째, 日本 史家들이 任那加羅(廣開土王碑文), 任那加良(『三國史記』)의 「加羅」「加良」을 金官加耶 등 六加耶로 생각하였다. 그러나, 이 「加羅」(또는 「加良」)는 '城邑' 즉 城이나 큰 마을(邑落)을 뜻하는 kara를 표기한 것으로, 이는 對馬島의 三加羅 즉 佐護加羅(사고가라), 仁位加羅(니이가라), 雞知加羅(게찌가라)의 「加羅」와 같은 普通名詞이다. 이는 廣開土王碑文에 보이는, '城'을 뜻하는 「韓」(kara)의 다른 표기이다.

둘째, 『日本書紀』의 任那 十國 등의 기사에 보이는 「加羅」는, '城邑'을 뜻하는 kara가 固有名詞로 굳어진 것이다. 金海의 金官加耶 등 六加耶 지방의 「加羅」도 이와 같은 kara系의 地名이기는 하나, 『日本書紀』 任那 기사의 「加羅」와는 별개의 地名이다. 日本 史家들은 任那 기사의 「加羅」가 金海 등지의 「加羅」와 표기상으로 같기 때문에, 任那가 金海 등지에 있었다고 주장하였으나, 이는 옳지 않다. 任那 기사의 「加羅」는 對馬島에 있었던 邑落國名이다. 住民의 이주에 따라서 같은 地名이 對馬島에도 분포한 까닭이다. 동일 장소에 대한 kara 地名도, 文獻에 따라서 표기가 다를 수가 있고, 다른 장소의 kara 地名도 표기가 같을 수가 있다. 金海 등지의 kara는 文獻(문헌)에 따라서

「弁・加羅・加良・伽落・駕洛」 등으로 표기되었고, 對馬島의 kara는 「韓・韓良・加羅・迦羅・唐・汗」 등으로 표기되었다.

셋째, 古代에 對馬島에서 '城邑'을 kara라 했다. 즉 韓半島에서 三韓 지역을 kara라 한 것과 한가지로, 對馬島에서도 對馬島를 kara라 하였다. 그 표기에 있어서도, 「韓鄕之島」「韓島」 등으로, 三韓에서와 같이 「韓」字로서 표기하였다. 이 「韓」(kara)는 「加羅」(kara)와 함께, '城邑'에 유래한 것이다. 對馬島의 三加羅를 「三汗」으로 표기하였는데, 「三汗」은 「三韓」의 異表記로서, 韓半島의 「三韓」과 구별하기 위한 것이다.

固有名詞로서 廣域의 kara系의 地名에는, 대체로 「韓」字로써 표기하고, 狹域협역의 것에는 「加羅・迦羅・韓良・唐」 등으로 표기하였다. 普通名詞로서의 kara系에는, 「三加羅」 즉 佐護加羅・仁位加羅・雞知加羅(『桓檀古記』)의 「加羅」, 「任那加羅」(廣開土王碑文)의 「加羅」와 같이 「加羅」로 표기하였다.

넷째, 對馬島 kara系 地名에서, 廣域의 것으로는 「韓鄕之島」, 「韓島」, 「南韓」, 「下韓」을 볼 수 있다. 『日本書紀』 宣化 2年紀에 보이는 「三韓」은 古代 對馬島를 대표하는 「三加羅」(『桓檀古記』)의 異表記로, 對馬島를 총칭 내지 代稱

대칭한 것이다. 「南韓」·「下韓」은 對馬 下島를 가리키는 것으로, 이는 kara(韓)(對馬島) 중에서도 ‘南쪽(아래쪽) 지역의 kara(韓)’를 가리킨 것이다. 그리고, 「東韓」은 동쪽에 있는 kara를 말한다. 이와 같은 南韓(下韓)과 東韓의 이름은 對馬島의 한 지역을 가리킨다. 이는 韓半島에서 kara(韓)를 馬韓·辰韓·弁韓으로 구분한 것과 비교된다.

다섯째, 對馬島의 kara系 地名에서, 狹域의 것으로는 「加羅」와 「南加羅」를 볼 수 있다. 가라수(唐洲·加羅愁), 가라(賀良), 후루사토(古里), 후루키(朽木), 가야(賀谷) 등도 이에 속한다. 「加羅」는 ‘城邑’을 뜻하는 kara의 표기이기는 하나, 固有名詞로 굳어진 것이다. 이 「加羅」는 金海 등지의 「加羅」와 同系 地名이기는 하나, 별개의 邑落名이다. 對馬島의 「加羅」는 對馬 上島 서해안의 伊奈(이나)의 韓良(가라)(迦羅)와 瀨田(세타)에 比定된다. 이곳의 kuru-su(栗栖)는 kara-su에서 變異한 것으로, 이 kara-su는 kara‘城’와 su‘村’의 合成한 것으로 생각된다. 南加羅는 對馬 上島의 서해안의 kara-su(唐洲·加羅愁)에 比定된다. 이는, 韓良(가라)와 瀨田(세타)의 남서쪽에 위치한다.

여섯째, 日本 史家들은 加羅가 곧 任那라 생각하였으니, 廣開土王碑文에 「任那加羅」가 나타나기 때문이다. 그러나, 「任那加羅」는 ‘任那라는 邑落 또는 任那의 나라’의 뜻으로, 對馬島를 全稱하는 것이다. 이 때의 「加羅」는 普通名詞이다. 그러므로, 이 때의 「加羅」는 『日本書紀』任那 기사에 나타나는 「加羅」와는 別個의 것이다. 任那 기사의 加羅는 固有名詞이다. 그리고, 『日本書紀』의 이 加羅는 任那(稔禮)와 별개의 邑落名이다. 이는 한 문장 안에서 任那와 加羅가 함께 나타남을 보아서 알 수 있다. 그리고, 任那 기사에서 任那와 加羅의 대외 활동이 다른 것을 보아서도 이를 알 수 있다.

❖拙著, 『日本古代地名硏究』(1996) 및 『日本古代地名の硏究』(2000), 『同』增補版 (2003)에 실은 것. 그리고, 이 글은 『겨레문화』(한국겨레문화연구소) 6호(1992)에도 실었던 것이다.

9

tara㈜語와 多羅 地名에 대하여

• KBS 歷史스페셜의
「玉田古墳의 多羅里」를 중심으로 •

머리말

10년 전에 慶南 陜川郡 雙冊面 玉田里의 古墳群에서 二千여 점의 遺物이 出土되어, 學界를 놀라게 한 일이 있었다. 이곳에 그와 같은 많은 遺物이 출토됨을 보아서, 이곳에 古代 王國이 있었을 것이며, 이곳에 多羅里[1]의 地名이 있음을 보아서, 이곳에 있었던 王國이『日本書紀』任那 十國 중의 하나인 多羅國이었을 것이라 하였다. 그러나, 이 王國을 任那 十國 중의 多羅國으로 볼 수 없다는 의견이 맞서, 朝鮮日報와 釜山日報의 紙上으로 이에 대하여 論難논란된 바 있었다. 이때에 筆者는 이 王國을『日本書紀』의 多羅國으로 보아서는 안 된다고 하였다.[2] 이때

---

1) 이 글에서 地名·國名·人名·書冊名 등 고유명사는 漢字로 표기하였다. 地名 (國名 포함)은 語形과 語義와 表記로 구성된 장소 표시의 言語이니, 漢字의 표기에서 言語 즉 語形과 語義를 찾아내어야 한다. 그러므로 地名을 한글로 표기하여서는 地名學이 성립되지 않는다.『新增東國輿地勝覽』에서 보는 바, 書冊名도 몇 개의 단어가 合成한 生命體이니, 이를 한글로 표기하여 集合的으로 이해하는 것보다, 漢字로 표기하여 分析的으로 이해해야 한다. 그러므로 地名 연구에서 한글 전용이란 생각할 수 없으며, 地名學의 발전을 위하여, 漢字·漢文 교육은 강화되어야 한다.

2) 朝鮮日報에서, 1992.1.25. 崔在錫 교수(高麗大 명예교수)는, 玉田古墳을 多羅國유적으로 보는 것은, 任那日本府說을 인정하는 것이라 비판함. 2.22. 金廷鶴 교수(전 高麗大 교수)는, 이 유적은『日本書紀』任那 十國 중의 하나인 多羅國의 자취라 하여, 崔 교수에 反論 제기. 2.26. 崔在錫 교수는 위 金 교수의 주장을 비판함. 2.29. 金廷鶴 교수는, 任那는 金官伽倻를 말한 것이라 하여, 崔 교수에 再反論. 3.7. 筆者(釜山大學 교수)는, 陜川의 古代 地名인「大良」은 多羅가 아닌「가라」의 표기이며, 多羅里와 多羅國의「多

에 論難된 내용은 日本의 『月刊文化財發掘出土情報』誌에 자세히 보도되었다.3)

그런데, 지난 2001년 9월 8일 KBS의 '歷史스페셜'에서, 이 玉田古墳에 대해 「황금칼의 나라 7가야의 다라국」의 이름으로 방송하였다. 이는 10년 전에 출토된 것을 자세하게 보도한 것이다. 그 이름에서 「황금칼」이란 그곳에서 출토된 龍鳳文(紋)의 丸頭환두大刀를 말한다. 龍과 鳳의 무늬(紋)가 들어 있는 둥근 모양의 머리(丸頭)를 한 큰 칼(大刀)을 말한다. 이는 4~6세기의 것으로 추정하였다. 이는 百濟의 武寧王陵과 新羅의 天馬塚천마총에서 출토된 것과 같은 것으로, 이곳에 古代 王國이 있었음을 보이는 것이라 하였다. 그리고, 이곳에 많은 구슬(玉)이 출토되었으니, 玉田의 地名도 이에서 유래한 것이라 하였으며, 또 玉을 가(磨)는 돌과 玉 찌꺼기가 출토됨을 보아서, 이 玉은 이곳에서 생산된 것이라 하고, 또 말의 투구(馬面胄)와 굽 달린

羅」는 표기상의 우연한 일치라 하였음. 釜山日報에서, 4.3. 金廷鶴 교수는, 玉田 유적은 任那 十國 중의 多羅國의 자취라 하여, 筆者의 任那 對馬島說을 비판함. 4.15. 筆者는, 多羅國은 對馬島의 邑落名이라 하고, 또 陜川의 「大良」은 「多羅」의 異表記가 아니며, 大良과 多羅國은 별개의 地名이라 하였음.

3) 『月刊文化財發掘出土情報』(東京), 1992년 3월호, 4월호, 5월호(상·하 두 곳, 多羅國論爭 上, 多羅國論爭 下)에 각각 1면씩의 분량으로, 「鷄林(新羅)의 西南에 多羅國」, 「陜川＝多羅國＝任那日本府說認定論」의 제목으로 자세하게 실었다.

土器가 출토됨을 보아서, 이곳에 軍事力과 經濟力과 화려
한 文化를 가진 王國이 있었을 것이라 하였다. 특히 이곳
은 洛東江의 支流인 黃江이 흐르고 있으며, 大伽倻가 있
었던 高靈과도 가까우며, 百濟로 통하는 교통상의 요충지
이다. 이러한 것을 보아서, 이곳에 六伽倻 외에 또 하나의
伽倻가 있었을 것이니, 이를 「7가야」라 하였다. 그리고,
이 일곱째의 伽倻는 5세기 초 高句麗의 南征남정에 의한
金海의 金官伽倻의 혼란으로, 그 세력이 옮아간 것으로
추정하였다. 여기에서 보는 「高句麗의 南征」 「金官伽倻
의 혼란」이란, 廣開土王碑文에 나타난 任那加羅를 金官
伽倻로 보고, 400년, 高句麗 廣開土王의 五萬의 大軍이
南下하여, 任那 즉 金官伽倻를 멸망케 했다는 史學界의
일부 주장을 말하는 것이다. 筆者는 이 주장에 대하여서
도 비판한 바 있으니, 金海지역에 任那가 없었으며, 400
년에 金官伽倻가 멸망한 것이 아니라고 하였다(『三國史記』에
는 新羅 法興王 19년<532>에 멸망한 것으로 기록됨). 즉 任那加羅는 對
馬島에 比定되니, 이를 金官伽倻로 보아서는 아니 되며,
廣開土王의 大軍은 對馬島에 건너가서 任那를 정복하고,
日本列島까지 정벌한 것으로 보아야 한다고 하였다.4) 특

---

4) 拙稿,「廣開土王碑文의 任那加羅考－KBS의 「伽倻 흥망의 블랙박스」를 비
   판함－」,『語文硏究』(韓國語文敎育硏究會, 2000. 봄) 105호와『名稱科學』

히 廣開土王碑文의 「官兵躡跡而越夾攻來背急追至任那加羅」에서 「越」(넘을월)은 「渡」의 뜻(『康熙字典』 등)이니, 高句麗軍이 對馬島에 건너간(渡한) 것으로 보아야 한다고 하였으며, 이 碑文에 나타난 新羅城은 對馬島 新羅의 佐護城으로 보아야 한다고 하였다.5) 또 이날의 방송에서도, 이곳에 多羅里의 地名이 있음을 보아서, 또 陜川郡의 옛 地名인 「大良」을 tara의 표기라 하여, 이 王國의 이름을 多羅國이라 하였다. 그리고, 이 多羅는 『日本書紀』의 任那 十國 중의 하나인 多羅國 바로 그것이라 하였다.

筆者는 위에서 말한 바와 같이, 이곳에서 많은 遺物이 출토됨을 보아서, 이곳에 古代 王國이 있었을 것임은 十分 짐작되며, 이곳에 第七의 伽羅國(伽倻國)이 있었을 것임도 인정한다. 그러나, 이곳의 多羅里 地名을 『日本書紀』의 多羅國과 연결짓는 것은 옳지 않다고 생각한다. 任那 十國이란 古代 對馬島 十鄕을 말하며, 對馬島 十鄕은 廣開土王이 400년에 對馬島를 정벌하고 그곳을 「分治十國」(『桓檀古記』 高句麗國本紀 第6)한 十國의 자취로 생각되기 때문이

(名稱科學硏究所, 2000, 2) 제7호 참조.

5) 拙稿,「伽倻史의 再構와 任那問題」,『伽倻의 歷史와 文化』(釜山, 東義大學校 人文硏究論集 제5호, 2000), pp.29~33 참조. 위 廣開土王碑文에서, 앞에서 8字는 1898년(戊戌年)과 1912년(壬子年)의 桂延壽·李觀楫님의 徵實에 의하여 復元한 것임.

다.6) 古代 日本에서 「國」과 「鄕」(고을향)을 한가지로 kuni(나라의 뜻)로 읽었으니, 對馬島를 가리키는 韓鄕之島(『日本書紀』)의 「韓鄕」을 kara- kuni로 읽었다.

이 論考에서는 tara'城'系 地名의 語源과 分布를 살펴보고, 多羅와 同系地名이 널리 分布함을 보아서, 또 「大良」이 tara의 표기가 아님을 보아서, 『日本書紀』의 多羅國을 이곳에 比定하여서는 아니됨을 말하고자 한다. 그리고, 任那 十國은 對馬島에 있었던 邑落으로, 任那 十國 중의 多羅는 對馬島에 있었던 地名임을 말하고자 한다.

1. tara(城)系語의 再構와 北方 隣近語의 tura'大邑'

玉田 遺跡地의 多羅里 地名의 유래를 함부로 말하기는 어려우나, 그곳에 土城이 있었음을 보아서, 이 地名은 그곳의 土城에 유래한 것으로 보인다. 오늘날, 각지에 城村이라는 地名이 있음을 보아서, 多羅里 地名도 그러한 것으로 생각된다. 古代에 '城'을 tara 혹은 tura, turu라 했기 때문이다. '城' 혹은 '大邑(大村)'을 뜻하는 이러한 말은, 韓

---

6) 拙稿,『任那國과 對馬島』(서울, 亞細亞文化社, 1987), pp.228~259 및 註 5
　　의 拙稿, 같은 책, p.18 참조.

半島는 물론 北方 隣近語인근어에서와, 對馬島, 日本列島에
도 널리 分布했음을 여러 地名에서 찾아볼 수 있다. 먼저
韓國 古代 地名에서 이를 살펴보기로 한다.

> ㄱ) 鐵城郡本高句麗鐵圓郡 景德王改名 今東州 (『史記』 地理2,
> 鐵原郡)
> ㄴ) 珍原縣本百濟丘斯珍 (『同』 地理3, 岬城郡)
> 岬城郡本百濟古尸伊縣 景德王改名 今長城 (『同』 地理3, 岬
> 城郡)

위 ㄱ)에서 鐵圓＝鐵城의 관계를 볼 수 있다. 이는 같은
地名에 대한 異表記이다. 즉 高句麗 때의 鐵圓을 景德王
地名 改稱 때(757)에 鐵城으로 고친 것이다. 여기서 「城」과
대응하는 「圓」은 訓이 두루(turu)이다. 이를 보아서, 당시에
‘城’을 turu라 했을 것임을 알 수 있다. 이와 같은 대응 형
식은 아니나, 『三國史記』 有名未詳地分의 圓山城과 周留
城(周의 訓 두루)도 鐵圓의 「圓」에서 보는 turu‘城’7)의 地名으

---

7) 이 글에서 語形을 보이는 漢字는 「 」로 표시하였다. 그리고 漢字 表記를
  통하여 再構한 語形은 音聲記號로 적고, 그 語形을 표기한 漢字(借字)는
  그 再構한 語形 뒤에 ( )를 하여 넣고, 그 語義를 보이는 것은 ‘ ’로 표시
  하여, 語形을 보이는 漢字와 그 地名이 갖는 語義를 표시하는 漢字를 구별
  하여 표시하였다.

로 생각된다. 末尾의 「城」은 이 地名들이 '城'에 유래함을 보이고 있다. 위 鐵城, 鐵圓의 「鐵」은 訓이 「쇠」이니, 이는 수리山'首山' 등 suri'首'의 異形態 sori'首'에서, i 앞의 r이 脫落한 것으로(sori>soi), 鐵城과 鐵圓으로 표기된 *soi- turu는 '首城'에 유래된 地名이다. sori'首'가 suri'首'(頂수리의 수리와 同源語)의 異形態임은, 각지에서 볼 수 있는 수리山'首山'을 소리山이라고도 하는 데서 볼 수 있다. 『新增東國輿地勝覽』에서 보는 牽伊山, 牽巳山, 所乙山은 소리山의 표기이다.

ㄴ)의 「珍」字의 표기에서 '城'의 뜻을 찾아보기로 한다. 즉 丘斯珍은 百濟의 岬城郡에 속하는데, 岬城은 『三國史記』 편찬 당시에 長城(長, 어른장)으로 改稱하였다. 丘斯珍芳縣은 행정구역상 岬城郡의 屬縣이었으니, 丘斯珍芳의 地名은 岬城・長城과 같은 地名에 대한 異表記이다. 따라서, 丘斯珍＝岬城＝長城의 관계를 볼 수 있다. 이 셋의 地名에서 「丘斯」는 借音표기이고, 「岬」(15세기 訓 고지, 곶)은 借訓표기8)이다. 이는 古代에 각 지방의 邑落을 통치한 渠帥거

---

8) 이 글에서 地名에 借用된 漢字는 借音字, 借訓字, 借義字, 漢譯字로 나누어 설명하였다(拙著, 『韓國古代國名地名研究』, p.20 참조). 學界에서 借音字, 借訓字로 할 것이냐, 音借字, 訓借字로 할 것이냐 하는 말이 있었는데, 이는 音을 빌어서(借하여) 표기한 글자, 訓(뜻)을 빌어서 표기한 글자의 뜻으로, 漢文의 造語 형식에 맞추어 借音字, 借訓字로 해야 옳을 것이다. 그리고 音讀字, 釋讀字라는 用語도 쓰는데, 이는 讀者의 입장에서 붙인 것이고, 表記者의 입장에서 볼 때는 借音字, 借訓字로 해야 할 것이다.

수(『魏志東夷傳』)와 同源語의 표기로 보인다. 그리고, 「長」은 그 뜻을 보이는 漢譯표기로 생각된다. 그리고, 「城」과 대응하는 「珍」은 '城'을 뜻하는 *tura의 표기로 推定추정된다. 「珍」이 *tura의 표기일 것임은 「珍」의 日本 訓에서 볼 수 있다. 즉 「珍」(보배 진, 寶)을 metsurasi라 訓하는데, 이는 me＋tsura＋si로 분석되니, me는 눈(目)의 뜻이고, si는 접미사이다. 따라서 이는 눈이 부실만큼 貴한 보배(寶)의 뜻이다. 그러므로, 丘斯珍·岬城은 '長城'을 뜻하는 *kusa-tura 혹은 *kəsi-tura로 再構(構, 얽을구)된다. 古代 地名에서 母音은 漢字音과 일치하지 않은 것이 많다.

　그런데, 『三國史記』 地理誌에서 이 「珍」과 대응 표기된 것에 「旦」과 「突」을 볼 수 있다. 먼저 貴旦縣仇斯珍兮(『史記』 地理4, 分嵯)에서 仇斯와 貴가 대응하니, 「仇斯」는 위에서 본 「渠帥」 혹은 '長'을 뜻하는 것으로, 「貴」는 그 職分이 貴함을 보이는 借義(義, 뜻의)표기로 생각된다. 그런데, 珍과 대응하는 「旦」은 音이 tan(아침 단, 『新增類合』上3)이니, 이는 韻尾 -n의 外破音化에 의한 tara의 표기로 생각된다. 즉 -n의 外破音化로 tan이 tana로 受容되고, n은 전후 母音 사이에서 r로 間隙同化간극동화하여 tara가 된 것이다. 이러한 예는 韓(*kan, 現 日本音 kan)이 kara의 표기에 借用된 것9)에서도 볼 수 있다. 또 珍이 突과 대응 표기됨을 볼 수 있다. 즉 馬突

縣＜一云 馬珍＞(『史記』 地理4, 百濟)에서 珍과 대응하는 「突」
은 현행음이 tol이다. 그러나, 「突」은 古代 國語가 開音節
語10)였던 관계로 *toro의 표기에 차용되었을 것이다. 즉
中國에서 *tot(突)이 들어왔을 때에 入聲韻尾 -t는 外破音化
하여 tot-o>todo가 되고, d는 전후 母音 사이에서 r로 同化
(間隙同化)하여 toro가 되고, 후대에 末母音 o가 脫落하여 tol
(돌)이 되었을 것이다. 入聲韻尾 -t의 外破音化에 의한 r音
化는, 「達」의 語形 표기에서 다시 설명한다.

　위에서 본 바와 같이, *tura(珍)의 異形態에 tara, toro가
있었음을 알 수 있다. 「珍」이 tura, tara와 같은 두 音節로
된 語形을 표기한 것임은 麻珍良縣(『史記』 地理1, 獐山郡)과 于珍
也郡(『同』 地理4, 高句麗)의 표기에서도 볼 수 있다. 즉 珍良의
「良」은 tura의 ra를 표기한 것이고, 珍也의 「也」는 tura의
a를 표기한 것이다. 「珍」만으로도 tura를 표기하였을 것이
나, 이에 「良, 也」를 첨가하여 二字化의 地名을 만든 것이
다.11) 그리고, 實珍城(『史記』 地理4, 有名未詳地分), 湞珍縣(『同』 地理1,

---

9) 拙著, 『韓國古代國名地名硏究』(大邱, 螢雪出版社, 1982) 『同』 再版(서울,
　亞細亞文化社, 1988) pp.64~66 및 註4의 拙稿 『語文硏究』 105호,
　pp.29~31, 『名稱科學』 제7호, pp.10~12 참조.

10) ㄱ) 拙著, 『韓國古代國名地名硏究』, pp.295~315 「開音節의 表記와 漢字音
　의 受容」, ㄴ) 拙稿, 「古代國語 開音節에 대하여」, 『들메徐在克博士 還甲
　紀念論文集』(1991), ㄷ) 拙稿, 「古代入聲韻尾 t의 r音化에 對하여」, 『于雲
　朴炳采博士 還曆紀念論叢』(1985) 참조. 위 ㄴ), ㄷ)의 拙稿는 拙著 『國語
　學論攷』(서울, 亞細亞文化社, 1993)에 轉載하였음.

巨濟郡), 蔚珍郡(『同』地理2, 蔚珍郡), 珍洞縣(『同』地理4, 百濟)에서 「珍」은 '城' 혹은 '大邑'을 뜻하는 tura, turu의 표기로 추정된다. 또 『三國遺事』에 보이는 碧珍(『遺事』五伽倻), 珍城(『同』1)의 「珍」도 한가지이다. 그리고 『新增東國輿地勝覽』에 보이는 珍山古城(『輿地』37, 南海·古城), 珍城(『同』31, 丹城·郡名), 珍州(『同』33, 珍山·郡名), 珍村山(『同』47, 平康·烽燧)도 한가지이니, 그 末尾에 「城, 州, 洞, 村」이 설명적으로 添記첨기되었다.

「圓, 珍」 등으로 표기된 tara'城邑'系 地名은 辰韓시대의 地名에서도 볼 수 있다. 즉 辰韓시대의 六村名에서 보는 「梁」도 이와 同系 地名으로 생각된다.

(一) 閼川陽山村　　—　　及梁部

(二) 突山高墟村　　—　　沙梁部

(三) 茂山大樹村　　—　　漸梁<漸涿>部

(四) 觜山珍支村　　—　　本皮部

(五) 金山加里村　　—　　漢岐部<韓岐部>

(六) 明活山高耶村 —　　習比部

---

11) 古代 地名에서 二字化 표기의 地名을 많이 볼 수 있으니, 이에 대하여서는 아래 拙稿를 참조.
　　「二字化, 佳好字의 國名·地名 表記」, 『碧史李佑成先生 定年退職紀念國語國文學論叢』(1990), 이는 拙稿 『國語學論攷』에 轉載하였음.

위 及梁部·沙梁部·漸梁部의「梁」은 '城' 혹은 이에
서 뜻이 變異한 '邑里'를 뜻하는 語形의 표기로 보이는데,
이「梁」의 15세기 國語의 語形은「ᄃᆞ리, 돌」이다.

　ㄱ) 梁은 ᄃᆞ리라 (『月釋』卄一—77), 내해 ᄃᆞ리 업도다 (川無梁)

　　 (『杜解初』卄五 7)

　ㄴ) 容梁 손돌 (『龍歌』六 59), 梁돌 水橋也 (『字會』上5)

이 ᄃᆞ리(梁)는 다리(橋)를 말하는 것인데, 이 語形은 원래
*tᴧrᴧ였을 것이다. 그리고, 돌(梁)은 *toro로 추정된다. 왜
냐하면 古代 國語가 開音節語이고, 또 古代 國語에 同母
音 重出(重, 겹칠중)의 語形이 많았을 것이기 때문이다. 慶尙
道 方言에서 同母音 重出의 語形이 많음은 그 자취로 생
각된다.[12] (四)의 珍支村의「珍」도 上述한「珍」과 같은
것이며, 「梁」으로 표기된 것과도 같거나 비슷한, '城, 邑
里'를 뜻하는 地名일 것이다. 「支」는 접미사 -ki의 표기
로, 「珍支」는 *tura-ki의 표기로 보인다. (五)의 「漢岐」,
「韓岐」는 한가지로, 漢·韓(古代音 *kan, 現 日本音 kan)의 韻尾 -n
의 外破音化에 의한 *kara-ki의 표기로 생각된다. 「加里」

---

12) 拙稿, 「慶南方言에서의 母音調和現象」, 『국어국문학』(국어국문학회) 제90
　　호(1983) 참조, 이는 拙著 『國語學論攷』에 轉載하였음.

도 「漢・韓」과 같은 *kara를 표기한 것으로 생각되니, 이
kara의 뜻이 '里'이기 때문에 「加里」로 표기하였을 것이
다. (六)의 「高耶」는 kara에서 變異한 kaja(가야) 혹은 koja
(고야)를 표기한 것이니, 이는 洛東江 流域의 加耶(伽倻)와 同
源의 地名일 것이다. 그런데, (三)에서는 漸梁部를 漸涿部
라고도 한다고 하였다. 「涿」은 *toro(梁)의 ro가 脫落한 to
의 표기로 생각되니, 이를 아래에서 볼 수 있다.

崔致遠云 辰韓本燕人避之者 故取涿水之名 稱所居之邑里云沙涿
漸涿等＜羅人方言讀涿音爲道 故今或作沙梁 梁亦讀道＞ (『遺
事』1, 辰韓條)

위 글에서 崔致遠은, 辰韓은 본래 燕 나라 사람들이 피
난하여 온 것으로, 涿水의 이름을 따서, 그들이 사는 邑里
를 沙涿・漸涿 등으로 칭하였다고 하였다. 燕의 지방에
서 古代 住民이 戰亂을 피하여 동으로 이주해 왔을 것임
은 짐작되나, 涿水의 이름을 따서 云云은 그대로 믿기는
어렵다. 이 「涿」은 '邑里'를 뜻하는 *toro(梁)의 ro가 脫落
한 to의 표기로 보이니, 이에 대하여서는 分註＜ ＞부분에
서, 新羅 사람들의 方言에 涿의 音을 道로 읽으므로, 지금
혹 沙梁으로 쓰나, 梁은 道로 읽는다고 하였다.

위에서, 古代 地名에서 '城, 大邑, 邑里' 등을 tara, tura, turu, toro라 했음을 보았다. 그리고, 이들 語形은 같은 뜻을 가지는 異形態들이니, 이는 지역에 따라서 方言의 차이가 있는 것과 같다. 그리고, 이 地名들은 南下할수록 그 뜻이 축소하였다. 우리는 古代 國語에서나 古代 地名에서 母音의 차이에 의한 여러 異形態가 있었음에 유의하야 할 것이다. 이를 通時的으로 볼 때에 tara에서 tura로, tura는 turu 혹은 tsura로 변하였을 것이다. 그러나, 이를 어느 시기를 限定하여 共時的으로, 혹은 汎時的범시적로 볼 때에, 같은 形態素에 대한 異形態로 보아야 할 것이다. 이와 같은 異形態는 朝鮮朝 초기 등의 一般語에서도 볼 수 있다.13)

머리/마리(頭), 갓/것(物), 곰ㄱ/굼ㄱ(穴), 수이/슷(間), 아비/어비(父), 앞/엎(前), 좀/줌(把), 딕/듸(處), 들/들(等), 돗/듯(樣) 등 (이상 名詞)

굛다/갑다(並, 敵, 對), 남다/넘다(越), 듧다/듧다/듧다(穿), 덥다/둡다(蓋), 슬다/슬다(消), 샌리다/쓴리다(灑) 등 (이상 動詞)

위 뚫다(穿)에 세 가지 異形態가 있음에 유의할 것이다.

---

13) 劉昌惇, 『李朝語辭典』(서울, 延世大學校出版部, 1964) 참조.

이는 맛(味) : 멋, 낡다(古) : 늙다(老)에서 보는 ablaut 現象이
아니다. 母音 교체에 의한 意味上의 아무런 차이가 없다.
이와 같은 母音교체에 의한 여러 異形態는 古代 日本語와
滿洲語에서도 볼 수 있다14). 이를 보아서, 古代에 ‘城, 大
邑, 邑里’를 뜻하는 말에 여러 異形態가 있었을 것임은 넉
넉히 짐작할 수 있을 것이다.

그리고, 이와 같은 말은 北方의 隣近語에서도 볼 수 있
다. 즉 ‘大邑’과 ‘市邑’을 뜻하는 Bryat 蒙古語의 tura, Turk
語의 tura, Samoyed語 중 Taigi語의 tura는 이와 비교된다.

2. 古代 王城名과 tara‘城’의 地名

위에서 고찰한 tara‘城’系 地名은, 古代 邑落國時代에
首長이 있었을 만한 큰 邑落에 붙여진 것인데, 다음에 고
찰하는 王城名도 이와 同源의 地名으로 생각된다.

(1) 古朝鮮의 阿斯達

阿斯達은 檀君이 朝鮮을 세우고 立都입도한 王都名(王城

---

14) 拙著, 『韓國古代國名地名研究』, pp.57~58 참조.

名)이다. 『三國遺事』에 다음과 같은 기사가 있다.

魏書云乃往二千年載 有壇君王儉 立都阿斯達 開國號朝鮮(『遺事』1. 古朝鮮)

그러면, 이 「阿斯達」로 표기된 語形이 무엇이며, 그 뜻이 문제된다. 이는 결론부터 말하면, '王城, 王邑' 혹은 '大城'을 뜻하는 *asa-tara의 표기로 추정된다. 이는 *asa '王, 大'와 *tara'城邑'가 합성한 것이니, 먼저 *asa에 대하여 보기로 한다. 이는 朝鮮朝 초기의 '母' 혹은 '父母'를 뜻하는 「엇」과 同源으로 생각된다.

ㄱ) 朱氏의 어싀 쓸 フ르쳐 닐오딕 (『三綱』 烈 27), 엇노래 (思母
曲)(『時用』)

ㄴ) 아바님도 어싀어신 마르는 (『時用』, 思母曲), 어싀 다 눈
멀어든 과실 따 머기니 (『月印』 이 12)

위 ㄱ)의 엇, 어싀(<엇이)는 '母'의 뜻이고, ㄴ)의 어싀는 '父母'의 뜻인데, 이는 '大'와 뜻이 통한다. 이는 아래 地名과 同源으로 생각된다.

어시기재(慶南 咸安郡 郡北面과 晋陽郡과의 경계를 이루는

큰 재)

어싯골(慶南　昌原郡　遊魚面)

어신골(<어싯골)(慶南　咸安郡　代山面)

어신여울(<어싯여울)(忠北　忠州市　丹月里)

어시고개(忠北　淸原郡　北一面)

　이 地名들은 모두 地形名으로, 그 地形이 '큰 것(大)'에 유래한다. 이와 같은 地名은 日本에도 널리 分布한다15).

　　osi-kawa(押川)(和歌山),　osi-oka(押岡)(高知),　osi-hutshi(押淵)(岡山),

　　osi-saka(忍坂)(奈良), osi-hara(忍原)(東京都), osi-ta(忍田)(三重) 등

　그런데, 日本地名學硏究所의 이케다(池田末則) 所長은 이 osi(押 · 忍)에 '大'의 뜻이 있다고 하였다16). 韓國語의 이(ə)와 日本語의 オ(o)는 어미(母) : omo(母), 업-(負) : ohu(負), 어(於) : o(於)에서 보는 바와 같이, 대응관계에 있다. 위 韓國語에서 보는 어시와 日本의 osi 는 同源語이며, asa(阿斯)도

15) 山中襄太, 『續·地名辭典』(東京, 校倉書房, 1979), p.50 참조.
16) 池田末則, 『日本地名傳承論』(東京, 平凡社, 1978), p.140 참조.

이와 同源語로 생각된다. 그리고, əsi와 日本의 osi는 원래 同母音 重出의 *əsə에서 변하였을 것이니, 그 이유는 다음과 같다. 즉 s는 舌端(설단)에서 나는 摩擦音(마찰음)이므로, 그의 調音 위치가 i의 調音(調, 고를조) 위치와 거의 같기 때문이다. 즉 s에 연결된 ə는 i音化하여 *əsə>əsi로 변한 것이다. 그런데, 日本語 '大人, 領有者, 貴人'을 뜻하는 usi[17]와 '長'을 뜻하는 osa[18]도 韓國語의 asa(阿斯), əsi와 同源語로 생각된다.

「達」의 현행음이 tal(달)이나, 阿斯達의 地名이 표기에 定着될 당시는, *tara의 표기에 借用되었을 것이다. 즉 「達」에 대한 董同龢, B. Karglen, 周法高가 再構한 上古音/中古音은 각각 tʼât/—, tʼât/tʼât, tʼat/tʼat인데, 中國에서의 「達」音 *tat의 入聲韻尾 -t는 外破音化하여 일단 tat-a로 受容되었을 것이니, 古代 國語가 開音節語(前述, 註 10)였기 때문이다. 그리고, 전후 母音 사이에서 나는 t는 두 母音(有聲音) 사이에서 同化하여 d로 有聲音化하였을 것이며, 이 d(0度音)는 間隙(aperture)이 큰 a(7度音)에 同化되어, r(3度音)로 변하였을 것이니, 다시 말하여 7-0-7度音(ada)에서 7-3-7度音(ara)로 변하여 tara가 되었을 것이다. 현행어에서 드드니 → 드르니(들

---

17) 新村 出, 『辭苑』(東京, 博文館, 1941), p.154 참조.
18) 上揭書, p.248 참조.

으니, 聞), 무드니 → 무르니(물으니, 問)에서의 「ㄷ」의 「ㄹ」音化
도 이와 같은 間隙同化[19])에 의한 것이다. *tat→tat-a>ada
에서 보는, -t와 같은 外破音化는 현행 國語에서도 볼 수
있다.

ㄱ) strike[straik] → /스트라이크/

　　book[buk] → /부크/ 또는 /북크/

ㄴ) truck[trʌk] → /추럭/(國語), /토라쿠/(日本語)

　　bowl[boul] → /볼/ 또는 /뽈/(國語), /보오루/(日本語)

위 ㄱ)에서 strike의 s, t는 外破音化로, 각각 /으/가 添
入하여 /스트/로 받아들였다. 外破音化로 子音의 연결을
피하였다. [straik], [buk]의 k도 外破音化하여 /으/가 添入
하였다. 이는 國語가 子音－母音, 子音－母音의 연결을
基調기조로 하는 開音節의 音節構造음절구조를 가졌기 때문
이다. 現行語에서도 이러함을 볼 때에, 古代 國語에서는
더 말할 나위 없다. 古代 國語가 CVCV(C는 子音, V는 母音)의
音節構造를 가졌음은, 古代 國語가 開音節語였음을 의미
한다. 그리고, 外來語나 外國에서 어떠한 音이 들어왔을

---

19) 許 雄, 『國語音韻學』(서울, 正音社, 1965), p.384 참조.

때에는, 固有語의 音韻體系음운체계나 音節構造에 맞추어 受容하였다. 이는 특히 ㄴ)에서 보는 바, 같은 말을 國語와 日本語에서 다르게 受容하는 데서 볼 수 있다. 이와 같이, 「達」의 音도 韓國과 日本語에서 다르게 受容되었다.

達 tat → tat-a > tada > tara > tal(달) (韓國)

達 tat → tat-a > tatu > tatsu > tatsu(タツ) (日本)

오늘날 「達」을 「달」로 읽게 된 것은, tada가 tara로 즉 d가 r로 間隙同化간극동화한 이후, 末母音이 脫落(CVCV>CVC)한 까닭이니, 이는 보다 후대의 일로 생각된다. tara>tal(達)에서 보는 바, 漢字音에서의 末母音이 脫落한 시기는, 國語가 전반적으로 閉音節化폐음절화하는 시기와 때를 거의 같이 하였을 것이다. 그러나, 그 先後를 말하면, 漢字音에서 먼저 末母音 脫落 현상(閉母音化 현상)이 일어나고, 그 영향으로 固有語에서도 이러한 현상이 일어났을 것이다. *고마>곰(熊)(현행 日本語 kuma), *서마>섬(島)(현행 日本語 sima)과 같이, 固有語에서 이러한 閉母音化 현상이 일어난 것은 10세기 중엽(新羅末)으로 추정된다. 그러나, 地名에 定着된 것은 開音節의 語形을 더 오래 유지하였으니, 15세기 資料인 『龍飛御天歌』(三 15)에서 고마ᄂᆞᄅ(熊津)의 고마(熊)를 볼 수 있

다. 그리고, 入聲韻尾 -t에서 변한 -l(ㄹ)을, 우리 學界에서
는 中國에서 r音이 들어온 것으로 보는 見解가 있다. 그러
나, 筆者는, 위에서 설명한 바와 같이, CVCV의 音節構造
에 따라서 國語 自體에서 일어난 현상으로 보려 한다[20].
　古代 地名 표기에서 「達」이 *tara의 표기일 것임은 다
음에서도 볼 수 있다.

　　ㄱ) 土山縣本高句麗息達 景德王改名 今因之 (『史記』地理2, 取
　　　城郡)
　　　犁山城本加尸達忽 (『同』 地理4, 高句麗)
　　ㄴ) 高峰縣本高句麗達乙省縣 景德王改名 今因之 (『同』地理2,
　　　交河郡)
　　　達乙省＜漢氏姜女云云名高峰＞ (『同』地理4, 高句麗)
　　　高木根縣一云 達乙斬 (『同』地理4, 高句麗)

　위 ㄱ)에서 「山」과 대응하는 「達」은 *tara의 표기일 것
이니, 이는 *tara'城'와 同音異義語이다. 이 「達」이 두 音
節로 된 *tara'山'의 표기일 것임은 아래에서 보는 바, 百

---

20) 拙稿, 「古代入聲韻尾 t의 r音化에 대하여」, 『于雲朴炳采博士 還曆紀念論叢』
　　(1985) 참조. 이는 拙著 『國語學論攷』(서울, 亞細亞文化社, 1993)에 轉載
　　하였음.

濟 地名 黃等也山의 「等也」와, 月奈岳의 「月奈」의 표기에서 볼 수 있다. 즉 「等也」(等의 訓 들)와 「月奈」는 借訓과 借音에 의한 *tara'山'의 표기로 생각된다. *tara'山'는 오늘날의 달미산의 달(미는 山의 뜻)의 前次形인데, 日本의 山嶺名에서는 이를 「多羅, 多良, 太良, 太羅」 등으로 표기하였다[21]. ㄴ)에서 「高」와 대응하는 「達乙」도 *tara의 표기로 생각되니, 「乙」은 入聲韻尾의 外破音에 의한 rV, 즉 母音을 가지는 r의 표기로 생각된다. 日本語에서의 take(丈), takai(高)는 이 *tara'高'에서 ra가 탈락하고, -ke, -kai 등의 접미사가 첨가한 것이다.

이상에서 筆者는 阿斯達의 「達」이 *tara의 표기임을 설명하였다. 이를 보아서, 阿斯達은 '王城, 王邑' 혹은 '大邑'을 뜻하는 *asa-tara의 표기임에 의심의 여지가 없을 것이다[22].

(2) 新羅의 王城, 月城

新羅의 歷代王이 살았던 宮城名을 月城이라 하였다.

---

21) 拙著,『日本古代地名研究 -韓國 옛 地名과의 比較-』(서울, 亞細亞文化社, 1996), p.522 참조.
22) 拙著,『韓國古代國名地名研究』, pp.46~58.

ㄱ) 兼知地理 望楊山下瓠公宅 以爲吉地云云 其地後爲月城 (『史
　　記』脫解1)

ㄴ) 婆娑王二十二年春二月 築城名月城 秋七月王移居月城 (『同』
　　婆娑王 22)

ㄷ) 倭人以兵船百餘艘 襲東辺 進圍月城 四面矢石如雨 王城守
　　(『同』慈悲王2)

ㄹ) 狐鳴月城宮中 狗咬殺之 (『同』孝成3)

위 ㄴ)에서 婆娑王 22년(101)에 城을 쌓아서 月城이라
이름 짓고, 王이 月城에 移居이거하였다고 한다. ㄷ)에서는
倭兵이 月城을 포위하여 矢石(矢, 살시)이 비 오듯 하였는데,
月城을 지켰다고 할 것을 「王城守」라 하였다. ㄹ)에서는
여우가 「月城宮中」에서 울었다고 하였다. 이를 보아서,
月城은 新羅의 王城이요 宮城임을 알 수 있다. 그런데, 이
月城을 在城이라고도 한다고 하였다.

　　婆娑王二十二年 於金城東南築城號月城 或號在城 (『史記』地
　　理1)

위 기사에서 金城은 「金」의 借訓(쇠)과 *bərə'城'의 漢
譯에 의한 *soi- bərə 혹은 *sə-bərə의 표기로, 이는 徐

伐과 같은 語形을 표기한 것이다. 그런데, 이 王都의 동남에 城을 쌓아 月城이라 하고, 혹 在城이라 한다고 하였다. 이 「月」과 「在」는 어떠한 語形을 표기한 것이며, 그 뜻이 문제된다. 筆者는 이 「月」을 앞에서 고찰한 阿斯達의 「達」과 같은 語形의, 같은 뜻을 가지는 말의 표기로 보고자 한다. 즉 「月」은 「月」의 15세기 語形이 「둘」임을 보아서, *tʌrʌ 혹은 *tara의 표기였을 것이다. 다만, 이것이 二音節語였을 것임은 다음에서 볼 수 있다. 즉 『三國史記』 地理志3에서 靈巖郡本月奈郡이라 하였다. 『同』 祭記에서 月奈岳＜月奈郡＞이라 함을 보아서, 月奈郡은 月奈岳에 유래한 것임을 알 수 있는데, 이 「月奈」는 *tʌrʌ/*tara의 표기로 생각된다. 그리고, 끝에 岳이 설명적으로 첨기됨을 보아서, 이 「月奈」는 高句麗의 '산'을 뜻하는 「達」을 표기한 것으로 보인다. 이 「月奈」는 百濟 地名 黃等也山의 「等也」와 같은 語形의 같은 뜻을 가지는 것으로 생각되는데, 「等也」는 「等」의 訓 「둘」과 「也」의 借音(tʌrʌ / tara의 ʌ / a의 표기)에 의한 *tʌrʌ 혹은 *tara의 표기로 생각된다. 그리고, 「月奈」로 표기된 *tara도 '城'을 뜻하는 *tara와 同音異義語동음이의어이다.

　다음에는 「在」를 살펴보기로 한다. 이는 '城'을 뜻하는 「재」의 표기로 생각된다. 朝鮮朝語에서 '城'을 잣(城, 잣셩,

『字會』中8), 자(자안히 가셔, 到城裏去, 『老乞』上 64), 재(在, 城曰재, 『行吏』)의 셋의 異形態가 있었음은 두루 아는 일이다. 그런데, 李珍華, 周長楫 편찬의 『漢字古今音表』(中華書局, 1993)에서 「在」에 대한 上古音과 中古音을 dzə / dzɐi로 再構하였다. 위 在城의 「在」는 이 中古音의 반영으로 보인다.

(3) 百濟의 王城 半月城과 ku-dara(百濟)

百濟의 都城도성을 半月城이라 했다. 『新增東國輿地勝覽』에 아래와 같은 기사가 있다.

半月城石城 周一萬三千六尺 卽古百濟都城云云 形如半月故名 今縣治在其內 (『輿覽』卷18, 扶餘)

위 기사에 王城 半月城이 半月과 같이 생겼기 때문에 이름 지어진 것이라 하였다. 그러나, 城의 모양이 半月과 같이 생겼다고 할지라도, 이는 「半月」의 표기에 맞춘 후대인의 설명에 지나지 않을 것이다. 이 「半月」은 '大城'을 뜻하는 ***kara-dara**(<*kara-tara)를 표기한 것으로, 「月」로 표기된 ***tara**는 新羅의 王城 月城의 「月」과 같은 것이며, 阿斯達의 「達」과도 같은 것으로 생각된다. 「半」을 ***kara**의 표기로 보는 이유는 다음과 같다. 즉 「半」은 「中」과 같이,

두 곳이 '對'가 되는 곳(곫은더, 갋은대〈慶尙道 方言〉)을 말하는 것으로, 15세기 國語의 「가온더(中)」는 「갋온더」에서 변한 것이다. 그리고, 갋-의 「ㅂ」은 원래 접미사에서 발달한 第二次的語幹이니, 그 語根은 「갈-」이다. 이는 *kara에서 末母音 a가 脫落한 것으로 추측된다. 그런데, 이 *kara'半'은 '大'를 뜻하는 *kara와 同音異義語이다. 그리하여, *kara'半'의 語形을 빌어서 *kara'大'를 표기하였으니, '大城'을 뜻하는 *kara-dara를 「半月城」으로 표기하였다. 이는 借訓에 의한 표기이다. kara(>kal)가 '大'의 뜻을 보이는 한 예를 들면, 南韓에서만 약 300개나 보이는 갈미산, 갈미봉은 '大山', '大峰'의 뜻이니, 「갈」은 '大'의 뜻이다. 이 「갈」은 *kara'大'에서 末母音이 脫落한 것으로, 『新增東國輿地勝覽』에서 각지에 보이는 加羅山은, 「갈미」의 古代形 「*가라뫼」의 표기이다. 즉 「加羅」는 '大'를 뜻하는 *kara의 표기이다. 이 「加羅」는 金海지역의 加羅 國名과 무관하니, 加羅山은 金海지역에만 分布하는 것이 아니다. 이 *kara'大'에 대하여서는 拙著23)에서 설명하였으며, 아래(4) 「大良」의 표기에서도 설명한다.

日本에서 百濟를 ku-dara로 읽는다. 이는 百濟의 王城

---

23) 拙著, 『日本古代地名研究』, pp.455~460.

半月城에 유래하니, *ku는 *kara와 함께 '大'의 뜻이다. '大'를 *ku라 하였음은 아래 地名에서 볼 수 있다.

高丘縣本仇火縣 (『史記』 地理1, 古昌郡)

위에서 仇火＝高丘의 관계를 볼 수 있는데, 「仇火」는 高峰, 高丘(丘는 언덕, 峰을 뜻함) 즉 '大峰'을 뜻하는 *ku-buri 혹은 *ku-bul의 표기로 보인다(「火」는 멧부리의 부리의 표기). *ku '大'로 표기된 地名은 對馬島와 日本列島에도 分布한다.

ku-ta(久田) (對馬島), ku-na(久奈) (同), ku-ne(久根) (同), ku-bara (久原) (同), ku-wa(久和) (同), ku-mura(久村) (愛知縣知多郡南知多町), ku-saka(草香) (大阪府枚岡市, 鳥取, 島根 등)

*ku '大'의 異形態에 *ko가 있으니, 高句麗의 故國川王의 王名에서 보는 「故」는 *ko '大'로 보이며, 『日本書紀』 등에서 百濟王을 가리키는 ko-kisi의 ko도 '大'의 뜻으로 보아야 한다. kisi는 渠帥와 同源으로, kəsi>kisi로 변한 것이다. 이를 보아서, ku-dara는 *kara-dara와 같은 '大城'에 유래한 것임을 알 수 있다.24)

3. 對馬島와 日本列島의 tsura 地名

tara'城'系 地名은 古代 住民의 이주에 의하여 對馬島와 日本列島에도 分布하였다. 먼저 對馬島 地名에서 이를 보기로 한다. 다만 이곳에서는 tura가 tsura(쓰라) 혹은 tsuna(쓰나)로 語形이 변하였다.

    oo-tsura (大面) (雞知村 今里) (『增訂對馬島誌』 p.715)

    ka-tsura (佐須奈村 久須中原) (『同』 p.1012)

    una-tsura (女連) (仁田村) (『同』 p.954)

    oo-tsuna (大綱) (奴加岳村) (『同』 p.835, 865)

    ko-tsuna (小綱) (同 上) (『同』 p.855, 866)

    naka-tsuna (中綱) (豆酘村) (『同』 p.619)

    naka-tsuna (中綱) (仁位村) (『同』 p.866)

위 地名에서, oo-tsura(大面)는 '大村'의 뜻이고, ka-tsura(漢字 표기 未定着)도 '大村'의 뜻이다. 日本語 oo($<$oho$<$*obo)(大)는 國語 「업」($<$*əbə)와 비교되고[25], ka는 '大'의 뜻이다. ka가

---

24) 上揭書, pp.439~442. 참조.

25) 兒語에서 무서운 것을 보았을 때에 하는 말 즉 어비야!(〈업이야!)하는 말은, 古代 社會에서 大人·首長을 보았을 때에, 이를 敬畏하는 말에 유래한 듯함. 이 업(〈*əbə)는 日本語 oo(〈oho)'大'의 古代形 *obo와 비교됨. 拙著,

‘大’의 뜻임은 古代 韓國 地名에서 볼 수 있다.

> ㄱ) 唐嶽縣本高句麗加火押 憲德王置縣改名 今中和縣 (『史記』 地理2,
> 取城郡)
> ㄴ) 加弗城 (『同』 地理4, 未詳地分)
> ㄷ) 機張縣本甲火良 谷縣 景德王改名 今因之 (『同』 地理1, 東萊
> 郡)

위 ㄱ)의 加火는, 이 地名이 唐嶽(大嶽의 借義 표기, 唐은 大國을 뜻함)과 대응 표기됨을 보아서, 이는 ***ka-buri**‘大峰’의 표기이며(「火」는 멧부리의 부리를 표기), ㄴ)加弗과 ㄷ)甲火良은 ‘大邑’을 뜻하는 *ka-burə(후대의 고을‘郡’)의 표기로 생각된다. 이와 같은 ka는 日本列島에서도 볼 수 있다.

ka-sima (鹿島) (佐賀縣의 西南部에 위치)

ka-numa (鹿沼) (栃木縣中央部에 위치)

ka-gawa (香川) (『東大寺要錄』)

ka-huri (加布里) (福岡縣西北海岸)

ka-haru (香春) (福岡縣田川郡)

『日本古代地名研究』, p.53 참조.

위에서, 앞에 든 세 地名은 큰 섬(大島), 큰 소(大沼), 큰 내(大川)의 뜻이고, 끝의 두 地名은 國語의 고을(郡)과 같은 地名이다. 이 *ka‘大’에 대하여서도 拙著26)를 참고하여 주기를 바란다.

una-tsura(女連)의 una는 未詳이나, 이 마을도 對馬 上島 西岸에 있는 큰 마을이다. oo-tsuna(大綱), ko-tsuna(小綱), naka-tsuna(中綱)는 각각 ‘大村, 小村, 中村’의 뜻으로, tsuna는 ‘村邑’을 뜻하는 tsura에서 변한 것이다. tsura>tsuna에서 보는바, 母音 사이에서 나는 r의 n音化 현상도 拙著27)에서 설명하였다. 이 tsuna(綱) 地名은 적어도 1,400년 이전에 생긴 것으로 추정되며, 그 이후에 語形上의 변화를 입었다. 여기에서 1,400년 이전에 생긴 것이라 함은, 『日本書紀』 任那 地名의 多羅는 이 地名에 比定되는데, 任那 國을 4세기 중엽에서 6세기 중엽에 있었던 것으로 보기 때문이다. 그런데, 韓國 또는 北方 隣近語에서 보는 tura의 語頭 t-가 日本에서 ts-(tsura)로 변한 이유는, 日本의 音韻에서 /tsu/는 있어도 /tu/가 없기 때문이다. 즉 t行 五音에서 /ta, te, to/는 있어도 /ti, tu/는 /tsi, tsu/로 변하였다. ‘城’ 혹은 ‘邑里’를 뜻하는 tara가 tura를 거쳐서 tsura로

---

26) 拙著, 『日本古代地名研究』, pp.460~464 참조.
27) 上揭書, p.515 참조.

변하였음은, 韓國語 탈(얼굴, 假面)을 日本에서 tsura(쓰라)(面)라 하는 데서도 볼 수 있다.

筆者는 任那 十國 중의 하나인 多羅를 이곳의 oo-tsuna (大綱), ko- tsuna(綱)의 tsuna(쓰나)(綱)에 比定하였다28). tara(多羅)>tura>tsura>tsuna(綱)에서 보는 것과 같은 音韻 현상은 쓰시마(對馬島)의 명칭에서도 볼 수 있다(p.441 참조). 任那 十國이란 古代 對馬島의 十鄕,『桓檀古記』에서 보는 「分治 十國」의 十國과 같은 것인데, 이곳 大·小의 tsuna(綱)는 對馬 上島 西岸의 要港요항으로서, 韓國과 교통이 편리한 곳이다. 즉 이곳은 水深이 깊고 앞에 tsuna섬(綱島)이 가리워 있어, 西北風에도 배를 정박할 수 있으며, 韓國 海峽과 바로 통하는 곳이다. 德川幕府 때 즉 貞享 3년부터 明治 維新까지 朝鮮으로 내왕하는 배를 검문하는 番所가 있었다.『日本書紀』任那 관련 기사에 나오는 上哆唎·下哆唎의 哆唎는 多羅의 異形態의 표기로서, 多羅와 함께 이곳에 比定된다.

日本 史家들은 任那 十國의 「國」을 큰 나라로 생각하여, 任那 十國을 南韓의 각지에 比定하였다. 그러나, 이는 對馬島에 있었던 邑落(마을)들을 말한 것이다. 이케베(池辺彌)

---

28) 拙著,『任那國과對馬島』, pp.248～249 참조.

編의 『和名類聚抄鄕名考證』(1966)에 村國, 村國鄕이 보이니, 마을(村)이 「國」이었음을 알 수 있다. 또 紀伊鄕, 淡路鄕, 阿波鄕, 讚岐鄕 등에서 보는 「鄕」을 刊行本에서는 모두 「國」으로 고쳤다. 鄕과 國이 같이 쓰인 것이다. 對馬島는 山地가 많고 또 山이 험하여 陸路로 통행이 불편하여, 큰 마을마다 首長이 있어 자체적으로 통치하였다. 따라서, 任那 十國은 對馬島 十村(十鄕)을 말하며, 그 중의 하나인 多羅國은 對馬島의 tsuna(쓰나)(綱)村에 比定된다.

다음에는 日本列島에서 tsura 혹은 *toro(>tori) 地名을 보기로 한다. 奈良(나라)縣의 北葛城(가쓰라기)郡과 御所(고세)市 사이에 忍海(오시미)의 地名이 있다. 이곳은 奈良縣에서도 渡來文化의 영향을 많이 받은 곳으로 알려져 있다. 이곳에 角刺(쓰누사시)宮이 있는데, 이 宮名은 그곳의 地名에 유래한 것이다. 이 tsunu-sasi(角刺)의 地名은 tsunu와 sasi(잣, 日本에서 城을 sasi라 함)가 합성한 것인데, tsunu(角)의 地名이 문제된다. 이곳에 tsuno-huri(角振)町이 있고, tsuno-huri(角振)鄕이 있었다. 『奈良曝』(1480)에는 이곳을 北ノツラ(北의 tsura) 南ノツラ(南의 tsura)로 기록되어 있다. 이를 보아서, 이곳의 tsunu(角)는 tsura에서 tsuru>tsunu(角)로 변하고 tsuno(角)로도 변한 것으로 생각된다. 日本에서 '角'을 tsunu라 하였으나, 뒤에 tsuno(角)로 변하였다. 그런데, 가나字로 표기된

ツラ(tsura)(쓰라)는 韓半島와 北方 隣近語(隣, 이웃린)의 tura‘城, 大邑’와 같은 것이다. 그리고, tsuno-huri(角振)鄕의 huri는 新羅의 火, 伐, 弗, 百濟의 夫里 등과 비교되며, tsunu-sasi(角刺)의 sasi는 韓國의 잣(城)과 비교된다29).

다음에는 辰韓 地名에서 보는 *toro(梁)와 같은 地名을 日本 地名에서 보기로 한다. 이는 日本 地名에서 tori로 변하였다. r과 i音의 調音 위치가 거의 같기 때문에 *toro>tori로 변한 것이다. tori의 예를 먼저 千葉(치바)縣의 郡名 ka-tori(香取)에서 볼 수 있다. 이는 ka‘大’와 tori‘邑里’가 합성한 것이다. 그리고, 奈良縣의 明日香(아스카)村의 飛鳥를 들 수 있다. 이곳은 日本文化의 發祥地(발상지)인 동시에, 日本 國家의 기초를 닦은 곳이다. 이 「飛鳥」를 日本에서 통상 asuka로 읽는다. 그러나, 筆者는 이 地名이 원래 ‘主城, 主邑’을 뜻하는 *nara-tori의 표기였을 것으로 생각한다. 즉 「飛」의 15세기 國語의 訓이 「놀」이니, 이는 ‘君主’를 뜻하는 nara(君主, 즉 王을 뜻하는 나라님의 나라)이고, tori는 ‘城, 邑里’를 뜻하는 tori(<*toro)의 표기로 생각되기 때문이다. 奈良(나라)의 地名도, 원래 ‘君主’를 뜻하는 nara와 ‘城’을 뜻하는 bara가 합성한 *nara-bara(>nara-hara)였으니, 이곳

---

29) 拙著, 『日本古代地名研究』, pp.161~164 참조.

에 nara-hara(楢原)의 地名이 남아 있다. 「奈良」는 이 bara가
생략된 nara의 표기이다. 이는 國語의 나라(國家)와 同源語
이다30). 飛鳥의 「鳥」는 tori‘鳥’의 訓을 빌어서 ‘邑落’을
뜻하는 tori를 표기한 것이다. 이 tori‘鳥’는 慶尙道 方言의
「달」(鷄, 닭)(닭의 「ㄱ」은 원래 접미사에서 발달한 第二次的 語幹임)과 비교된
다. 日本에서 닭을 niwa-tori라 하니, niwa는 뜰(庭)의 뜻이
고, tori는 새(鳥)의 뜻으로, 달(닭)과 비교된다. 그런데, 후대
의 日本人은 nara(飛)의 死語化사어화로 「飛鳥」를 *nara-tori
로 읽어야 할 이유를 알 수 없어, 그곳을 말하는 asuka의
이름을 붙여서 부른 것이다31).

4. 陜川郡의 옛 地名 「大良」의 表記

머리말에서 말한 바, KBS의 ‘歷史스페셜’에서는 「大良」
을 借音에 의한 tara의 표기로 보아, 이를 『日本書紀』의 多
羅와 같은 것이라 하였다. 그리하여, 이곳에 있었던 王國을
任那 十國 중의 多羅國이라 하였다. 그러나, 이 「大良」은

---

30) 上揭書, pp.127~144, 拙稿「日本奈良(나라)·層富(소후)·大和(야마토)의 地
名」,『地名學』(韓國地名學會), 제2호(1999) 참조.
31) 拙著,『日本古代地名硏究』, pp.95~100 참조.

tara의 표기가 아니고, 借訓과 借音에 의한 kara의 표기로 보아야 한다. 다음에 이를 보기로 한다.

ㄱ) 河東郡本韓多沙郡 景德王改名 今因之 (『史記』 地理1, 河東郡)

    cf. 嶽陽郡本小多沙縣 景德王改名 今因之 (同上)

ㄴ) 大山郡本百濟大尸山郡 景德王改名 今泰山郡 (『同』 地理3, 大山郡)

ㄷ) 帶山縣本大尸山 (『同』 地理4, 古四州)

ㄹ) 大豆山城本非山忽 (『同』 地理4, 鴨淥水以北未降城)

위 ㄱ) 韓多沙＝河東의 관계에서, 景德王 地名 改稱 때에 韓多沙를 二字化하여 河東으로 고쳤다. 즉 「韓」을 「河」로 바꾸었는데, 「河」는 ‘河, 江’의 古代訓 *kʌrʌ 혹은 *kara의 표기로 생각된다. 즉 15세기 國語에서 보는 ᄀᆞ름 (江, 河)에서의 「ㅁ」은 후대에 말날한 접미사이다. 그리고, 多는 東으로 바꾸었다(沙는 생략). 이 地名은 이 땅이 蟾津江의 東에 있음을 감안하여 造語한 것이다. 여기에서 「河」와 대응하는 「韓」은 kara의 표기이다. cf.에서 河東의 屬縣인 嶽陽縣을 小多沙라 하였는데, 여기에서 韓多沙 : 小多沙의 관계를 볼 수 있다. 이는 大多沙 : 小多沙의 관계이다. 이를 보아서 「韓」이 '大'를 뜻하는 *kara의 표기임을 알 수 있다. 「韓」이 kara의 표기임은 다른 곳에서 누차 말하였다. ㄴ) 大尸山＝大山의 관계에서 「大尸」도 kara의 표기로 보아야 한다. 大의 訓이 *kara인데, 尸는 그의 第二音節의 ra를 표기한 것이다. 景德王 때에 이를 二字化하여 大山으로 고쳤다. ㄷ)의 大尸山도 ㄴ)의 것과 한가지이다. 이를 보아서 「大良」도 kara의 표기임을 알 수 있으니, 「大尸」 또는 「大良」의 표기에서, 「大」는 '大'의 漢譯에 의한 *kara의 全語形을 표기한 것이고, 「尸」와 「良」은 그 語形의 일부 즉 kara의 ra를 표기한 것이다. 尸는 良의 略字로, 良과 같은 ra의 표기이다. 大尸는 二字化의 표기이다. 이와 같은 표기 방법은 鄕歌에서도 볼 수 있다. 아래 앞 字는 그 語形의 뜻을 보이는 동시에, 漢譯에 의한 全語形을 표기한 것이고, 뒷 字는(付点한 字)는 그 語形의 일부를 표기한 것이다.

ㄱ) 道尸(길) (慧星歌), 二尸(둘) (禱千手觀音歌), 秋察尸(ㄱ술)
   (怨歌)

ㄴ) 汀理(나리) (讚耆婆郞歌), 栢史(잣) (怨歌), 皃史(즛) (遇賊
   歌)

ㄷ) 望良古(바라고) (慧星歌), 有叱故(잇고) (慧星歌)

위 ( ) 속에 15세기 國語로 그 語形을 보였으나, 古代
國語에서는 外破音化의 語形이었을 것이다.

앞 ㄹ) 非豆山＝大豆山의 관계에서, 「非」의 현행 訓이
「그르」임을 보아서, 「大豆」도 이와 비슷한 kara의 표기일
것이다. 앞에 보인 地名에서 ㄴ), ㄷ), ㄹ)은 현재 각지에
서 볼 수 있는 갈미산‘大山’의 고대형 *kara-moi의 표기
일 것이니, 『新增東國輿地勝覽』에서 보는 加羅山은 이와
같은 것이다.

「大良」이 kara의 표기임은, 「大良」과 대응 표기된 「江
陽」에서도 볼 수 있다. 즉 『三國史記』에 다음과 같은 기
사가 있다.

> 江陽郡本大良＜一作耶＞郡 景德王改名 今陜州 (『史記』 地理1,
> 江陽郡)

위 大良＜大耶＞＝江陽의 관계에서, 江陽의 漢文式 造
語를 보면, 陽에는 山南水北의 뜻이 있어, 그곳을 흐르는
黃江의 北에 유래한 地名으로 볼 수 있다. 그러나, 이 「江
陽」은 景德王의 地名 改稱 때에, 大良 즉 kara를 표기한 것
이다. kara에 대한 표기字만을 바꾼(改字한) 것이니, 「江陽」은
「大良」의 異表記이다. 즉 「江」의 15세기 語形이 「ᄀᆞ름」

이나, 접미사 「ㅁ」은 후대에 발달한 것이다. 그리고, 『杜詩諺解』에서나 方言에서 개천(渠)을 「걸」이라 하였다. 그리고, 「陽」은 앞 (1)에서 말한 바, 珍也(tura의 표기)의 「也」와 같은 母音 a의 표기(二字化의 표기)로, 「江陽」은 kara의 표기로 보아야 한다. 이 「江陽」은 「大良」과 같은 kara를 표기하되, 山南水北의 환경을 감안하여 지은 地名이다. 韓多沙를 河東으로 改稱한 것에서도 환경을 감안하였음은 위에서 말하였다. 이는 第二의 命名이다. 史學者 중에는 江陽을 山南水北에 의한 命名으로, 江陽과 大良을 별개의 地名으로 보아, 「大良」이 借音에 의한 tara의 표기라 하였다. 그러나, 이는 옳지 않다.

河東, 江陽에서 보는 것과 같은, 환경을 감안한 地名 만들기는 놀랄 만하다. 다음에 그 몇 예를 든다. 筆者의 鄕里에서, 酒泉洞 뒷산에 「소옹골」이라는 地名이 있는데(이 골에서는 메아리가 지는데), 이는 원래 「솔은 골」 '狹谷'에서 변한 것이다. 즉 솔의 「ㄹ」 脫落, 「은」의 母音은 앞 母音에 同化되어 이와 同母音化하고, 「ㄴ」은 다음 음절의 「ㄱ」에 位置同化하여 「ㅇ」이 된 것이다. 그런데, 이곳의 古老들은 이를 漢文으로 「誦翁谷」이라 한다. 이곳에서 '소를 먹이며 글을 읊조리는(誦하는) 할아비(翁)의 골(谷)'이라는, 환경을 감안하여 作名한 것이다. 이로써 보면, 「지리산」을 「智

異山」으로 표기하나, 이는 수리산‘首山’의 異形態인 「시리산」을 표기한 듯하다. 이곳 方言에서 높은 산‘首山’을 「시리산」이라 한다. 산이 秀麗수려하고 골이 깊기 때문에 「智異」즉 智는 지혜, 異는 奇異의 뜻, 仙人, 神人을 異人이라 한다. 이는 佳好字가호자로써 作名한 것이다. 이와 같이 後代人은 古代로부터 불려오는 地名의 音에 맞추어, 어떠한 뜻이 되도록 漢文式으로 造語하여 地名을 만들었으니, 이는 第二의 命名이다. 또 한 예를 든다. 筆者는『魏志東夷傳』에 처음으로 나타나는 對馬國의 「對馬」를, 對馬島를 가리키는 韓鄕之島(『日本書紀』), 韓島(『同』)의 「韓」 즉 kara를 표기한 동시에, 對馬島의 위치 즉 馬韓에 對하는 곳을 감안하여 표기한 것이라 하였다. 즉 「對」에 「곱-, 곲」의 뜻이 있으니, 그 語根 「굴, 갈」(<*kara)(「ㅂ」은 접미사로 후대에 발달)과, 「馬」의 訓 걸(걸낭, 梢馬子,『漢淸文鑑』 348a, 윷놀이의 걸 ‘馬’), 그 異形態의 *갈(<*kara)를 빌어서 kara(韓)를 표기하되, ‘馬韓에 對하는 섬’이라는 위치를 감안하여, 「對馬島」로 이름지은 것이라 하였다32). 이는 물론 이 섬이나 南韓지역에 살았던 古代 韓國人에 의하여 이름지어진 것이다. 2~3세기代에 축조된 金海 良洞里 古墳에서 B.C. 1~A.D. 1세기의 中國

---

32) 拙稿, 「對馬島의 名義考」,『素堂千時權博士 華甲紀念國語學論叢』(1985)
　　拙著,『日本古代地名研究』, pp.297~307, 「對馬島의 名義」 참조.

의 銅鼎과, 4세기 代에 축조된 古墳에서 漢代의 銅鏡이 出土됨[33])을 보아서, 3세기 경의 이 지역 사람들에게 「對馬國」을 표기할 수 있는 漢字 사용의 능력이 있었던 것으로 생각한다.

우리는 地名에 표기된 漢字를 통하여, 그 地名에 借用된 漢字(借字, 用字)에서 그 地名의 語形과 語義를 찾아내고, 나아가서 그 원래의 地名 語源과 由來를 찾아내어야 하며, 또 同系 地名의 分布와 古代 住民의 이주를 생각해야 하는 데, 이를 위하여서는 言語學에 대한 지식은 물론, 漢字 漢文에 대한 지식과, 그 地名의 歷史性과, 地理的 社會的 환경에 대하여서도 두루 알아야 한다.

그러면, 「大良」 字를 빌어서 표기한 kara의 본래의 뜻이 무엇인가 하는 문제가 남아 있다. 이는 '城'의 뜻이니, 廣開土王碑文에서 '城'을 가리키는 「韓」(kara)는 이와 같은 것이다. 이 kara'城'는 보통명사였으나, 住民들이 부르는 사이에 固有名詞로 굳어졌다. 이는 한들'큰들', 한길'큰길', 찬샘골'冷泉谷'이 원래 보통명사였으나, 固有名詞化한 것과 한가지이다. 『桓檀古記』에 나타나는 佐護加羅·仁位加羅·雞知加羅(佐護·仁位·雞知는 현재 對馬島에서 불려지고 있는

---

33) 拙著, 『日本古代地名研究』, pp.263~266 참조.

地名임)와 廣開土王碑文에 나타나는 任那加羅의 「加羅」는 보통명사로서의 kara'城, 邑'를 표기한 것인데, 對馬島의 加羅愁(唐洲)의 加羅(kara), 韓良(kara), 唐(kara), 韓(kara), 그리고 洛東江 流域의 弁(곳갈의 갈, *kara의 표기)과 여러 加羅(伽倻)(이는 加良·駕洛·伽落으로도 표기됨)는 보통명사로서의 kara가 固有名詞化한 것이다. 「江陽」과 「大良」도 洛東江 流域의 여러 加羅와 같은, '城' 혹은 '큰 邑落'을 뜻하는 kara를 표기한 것인데, 후대에 와서 漢字로 定着되어 固有名詞化한 것이다. 그리고, 「大耶」는 kara에서 변한 kaja(가야)의 표기이니, 이는 洛東江 流域의, kara(加羅)에서 변한 kaja(伽倻)와 같은 語形의 표기이다. 즉 大耶는 伽倻와 같은 「가야」의 표기이다. 對馬島 地名에서는 이 「가야」를 「賀谷」(가야)로 표기하였다.

맺음말

이상에서 고찰한 것을 要約하여 結論으로 삼으려 한다.

1. '城'이나 '大邑'을 뜻하는 tara系語는 北方 隣近語에서부터 韓半島 全域과 對馬島, 日本列島에 널리 分布하였다. 이는 물론 古代人의 이주에 의한 것이다. 그 語形에

있어서는 tara, tura, turu, toro 또는 tsura, tsuna, tsunu 등의 異形態가 있었다. 時代에 따라서 변하고 地域에 따라서 語形上의 차이가 있었던 것이다. 그 표기에 있어서, 대체로 韓半島에서는 「達, 月, 珍, 圓, 梁」 등으로, 對馬島와 日本列島에서는 「面, 連, 綱, 角, 鳥」 등으로 표기되었는데, 「多羅」도 이와 同系 地名의 표기로 생각된다.

2. 陜川(陜州)의 多羅里도 그곳에 土城이 있었음을 보아서, ‘城’을 뜻하는 tara에 유래한 것이고, 任那 十國의 多羅國도 ‘城, 邑里’를 뜻하는 tara에 유래한 地名으로 생각된다. 多羅里의 「多羅」는 古朝鮮의 王城 阿斯達의 「達」, 新羅의 王城인 月城의 「月」, 百濟의 王城인 半月城의 「月」과 같은 것으로, 지금의 多羅里는 古代 가라(大良)國의 王城의 자취를 남긴 地名으로 생각된다. 따라서, 이곳의 多羅가 『日本書紀』 任那 十國의 多羅와 표기상으로 같다고 하여, 『日本書紀』의 多羅國을 이곳에 比定함은 옳지 않다. 왜냐하면, 同系 地名이 널리 分布하여, 두 곳의 표기가 우연히 같을 수가 있기 때문이다. 즉 玉田里 古墳의 多羅 地名은 古代 王城名의 자취로, 『日本書紀』 任那 十國의 多羅와 표기상으로 우연히 일치한 것이다. 對馬島에도 多羅 地名이 있고, 日本列島에도 多羅 地名이 있다. 『新增東國輿地勝覽』에는 「達」字 地名이 41개나 있다. 표기란 옷(衣)

과 같은 것이니, 옷(표기)은 몸(語形＋語義, 地名語)만큼 중요하지 않다.

　3. 筆者는 任那가 對馬島에 있었다고 하고,『日本書紀』의 多羅를 對馬島의 tsuna(綱)에 比定하였다. 上哆唎・下哆唎의 哆唎도 多羅의 異形態에 대한 표기로, 이곳 大・小의 tsuna(綱)에 比定하였다. 만일에『日本書紀』의 多羅를 玉田의 多羅로 본다면, 任那 十國 중 九國도 南韓에 있었음이 전제되어야 하고, 任那가 金海 등 洛東江 流域에 있었음을 보이는 근거가 제시되어야 한다. 筆者는 拙著『任那國과對馬島』(1987)(pp.97~126)에서, 任那의 위치 추정을 위한 13개 항을 들어서 설명하였다. 筆者가 제시한 이 13개 항이 否定되지 않은 限, 또 이 13개 항이 金海 지역에 符合부합되지 않는 限, 任那 十國의 多羅國을 玉田의 多羅里에 比定할 수 없다.

　4. 머리말에서 말한 KBS의 '歷史스페셜'에서는, 陜川(陜州)의 古代 地名「大良」을 借音에 의한 tara의 표기로 보았다. 즉 大良를 多羅와 같은 語形의 표기라 하여, 陜川을『日本書紀』의 多羅國이라 하였다. 그러나,「大良」은 借訓과 借音에 의한 kara'城邑'의 표기로 보아야 한다. 大良의「大」는 '大'의 漢譯에 의한 kara의 全語形을 표기한 것이고,「良」은 그의 第二音節 ra를 표기한 것이다.「大良」이

kara의 표기임은 大良＝江陽의 관계에서, 江陽이 kara의 표기임을 보아서도 알 수 있다. 大良·江陽으로 표기된 kara는 '城邑'을 뜻하는 것이니, 이는 洛東江 流域의 여러 加羅와 같은 유래의 地名이다. 다만, 표기를 달리 하였을 뿐이다. 洛東江 流域의 kara國의 표기에도 加羅 외에 弁·加良·駕洛·伽落 등의 異表記가 있었음에 유의할 것이다.

5. 위에서 말한 방송에서는, 이곳에 있었던 王國의 이름을 多羅國이라 하였다. 이 이름은 『日本書紀』의 多羅國을 의식하고 붙인 것으로 보인다. 그러나, 이곳에 있었던 王國의 이름은 일곱째의 加羅國으로 보아야 할 것이다. 왜냐하면, 이곳에 있었던 王國은, 다른 六伽倻 즉 金海에 있었던 加羅(伽倻)(金官伽倻), 咸安에 있었던 加羅(阿羅伽倻), 古寧에 있었던 加羅(古寧伽倻), 星山에 있었던 加羅(星山伽倻), 高靈에 있었던 加羅(大伽倻), 固城에 있었던 加羅(小伽倻)와 같은 加羅國이기 때문이다. 그러므로, 이곳의 王國의 이름을 다른 六伽倻의 형식에 맞추어, 陜州伽倻로 부르는 것이 좋을 것이다.

우리 學界의 일부 史學者 중에는 아직도 日本 史家들이 주장하던 任那南韓說을 크게 벗어나지 못하고 있다. 古代史의 올바른 再構를 위하여서는 地名에 대한 지식이 있어야 하니, 地名이란 出土品과 同等한 가치를 가지는 文化遺産이기 때문이다. 日本 史家들과 國內 일부 史學者들이 任那國을 南韓에 있었다고 하는 근거는, 『日本書紀』 任那國 관련 기사에 나타나는 地名(任那 地名)들이 南韓 地名이라는 것이다. 그들은 任那 地名의 比定에 있어서, 같은(同系) 地名이 對馬島에도 널리 分布하고 있음을 고려하지 않고 있다. 多羅 地名에서 보는 바와 같이, 任那 地名의 잘못된 比定 위에 結構결구된 任那史는 沙上樓閣사상누각에 지나지 않는다.

❖『地名學』(韓國地名學會) 5호(2001)에 실은 것

10

阿羅, 安羅 地名의 語源과 그 比定 問題

머리말

阿羅는 『三國史記』에 나타나는 地名으로, 이는 慶南 咸安의 古代 國名이다. 安羅는 『日本書紀』 任那 기사와 廣開土王碑文에 나타난다. 그런데, 日本 史家들이나 우리의 일부 史家들 중에는 이 安羅를 阿羅와 같은 곳의 地名으로 보아, 任那國이 南韓에 있었다고 하는 잘못된 韓日關係史를 構築구축하였다. 任那國이 南韓에 있었다고 하는 근거로 내세우는 任那 十國名부터 보기로 한다.

> 春正月에 新羅가 任那官家를 打滅했다＜云云 모두를 任那라 하고, 그 각각(別言)을 加羅國 安羅國 斯二岐國 多羅國 卒麻國 古嵯國 子他國 散半下國 乞飡國 稔禮國이라 한다＞ (『日本書紀』 欽明 23年紀)
>
> (春正月新羅打滅任那官家 ＜云云 總言任那 別言 加羅國 安羅國 斯二岐國 多羅國 卒麻國 古嵯國 子他國 散半下國 乞飡國 稔禮國＞) (同上)

위 分註 ＜＞에서 別言任那의 十國은 對馬島 十鄕을 말하는 것이다. 對馬島를 古代에 十鄕이라 하였는데, 이 十鄕은 위 『日本書紀』의 任那 十國과 같은 것이다.1) 『日

本書紀』에 韓鄕之島와 韓島가 나타나는데, 이는 對馬島를 가리킨다.2) 그런데, 이 韓鄕을 kara kuni로 읽으니, 鄕도 國과 한가지로 kuni(國의 뜻)로 읽는다. 日本의 古代 地名에서 紀伊國~紀伊鄕, 淡路國~淡路鄕, 讚岐國~讚岐鄕과 같이, 國~鄕이 거의 같이 불렀다. 과거 日本 史家들은 이 十國을 큰 나라로 생각하여, 이를 南韓의 각지에 比定하여 任那가 南韓에 있었다고 주장하였다. 그러나, 이는 잘못이다. 對馬島는 山地가 많아 陸路로는 내왕이 불편하여, 큰 浦마다 渠帥(首長)가 있어 독자적으로 통치하였으니, 이것이 任那 十國이요 對馬島 十鄕이다. 筆者는 위 十國 중에서 加羅를 對馬 上島의 韓良(kara, 迦羅로도 표기)에 比定하고,3) 多羅 등 그 이외의 地名도 對馬島에 比定하였다.4) 그러나, 우리의 일부 史家들 중에는 南韓에 任那日本府와 같은 統治機構는 없었다고 하더라도, 南韓에 任那가 있었다고 하였다. 즉 KBS의 '歷史스페셜' 등에서는 加羅를

---

1) 拙著, 『任那國과對馬島』(서울, 亞細亞文化社, 1987), pp.228~234 참조.
2) 拙著, 『日本古代地名研究』(서울, 亞細亞文化社, 1996), pp.21~26 참조.
3) 拙稿, 「廣開土王碑文의 '任那加羅'考－KBS의 歷史스페셜 '伽倻 흥망의 블랙박스'를 비판함－」, 『語文研究』(韓國語文敎育研究會) 第105號(2000, 봄), pp.40~41. 『名稱科學』(名稱科學研究所) 제7호(2000), pp.5~33 참조. 拙稿, 「伽倻史의 再構와 任那問題」, 『伽倻의 歷史와 文化』(釜山, 東義大學 人文研究論集 5, 2000), p.38 참조.
4) 拙著, 『任那國과對馬島』, pp.237~259 참조.

金官伽倻라 하고, 安羅를 咸安의 阿羅로 보았으며, 多羅를 陜川의 多羅里에 比定하여 韓日關係史를 構築하였다.5)

任那 十國 중 표기상으로 가장 쉽게 比定할 수 있는 것이 加羅·安羅·多羅이다. 加羅에 대하여, 筆者는 加羅＝金官伽倻의 伽倻(加羅) 관계가 아니며(註 3참조), 또 多羅가 陜川이 아님을 말하였다.6) 이 論考에서는 安羅와 阿羅에 대한 言語學的 설명으로, 이 두 地名이 同源(源, 근원원)이기는 하나, 다른 곳의 地名임을 말하고자 한다. 즉 安羅(ara)는 咸安의 古代 地名 阿羅가 아니니, 이를 對馬島의 首邑인 嚴原(이즈하라)의 古代 地名 耶良(야라), 穴(日本訓 ana)에 比定하고자 한다.

오늘날 文獻上에 기록된 古代 地名이 고유명사이기는 하나, 命名(명명) 당시는 일반 言語로 된 보통명사였다. 따라서, 같은 地名이 韓半島는 물론, 對馬島와 日本列島에도 널리 分布하였다. 地名의 分布는 方言의 分布와 같으니, 古代 韓半島人이 對馬島와 日本列島에 이주하여 가서도,

---

5) KBS의 歷史스페셜, 「伽倻 흥망의 블랙박스」(1999.2.20)
 KBS의 歷史스페셜, 「황금칼의 나라, 7가야의 다라국」(2001.9.8)
 EBS, 「읽어버린 역사, 한반도의 倭」(1999. 8. 13~15) 등 참조.
6) 拙稿, 「tara(城)語와 多羅地名에 대하여 —KBS 歷史스페셜의 玉田古墳의 多羅里를 중심으로—」, 『地名學』(韓國地名學會) 5호(2001.6.) 참조.

韓半島에서와 같은 言語로 같은 방법으로 地名을 지어서 불렀기 때문이다. 古代 韓日關係史 연구에서, 地名에 대한 이러한 大前提가 받아들여지지 않는 限, 任那史는 물론, 올바른 양국 關係史를 構築하기는 어려울 것이다. 우리는 古代史 연구에서 文獻資料에 나타나는 地名이 지금의 어디냐 하는 것부터 알아야 하는데, 이를 위하여서는 그 地名의 語源과 그와 같은 地名의 分布를 알아야 한다. 또 그러기 위하여서는 地名의 表記를 통하여 古代 言語를 찾아내고, 그 語形의 변화와 다양한 表記도 알아야 한다. 이 論考에서는 阿羅, 安羅로 표기된 ara 地名의 語源과, 그와 같은 地名의 分布와 語形 변화, 造語관계, 여러 異表記 등을 살펴보고, 廣開土王碑文에 나타나는 「安羅人戌兵」의 「安羅」가 '王邑'에 유래된 對馬島의 地名임을 고찰하기로 한다.

歷史에 대한 연구는 文獻學문헌학이나 考古學을 하는 사람들의 專有物전유물이 이니다. 歷史는 地名에서부터 시작되었다. 왜냐하면, 사람이 있고 地名이 있고 이를 중심으로 事件이 전개되었는데, 이것을 기록한 것이 歷史이기 때문이다. 그러므로, 古代史의 再構재구에서 地名學을 하는 사람의 말에 귀를 기울어야 할 것이다.

1. 咸安의 阿尸良(ara -ra)·阿羅(ara)·阿那(ana)의 語形 再構와 그 뜻

먼저, 『三國史記』에서 阿尸良·阿羅·阿那에 대한 기록부터 보기로 한다.

> ㄱ) 咸安郡은 法興王이 큰 兵力으로 阿尸良國<또한 阿那加耶 라고도 한다>을 滅하여, 그 땅을 郡으로 삼았다 (『史記』 地 理 1).
>
> (咸安郡 法興王以大兵 滅阿尸良國<一云 阿那加耶>以其地 爲郡) (同 上)
>
> ㄴ) 浦上八國이 함께 謀議하여 阿羅國을 伐하니, 阿羅의 使臣 이 와서 救援을 請하였다 (『史記』 勿稽子)
>
> (浦上八國 同謀伐阿羅國 阿羅使來請救) (同 上)

위에서 阿羅國에 대한 阿尸良·阿羅·阿那의 셋의 異 形態의 표기를 볼 수 있다. 이에 阿尸良·阿羅로 표기된 語形을 再構재구하고, 이 地名(國名)에 대한 語源과 造語(造, 지을조) 형식을 살펴보기로 한다. 먼저 阿尸良의 「尸」가 문 제된다. 이 「尸」는 주검(死体)시 字이나, 「良」字의 略字로 ra 혹은 r 音을 가지는 V(母音) 즉 rV의 표기로 생각된다.

이를 『三國史記』 地理志에서 보기로 한다.

ㄱ) 安賢縣本阿尸兮＜一云阿乙兮＞景德王改名 今安定 (『史記』
地理 1, 聞韶郡)

ㄴ) 有隣郡本高句麗 于尸郡 景德王改名 今禮州 (『同』 地理 2,
有隣郡)

ㄷ) 犚山城本加尸達忽 (『同』 地理 4, 鴨淥以北逃城七)

ㄹ) 武靈郡本百濟 武尸伊郡 景德王改名 今靈光郡 (『同』 地理 3,
武靈郡)

ㅁ) 文峴縣＜一云斤尸波兮＞ (『同』 地理 4, 高句麗)

ㅂ) 大山郡 本百濟 大尸山 景德王改名 今泰山郡 (『同』 地理 3,
大山郡)

위에서 「尸」로 표기된 6개의 地名을 들었는데, 「尸」는
어느 것이나 ra 또는 rV의 표기로 생각된다. 즉 ㄱ) 阿尸
兮＝阿乙兮의 대응 관계에서, 「尸」의 대응 표기된 「乙」
은, 현행음이 「을」이나, 古代音은 *ət로 再構되니, 入聲韻
尾 -t의 外破音化에 의한 rV의 표기로 생각된다. 즉 *ət→
ət-ə 〉 ədə 〉 ərə(〉을)에서 rə의 표기(-ə는 外破音化로 添入된 母音)로
보인다. 이 乙 *ət은, 乙國(oto-kuni) 乙益(oto-masu) 등, 日本의
地名이나 姓氏名에서는 oto로 受容되었다. ㄴ) 于尸郡＝

有隣郡의 대응 관계에서 「尸」는 「隣」과 대응 표기되었다. 有隣은 '이웃이 있다'의 漢文式 造語이나, 「尸」와 「隣」이 대응하도록 표기하였다. ㄷ) 加尸達忽＝犂山城의 관계에서 「加尸」와 「犂」의 訓 갈(<*kara)(밭갈리字)이 대응한다. 또 達과 山이 대응하고 忽과 城이 대응한다. ㄹ) 武尸伊＝武靈의 관계에서 「尸」는 「靈」과 대응 표기되었다. ㅁ) 文峴＝斤尸波兮의 관계에서 「斤尸」는 「文(글)」과 대응 표기되고, 峴은 波兮(바위, 方言 바구)와 대응 표기되었다. ㅂ) 大尸山＝大山의 관계에서 大尸山은 오늘날 到處에서 볼 수 있는 「갈미」산, 그의 古代形 *kara-moi의 표기로 생각된다. 「갈」은 '大'의 뜻이고 「미」는 '山'의 뜻이다. 大尸山은 大山·泰山의 뜻이다.

위 地名들에서 「尸」가 ra, rV의 표기임을 보아서, 「阿尸」는 ara의 표기임을 알 수 있다. 다음은 阿尸良의 「良」의 표기를 보기로 한다. 이 「良」은 현행음이 「량」이나, 古代 地名에서는 ra의 표기에 借用되었다.

ㄱ) 任那加良 (『史記』 別傳 强首傳)

ㄴ) 靑正縣本百濟 古良夫里縣 (『同』 地理 3, 任城郡)

ㄷ) 河西良 ＜一作何瑟羅＞ (『同』 地理 2, 溟州)

ㄹ) 道安縣本刀良縣 景德王改 今中牟 (『同』 地理 1, 化寧郡)

ㅁ) 機張縣本甲火良谷縣 景德王改名 今因之 (『同』地理 1, 東萊
　郡)

위에서 본 5개의 「良」은 어느 것이나 ra의 표기에 借用
되었다. ㄱ) 任那加良은 任那加羅의 異表記이다. ㄴ) 古良
夫里＝靑正의 관계에서 靑은 淸의 略字로, 古良은 '깨끗
하다'(淸)의 慶尙道方言 칼컬-, 깔깔-과 同源語인 그의 古代
形 *kora의 표기로 생각된다. 夫里는 正(바로)과 대응 표기
되었다. ㄷ) 河西良＝何瑟羅에서 「良」은 「羅」와 대응 표
기되었다. ㄹ) 刀良＝道安과, 中牟의 「中」은 *kara의 표기
로 생각된다. 「中」은 갋-(半)의 語根 「갈」(ㅂ은 접미사로 후대에 발
달한 것)의 古代形 *kara의 표기로 생각된다. 즉 15세기 國語
가온딕(中)는 두 곳이 「갋은딕」에서 변한 것이다(ㄹ音의 脫落
등). 中牟은 갈미(山)의 異形態인 갈모(山)의 古代形 *kara-mo
의 표기로 보인다. ㅁ) 甲火良＝機張(谷은 생략)에서 「甲」은
*ka('大'의 뜻)의 표기이니, 이는 「機」(*kï의 표기, '大'의 뜻)와 대응
한다. *ka(甲)는 「크-」의 고대형 *kï(機)의 異形態이다. 「甲」
의 入聲韻尾는 이 표기에 반영되지 않았다. 「火良」은 「張」
과 대응하는데, 「張」은 현행어 「벌-」 日本語 haru(<*baru)의
표기이다. 위 표기들에서 「良」의 韻尾 -ŋ은 語形 표기에
반영되지 않았다. 이 「良」은 奈良(nara), 多良(tara), 太良(tara)

의 표기에서 보는 바와 같이, 日本의 地名에서도 ra의 표기에 借用되었다.

위에서 보는 바와 같이, 阿尸良은 **ara-ra**의 표기임을 알 수 있다. 다음에는 이에 대한 語源을 살펴보기로 한다. 이는 결론부터 말하면, '主' 즉 '王이 있는 땅, 王邑, 王都'의 뜻이다. 王을 主上이라 하는 것과 같이, 主와 王은 같은 것이다. 즉 **ara**(阿尸)는 '王'의 뜻이니, 이는 『周書』에서 보는 바 '王'을 뜻하는 「於羅」와 같은 것이다.

> 王의 姓은 扶餘氏인데, 於羅瑕라 부른다. 백성은 이를 鞬吉支라 하니, 夏나라 말의 王과 같은 것이다 (『周書』百濟).
> (王姓扶餘氏 號於羅瑕 民呼爲鞬吉支 夏言並王也) (同 上)

이 於羅瑕는 *əra-ka로 再構되니, *əra는 '王'의 뜻이고 *-ka는 접미사이다. 그리고, 다음에 보는 *ara-ti(閼智)의 *ara(閼)도 '王'의 뜻이니, *ara(阿尸)는 *əra(於羅) · *ara(閼)와 같은 것으로 추정된다.

> 赫居世云云 位號를 居瑟邯 <혹은 居西干이라 한다. 이는 처음부터 自稱하기를, 閼智居西干이 한번 일어난다 하였기 때문에, 그 말대로 부른 것인데, 그 후로 (閼智居西干)은 王者의 존칭이

되었다＞ (『遺事』1, 新羅始祖)

(赫居世云云 位號曰居瑟邯 ＜或作居西干 初開口之時 自稱云閼
智居西干 一起 因 其言稱之 自後爲王者之尊稱＞) (同 上)

위 ‘王’의 尊稱인 閼智居世干에서 閼智는 *ara-ti의 표
기일 것이다. 閼의 현행음이 「알」이나, 古代音은 *at으로
再構되니, 入聲韻尾 -t의 外破音化(at→at-a>ada>ara)(-a는 外破音化에
의한 添入된 母音)에 의한 *ara의 표기로 생각된다. 다시 말하
여, *ara는 ‘王’의 뜻이고, *-ti는 人稱 접미사이다. 居西干
의 居西는 ‘首長’의 뜻으로, 三韓시대의 渠帥거수와 同源語
이고, 干은 干岐의 略이다. 乙支文德의 「乙支」도, 「乙」의
外破音化에 의한 *ərə-ti의 표기일 것이니, 이는 ara-ti(閼
智)와 같은 것으로 생각된다.7) 新羅의 金閼智의 閼智도 원
래 보통명사였으나, 고유명사로 굳어진 것이며, 金의 姓
은 후대에 붙여진 것이다. *ara-ti(閼智)·*ərə-ti(乙支)·*ə
ra-ka(於羅瑕)의 비교에서, *ara(閼)·*ərə(乙)·*əra(於羅)가 같
은 것이고, -ti(智·支)와 *-ka(瑕)는 접미사로서 공통된다.

위에서 人文的 事象사상으로서, 王의 명칭과 王邑名에서
*ara·*əra 등을 보았다. 다음에는 自然의 地形名에서 이

---

7) 拙著, 『國語學論攷』(서울, 亞細亞文化社, 1993), pp.262~266 참조.

와 同源語를 보기로 한다.

> ㄱ) 闕也山 (『史記』 地理 4, 百濟), 安羅山 (『同』 21, 高句麗本
> 紀 9, 寶藏王 3), 於羅山 (『輿地勝覽』 14, 永春·山川), 於羅
> 頂山 (『同』 20, 牙山·古跡), 於乙外嶺 (『同』 55, 江界·山川),
> 亏剌嶺 (『同』 40, 同福·山川)
>
> ㄴ) 阿老谷 (『史記』 地理 3, 潘南), 乙阿旦 (『同』 地理 2, 奈城)
>
> ㄷ) 闕川 (『同』 1, 新羅本記 赫居世), 亏羅川 (『世宗實錄』 地理
> 志, 咸鏡道·宣川)

위 ㄱ)은 산의 이름인데, 이는 '主山, 大山'에 유래한 地名들이다. 즉 闕也·安羅·於羅 등은 '主, 大'를 뜻하는 *ara, *əra의 표기로 보이고, 山은 moi의 표기일 것이다. ㄴ)은 '主谷, 大谷'에 유래한 地名들이니, 乙阿旦의 「旦」은 日本語 tani'谷'와 비교된다. ㄷ)은 '主川, 大川'에 유래한 地名들이니, 於乙買의 「買」는 물'水, 川'을 뜻하는 *mʌi의 표기이다. 이 地名들에서 ㄱ)에서는 '主' 또는 '大'를 뜻하는 ara(闕也)·ara(安羅)·əra(於羅) 등이 moi '山'와 合成하고, ㄴ)에서는 kol'谷' 또는 tani'谷'와 合成하고, ㄷ)에서는 nai(<nari)'川' 또는 *mʌi'川'와 合成하여 合成名詞를 만들었다. 이는 보통명사에서 固有名詞로 된 것이다.

다음에는 ara-ra(阿尸良)의 ra(良)가 문제된다. 이는 '땅(壤, 地)'을 뜻하는 na에서 변한 것이니, 古代 地名에서 땅을 na라 하였다.

　ㄱ) 槐壤郡本高句麗 仍斤內郡 (『史記』 地理 2, 槐壤郡)
　ㄴ) 於斯內縣＜一云斧壤＞ (『同』 地理 4, 高句麗)

　위 ㄱ) 仍斤內＝槐壤, ㄴ) 於斯內＝斧壤의 관계에서, 壤(땅양)과 대응하는 「內」는 현행 漢字音이 「내」이나, 國音이 「나」이다(張三植, 省音社刊, 『大漢韓辭典』, p.126 참조). 滿洲에서도 땅을 na라 하였다. 이 na의 異形態로 no를 볼 수 있다. 이는 奴·弩 등으로 표기되었다.

　ㄱ) 黑壤郡本高句麗 今勿奴郡 (『史記』 地理 2, 黑壤郡)
　ㄴ) 荒壤縣本高句麗 骨衣奴縣 (『同』 地理 2, 漢陽郡)
　ㄷ) 今勿內郡＜一云萬弩＞ (『同』 地理 4, 高句麗)
　ㄹ) 休壤郡＜一云金惱＞ (『同』 地理 4, 高句麗)

　위 ㄱ) 今勿奴＝黑壤, ㄴ) 骨衣奴＝荒壤의 관계에서 「奴」가 '壤'의 뜻임을 알 수 있다. ㄷ) 今勿內＝萬弩의 관계에서 「弩」가 「內」의 異形態의 표기임을 알 수 있다.

ㄹ) 休壤＝金惱의 관계에서 「惱」는 no에 접미사 i가 첨
가한 *noi의 표기일 것이다.

日本에서도 古代에 땅(土, 地)을 na라 하였으며, 그 異形
態에 no(no hara의 no, 野)와 ni(aka-ni 赤土, ao-ni 靑土)가 있었다.8) 그
런데, 對馬島의 地名에서는 이 no가 ro로 많이 나타난다.
尼多老(nita-ro), 臥尼老(wani-ro), 仇時老(kusi-ro), 那伊老(nai-ro), 道
于老(tou-ro), 多計老(take-ro)(竹敷) 등.

위에서 고찰한 바로써, ara-ra(阿尸良)는 *ara '主, 王'＋na
'地'로 된 合成語로, ra(良)는 na '地'에서 변한 것임을 알 수
있다. 즉 ara-na>ara-ra가 된 것이다. 그리고, 阿羅는 ara와
合成한 na(>ra)가 생략된 것이다. 古代 國名·地名에서, 이
와 같은 合成名詞에서의 뒷 成分이 생략된 예는 다음에서
도 볼 수 있다.

a. 徐羅伐과 斯羅·斯盧·新羅

『三國史記』(地理志 1)에 「國號曰徐耶伐 或云斯羅 或云斯
盧 或云新羅」라 하였는데, 徐耶伐이 徐羅伐의 異形態의
표기임은 말할 나위 없다. 이 徐羅伐은, '首'를 뜻하는 sə
ra(서라, 頂수리의 수리는 이와 同源語)와 '城, 村邑'을 뜻하는 *bərə

---

8) 拙著, 『日本古代地名研究』, pp.172~173 참조.

(伐의 入聲韻尾 -t의 外破音化에 의한 표기)가 合成한, '首城, 首邑'에 유래한 地名이다. 그런데, 斯羅·斯盧는 səra(徐羅)'首'와 同源語의 표기이다. 그리고, 新羅는 sira의 표기이니, sira는 sara(斯羅) 〉 səra(徐羅) 〉 sira로 변한 것이다. 즉 sə(徐)의 ə는 마찰음 s의 調音 위치에 끌리어 i로 변한 것이다. 그런데, 이 sira를, 王의 '德業이 日新하고 網羅 四方하기'를 바라는 뜻에 맞추어, 「新羅」 二字를 취하여 國名으로 한 것이다(『史記』智證王 4年紀). 日本에서 新羅를 sira-ki 또는 sira-ko라 하는데, sira는 이 sira이고9) -ki 또는 -ko는 접미사이다. 여기에서 斯羅(sara)·新羅(sira)는 그와 合成한 뒷 成分, 즉 被修飾成分인 伐(bərə)가 생략된 것이다.

b. 貊耳와 貊

『後漢書』(帝記)에 「句麗 一名貊耳」가 나타난다. 또 『三國遺事』(卷 1)에 「四夷九貊者 東夷之種 卽九夷也」가 나타나는데, 貊은 貊耳에서 「耳」가 생략된 것이다. 그 語源을 살펴보면, 貊은 곰(熊)과 매우 비슷한 動物이니, 貊은 그와 같은 말의 借訓에 의한, '君主'를 뜻하는 *koma의 표기로 생각된다. 耳는 현행 訓이 「귀」이나, '城'이나 접미사의

---

9) 上揭書, pp.148~149 등 참조.

*-ki를 표기한 것으로 보인다. koma(貊)는 *님검(>님금, 君主, 님은 主의 뜻)의 「검」과 同源語로 보인다. *koma-ki(貊耳)는 ‘君城’에 유래한 것인데, koma(貊)는 뒷 成分인 -ki(耳)가 생략된 것이다. 日本에서 高麗(高句麗)와 貊(狛)을 한가지로 koma로 읽는데, 이 koma도 한가지이다.10)

c. 倭奴國과 倭

『後漢書』(東夷傳, 倭傳)에 倭奴國이 나타난다. 이 「倭는 上古音 또는 그의 訓(倭字에는 柔順, 柔軟의 뜻이 있음) 여리다‘柔軟’의 「여리-」에 의한, ‘王’을 뜻한 jəri(여리) 혹은 juri(유리, 君主의 뜻)의 표기일 것이며, 鄕歌(彗星歌)에 보이는 「倭理」는 이 語形을 표기한 것으로 생각된다. 「奴」는 땅(地)을 뜻하는 no의 표기로 생각된다. 즉 倭奴는 ‘王邑’을 뜻하는 jəri-no 혹은 juri-no의 표기로 보인다. 15세기 國語에서 倭를 「예」라 하였는데, 「예」는 이 jəri에서 i 앞의 r이 脫落한 것이다(jəri 〉 jəi, 예). i 앞의 r은 쉽게 脫落한다(누리 〉 뉘 ‘世’, 나리 〉 내 ‘川’ 등). 倭奴國은 1세기 전후에 北九州의 福岡(후쿠오카) 平野地에서 일어났는데, 이는 對岸의 狗邪韓國人이 건너가서 세운 것으로 생각된다. 그런데, 古代 日本을 倭라 한 것은,

---

10) 拙著, 『韓國古代國名地名研究』(大邱, 螢雪出版社, 1982), 『同』(再版)(서울, 亞細亞文化社), pp.130~131 참조.

jəri/juri(倭) ‘王’와 合成한 no(奴) ‘地’가 생략된 것이다.11)

　　d. 楢原(nara hara)와 奈良(nara)

　日本의 古都 奈良는 nara의 표기인데, 이는 원래 ‘主城, 王城’을 뜻하는 nara-bara였다. 즉 nara는 ‘主, 王’을 뜻하는 나라님의 「나라」와 같은 것이며(님은 후대에 첨가한 것), bara(日本에서는 hara로 변함)는 ‘城’이나 ‘村邑’을 뜻하는 新羅의 伐・火, 百濟의 夫里, 高句麗의 原과 같은 것이다. 朝鮮朝語에서 朝廷을 나라뜰(『類合』下 23)이라 하였는데, 나라는 ‘王’의 뜻이고, 뜰은 ‘庭’의 뜻이다. 이와 같이 nara-bara는 nara‘王’＋bara‘城, 邑’가 合成한 名詞였다. 그런데, nara(奈良)는 이와 合成한 뒷 成分인 hara(<bara)(原)가 생략된 것이고,12) 현재 奈良에 있는 nara-hara(楢原)의 地名은 뒷 成分을 유지하고 있는 것이다. 高句麗 地名 國原城의 國原도 ‘王城’을 뜻하는 *nara-bara에 유래한 것이다.

　이상에서 설명한 바로써, ara(阿羅)는 ‘王邑’을 뜻하는 ara-ra(< ara- na)(阿尸良)에서, 그와 合成한 ra(<na)가 생략된 것임을 알 수 있을 것이다. 그리고, 阿那는 ara(阿羅)의 r이 n 音化한 것이다(ara>ana).

———————————————

11) 拙著, 『日本古代地名研究』, pp.244~250 참조.
12) 上揭書, p.137 참조.

2. 對馬島의 耶良(jara) · 穴(ana)와 安羅(ara)의 地名

對馬島는 釜山과 약 50km의 可視的 거리에 있다. 이는 對馬 上下島의 길이 82km보다 가깝다(北九州와의 거리 124km). 對馬島에 전하는 기록13)에 의하면, 對馬島에서 釜山까지 '돛을 달고 半날에 도착한다' 또는 '하룻밤에 도착한다' 함을 보아서, 對馬 上島 사람들은 下島의 嚴原에 가기보다 釜山에 오는 것이 가깝다. 그들은 釜山과 一日 生活圈에 있었다. 그들은 무논(水畓)이 거의 없어 韓國의 쌀에 의존했기 때문에, 古代로부터 釜山·金海 등지와 내왕이 잦았다.

古代 對馬島를 韓鄉之島(『日本書紀』)라 하였는데, 對馬島를 韓鄉이라 한 것은, 韓國人이 그곳에 많이 건너가서 살았기 때문이다. 우리는 古代 韓日關係史를 연구하는데 있어서, 먼저 이러한 地理的 조건과 양식(쌀) 문제와 그곳에 전하는 기록을 念頭염두에 두어야 할 것이다. 安羅의 所在地를 찾는 일에 있어서도 한가지이다.

현재 對馬島의 首邑인 嚴原을 耶良(jara, 야라)라 하였다. 也良·野良으로도 표기하였다. 또 與良(jora 요라)라고도 하

---

13) 『津島紀事』(번역본), p.26 참조.

였는데(嚴原을 與良鄉이라 했는데), jora(與良)는 jara(耶良)에서 변한 것이다. 이는 『周書』에서 본 바, '王'을 뜻하는 *ǝra-ka(於羅瑕)가 *ara-ka에서 변한 것과 한가지이다. 國語의 ǝ(어)와 日本의 o(オ)는 대응관계에 있다. 그리고, 『日本書紀』任那 기사의 安羅는 이곳에 比定된다. 먼저, jara(耶良)와 ara(安羅)의 語形上의 비교에서, jara(耶良)의 j-가 문제된다(下述). 그러나, 이 두 地名은 同源의 地名인 동시에, 같은 장소(同所)에 대한 異形態의 地名이다. 半母音 j-의 有無에 의한 同所 地名은 다음에서도 볼 수 있다.

ㄱ) 野老縣 本百濟 阿老谷縣 景德王改名 今安老縣 (『史記』地理 3, 潘南郡)

ㄴ) 開城古城 俗稱卵山古城 (『大同地理志』2)

ㄷ) 熱也山 (『史記』地理 3, 熊川), 於羅山 (『輿地勝覽』14, 永春山川), 安羅山 (『同』21, 高句麗本紀 9, 寶藏王 3)

ㄹ) 溫祚都河南慰禮城 以十臣爲補翼 國號十濟云云 百姓樂悅 改號百濟 (『遺事』2, 南扶餘 百濟)

위에서 ㄱ) 野老＝阿老(또는 安老)의 대응관계를 볼 수 있다. 같은 장소에 대해, j-의 有無에 의한 jaro(野老)와 aro(阿老, 安老)의 두 地名이 함께 불렸다. ㄴ)의 開城은 卵山古城

에 유래한 것인데, 卵山은 卵의 訓이 「알」임을 보아서, 卵山은 上述한 安羅山과 같은 *ara-moi의 표기일 것이다. 그리고, 開城의 「開」는 訓이 「열-」(혹은 그 異形態인 「*얄-」)임을 보아서(참고, 慶南方言에서 여덟‘八’을 「야달」이라고도 한다), 開城은 上述의 熱也山과 같은 *jəra-moi(혹은 *jara-moi)에 있었던 城에 유래한 地名일 것이다. 즉 그 산을 *ara(卵)山이라고도 했고, *jəra山/*jara(開)山이라고도 했던 것이다. ㄷ)의 熱也山과 於羅山 · 安羅山 즉 *jəra-moi(熱也山)와 *əra-moi(於羅山) · *ara-moi(安羅山)는 同源의 地名이다. ㄹ)은 百濟의 國名에 j-의 有無에 의한 十濟와 百濟의 두 이름이 있음을 보이는 것이다. 『三國遺事』를 기록한 사람은, 十濟에 대하여 ‘十臣이 도왔기(補翼했기) 때문에 十濟라 한다’ 하고, 百濟에 대하여서는 ‘百姓이 즐거워(樂悅)했기 때문에 百濟로 고쳐서 불렀다’고 하였으나, 이는 후대인의 語源說話어원설화에 지나지 않는다. 十濟와 百濟의 이름은 원래 ‘王城’ 慰禮城에 유래한 것인데, 語形上의 차이가 있었다. 즉 十濟와 百濟의 이름은 이 城을 *jərə-tsai(十濟), *oro-tsai(또는 *ono-tsai)(百濟)라 부른 것에 유래한 것이다. 즉 「十」은 訓이 「열」이니, 十濟는 그의 借訓에 의한 *jərə-tsai의 표기이고(tsai, 재는 ‘城’의 뜻), 百濟의 「百」은 百의 15세기 訓이 「온」이니, 그의 外破音化에 의한 ono 혹은 oro의 표기로, 百濟는 ‘王城’을

뜻하는 *ono-tsai 혹은 *oro-tsai의 표기로 생각된다.14)
百濟의 國名이 ‘王城’에 유래한 것임은, 新羅의 國名이
‘首城’을 뜻하는 徐羅伐의 səra(徐羅)(>sira, 新羅)에 유래한 것
과 같다.

　위에 든 地名들을 耶良·安羅와 함께 아래에 정리한다.

　　ㄱ) jaro(野老)　　　　　　——　　aro(阿老·安老)

　　ㄴ) jara(開)(開城古城)　　——　　ara(卵)(卵山古城)

　　ㄷ) jəra(熱也)　　　　　　——　　əra(於羅)

　　ㄹ) jərə-tsai(十濟)　　　　——　　oro-tsai·ono-tsai(百濟)

　　　　jara(耶良)　　　　　　——　　ara(安羅)

　위에서 예로 든 地名들은 모두 合成名詞이다. 즉 앞 成
分은 ‘主, 王, 大’를 뜻하는 jara·jəra와 ara·əra 등이고,
뒷 成分에서 ㄱ)은 kol ‘谷’이고, ㄴ) ㄷ)은 moi(山)이고,
ㄹ)은 tsai(재, 城)이다. 그리하여, ㄱ)~ㄷ)에서는 ara ‘主,
王’ 등이 自然의 地形名을 만들었고, ㄹ)에서는 이것이 人
文의 王城名(王邑名)을 만들었다. 이는 뒷 成分에 따라서 그
地名의 성격이 달라졌다. 이에 비하여 jara(耶良)와 ara(安羅)

---

14) 拙著, 『韓國古代國名地名硏究』, pp.199~213 참조.

는 같은 곳의 地名이기는 하나, 뒷 成分이 생략되었다. 뒷 成分의 생략에 대하여서는, ara-ra(阿尸良) 〉 ara(阿羅)에서 설명하였다. 그러면, jara(耶良)와 ara(安羅)에 어떠한 말이 생략된 것인가 하는 것이 문제된다. 이는 '城'이나 '村邑'을 뜻하는 baru(新羅의 伐·火, 百濟의 夫里 등과 같은 것)일 것이다. 그와 같이 보는 이유는, 上島의 佐護에 jora-baru(與良原)의 地名이 있기 때문이다. 즉 嚴原의 jora(與良)도 jora-baru(與良原)에서 baru가 생략된 것으로 보이기 때문이다. jora(與良)는 jara-baru〉jora-baru〉jora로 변하였을 것이다. 또 jara-baru〉jara(耶良)로 변하고, 語頭의 半母音 j-가 脫落하여 ara(安羅)가 되었을 것이다. 이와 같이, jara(耶良)·jora(與良)·ara(安羅)는 主邑, 王邑에 유래한 것이니, 이와 같은 地名은 韓半島는 물론, 對馬島와 日本列島(下述)에도 分布하였다.

다음에는 위 jara(耶良)·ara(安羅) 등의 地名에서 보는 바와 같이, j- 有無의 地名에 대한 語形의 변화를 고찰하기로 한다. 이는 원래 '主'를 뜻하는 nara(나라님의 「나라」와 同源語)에서 변한 것이니, nara의 語頭 n-이 口蓋音化하여 ɲara(냐라)〉jara(야라)로 변하고, 語頭의 過渡音 j-는 間隙(aperture)이 큰 a母音 앞에서 脫落하여 ara가 된 것이다. 다시 말하면, n-을 調音하기 위하여서는, 舌端을 上齒莖(웃잇몸)에 대고 코로 숨을 내어야 하는데, 그렇지 아니하고, 舌端을 그 뒤쪽인 硬口蓋에 대고 코로 숨을 내면 ɲa(냐)의 ɲ(口蓋音)이 발음된다. 또 그렇지 아니하고, 前舌面을 硬口蓋에 가까이하여 소리내면 ja(야)의 j-가 발음된다. 이는 半子音이자 半母音이다. 또 舌端이나 前舌을 앞으로 내밀지 않고 소리내면, ja의 j-가 脫落하여 a가 발음된다. 이는 發音器官의 解弛해이에서 오는 현상이다.

그러한 예로 慶南 馬山과 固城 方言에서는 눈(雪)을 윤이라고도 하고, 梁山 方言에서는 냉이(薺)를 나생이~야생이라 한다. 즉 눈>뉸>윤, 나생이>냐생이>야생이로 변한 것이다. 현행어 여기다(想)는 15세기 國語에서 너기다와 녀기다가 함께 쓰였고, 慶尙道 方言 옇어(入)는 넣어~녛어로 쓰였다. 그리고, 녀느(他)와 어느(何)는 同源語에서 派生된 것이고, 얹으니는 15세기 國語에서 연즈니로 쓰였다. 녀느>여느>어느, 연즈->언즈-(얹으-)에서는 j-가 脫落하였다. 위에서 설명한 바와 같이, ara(安羅)는 jara(耶良)에서 변한 것인데, ara는 「安羅」로 표기되어 『日本書紀』 등에 오르고, jara(耶良)는 현재 嚴原 地名에 남아 있다. 즉 嚴原에 耶良崎의 地名이 있다. 이 ara(安羅)는 ana(穴)로 변하여 남아 있다.

다음에는 ara(安羅)에서 변한 ana의 地名을 보기로 한다. 嚴原의 아래쪽 虎崎와 大崎 사이에 있는 浦를 下穴浦 즉

simo ana ura라고 한다.15) 이를 보아서, 그 위쪽에 있는 嚴原浦는 현재 嚴原港으로 불려지고 있으나, 원래는 上穴浦 즉 kami ana ura였을 것임을 알 수 있다. 이곳에 ana(穴)地名이 남아 있음은, 이곳에 ara(安羅)國이 있었기 때문이다. 또 下與良(下耶良)에 속하는 久田(구다)에 ana-gi 地名이 있는데,16) ana는 ara(安羅)에서 변한 것이고, -gi는 地名 접미사 -ki에서 변한 것이다(이 地名은 아직 漢字에 未定着).

王邑에 유래된 ana를 「穴」字 등으로 표기한 地名은 日本列島에서도 볼 수 있다. 즉 『日本書紀』 安閑 2年紀의 婀娜國(ana-kuni), 같은 책 垂仁 2年紀와 欽明 22年紀에 보이는 穴門(ana-to), 『古事記』 景行紀의 穴戸(ana-to)와 『國造本紀』의 吉備의 穴國(ana-kuni) 등이 그것이다. 위 地名에서 ana-to (穴門·穴戸)의 to는 땅(地) 또는 곳(處)의 뜻이니, 이는 15세기 國語 「ᄃ」와 비교된다. 즉 「아모ᄃ라셔 온동」(『月釋』 25)은 '어느 곳에서 왔는지'의 뜻이다. ana-to(穴門·穴戸)는 ara-to에서 변한 것으로, '王이 있는 곳' 즉 '王邑'에 유래한 地名이다. 婀娜(ana)國과 穴(ana)國의 國은 이곳에 王國이 있었기 때문에 添記된 것이다. 이와 같은 地名이 여러 곳에 分布하였음은, 古代 王國이 여러 곳에 있었기 때문이다. 韓

---

15) 『增訂對馬島誌』(東京, 名著出版, 1973), p.935, 948 참조.
16) 藤井勝男, 『嚴原の地名手引』, 第1卷(1980), p.106 참조.

國의 각지에서 볼 수 있는 수리산(首山), 갈미산(大山)의 山名이 日本의 각지에로 分布함[17]을 보아서, 古代 咸安에 있었던 阿那(ana)國과 같은, '王邑'에 유래한 婀娜(ana)國, 穴(ana)國이 日本에도 있었다 함을 생각하기에 어렵지 않다.

韓國 古代 地名에서, 「安」字로 표기된 다음의 地名도, 이와 同源의 地名으로 생각된다.

> ㄱ) 安寸忽 <或云丸都城> (『史記』 地理 4, 高句麗)
>
> ㄴ) 安賢縣 本阿尸兮 <一云阿乙兮> (『同』 地理 1, 聞韶郡)
>
> ㄷ) 縣眞縣 本阿冬号縣 景德王改名 今安邑
>
> ㄹ) 安城 (『同』 地理 2, 白城郡)
>
> ㅁ) 安州 (『輿地勝覽』 黃海道 載寧郡, 『同』 黃海道 豊州郡名, 『同』 平安道 등)

위 地名에서, ㄱ) 安寸忽＝丸都城의 관계에서 「丸」의 現行訓이 「알」임을 보아서, 이와 대응하는 「安」은 ara 혹은 ana의 표기였을 것으로 생각된다. al '卵'도 아마 *ara에서 末母音이 脫落한 것으로 추측된다. 安寸忽(丸都城)도 '王城'을 뜻하는 보통명사였다. ㄴ) 阿尸兮＝安賢의 관계

---

17) 拙著, 『日本古代地名研究』, pp.227, 229, 502~504 참조.

에서 阿尸(ara)(前述)와 安이 대응하고, 兮와 賢이 접미사로서 대응하는데, 「安」은 그의 韻尾 -n의 外破音에 의한 ana 혹은 ara의 표기에 借用되었을 것이다. ㄷ) 阿冬号＝安邑에 있어서 阿冬이 ada 혹은 ara의 표기일 것(d~r은 互用關係)임을 보아서, 「安」도 이와 같은 語形의 표기임을 알 수 있다. 兮와 号는 地名 접미사 *-ge, *-go의 표기일 것이다. ㄹ)의 安城의 「安」도, 그와 대응표기를 볼 수 없으나, 같은 語形의 표기일 것이며, ㅁ)의 安州의 「安」도 한 가지이다.

위 「安」의 표기에서 보는 바와 같이, 韻尾 -n의 外破音化는 古代 國語가 開音節語18)였기 때문이다. 이는 「韓」이 kara의 표기에 借用된 것과 같다. 즉『日本書紀』등에서 「韓」을 kara로 읽으니, 이는 古代 韓國에서 「韓」이 kara의 표기에 借用된 까닭이다. 「韓」의 古代音은 *kan(日本의 現行音 kan)일 것으로, kara(韓)는 이 *kan의 外破音化에 의한 것이다(*kan→kana > kara). 앞에서 百濟의 「百」(訓 온)을 ono 혹은 oro의 표기로 본 이유도 여기에 있다. 이와 같은 開音節語로서의 音節構造는 대체로 10세기 중엽(新羅末)까지 유

---

18) 拙著,『韓國古代國名地名研究』, pp.295~315.「開音節의 表記와 漢字音의 受容」, 拙著,『國語學論攷』, pp.66~95.「古代國語 開音節에 대하여」,『同』, pp.3~22.「古代入聲韻尾 t 의 r 音化에 대하여－古代國語 開音節研究의 一環으로－」참조.

지되어 온 것으로 생각된다.

　地名이란 語形과 語義(뜻)와 表記의 三要素로 이루어져 있는데, 같은 地名이 여러 곳에 分布하였다. 왜냐하면, 古代 地名은 대개 오늘날의 수리산(首山의 뜻), 찬샘골(冷泉谷의 뜻)과 같이, 일반 言語로써 만들어진 보통명사였기 때문이다. 地名을 다루는 후대의 史家들은 地名의 表記만을 重視하니, 이는 위험하다. 表記는 사람의 옷(衣)과 같이 얼마든지(?) 바꿀 수 있다. 즉 表記는 時代에 따라서 地域에 따라서 또는 사람에 따라서 달랐다. 그 몸(體)이라 할 수 있는 地名語(부르는 이름)도 時代에 따라서 변하고, 地域에 따라서 변하였다. 그리하여, ‘王’을 뜻하는 ara라는 말(보통명사)도 ara~ana가 함께 쓰이기도 하고, ara의 前次形인 jara(야라)가 함께 쓰이기도 하였다. 그 表記에 있어서도 地域에 따라서 阿羅(ara), 阿尸(ara), 阿那(ana), 安(ana~ara)(安城), 丸(ara)(丸都城), 安羅(ara), 穴(ana)(穴戸 ana-to) 또는 耶良(jara, 야라)로 다르게 표기되었다.

　다음에는 古代 咸安의 阿尸良·阿羅·阿那와, 對馬島 嚴原의 古代 地名(그리고, 현재 남아 있는 地名)의 耶良·安羅·穴(ana) 등을 아래에 對比하기로 한다.

咸安;	——	ara(阿羅)	ara-ra(阿尸良)	ana(阿那)
嚴原;	jara(耶良)	ara(安羅)	ana-gi	ana(穴)

前述한 바와 같이, 古代 地名은 일반 言語로써 만들어진 보통명사였으므로, 王邑에 유래한 地名이 여러 곳에 分布하였다. 이로써 『日本書紀』(欽明 2年紀)에 나타나는 安羅日本府는, 咸安에 있었던 것이 아니고, 對馬島의 嚴原(이즈하라)에 있었던 倭의 官家로 보아야 한다.19)

맺음말

이상에서 고찰한 바를 요약하여 結論으로 삼으려 한다.

(1) 咸安의 阿尸良은 ara-ra의 표기로, 이는 ara'王'+na'地'→ara-na(>ara-ra) 즉 王邑, 王都에 유래한 地名이다. 이는 원래 合成名詞로 된 보통명사였다. ara-ra(阿尸良)의 ara는 '王'의 뜻이니, 이는 '王'을 뜻하는 *əra-ka(於羅瑕)(『周

---

19) 『日本書紀』任那日本府의 日本府에 ミコトモチ(미코토모치)(ミコト는 御言, 勅의 뜻. モチ는 持의 뜻. ミコトモチ는 任務를 띤 나라에 가서 정치를 하는 官吏)의 音이 달려 있음을 보아서, 日本府를 倭의 使臣으로 보기도 하나(KBS 역사스페셜, 2001.5.12), 日本府는 그 官吏가 정치를 했던 官家, 官廳으로 보아야 한다. 府에는 官廳, 官舍의 뜻이 있기 때문이다.

書』)의 əra와 같은 것이고, '王'의 존칭인 *ara-ti(閼智)(『三國遺事』)의 *ara와 同源語이다. 그리고, 阿羅는 '땅(地)'을 뜻하는 na(>ra)가 생략된 ara의 표기이다. 이와 같이, 合成名詞에서 뒷 成分이 생략된 地名은 新羅와 貊 등의 國名에서도 볼 수 있다. 즉 新羅는 sira를 德業日新덕업일신 網羅四方망라사방의 뜻에 맞춘 佳好字(佳, 아름다울가)의 표기인데, 이 sira는 *səra-bərə(徐羅伐)의 səra(徐羅)가 변한 것이고, 뒷 成分인 *bərə(伐)는 생략되었다. 貊은 원래 '君城'에 유래된 *koma-ki(貊耳)에서 -ki가 생략된 koma의 표기이다. 倭의 國名도 倭奴國에서 「奴」가 생략된 것이고, 奈良도 nara-hara의 hara가 생략된 nara의 표기이다. 그리고, 阿羅를 阿那라고도 하였는데, 阿那는 ara(阿羅)에서 語中의 r 이 n 音化한 ana의 표기이다.

(2)『日本書紀』와 廣開土王碑文에 나타난 安羅(ara)는 對馬島의 首邑 嚴原(이즈하라)의 古代 地名 耶良에 比定된다. 즉 jara(耶良)와 ara(安羅)는 같은 징소에 대한 異形態의 地名이다. 그 語形 변화를 보면, jara는 '王'을 뜻하는 nara에서 n-이 口蓋音化의 과정을 거쳤으니, nara>ɲara >jara로 변한 것이고, ara(安羅)는 jara(耶良)의 語頭 j-가 脫落한 것이다. jara(耶良)~ara(安羅)가, 過渡音 j-의 有無에 의한, 같은 곳의 地名임은, jaro(野老)~aro(阿老・安老), jara(開城)~ara(卵)(卵山古

城), jərə-tsai(十濟)~oro-tsai(百濟)가 같은 곳의 地名임과 같다. jara(耶良)는 원래 jara-baru(耶良原)에서 baru가 생략된 것이고, jora(與良)도 jora-baru(與良原)에서 baru가 생략된 것이다. 이를 보아서 ara(安羅)는 그와 合成한 뒷 成分 즉 '村'이나 '邑'을 뜻하는 baru가 생략되었을 것이다. 咸安에서 阿羅가 阿那로 변한 것과 한가지로, 嚴原에 남아 있는 穴(ana) 地名도 安羅(ara)에서 변한 것이다.

(3) 王邑에 유래한 地名은 咸安의 阿尸良·阿羅·阿那와 對馬島의 耶良·安羅·穴(ana)에만 볼 수 있는 것이 아니다. 즉 高句麗의 王都 丸都城을 安寸忽이라 함을 보아서, 이 王都名도 '王城, 王都'를 뜻하는 보통명사로 생각된다. 즉 「丸」의 訓 al(<*ara)과 「安」의 音 an(→ana>ara)이 대응 관계에 있는데, *ara(丸·安)는 '王'의 뜻이고, *xoro(忽)는 '城'의 뜻이고, 寸은 村의 略字인 듯하다. 百濟의 國名도 그의 王都名에 의한 것이니, 百濟는 '王城'을 뜻하는 *oro-tsai 혹은 *ono-tsai의 표기로 생각된다. 그 외 阿尸兮(*ara-ge)·阿冬号(*ara-go)와 安城·安邑·安州도 「安」의 借音(an→ana>ara)에 의한, '王邑'에 유래한 地名으로 생각된다. 이러한 地名은 日本列島에서도 볼 수 있으니,『日本書紀』등에 나타나는 婀娜(ana)國·穴門(ana-to)·穴戸(ana-to)·穴(ana)國도 이와 同源의 地名이다. 古代에 韓半島人이 日本列島

에 건너가서 王國을 세웠기 때문이다.

　(4) 阿羅(ara)와 安羅(ara)는 다같이 王邑에 유래한 地名이기는 하나, 다른 곳의 地名이다. 즉 阿羅는 慶南 咸安의 古代 地名이고, 安羅는 對馬島의 首邑 嚴原(이즈하라)의 古代 地名이다.

❖『地名學』(韓國地名學會) 7호(2002)에 실은 것

11

廣開土王碑文의 對倭記事에 나타난 地名
比定과 同 辛卯年記事의 해석

1. 酒勾景信 등의 碑文 削抹과 桂延壽·李觀楫의 碑文 寫出

廣開土王碑文의 對倭 관계 기사가 사코오(酒勾景信) 등 日本陸軍參謀本部에 의하여 削抹삭말되었음은 널리 알려진 일이다. 그런데, 다행히 日本陸軍參謀本部에서 이 碑文을 削抹하기 이전에, 桂延壽·李觀楫님의 두 분이 이 碑를 답사하고 徵實징실하고 寫出사출한 것이 있다. 즉 이 두 분은 1898년(戊戌年) 5월과 1912년(壬子年) 5월에 두 번, 滿洲 輯安縣에 있는 이 碑를 參拜하고 寫出하였는데, 이것에는 日人들이 깎아낸 對倭 관계 기사의 많은 부분에 글자가 나타나 있다.1) 이는 千金의 무게를 갖는다. 두 분은 이 碑文을 두 번 徵實한 소감을 다음과 같이 기록하였다.

… 一行이 먼저 술과 과일을 차려 祭祀를 지내고, 또 기름을 적시고(灌油) 물을 뿌리고 씻어낸(酒掃한) 후에 碑의 全文을 베껴내니, 字數가 총 1,802字이더라. 비록 字劃이 精整하여 可히 判

---

1) 拙著, 『任那國과對馬島』, pp.487~492. 「桂延壽·李觀楫님의 碑文徵實과 碑文 任那記事의 復元」 참조. 이 碑文 徵實의 글은 李裕岦, 『廣開土王聖陵碑文譯註』(서울, 大東文化社, 1973)(中央大學校 韓國學研究所 所藏)과 『韓國學』(中央大學校 韓國學研究所) 第1輯(1973), 金根洙 編, 『廣開土王碑 研究資料集』, 永信아카데미 韓國學研究所, 1985) 등에 「廣開土王聖陵碑文徵實」의 이름으로 올려 있다. 徵實이란 事實을 徵驗한 것이라는 뜻이다.

讀할 수 있었으나, 결국 베낄 수 없었던 字가 오직 117字이더
니, 15년이 지난 壬子年(1912) 5월에 또 와서 祭祀를 지내고 碑
를 보니, 字劃이 더욱 줄어져서 前에 본 것과 많이 다르더라.
이에 탄식하여 말하기를 …

(云云 一行이 先祭以酒果하고 又灌油洒掃後에 寫出碑全文하니
字總一千八百二字라. 雖字劃精整하야 猶可判讀이나 竟未得以
取謄者ㅣ 惟壹百十七字而己러니 越十五年壬子五月에 又復來祭
觀碑字劃이 尤至減滅하야 多非如故也라. 乃嘆曰云云)

위 글에서 1912년에 다시 와서 碑를 보니, '字劃이 尤
至減滅하야 多非如故也라' 즉 字劃이 더욱 減하고 滅하여
15년 전 즉 1898년에 와서 본 것과 같지 않은 것(다른 것)이
많더라는 것에 유의할 것이다. 日人들이 이 사이에 碑文
을 깎아낸 것이기 때문이다.

다음에는 이 碑文「十年庚子」이후의「安羅人戍兵」부
분의 對倭 관계 기사를 싣는나. 圈點권점 부분은 朝鮮總督
府의『朝鮮金石摠覽』(1919)에 欠落된 것을, 두 분의 徵實에
의하여 復元복원한 것이다.

十年庚子 教步騎五萬 往救新羅 從男居城 至新羅城 倭滿其中 官
兵方至 倭賊退 官兵躡跡而越 來攻來背 急追至任那加羅 從拔城

城卽歸服 安羅人戍兵 拔新羅城 □城倭滿倭潰 城六被我攻 盪滅
無遺 倭逐擧國降 死者十之八九 盡臣率來 安羅人戍兵 滿假□□
倭欲敢戰　興喙己呑卓淳諸賊 謀□□ 官兵制先 直取卓淳而 左
軍由淡路島 到但馬 右軍經難波 至武藏 王直到竺斯 諸賊悉自潰
逐分爲郡 安羅人戍兵昔 新羅

다음에는 이를 해석한다.

(永樂) 10년(庚子年, 400)에 步兵과 騎兵 五萬을 시켜서(敎)(보
내어서) 新羅를 救하도록 하였다. 男居城으로부터 新羅城에 이
르기까지 倭兵이 그 가운데 차서 있었는데, 官兵(高句麗兵)이
이르자, 倭賊이 물러갔다. 官兵이 (倭兵의) 자취를 밟아서 (바다
를) 건너서 (越, 渡)(倭兵의) 左右를 공격하여, 그 배후에 와서
급히 쫓아 任那加羅에 이르러, 뒤따라 가서(從) 城을 함락(拔)하
니, 城은 곧 (官兵에) 歸服하였다. 安羅人 戍兵이 新羅城을 拔
(뺄발)했다. □城에 倭兵이 가득 차 있었으나, 倭가 무너졌으니,
六城이 우리(官兵)의 공격을 받아서 盪滅탕멸되어 남은 것이
없었다. 倭가 드디어 擧國거국으로 항복하니, 죽은者가 十中 八·
九나 되었으며, 臣下를 모두 데리고 왔다. 安羅人 戍兵이 假□
□에 가득 차 있었다. 倭가 喙己呑·卓淳의 諸賊과 더불어 감히
싸우고자 하여 □□을 꾀하였다. 官兵이 먼저 이를 制御하여

바로 卓淳을 빼앗았다. 그리고, 左軍은 淡路섬(島)을 경유하여
但馬에 이르고, 右軍은 難波를 경유하여 武藏에 이르고, 王은
바로 竺斯에 도착하니, 諸賊이 모두 스스로 무너졌다. 드디어
이를 (高句麗의) 郡으로 삼았다. 安羅人 戍兵은 옛날 新羅 云云

위에서 보는 '郡으로 삼았다'의 「郡」은, 法興王이 큰
兵力으로 阿尸良國을 滅(멸)하고 그 땅을 郡으로 삼았다(以
其地爲郡)(『史記』 地理 1). 法興王 19년에 (仇亥王이) 百姓을 거느리
고 와서 항복하므로 그 땅을 金官郡으로 삼았다(以其地爲金官
郡)(『史記』 地理 1)에서 보는 「郡」과 같은 것이다. 항복한 땅을
屬郡속군으로 하였다는 것이다.

2. 碑文 對倭記事에 나타난 地名 比定

먼저 復元한 碑文의 「躡跡而越」을 해석하고, 對倭 관
계 記事의 여러 地名을 比定하기로 한다.

(1) 躡跡而越

躡跡섭적은 자취를 밟다의 뜻이고, 越(넘을월)은 바다를 건
너다의 뜻이다.2) 張三植, 『大漢韓辭典』(省音社, 1971), p.1460

과 『康熙字典』의 越에 대한 해석에서, 越에 대한 度는 渡(건널도)와 같은 것이다. 『魏志東夷傳』(倭傳)에서 「始度一海 千餘里 至對馬國」에서 「始度」의 「度」는 「渡」이다. 이 碑文에서 越은 官兵이 바다를 건너서 對馬島(任那加羅)에 간 것을 뜻한다.

(2) 두 新羅城과 對馬島 新羅의 首邑 佐護의 草羅城

이 碑文에서 新羅城이 두 곳에 나타난다. 前者는 新羅를 救하기 위하여 步騎 五萬이 新羅(慶州)에서 가서 보니, 南居城으로부터 新羅城에 이르기까지 倭兵이 차서(滿) 있더라고 하는 新羅城이고, 後者는 官兵이 바다를 건너서(越, 渡) 任那加羅(對馬島)에 이른 이후의 新羅城이다. 그러므로, 이 두 新羅城은 그 장소가 다르다.

즉 安羅人 戍兵이 함락(拔)한 新羅城은 任那加羅 즉 對馬島에 있었던 新羅城이다. 그리고, 官兵이 任那加羅에 이르러 倭兵을 뒤따라(從) 가서 城을 拔하니, 城은 곧 歸服(귀복)하였다고 하는 「城」은 對馬 上島 동북쪽에 위치한 良港 佐須奈(사스나)의 城으로 보아야 할 것이다. 이 sasuna(佐須奈)의

---

2) 越은 渡의 뜻. 東亞出版社, 『漢韓大辭典』(1963), p.1356.
　『康熙字典』(中華書局, 1980) 등 참조.

地名은 sasu(城, 日本語 sasi, 國語 잣) ＋na('地'의 뜻, 前述)에 유래한 것이다. 이곳은 箱式石棺墓상식석관묘가 群集한 곳(지금도 약간 남아 있음)으로, 古代부터 韓半島(특히 新羅)와 내왕이 잦았으며, 德川幕府시대에는 朝鮮과의 貿易을 위해 檢問所가 두 곳에 있었다. 또 日帝 때에는 釜山과 定期旅客船이 다녔다. 이곳에서도 佐護(사고)에서와 한가지로 韓國의 連山들을 바라다 볼 수 있다. 그리고, 安羅人의 戍兵이 拔발했다고 하는 新羅城은 그곳에서 西南으로 약 8km 떨어진 곳에 있는 佐護의 新羅城을 말한다. 『日本書紀』(神功 5年紀)에 '葛城襲津彦이 新羅에 이르러 云云 草羅城을 함락하고 돌아왔다'에서 보는 新羅도 對馬島 佐護에 있었던 新羅이고, 草羅城(『日本書紀』에서 草羅를 sa-wara로 읽음)은 이곳 新羅의 「서울」에 유래한 地名이다. 『同』 雄略 9年紀에서는 이를 匝羅(sa-wara로 읽음)로 표기하였다. sa-wara(草羅·匝羅)는 「서울」과 같은 말에 유래한 것이다. 이는 慶州 新羅의 首都 徐伐(*sə-bərə의 표기)와 同源의 地名이다. 이와 같은 地名은 韓半島는 물론, 對馬島와 日本列島에도 있었다.3) 古代 邑落國의 首邑이 각지에 있었기 때문이다. 後者의 新羅城은 이곳 草羅城에 比定된다.

---

3) 拙著, 『日本古代地名研究』, pp.148〜151, 254〜256, 267〜270 등 참조.

『增訂對馬島誌』에서 「佐須奈는 古來로 本島와 朝鮮國
間의 航路發着의 要津요진」이라 하고, 「佐護의 湊(미나토)港
은 新羅時代 本島 第一의 要津으로서, 三韓(三國) 文化는
주로 이곳을 통해서 本島에 들어 왔다」고 하였다.4) 그러
므로, 安羅人 戍兵의 安羅를 咸安으로 보아서는 아니 되
며, 두 곳에 나타나는 新羅城도 같은 것으로 보아서는 아
니 된다.

(3) 任那加羅

이는 總言任那로서 對馬島를 총칭하는 것이다. 이 任那
加羅에 대해서는 이 책 「廣開土王碑文의 '任那加羅' 考」에
서 詳論하였다. 따라서, 이에 대한 설명을 생략한다.

(4) 卓淳

이 地名은 對馬島의 新羅와 가까운 거리에 있었던 것
으로 생각된다. 『日本書紀』 등에서 이 地名이 新羅와 함
께 불려졌음을 볼 수 있기 때문이다. 卓淳은 卓과 淳의 韻
尾의 外破音化에 의한 takutsuno(타쿠쓰노)의 표기인데, 이는
『萬葉集』에 나타나는 栲角乃新羅의 栲角 takutsuno(타쿠쓰

---

4) 『增訂對馬島誌』(名著出版, 1973), p.987.

노)와 같은 것이고, 『出雲國風土記』에 보이는 白來多久豆乃(白來는 sira-ki의 표기, 新羅를 말함)의 多久豆乃 takutsuno(타쿠쓰노)와 같은 것이다. 이에 대하여서도 別稿5)에서 말하였다.

이 卓淳은 百濟에서 日本으로 가는 도중에 있었으며, 바다에 接해 있었던 地名으로 생각된다. 왜냐하면, 『日本書紀』 神功 46年紀에 百濟人이 卓淳國에 가서 日本으로 가는 길을 물었는데, 卓淳國王이 "… 바다가 멀고 풍랑이 심하니, 큰 배를 타야 갈 수 있다"고 하였다는 기록이 있기 때문이다. 그런데, 아유가이(鮎貝房之進)·스에마쓰(末松保和) 등 日本 史家들은 이를 大邱에 比定하였다. 왜냐하면, 卓淳의 「卓」의 韻尾가 外破音化한 taku가 達句火의 「達句」와 音이 비슷하기 때문이라는 것이다. 그러면, 卓淳의 「淳」은 무엇이며, 達句火의 「火」와는 어떠한 관계가 있는가? 또 百濟人이 무엇 때문에 大邱까지 가서 日本으로 가는 길을 물었을까 하는 것이 문제된다. 우리 史家들 중에는 任那國 관련의 地名을, 日本 史家들이 比定한 것을 그대로 믿고 古代 韓日關係史를 말함을 보는데, 이는 극히 경계를 要한다.

---

5) 註1의 拙著(pp.261~265)와 이 책 「對馬島의 新羅邑落國」 중 『萬葉集』의 「栲角乃新羅」·「栲綱之新羅」 등 참조.

(5) 淡路·但馬·難波·武藏·竺斯의 地名 比定

이 地名들은 日本列島에 있는 地名들이니, 淡路(아와지)는 瀨戶(세토) 內海의 東部에 위치하고, 但馬(다시마)는 兵庫(효고) 縣의 北部에 위치하고, 難波(나니하)는 지금의 大阪(오오사카)를 말한다. 武藏(무사시)는 奈良市에서 가까운, 같은 奈良縣의 天理市 武藏町에 比定된다. 이곳 武藏町에 武藏村이 있다. 또 奈良市의 若草(와카구사)山의 西麓 쪽에도 武藏野(무사시노)의 地名이 있다.6) no(野)는 들의 뜻. 東京 쪽에도 武藏의 地名이 있으나, 이곳은 주로 7세기 말 내지 8세기 초 이후에 개척된 곳이다. 筆者의 연구에 의하면, musasi(武藏)의 地名은 '宗城' 즉 ᄆᆞᄅ'宗' 잣'城' 혹은 '長城'에 유래한다. 日本에서 ᄆᆞᄅ'宗'를 muna라 하고, 잣'城'을 sasi라 하는데, musasi(武藏)는 muna+sasi→muna-sasi>musasi로 된 것이다(na의 脫落).7) 東京 쪽의 musasi(武藏)에는 nuna-sasi(胸刺)라는 地名이 있었다. 武藏의 地名도 보통명사로서, 이 地名이 한 곳에만 있었던 것이 아니다. 竺斯는 天理市의 筑紫村8)에 比定된다. 竺斯와 筑紫는 チクシ(치쿠시)로 同音이니, 竺·筑의 音이 チク(치쿠)이고, 斯·紫의 音이 シ(시)이기 때

---

6) 『奈良縣の地名』(日本歷史地名大系 30)(平凡社, 1981), p.553, 744 참조.
7) 拙著, 『日本古代地名研究』, pp.196~200 참조.
8) 『奈良縣の地名』, p.727 참조.

문이다. 古代에 「竺斯」로 표기하였으나, 후대에 「筑紫」로
표기한 듯(改字한 듯)하다. 다만 北 九州에 있는 筑紫는 현재
ツクシ(쓰쿠시)로 읽는다. 그러나, 北九州에 있는 筑前(치쿠
젠), 筑後(치쿠고)에서의 「筑」은 「치쿠」로 읽는다. 치쿠~쓰쿠
가 相通했던 것이다.

(6) 安羅

安羅(아라)는 王邑에 유래한 地名으로, 對馬島의 首邑 嚴
原(이즈하라)(古代地名 耶良, 야라)에 比定된다. 이에 대해서는 上述
의 論文에서 詳論하였다.

3. 倭의 正體와 高句麗軍의 對倭遠征

위 碑文에 나타나는 倭를 日本 史家들은 물론, 우리의
史家들 중에서도 任那加羅＝金官伽倻＝倭로 생각하였고,
심지어는 韓半島의 西南部와 全羅南道 榮山江 유역까지
도 倭의 領域(領, 거느릴령)에 넣었다.9) 筆者는 韓半島에 倭가
없었다 하고, 中國의 史料들에 의하여, 倭는 원래 北九州

---

9) 韓國敎育放送(EBS)의 光復 특집 프로그램 「잃어버린 역사, 한반도의 倭」,
　　1999.8.13~15, 3일간, 각 60분간 방송.

에 있었다고 하였다. 그리고, 北九州의 福岡 平野地에서 일어난 倭奴國은 1세기 전후에 農耕文化를 가지고 건너간 對岸대안의 狗邪韓國人이 세운 것인데, 「倭」는 「倭奴」에서 「奴」가 생략된 것이라 하였다. 그리고, 위 碑文에서 難波·武藏 등의 地名이 나타남을 보아서, 5세기 초에는, 北九州지방에 있었던 倭의 중심세력이 大和(야마토)지방으로 옮겨갔을 것이라 하였다.10) 大和지방에 있었던 政治的 集團도 倭로 불렀던 것이다. 高句麗軍이 淡路→但馬→難波→武藏(奈良지방, 天理)까지 遠征한 것은, 그곳에 倭의 本據地가 있었던 까닭이다.

奈良지역의 遺跡을 보면, 奈良市 北部 佐紀池 주변에 繩文時代의 石鏃類석족류가 出土되었고, 平城宮의 下層과 佐紀池에서 古墳時代 前後期의 遺物이 出土되었다. 그리고, 奈良山 丘陵구릉을 따라서, 4세기~5세기에 걸쳐서 築造된 佐紀盾列古墳群이 있다.11) 또 肇國天皇 또는 御間城(미마키)天皇이라 불려진 崇神王의 前方後圓墳이 天理市 柳本町에 있는데, 이는 4세기 中半에서 後半에 造成된 것으로 보고 있다.12) 이 陵墓가 있는 天理市는 奈良縣內에서

---

10) 拙稿, 「韓半島에 없었던 倭에 대하여」, 『韓國學報』(一志社), 第97輯(1999).
11) 『奈良縣の地名』(日本歷史地名大系 30)(平凡社, 1981), p.490 참조.
12) 上揭書, p.739 참조.

도 古墳이 가장 많은 지역이며, 石上神宮, 大和神社 등 古代 信仰의 중심지였다. 이곳은 柳本古墳群, 大和古墳群, 杣之內古墳群, 東大寺山古墳群 등 前期古墳群이 많다. 日本에서 古墳時代를 4세기 초에서 7세기까지로 보는데, 이는 4세기代의 前期, 5세기代의 中期, 6세기代 이후의 後期의 3期로 나눈다.

騎馬民族 征服王朝說로 이름이 알려진 東京大學의 에가미(江上波夫) 교수는, 日本의 大和政權을 세운 天皇族은 원래 中國 東北地區(舊滿洲) 北部의 松花江과 嫩江 부근에 살았던 騎馬民族이라 하였다. 그들이 南下하여 日本列島를 정복하여 大和朝廷을 세운 것인데, 御間城(미마키)王 즉 崇神王은 騎馬民族 征服王朝의 初代王이라 하였다.13)

현재 天理市에 남아 있는 楢(나라) 地名은 崇神王朝 초기 또는 그 이후의 首都에 유래한 것으로 생각된다. 奈良市의 奈良(나라) 地名은, 6세기 말에 飛鳥(아스카)에서 통일국가를 형성한 大和朝廷이 710년에 平城宮으로 遷都(遷, 옮길천)한 이후에 생긴 것으로 추정된다. 이 楢(나라)와 奈良(나라)는 韓國의 「나라(國)」와 同源의 地名으로, 원래 '王城'에 유래하였다. 즉 nara(奈良・楢)의 地名은 '主' 또는 '王'을 뜻하는

---

13) 江上波夫, 「騎馬民族說は實證された」, 『幻の伽倻と古代日本』(文藝春秋, 1994. 1), pp.4~41 참조.

nara(나라님의 「나라」. 님은 후대에 첨가된 것)와 '城' 혹은 '村邑'을 뜻하는 hara(< bara)가 合成한 nara-hara에서, 뒷 成分인 hara가 생략된 것인데, 현재 奈良市에 남아있는 楢原(나라하라) 地名은 그 語形을 유지하고 있는 것이다. 高句麗 地名 國原城도 '王城'을 뜻하는 nara-bara(國의 訓 nara, 原의 訓 bara)의 표기이다. 오늘날의 「나라(國)」라는 말은 원래 王城에 유래한 것이니, 古代에는 나라님(王)이 있는 城이 곧 나라(國)였기 때문이다. 그리고, 天理市 石上神宮地의 布留(후루) 地名은 高句麗의 夫婁, 百濟의 夫里, 新羅의 伐, 火와 같은 것으로, '村邑'의 뜻이다. 즉 위에서 말한 무사시(武藏), 나라(楢·奈良), 후루(布留)의 地名이 韓半島의 地名과 같다.

이를 보아서, 崇神王은 지금의 天理市에서 大和(야마토) 倭의 政權을 세운 것인데, 그와 그의 一族은 4세기 전반기 혹은 4세기 중엽에 北滿洲를 출발하여(혹은 그 이전에 그 祖上이 韓半島에서 살다가), 百濟와 對馬島를 경유하여 日本列島를 정복한 騎馬族으로 추정된다. 天理市에 남아 있는 崇神王의 前方後圓의 墓制는, 全羅南道 海南郡과 咸平郡의 長鼓山古墳, 對馬島 雞知의 鶴山古墳 등, 百濟지역과 對馬島에서도 볼 수 있기 때문이다. 東京大學의 에가미(江上波夫) 교수는 崇神王이 金海지역을 경유하여 任那國을 세우고, 日本列島를 정복하였다고 하나, 이는 옳지 않다. 任那는

對馬島에 있었다. 5세기 초(400)에 高句麗軍이 日本列島를 정벌할 무렵에, 百濟系인 崇神王은 天理지방에서 政治圈을 형성했던 것으로 생각된다. 崇神王은 이 지방의 三輪(미와)山 부근에서 王朝를 열었다고 한다.

그리고, ㄱ) mima-ki(御間城)의 王名과 mima-na(任那)(日本에서 任那를 mima-na라 함)의 語源이 같고, ㄴ) 御間城王 때에 任那國에서 처음으로 使臣을 보내왔고(『日本書紀』崇神 65年紀), ㄷ) 御間城王이 任那國의 초기 사람이고, 또 ㄹ) 任那 王族의 무덤으로 추정되는 對馬島 雞知의 鶴山古墳과, 天理市에 있는 崇神王의 陵墓가 한가지로 前方後圓墳임을 보아서, 御間城王 즉 崇神王은 任那王族과 同族 관계로 추정된다.14) 廣開土王碑文 辛卯年條에서 任那加羅를 倭의 臣民으로 하였다(以爲臣民)고 한 것은, 이러한 관계로 倭가 任那와 和親한 것을 말한 것으로 생각된다. 그러나, 古代 對馬島는 7세기말경까지 韓半島에 속해 있었다.

廣開土王碑文에 나타나는 倭(倭兵)는, 御間城王이 세운 大和政府에서 보낸 것으로 생각된다. 그러므로, 高句麗軍은 任那加羅 즉 對馬島에 있었던 倭를 치고, 나아가서 倭의 본거지인 大和지방까지 정벌한 것이다. 日本 史家들은

---

14) 拙著, 『日本古代地名研究』, pp.76~89 참조.

高句麗兵이 바다를 건너지 못했을 것이라 한다. 그러나, 安市城 싸움에서 大敗한 唐太宗 李世民을, 萬里長城을 넘어서 지금의 北京까지 추격했을 高句麗人의 氣質15)을 생각한다면, 광활한 滿洲 벌판을 지나서, 內蒙古를 거쳐서, 大興安嶺 山脈을 넘어서 지두우까지 정벌한 大高句麗16)가, 「半날」 또는 「하룻밤」 사이에 건널 수 있는 可視的 거리의 對馬島를 정벌하고, 日本列島의 大和지방까지 정벌했을 것임은 넉넉히 짐작할 수 있다. 4세기 中半에 騎馬族인 崇神王이 바다를 건너서 大和지방까지 정복한 것을 보면, 5세기 초에 步兵과 騎兵 五萬의 高句麗軍이, 倭兵을 뒤쫓아 바다를 건너서, 大和지방을 정벌하지 못했을 턱이 없다. 또 1246년에 惟宗重尙이 北九州에서 二百騎를 이끌고 바다를 건너서(北九州~對馬島 사이, 약 124km), 親高麗 정책을 쓴 島主格인 阿比留平太郎을 정벌하고 對馬島의 島主가 된 사실을 생각하면, 또 1281년 5월, 蒙漢軍五萬人과 高麗元帥 金方慶의 二萬七千人과 苑文虎의 江南軍 十萬人이 北九州에 정벌해 간 것을(『增訂對馬島誌』, p.186) 생각하면, 高句麗의 五萬의 大軍團이 對馬島(任那加羅)를 정벌하고(釜山~

---

15) KBS 歷史스페셜, 2002.8.4, 「安市城 싸움, 고구려는 어떻게 唐을 이겼나」 참조.
16) KBS 歷史스페셜, 「대고구려」(2000.1.8) 참조.

對馬島 사이, 약 50km), 北九州를 거쳐서 天理지방까지 정벌했을 것임은 넉넉히 짐작할 수 있다.

4. 碑文 辛卯年(391)條의 해석

위에서 설명한 바, 高句麗 步騎 五萬의 大軍團이 바다를 건너서 大和倭를 정벌한 것과 관련하여, 廣開土王碑文의 辛卯年(391)條 즉 '百濟新羅舊是屬民 由來朝貢 而倭以辛卯年來 渡海破百殘□□□羅 以爲臣民'을 들어서 해석하기로 한다. 이는 韓日 양국 學者들간에 많은 論難이 되어 왔다. 특히 「倭以辛卯年來 渡海破」 이후의 부분에서, '倭가 辛卯年에 바다를 건너서 百濟와 新羅를 깨뜨렸다(破)'고 하는 日本의 通說에 대하여, 金錫亨 등은 '倭가 辛卯年에 침략하였기 때문에 高句麗가 바다를 건너서 百濟와 新羅를 臣民으로 하였다'로 본 것이다.17) 이와 같은 해석은, 碑文 永樂 10年條(庚子年條)에 나오는 「任那加羅」를 洛東江 流域에 있었던 倭의 지배세력으로 보고 해석한 것이 아닌가 한다. 그러나, 任那加羅는 對馬島이니, 위 碑文

---

17) 金錫亨, 『古代日朝關係史』(勁草書房, 1969) 등.

에서 任那를 對馬島로 보고, 倭를 天理지방의 大和倭로 보면 별로 문제될 것이 없다. □□□羅는 任那加羅로 생각한다. 이를 新羅로 보아서는 안 된다.

이는 다음과 같이 해석된다.

百濟와 新羅는 옛날에 곧(是) 高句麗의 屬民이다. 이러한 까닭으로(由來) (高句麗에)朝貢했다. 그런데, 倭가 辛卯年 以來로 바다를 건너와서 百殘과 任那加羅를 깨뜨리고 臣民으로 하였다.

여기에서 유의할 것은, 「屬民」속민이란 百濟와 新羅가 원래(本是에) 高句麗의 屬民이었는 것이다. 또 「倭以辛卯年來」는 '倭가 辛卯年에 왔다'가 아니고, '倭가 辛卯年 以來로(이후로)'로 보아야 하며, 그 이후의 「破」는 倭가 바다를 건너와서(渡海) 百殘(百濟)과 任那加羅 즉 對馬島를 깨뜨렸다고 보아야 할 것이다. 『日本書紀』(神代紀)에서 對馬島를 「韓鄕之島」라 하였다. 韓半島에 속해 있었기 때문이다. 이 碑文에서 百殘(百濟)을 臣民으로 하였다(以爲臣民)는 것은, 碑文 永樂 10년 記事에 '百濟가 高句麗와의 盟誓를 깨고 倭와 和通하였다'라고 한 것을 말한 것이다. 또 □□□羅 즉 任那加羅를 臣民으로 하였다는 것은, 任那가 百濟系인 倭와 同族 관계로 和親하였음을 말한다. 그러나, 任那는

倭보다 百濟편에 서 있었다. 왜냐 하면, 百濟將 木羅斤資가 任那國을 세웠을 것으로 추정되기 때문이다. 이 碑文에서 '百殘과 任那加羅를 깨뜨리고, 臣民으로 하였다'고 한 것은 이러한 까닭이다. 그러나, 「以爲臣民」은 이 碑文을 지은 자가 과장한 것이다.

廣開土王碑文에 나타나는 倭는 大和지방의 崇神王朝에서 보낸 것인데, 倭가 韓半島에 머문 기간은 그리 오래 되지 않았다. 즉 永樂元年(辛卯年, 391) 이후에 건너와서 永樂 10년(400)에 쫓겨 갔고, 또 永樂 14년에도 帶方界(帶方州 즉 全南 竹軍城인 듯)에 침입하였으니, 倭가 南韓지역에 머문 기간은 길게 잡아서 14년이고, 적게 잡으면 數年에 지나지 않는다. 그런데, 日本 史家들은 任那를 金海지역에 있었다 하고, 이곳을 장기간 支配한 것처럼 생각하여 植民地的 領域云云하였다.18)

이 碑文의 흐름을 보아서, 辛卯年 이후로 倭가 건너와서 百濟와 任那加羅와 新羅를 침략했기 때문에, 高句麗가

---

18) 扶桑社刊『新しい歴史教科書』(2001) 등 日本의 歴史教科書에서는 任那를 洛東江 流域에 있었던 것으로 보고, 『日本書紀』朝貢기사에 나타나는 新羅·百濟·高麗를 廣開土王碑文의 新羅·百濟·高句麗와 같은 것으로 보아, 歴史를 왜곡하여 記述하였다. 그러나, 『日本書紀』朝貢기사의 新羅·百濟·高麗는 對馬島에 있었던 邑落名이니(拙著, 「『日本書紀』朝貢記事 등에 나타난 新羅·百濟·高麗의 比定問題」, 『名稱科學』 제8호 및 이 책에 실은 論文. 참조), 이는 韓半島의 三國과 嚴然히 구별되어야 한다.

永樂 10년에 五萬의 大軍을 보내어 新羅를 도와서 倭兵를 깨뜨리고, 그 본거지인 大和지방(天理지방)까지 追擊추격한 것으로 보아야 할 것이다.

❖『地名學』(韓國地名學會) 7호(2002) 및 『日本古代地名の研究』(東京, 東洋書院), 增補版(2003)에 실은 것

12

對馬島의 名義

1. 對馬島 名義에 대한 諸說

「對馬島」는 무엇을 표기한 것인가. 對馬島의 「對馬」만을 현재 日本에서 tsu-sima(쓰시마)로 읽고 있는데, 이는 命名 당시에 어떠한 語形어형을 표기한 것이며, 또 어떠한 뜻을 표기한 것인가. 이는 借音차음에 의한 표기인가, 아니면, 借訓차훈에 의한 표기인가. 또 「對馬」의 표기는 어디에 살았던 사람이 한 것인가. 그리고, 현재 日本에서 왜 이를 tsu-sima로 읽게 되었는가 하는 것이 문제된다. 이에 이 名義(義, 뜻의)에 대한 筆者의 생각을 말하기에 앞서, 이 섬의 名稱명칭에 대한 여러 표기와, 이 名義에 대한 諸說제설을 살펴보기로 한다.

『三國志』「魏志東夷傳」(倭人傳)에 「始度一海 千余里 至對馬國」의 기록이 있는데, 여기서 「對馬」가 文獻上으로 처음으로 나타난다. 『三國史記』에는 「對馬島」로 나타난다. 『日本書紀』에는 「對馬國·對馬島·對馬洲」로 표기되고, 日本의 『舊事本紀』에는 「對馬州」로 표기되었다. 한편, 唐의 魏徵 등이 지은 『隋書』(倭人傳)와, 唐의 李延壽가 지은 『北史』(倭國傳)에는 「都斯麻」로 표기되었으며, 日本의 『古事記』에는 「津島」(tsu-sima)로 표기되었다. 그리고, 『和名類聚抄』에는 「西海國對馬島<都之萬>」로 표기 되었으며,

『大和本紀』에는 「集島」(tsu-sima)로 표기되었다. 이를 『兩朝平壤錄』(圖書編)에는 「對海國」으로 표기되었다.1)

그리고, 日本의 近古에 와서는 對馬의 「馬」을 생략하여 「對州」로, 朝鮮朝의 文書에는 「對州」, 「馬州」로도 기록하였으며, 지금에 와서는 日本에서 對馬島의 「島」를 생략하여 「對馬」를 tsu-sima로 부르고(읽고) 있다.2) 이와 같이, 이 섬에 대한 표기가 文獻에 따라서 多樣다양하다. 이를 a) 「對馬」와 b) 津島(tsu-sima) 등 이와 비슷한 音의 표기로 나누어 정리하면 아래와 같다.

a) 對馬國, 對馬島, 對馬洲, 對馬州, 對馬, 對州, 馬州.

b) 都斯麻, 都之萬, 津島, 集島.

c) 對海國.

위 a)에서는 對馬에 각각 「國, 島, 洲, 州」가 다르게 添加하였거나, 「對馬州」 중의 어느 字가 생략되었다. 그리고, b)는 借字는 다르나 모두 tsu-sima를 표기한 것이다. 즉 「都, 津, 集」은 tus의 語形을 표기한 것이며, 「斯麻, 之萬」(斯, 之의 日本音 si)은 '島'의 訓인 sima(韓國語의 「섬」)를 표기한

---

1) 『津島紀事』(飜譯本), p.1, p.25. 『增訂對馬島誌』(1973), pp.1~2 등 참조.
2) 『改訂對馬島誌』(1976), p.2 참조.

것이다. 「斯麻」가 ‘섬(島)’을 표기한 것임은, 百濟의 武寧王의 陵墓에서 나온 墓誌에서의 「斯麻王」가 『日本書紀』(武烈紀)의 「嶋王」과 일치함을 보아서 알 수 있다. 여기서 『隋書』, 『北史』의 「都斯麻」의 「斯麻」와 武陵王陵의 「斯麻王(嶋王)」의 「斯麻」가 일치함에 유의할 일이다. 이와 같이, 都斯麻의 「斯麻」가 ‘島’를 표기한 것임을 보아서, 이 「都斯麻」는 「津島」(tsu-sima)와 같은 *tsu-sima의 표기임을 알 수 있다. 「津島」가 기록된 『古事記』는 8세기의 文獻이다. 津島의 「津」(tsu)는, 對馬의 「對」의 聲母 t-가 破擦音化_{파찰음화}한 후대의 音을 표기한 것이고, sima(斯麻)는 ‘島’이니, 津島는 tsu-sima(對馬), tsu-sima(都斯麻)와 같은 것이다. 그리고, c)의 「大海國」은 「對馬島」의 잘못이라3) 보기도 하나, 이는 記錄者의 위치에서 볼 때에 對馬島의 위치가 바다(海)에 對하고 있는 地理的 환경을 반영한 것이다.

그러면, 위 a), b)의 對馬島 또는 津島(tsu-sima) 등의 이름은 무엇을 뜻하는 것일까. 이에 대하여 아래와 같은 네 가지 說이 있다. 그 첫째는 『古事記』의 津島(tsu-sima)의 표기를 글자 그대로 풀이하여, ‘津(tsu)(쓰)가 있는 섬(島)’으로 해석하는 것이다.4) 「津」은 船舶_{선박}을 정박하는 곳으로 ‘나루, 港,

---

3) 『津島紀事』, p.25.
4) “增訂對馬島誌』(1973), p.1, 『改訂對馬島誌』(1976), p.1, 永留久惠, 『對馬

渡'의 뜻인데, 日本에서는 이를 tsu라고 한다. 이 說은 우선 설명하기 쉬운 것으로, 日本에서는 대개 이 說을 따르고 있는 것 같다. 그러나, 이러한 地名의 命名명명 방법은 생각할 수 없다. 對馬島는 古代에 나라(國)가 있었던 큰 섬인데, 이 섬의 이름이 나루(津)가 있는 것에 緣由연유하여 붙여진 것으로 보이지 않는다. 이 說은, 위치상으로 日本의 本州 등지를 중심으로 한 해석으로 보이나, 九州와 本州 등지의 日本人이 古代 韓國 또는 中國으로 가는 途中의 나루(津)는 壹岐島에도 있다. 그리고, 古代에 對馬島 나루(津)의 이용은 日本 쪽에서보다도 韓國 쪽에서 생각하여야 한다. 즉 韓國語의 「바다(海)」는 日本語 wata(海)와 비교되는데, 日本語 wata-ru(渡)는 wata(海)에 動詞化의 접미사 -ru가 첨가한 것이다.5) 그리고, 韓國語의 「배(船)」는 日本語 wani(船)와 비교된다. 둘째, 이 '津의 섬'의 起源說기원설에 반대하여, 『大日本地名辭書』에서는, 이 tsu-sima는 對馬島 南端남단에 있는 「豆酘」(tsutsu)鄕에 由來유래한 것일 것이라 하였다. 즉 이 섬의 南端의 地名이 섬 전체의 이름으로 通用되었다고 보는 것이다.6) 그러나, 「豆酘」(tsutsu)는 京都,

---

の文化財』(1978), pp.5~6 등.

5) 拙稿, 「國語 바다(海)와 日本語 wata-ru(渡)와의 比較」, 『白旻全在旻博士 華甲紀念國語學論叢』(1986).

6) 永留久惠, 『對馬の文化財』(1978), p.95 再引.

壹岐, 武藏 地方의 韓國式 山城을 말하는 tsutsu-ki(筒城, 筒木, 綴喜로 표기함)에서 접미사 -ki가 생략된 것으로, 이는 韓國語의 「잣(城)」과 同源語동원어로 생각된다. 셋째, 對馬島 명칭의 由來에 대하여, 崔南善·金廷鶴님은 韓國語의 '두 섬(二島)'에 유래한 것으로 보았다. 앞에서 본 「都斯麻」는 이 '두 섬'의 표기로 봄직하다. 이 說은 '津(tsu)의 섬'의 說과 함께 해석하기가 쉽다. 그러나, 12세기 초의 『鷄林類事』에 「둘(二)」은 「途孛」로, 또 日本의 『二中曆』에는 tsufuri(二)로 기록되었으니, '二'는 *tobal 또는 *tubul로 再構재구된다. 『七大萬法』에서는 '二'는 「두울」로 표기되었으니, 「두울」의 「울」은 「孛」의 b-가 w-를 거쳐 脫落탈락한 자취이다. 이로써 보면, '二島'는 *tobal-səm 또는 *tubul-səm이어야 할 것이다. 그러므로, 이 '二島'의 由來說도 따를 수 없다. 넷째, 日本人 沙門義堂이 지은 『日用工夫略集』에는 '對馬는 馬韓에 對한다는 뜻(義)'이라 하였다.7) 이 說은 앞에서 본 「對海國」의 이름에서 보는 바와 같이, 位置上으로 是認된다. 그러나, 筆者는 이 對馬島 명칭의 由來를 다른 데에서 찾아야 할 것으로 생각한다.

---

7) 『津島紀事』, p.2 再引.

2. 「對馬」의 表記者

위에서 본 바와 같이, 對馬島의 명칭은 3세기의 陳壽 (233~297)가 지은 『三國志』에 이미 「對馬國」으로 기록되었고, 『三國史記』에는 「對馬島」로 기록되었는데, 이는 어떠한 이름을 표기한 것이며, 이 「對馬」를 먼저 표기한 사람이 누구인가 하는 것이 문제된다. 즉 이는 倭人에 의한 표기인가. 韓國人에 의한 표기인가. 혹은 中國人에 의한 표기인가. 또 이것이 어찌하여 中國의 기록에 오르게 되었는가 하는 것이 문제된다. 이는 다음 三者 중의 어느 것으로 생각된다.

　ㄱ) 「對馬」는 對馬島 사람이 부르는 地名(島名)을, 中國人이 직접 聽取청취하여 이를 「對馬」로 표기하고, 또 이를 文獻(『三國志』)에 올린 것.

　ㄴ) 「對馬」는 北九州의 倭人이거나 大和지방의 倭人에 의하여 표기된 것인데, 이것이 倭에 내왕하던 中國의 使臣에 의하여 中國의 文獻에 오르게 된 것.

　ㄷ) 「對馬」는 對馬島 또는 韓地에 살던 韓國人에 의하여 표기된 것인데, 이것이 韓國의 文獻(『三國史記』)과 中國의 文獻에 오르게 된 것.

이 「對馬」의 표기를 위 ㄱ)으로 보기는 어려우니, 對馬

島 사람이 부르는 tsu-sima를 中國人이 「對馬」로 표기하였다고 보기 어렵다. 古代 中國의 史書에 오른 韓國의 古代 國名·地名도, 中國人의 청취에 의하여 표기된 것이 아니고, 韓國人에 의하여 표기된 것인데, 이것이 中國에 내왕하던 使臣들을 통하여 中國의 史書에 오르게 된 것이다. 즉 「高句麗」(『後漢書』)는 *suri-guru'首城'의 표기이고, 「貊國」(『後漢書』)은 「貊耳」 즉 koma-ki'君城, 君邑'에 유래한 것이고, 「辰韓」(『三國志』)의 「辰」은 「彌知」'邑'의 借訓 표기이고, 「馬韓」(『三國志』)의 「馬」와 「弁辰」(『三國志』)의 「弁」은 kara의 借訓차훈표기로 생각된다.8) 따라서, 「高, 貊, 辰, 馬, 弁」 등의 借訓표기는 漢字를 아는 韓國人에 의한 것으로 보지 않을 수 없다. 따라서, 「對馬」의 표기도 위 三者 중에서 ㄷ)으로 보고자 한다. 이를 ㄴ)으로 볼 수 없으니, 3세기에 倭에 文字가 없었기 때문이다. 百濟의 王仁이 論語 十卷과 千字文 一卷을 가지고 倭에 간 것은 5세기 末경일 것이다. 또 『三國志』가 편찬된 3세기에 倭에 말(馬)도 없었기 때문이다. 즉 『三國志』 「魏志東夷傳」(倭人傳)에 倭에 牛馬가 없었다고 기록하였다.

---

8) 拙著, 『韓國古代國名地名研究』(1982), p.84, pp.87~94, p.131.

其地無牛馬虎豹羊鵲 兵用矛楯木弓

　倭에 말(馬)이 들어간 것은 5세기 末경의 일일 것이니, 『日本書紀』 應神 15世紀에 百濟가 阿直岐를 시켜 良馬 二匹을 보낸 기록이 있다.

十五年秋八云云 百濟王遺阿直岐 貢良馬二匹

　文字를 모르고, 또 말(馬)이라는 동물을 모르는 倭人이 「對馬」를 표기할 수 없었을 것이다. 그러므로, 「對馬」는 倭에 앞서 文字(漢字)와 말(馬)을 가지고 이 섬에 건너가서 살았던 韓國人이거나, 韓地의 韓國人에 의해 표기된 것으로 보지 않을 수 없다. 또 그렇게 보아야 할 이유로서, 「對馬」가 古代 韓國語로 표기되고, 현재의 對馬島 地名에 古代 韓國 地名과 같은 것이 많고, 그 표기에 있어서도 韓國 地名의 표기와 같은 것이 많기 때문이다. 즉 아래에서 보는 바와 같이, 『三國史記』 『新增東國輿地勝覽』 등의 地名과 對馬島의 地名이 표기상으로 일치하는 것을 많이 볼 수 있다.9) 이러한 地名들은, 그곳에 살았던 古代 韓國人

---

9) 上揭書 附錄 「對馬島 地名考」 中 pp.430～434 참조.

에 의하여 文字上으로 定着정착되어, 오늘날에 전하여 온 것으로 생각된다(— 앞 것은 對馬島, 뒷 것은 古代 韓國 地名).

> 鶴山·鶴舞山—鶴山·鶴城山, 鶴翼山—翼山, 飛岳—飛鶴山, 念佛坂—念佛山, 星山·星岩—星山·星巖, 月輪山—月嶽輪山, 龍崎—龍山·龍岳, 雙六坂—雙岳雙山, 笠島—笠山, 白岳白嶽—白岳白嶽, 醴泉町—醴泉郡, 車瀨—車灘, 甑崎—甑山, 龜岳—龜山·龜嶺, 釜浦—釜浦, 鼎冠山—鼎山·冠山

對馬島는 釜山과 약 50Km 정도의 可視的 距離에 있다. 『兩朝平壤錄』(日本部)에 「對馬島는 朝鮮과 서로 對하고 있어서, 對馬島로부터 釜山까지 五百里, 順風의 節은 하루(一日)만에 도착한다」고 하였고, 『皇明從信錄』에는 「釜山과 對馬島는 서로 바라보고 있어, 돛(帆)을 달고 半날(半日)에 도착한다」고 하였다.10) 그리하여, 對馬島는 三韓時代와 三國時代에 韓地에서 많은 사람이 건너가서 살았을 것으로 생각된다. 4~6세기 경 任那國도 對馬島에 있었으며,11) 7세기 말경까지 新羅·百濟·高句麗의 邑落國이 이 섬에 있었다.12) 즉 『日本書紀』 任那 기사에 나타나는

---

10) 『津島紀事』, p.26 참조.
11) 拙著, 『任那國과 對馬島』 등 참조.

新羅·百濟·高麗는 이곳의 邑落國들이다. 현재 對馬島에는 이러한 邑落國들이 남긴 地名들을 볼 수 있다.

이를 보아서, 「對馬」는 漢字에 익숙한 古代 韓國人에 의해 표기된 것으로, 이것이 中國에 내왕하던 使臣들에 의하여 『三國志』에 오르게 되었을 것이다. 2~4세기 경에 築造축조된 金海 良洞里 古墳에서 漢代의 거울(銅鏡)과 銅鼎 동정 및 높은 수준의 裝身具장신구 등이 出土됨13)을 보아서, 3세기 경의 加耶人들에게나 對馬島에 살았던 韓國人에게 「對馬國」 등 固有名詞를 표기할 수 있는 漢字 使用의 능력이 있었던 것으로 생각한다.

3. 「對馬島」는 「가라섬」의 表記

다음에는 「對馬」의 두 字가 어떠한 語形을 표기한 것이며, 그 뜻이 무엇이냐 하는 것이 문제된다. 결론부터 말하면, 이는 借訓에 의한 '城邑'을 뜻한 *kara의 표기로, 對馬島를 말하는 韓鄕之島 또는 韓島의 「韓」 또는 三韓의 「韓」(kara)과 같은 語形을 표기한 것으로 생각된다. 이에

---

12) 上揭書, pp.150~193 「對馬島內의 新羅·高麗(高句麗)·百濟」 참조.
13) 拙著, 『日本古代地名硏究』, pp.263~266 참조.

「對」와 「馬」로 표기된 말을 中世國語와 古代 地名에서
보기로 한다. 먼저 「對」의 訓을 보면, 이는 '並 · 比 ·
敵 · 等 · 雙' 또는 '相對 · 對等'의 뜻이 있다. 그런데, 이
들의 中世國語 訓이 「곫-」이다.

굴바쓰면(並書)(『訓正諺解』)

굴올병(並)(『類合』 下 30)

감히 엇게를 굴오리아(敢比肩)(『杜初』 廿二 53)

굴오리 업스니(無敵)(『杜初』 八 26)

굴올뎍(敵)(『字會』 下 24)

굴온 짜기 업스샤(無等倫)(『法華』 三 101)

굴올둥(等)(『石峯千字』)

굴오기(雙童이)(『字會』 上 33)

위 「굴오-」는 「굴ᄫ-」에서 變異변이한 것인데, 「굴ᄫ-」
는 「*굴ᄇ-」로 再構재구된다. 이 「*굴ᄇ-」의 「ᄇ」은 접미
사이다. 이는 「깃브다(喜)」, 「그립다(慕)」, 「늘캅다(刃)」에서
와 같이 形容詞化의 접미사로 첨가되나, 「ᄇᆞᆲ다(踏)」(「발」에
서), 「ᄉᆞᆲ다(白)」(술'숨'에서) 등과 같이, 動詞化의 접미사로도 첨
가된다.14) 그리고, 「곫-」의 語根 「굴-」의 古代形은 두 音
節음절의 「*ᄀᆞᄅᆞ-」(*kᴧrᴧ)로 再構되는데, 「對馬」의 「對」는

그 異形態인 *kara의 표기로 생각된다. 현재 慶尙道 方言에서 ‘相對, 敵對, 報復보복’의 뜻을 가진 「갚-」의 語根인 「갈-」(그의 古代形 *kara)도 이와 同源語동원어로 생각된다. 그리고, 이는 滿洲語 karu[15)]와도 同源語로 생각된다.

> karu 갚음, 應報
>
> karu-bumbi 갚다. 應報하다.
>
> karu-gaimbi 원수를 갚다(復讐)
>
> karu-la 報復하라.

다음에는 古代 地名에서 「並·敵·雙」의 표기를 보기로 한다.

> ㄱ) 斤平郡 ＜一云並平＞ (『史記』 地理 4, 高句麗)
>
> ㄴ) 韓敵城 (『輿覽』 21, 軍威, 山川)
>
>   cf. 韓始城 (『史記』 7, 文武 12)
>
> ㄷ) 雙峴城 (『同』 地理 4, 未詳地分)
>
>   cf. 文峴縣 ＜一云斤尸波兮＞ (『同』 高句麗)

---

14) 拙稿, 「動詞派生의 ‘ㅂ’系 接尾辭考」, 『蘭汀南廣祐博士華甲紀念論叢』 (1980), pp.171~190 및 拙著, 『國語學論攷』 참조.

15) 羽田 亨, 『滿和辭典』(京都帝大, 1937), p.267.

위 ㄱ)의 斤平=並平의 等式 관계에서, 「斤」(*kən→kənə〉kərə)과 「並」(「곫-」의 「굴-」은 *kʌrʌ에서 變異한 것으로, 접미사 「-ㅂ」은 후대에 발달)이 대응하니, 「斤」은 借音표기이고 「並」은 借訓표기이다. 그리고, 「平」은 訓이 「고르-」로서 「斤平」과 「並平」은 각각 *kara 또는 이와 비슷한 語形을 重複중복표기(또는 二字化 표기)한 것이다. 그리고, ㄴ) 韓敵城의 「韓」은 借音에 의한 kara의 표기이고, 「敵」은 借訓에 의한 「곫-」의 語根 「굴-」(<*kara)를 표기한 것으로서, 「韓敵」도 *kara의 重複 또는 二字化의 표기로 생각된다. cf.의 「韓始」도 같은 표기로 보이니, 「始」는 15세기 國語가 「긋」이나, 終聲종성의 「ㅅ」은 「ㄹ」에서 변한 것으로, 「긋」의 古代形은 *kʌrʌ로 생각된다.16) 이는 깔깔하다의 「깔」'新'과 同源語이다. ㄷ) 雙峴의 「雙」도 위 「굴오기(雙童이)」에서 본 바와 같은 *kʌrʌ의 표기로 보이니, 雙峴은 cf.의 文峴〈斤尸波兮〉과 같은 語形의 표기로 생각된다. 즉 文峴=斤尸波兮의 관계에서 「文」의 訓은 「글」인데, 「斤尸」는 '大'를 뜻하는 *kərə 또는 *kara를 借音표기한 것이며, 「峴」은 「波兮」(「바위」의 古代形)를 漢譯한역한 것이다.

다음에는 「馬」의 표기를 보기로 한다. '馬'의 現行語는

---

16) 拙著, 『韓國古代國名地名硏究』, p.179, pp.261∼285 참조.

「말」이나, 그의 古代語는 *kərə 또는 *kara였을 것이다. 즉 윷놀이의 도(돝, 猪), 개(狗), 걸(馬), 윷(牛, 日本語 usi), 모(馬)는 扶餘의 猪加・狗加・馬加・牛加에서 온 이름인데, 이 중에 말(馬)을 뜻하는 것에 「걸」과 「모」(<믈)가 있다. 이 「걸」은 「말(馬)」이 들어오기 전의 在來種의 말이 아닌가 생각된다.17) 그리하여, 『三國史記』의 高句麗 大武神王條에 보이는 神馬名의 「駏驤」는 이 「걸」의 古代形 *kərə/*kəru의 표기로 보인다.

秋九月王田骨句川 得神馬 名駏驤 (『史記』14, 大武神 3)

이를 보아서, 「對馬」의 「馬」는 *kərə 혹은 그 異形態이형태인 *kara의 표기로, 이는 「對」(*kara)와 같은 語形을 표기한 것으로 생각된다. 그리하여, 「對」와 「馬」는 두 字로써 韓島(kara səm)의 *kara(韓)를 重複중복 표기한 것으로 추정된다. 이와 같이, 같은 語形의 重複표기에 의한 二字化의 표기는 아래 地名에서도 볼 수 있다.

ㄱ) 武邑縣本百濟武斤村 (『史記』, 地理 3, 金堤)

---

17) 朴恩用, 「윷놀이 걸에 대하여」, 『藏庵池憲英先生華甲紀念論叢』(1971), pp.503~532.

ㄴ) 新復縣本加尸兮縣 (『同』, 地理 1, 高句麗)

ㄷ) 茂豊縣本茂山縣 (『同』, 地理 1, 開寧)

ㄹ) 永同郡本百濟吉同郡 (『同』, 地理 1, 永同)

ㅁ) 斤平郡<一云 並平> (『同』, 地理 4, 高句麗)

위 ㄱ) 武斤=武의 관계에서, 「武」는 「刀(칼)」의 借義에 의한 표기이고, 「斤」은 借音표기(*kərə, 前述)로서, 「武斤」은 「武」(*kara)와 같은 語形의 重複표기로 생각된다. ㄴ) 加尸=新復의 관계에서, 「新」은 「始」와 한가지로 15세기 國語가 「궃」이나 古代 語形은 *kʌrʌ로 생각되며, 「復」은 「替」(訓, 「갈-」)와 뜻이 통하므로 「新復」도 「加尸」(*kara)와 같은 語形의 重複표기로 보인다. 「加尸」는 *kara/*kʌrʌ의 단순표기로, 「新復」과 대응관계에 있다. ㄷ) 茂=茂豊의 관계에서 「茂」의 15세기 訓이 「짓」이나 古代 語形은 *kir(길-)로 추측(「茂山」은 「갈미」山系의 표기로 추측)되며, 「豊」은 "잔치가 걸다(豊足하다)"에서 보는 바와 같이, 「걸-」의 古代 語形을 표기한 것으로, 「茂豊」은 같은 語形을 重複표기 한 것으로 보인다. ㄹ) 吉同=永同에서 「吉」은 借音표기이고, 「同」(訓 「귿-」)은 借訓표기이고, 「永」(訓 「길-」)은 借訓표기로, 「吉同」과 「永同」은 각각 kVdV 또는 kVrV의 重複표기로 생각된다. ㅁ)에 대하여는 앞에서 말하였다. 위 5例에서, ㄷ)

을 제외한 4例는 '城' 또는 '邑落'을 뜻하는 kara系 地名으로 보인다. 그런데, 그 표기에 있어서 즉 借訓字의 경우, 同音異義語동음이의어字를 겹쳐서(新復·茂豊·永同·並平 등), 또는 借訓字·借義字와 借音字를 겹쳐서(茂斤·武斤) 표기하되, 어떠한 뜻을 갖도록 표기하였다. 즉 「武斤」은 '武의 날(斤)', 「新復」은 '새로 회복', 「茂豊」은 '무성하고 풍부', 「永同」은 '오래토록 같음', 「並平」은 '나란히 고름(平)'으로 각각 二字씩 결합하여, 부르기에도 편리하고 그 나름의 뜻도 가지게 하였다. 이로써 보면 「對馬島」는 「가라섬」을 표기하되, '馬韓을 對하는 섬(島)'의 뜻을 갖도록, 환경을 감안하여 借字하였다(pp.229~230 참조). 이는 第二의 命名이다. 따라서 앞서 말한 沙門義堂의 말, 즉 「對馬」는 馬韓에 對한다는 뜻이라는 말이 是認된다.

　다음은 「對馬」로써 표기된 kara가 무엇을 뜻하는가를 보기로 한다. 이는　앞에서 말한 바, 韓島의 「韓」(kara)를 표기한 것이다. 『日本書紀』의 「韓鄕之島」한향지도는 「韓島」(kara-sima의 표기)에 對馬島 十鄕의 「鄕」과 「之」(의)를 더한 것인데, 韓鄕之島와 韓島가 對馬島임은, 韓鄕之島의 神話에 나오는 나무 이름과, 그 섬 出身의 韓島勝娑婆(『日本書紀』天智 10年紀)의 이름 등에서 알 수 있다. 그러므로, 「對馬島」는 이 「韓島」 즉 *kara-sima, 또는 *kara-səm(가라섬)을 표기한 것으로 생각한다. 對馬島를 「가라섬」으로 부름은, 對馬島에서도 韓地에서와 한가지로 ‘城’이나 ‘큰 마을’(邑落)을 *kara라 불렀기 때문이다.

4. 對馬島와 「쓰시마」(對馬)

위에서 「對馬島」는 「가라섬」(韓島)을 표기한 것이다 하였는데, 「對馬」를 왜 tsu-sima로 부르게 되었는가 하는 것이 문제된다. 이는 「對馬」가 원래 借訓에 의한 표기였는데, 이를 借音으로 읽은 것에 비롯된 것이다. 이는 韓地 國名에서도 한가지이니, 앞에서 例로 든 高句麗의 「高」, 貊耳의 「貊」, 馬韓・弁韓・辰韓의 「馬・弁・辰」은 원래 借訓표기였으나, 후대에 와서 借音으로 읽게 되었다. 현재 日本에서 「對」를 taj(다이)(j는 半母音)로 읽는 한편, 「對」를 tsuj(쓰이)로도 읽으니, 두 개가 ‘相對’ 또는 ‘짝’을 이루는 것을 tsuj(對)라고 한다. 또 이를 tsuj-suru(짝하다)라고도 하니,18) 이는 taj(對)-suru에서 tsuj(對)-suru로 變異한 것이다. taj(對)가 tsuj(對)로 變異한 것은, 對句대구를 tsujku(쓰이쿠), 對聯대련을

---

18) 新村 出, 『辭苑』, pp.1415~1416.

tsujren(쓰이렌)으로 읽는 데서도 볼 수 있다. 이와 같이, 日本에서 taj(對)가 tsuj로 變異한 것은, 發音上의 努力經濟노력경제에 의한 것이다. 즉 taj(對)를 發音할 때에, t는 齒莖音치경음이므로, t의 調音조음과 함께 혀(舌)의 위치가 높아짐에 따라서 開母音 a가 閉母音 u로 變異하고, t의 調音位置가 硬口蓋쪽으로 推移추이하여 ts로 破擦音化파찰음화한 것이다. 이와 같은 音韻음운의 變化現像은 國語에서도 볼 수 있다.19) 아래의 例는, 韓國語에서는 t를 유지하고 있으나, 日本語에서는 ts로 破擦音化한 것이다.

ㄱ) 通學통학 : tsu：gaku(쓰으가쿠), 通快통쾌 : tsu：kaj(쓰으카이)

堆朱퇴주 : tsujsju(쓰이슈), 堆黑퇴흑 : tsuj koku(쓰이코쿠)

ㄴ) 두루미(鶴) : tsuru(쓰루)(鶴), 탈(面) : tsura(쓰라)(面)

두레박(汲水用器) : tsurube(쓰루베)(汲水用器),

구두(洋靴) : kutsu(쿠쓰)(靴)

이를 보아서 오늘날 tsu-sima(對島)의 tsu(對)는 taj(對)에서

---

19) 拙稿, 「古代國語 t의 破擦音化에 對하여」, 『國語學』(國語學會) 第14輯 (1985) 및 拙著, 『國語學論攷』 참조.

變異한 것으로, 「對馬島」는 아래와 같은 音韻上의 變化의 과정을 밟은 것임을 알 수 있다.

tajma(對馬)-sima(島) > tujma-sima > tsuj-sima > tsu-sima(對馬)

위 語形 변화에서, tujma-sima에서 第二音節의 ma는 끝 音節의 ma와 겹쳐지기 때문에 생략(tujma-sima>tsuj-sima)된 것으로 생각된다.

한편, 「對馬」를 tsu-sima로 읽는 것은, 「對馬」를 音讀한 tsuima가 sima(島)와 心理的으로 聯合하여 tsuj-sima>tsu-sima(>쓰시마)로 變異한 것으로도 볼 수 있다.

❖拙著, 『日本古代地名研究』(1996) 및 『日本古代地名の研究』(東京, 東洋書院, 2000), 『同』增補版(2003)에 실은 것

13

對馬島의 神社名

日本의 神社는 그들의 祖上神을 모신 곳이니, 우리의 사당(廟)과 같은 것이다. 그런데, 對馬島에 있는 神社名과, 그곳에 祀한 祭神名이 韓國 地名과 韓國語로 풀이되는 것이 많다. 이는, 對馬島에 7세기 말경까지 新羅·百濟·高句麗의 邑落國이 있었으며, 당시 이 곳에 사는 사람들이 韓國 사람들이었기 때문이다. 또 이는, 古代에 많은 韓國人이 이곳을 거쳐서 日本列島로 건너갔음을 뒷받침한다.

1. 伊奘諾尊(이사나기노 미코토), 伊奘冊尊(이사나미노 미코토) 등의 祭神名

아래 神社의 두 祭神名은 日本王의 始祖格인 天照大神의 父母의 이름이라 한다. 그런데, 이 神(神人)을 祀한 神社가 對馬島의 여러 곳에 있다.

大祖神社 祭神二座 伊奘諾尊 伊奘册尊(泉村)

彦權現社(彦山權現의 略稱) 伊奘諾尊 伊奘册尊 天忍骨尊(越高村)

彦權現社 祭神一座 伊奘諾尊(久原村)

愛宕／神社 祭神二座 伊奘諾尊 火産靈尊(嚴原)

뿐만 아니라, 女神인 天照大神(아마테라스 오오미카미)와 그의 男弟인 素盞嗚尊(스사노오노 미코토)와, 이른바 天孫인 瓊瓊杵尊(니니기노 미코토)와, 第1代王인 神武王 등 日本 王族의 祖上을 祀한 神社도 있다.

多久頭魂神社 祭神 天照大神 天忍穗耳尊 彦火能邇邇藝尊(豆酘 龍良山)

島大國魂神社 祭神 素盞嗚尊(豊村)

山形社 祭神 素盞嗚尊 五十猛尊(琴村)

若宮神社 祭神 神武天皇(大山 仁田崎)

위 多久頭魂(다쿠쓰다마)神社에는 天照大神과 瓊瓊杵尊(邇邇藝尊)을 함께 祀하고 있다. 對馬島에서 素盞嗚尊과 그의 父子, 그의 妃를 祀한 神社名을, 『津島紀事』에서 50餘個 社를 볼 수 있다. 對馬島에 素盞嗚尊家의 神社가 이렇게 많은 것으로 보아서, 또 素盞嗚尊이 韓國에서 苗木을 가져다가 심었다는 三峯山이, 현재 神山으로서 住民의 출입을 禁하고 있는 것 등을 보아서, 그는 對馬島에 거주한 實存人物이었음을 알 수 있다. 또 그의 누님(姉)인 天照大神과 그의 父母인 伊奘諾尊과 伊奘册尊도 實存人物로 생각된다. 그런데, 그의 父母인 두 神人名은 韓國의 地名과 韓

國語로 풀이된다.

伊奘諾(isanagi)尊(미코토, 尊은 尊稱)와 伊奘册(isanami)尊(미코토)는 아래와 같이 분석된다.

isa + no + agi(男)   →   isa-nagi(伊奘諾)

ias + no + ami(女)   →   isa-nami(伊奘册)

이 두 神人名은 新羅 초기에 新羅에 倂合병합된 ‘伊西國의 男子’와 ‘伊西國의 女子’에 유래한다. 즉 isa는 ‘伊西’이고(西의 古代音 sa), agi와 ami는 古代國語 ‘男’과 ‘女’의 뜻이고, no는 ‘의’를 뜻하는 助詞이다. 이에 대하여서는 拙著『日本古代地名研究』(1996)(p.2)에서 자세하게 설명한 바이다. 天照大神이 살았던 高天原(다카마노하라)도 伊西國과 그 부근에 比定된다. 이를 보아서, 「古代에 韓土로써 日本의 뿌리(底根國)로 삼고 本州(對馬島)로써 本邦(日本 本土)(邦, 나라방)의 關門관문으로 하였다」1)는 말이 이해될 것이다.

---

1) 『津島紀事』(번역本), p.23.

2. 阿麻氏留(아마테루)神社, 天照(아마테라스)神社

　　阿麻氏留(아마데루)神社는 小船越(고후나고시)에 있다. 이 곳은 大船越(오오후나고시)와 함께 韓國에서 日本으로 가는 海運해운의 要衝地요충지로서, 「大船越」은 큰 배'船'를 끌고 넘어'越'가는 곳이라는 데서 생긴 地名이다. 이곳은 瓊瓊杵尊 때에 對馬島 縣主인 天日神命(아마노히가미노 미코토)가 통치하던 府가 있었던 곳이라 하며, 그의 子孫이 對馬島 縣主현주가 되어 이 社를 지어 天日神命을 祀사한 것이라 한다.2) 이와 같은 이름의 天照(阿麻氏留의 異表記)神社는 嚴原(이즈하라)와 佐賀(사가)에도 있는데, 『津島紀事』에는 이 祭神을, 天照大神의 아들인 天穗日命이라 하고, 그의 아들인 天日神命이 對馬島 縣主가 되었을 때에 세운 祖上神의 사당'祠'이라고 하였다.3) 그런데, 日王의 始祖格인 天照(아마테라스)大神과 이 阿麻氏留(아마테루)의 語形上의 비교에서, 兩者는 거의 같다. amatera-su(天照)의 su는 ama-tsu-kami(天津神), kuni-tsu -kami(國津神)에서 보는 tsu(쓰)와 같은 助詞(사이시옷)이다. 즉 amateru(阿麻氏留)와 大神 사이에 助詞인 tsu가 첨가한 것인데, amateru-tsu를, 그 神人을 높이는 뜻에서

---

2) 阿比留緩治, 『對馬島神社誌』(1966), p.49. 위 『津島紀事』, p.363.
3) 『津島紀事』, p.110.

「天照」(amaterasu)로 借字한 것이다(「照」의 訓 terasu). 그러므로, 天照(아마테라스) 大神과 天照(阿麻氏留)의 이름은 같은 語源이라 생각한다.

다음에는 ama-tera와 ama-teru의 뜻이 문제된다. 이는 ama와 tera / teru의 두 形態형태로 나누어 고찰할 수 있다. 즉 ama는 '主'를 뜻한 말이니, 韓國語의 「어마님」(『龍歌』 90)의 əma(母), 日本語 omo(母, 主)와 同源語로 생각된다. 그리고, tera / teru는 『三國遺事』의 「突山高墟村長曰蘇伐都利」에서의 「都利」와 같은 것이다. 「蘇伐」은 *so-pərə'首邑, 首村'의 표기이고, 「都利」는 尊者에 대한 呼稱호칭이다. 그러므로, ama-tera(-su)(天照) 또는 ama-teru(阿麻氏留)는 '主尊者'에 유래한다. '主尊者'를 뜻하는 ama-teru(-su)를 「天照」로 표기함은, 그 神人을 높이는 天道思想에 의한 것이다.

3. 和多都美(와다쓰미)神社, 海神(와다쓰미)神社

豊玉(도요타마)町 仁位(니이)에 和多都美(와다쓰미)神社가 있는데, 『對馬神社誌』에는 「渡海宮」이라 하였다. 仁位는 이 地方의 中心地로 西海에 眞珠진주가 생산되며, 韓國과도 交通이 편리한 곳이다. 이 神社의 祭神제신은 彦火火出見尊(히

코호호데미노 미코토)와 豊玉姬命(도요타마히메노 미코토)인데, 이 夫婦가 宮을 짓고 살았던 곳이라 한다. 瓊瓊杵尊(니니기노 미코토)의 아들인 彦火火出見尊이, 잃은 鉤(갈고리구)를 찾아서 上國(韓國을 말한 듯)에서 내려와서 豊玉姬命에게 장가들어 살았는데, 上國에 돌아간 후에, 그 宮跡에 이 두 神人을 祀한 것이라 한다.4) 그리고, 木坂(기사카)의 海神神社(八幡宮)도, 古書類에 의하면, 和多都美(와다쓰미) 八幡宮이라 한다. 이 神社에는 위 두 神人과 그 외 神人을 祀하고 있다. 佐賀(사가)와 根緖(네오)에도 和多都美神社가 있다. 海神을 watatsumi(와다쓰미)라 하는데, 海神의 正體는 海龍 즉 龍蛇용사라 한다.5)

이 watatsumi(和多都美, 海神)의 語源에 대하여 보면, wata는 韓國語의 「바다」(海), 日本 古代語 wata(海)에 유래하며, tsu는 助詞(韓國語 사이시옷)이다. mi는 韓國語의 「배미, 뱀(蛇)」, 日本 古代語 hemi(現行語 hebi, 蛇, m~b의 交替)의 略形으로 생각된다. 즉 *pata-tsu-baimi>wata-tsu-hemi>watatsumi'海龍'로 變異한 것이다. 이 神社에는 海龍을 祀한 것이다.

---

4) 위『對馬島神社誌』, p.54.

5) 永留久惠,『對馬の文化財』, p.156.

4. 加志神(가시가미)神社

이 神社는 狩尾(가리오)에 있는데, 大國魂神을 祭神으로
하고 있다. 그리고, 嚴原(이즈하라)의 棧原(사지키바라)의 西편
에 있는 地主(지누시)神社는 원래 加須加美(가스가미)神社였다
고 한다. 이 神社도 大國主神을 祭神으로 한다. 古里(후루사
토)에도 大國主神을 祀한 地主社가 있다. 이 祭神은 素盞
嗚尊의 아들 또는 六世孫이라고 한다. 加志神(가시가미)의
加志(가시)와 加須(가스)의 「志·須」는 相通하는 것으로, 加
志加美(가시가미)란 '天下의 土地의 主', 또는 '大國主'를 말
하는 것이라 한다.6) 天下니, 大國이니 하는 표현은 과장
된 것이다. 地主(지누시)란 그 地域의 渠帥(首長)를 뜻한다. 즉
kasi-gami(加志神)는 그 地方의 '首長(kasi) 즉 渠帥거수의 神人
(kami)'을 뜻한다. 『魏志東夷傳』(弁辰條)에 '弁辰十二國의 여
러 작은 別邑에 각각 渠帥가 있었다'고 하였는데, 加志(가
시), 加須(가스)는 渠帥와 같은 것으로 생각된다.

---

6) 위『津島紀事』, p.307.

5. 那須加美(나스가미)노　金子(가네코)神社

　　志多賀(시다가)에　있는　이　神社는　曾尸茂梨(소시모리)　大屋
彦神(五十猛命의 別名)을　祭神으로　한다.　素盞嗚尊이　그　아들
五十猛命을　데리고　韓地의　曾尸茂梨(소시모리)에서　八十樹
木種을　가지고　와서　이곳에　심었는데,　이곳을　靈地영지로
하여,　住民들의　출입을　禁하고　있다고　한다.7)　이곳의　祭
神　曾尸茂梨는　韓國의　慶州를　말하는　것인데,　그　出身地
의　이름을　따서　人名(神人名)으로　하고　있다.　그런데,　이　神
社名　「那須加美」는　'主神(地主神)'을　뜻하는　nusi'主'의
kami'神'에서　온　것으로　보인다.　즉　nasu를　日本語　nusi
'主'의　異形態로　보고자　한다.　그리고,　이　nasu / nusi'主'
는　韓國語　nara(나라님의「나라」, '主')의　異形態인　nuri(王)와　비교
되니,　日本語　nusi'主'는　韓國語　nuri의　r이　s音化한　것이
다.　韓國語의　별(星):日本語　hosi(星),　발(足):asi(<*pasi)(足),　벌(蜂):
hatsi(蜂),　물(水):mid$_3$u(水)와　같이,　韓國語의　r, l이　日本語　s,
ts와　대응한다.

　　그리고,　金子(kane-ko)는　kara-ki　또는　kara-ko와　같은　語源
이다.　對馬島의　枌木(huru-ki),　辰韓　六村名　중의　韓岐(*kara-ki),

---

7)『新對馬島誌』, p.939. 위『對馬神社誌』, p.75 등.

日本 地名이나 人名에서 보는 唐古(kara-ko), 唐子(kara-ko), 韓子(kara-ko), 등은 이와 同源(동원)의 地名으로 생각된다. kane(金)와 kara(韓)의 비교에서, 母音間의 n:r의 대응은 韓國語 ᄆᆞᄅ(宗):日本語 mune(宗), 마루(山마루):mine(峯) 등에서 볼 수 있다. 「노」는 '의'의 뜻이다. 金子(kane-ko)는 白子(sira-ko)와 함께, 日本에서 韓國人의 姓으로도 쓰였다. 韓子(kara-ko)에 유래한 kane-ko(金子)의 姓은 關東地方에 많이 分布한다. 이 神社名은 'nusi'主'의 神人인 kara-ko 神社'로 해석된다. 祭神인 五十猛命이 新羅에서 건너온 韓(kara)國의 神人임을 말한다.

6. 銀山上神社와 諸黑神(모로구로가미)

對馬島 樫根(가시네)에 銀山神社가 있다. 日本 天武 3年(675)에 對馬島에서 처음으로 銀을 朝貢조공했을 때에, 이곳에 祠(사당사)를 지어 諸黑神(모로구로가미)를 祀(사)했다고 한다.8) 그리고, 久根(구네)村(田舍)에 銀山上神社가 있는데(畵報 참조), 여기서도 諸黑神를 祀하고 있으며, 그 相殿상전에 安

---

8) 阿比留緩治, 『對馬神社誌』, p.31.

德天皇을 祀하고 있다고 한다. 또 이 神社는 天武 年間에 지은 것으로, 옛날에는 大調(調는 貢物을 바치는 것)의 神, 또는 御所大明神을 祀했다고 했다.9) 위 銀山上神社의 祭神名에서 moro-kuro(諸黑)의 뜻이 문제된다. 日本語에서, '諸'를 뜻하는 moro는 韓國語의 「무리」'群'와 비교된다. 그리고, kuro(黑)는 借訓표기로서, kara(韓)와 同源語이다. 『萬葉集』에도 그 作者名에 「黑人乃作」(kuro-hito no saku)가 보이는데, 이는 '韓人(kara-hito)의 作'의 뜻이다. 즉 「黑人」(kuro- hito)(hito는 '人'을 뜻함)은 韓人(kara-hito)을 표기한 것이다. 그러므로, moro-kuro-kami(諸黑神)는 銀鑛은광을 개척한 '여러(무리, 群) kara(韓)의 神人'으로 해석된다. 이 神社名을 보아서, 銀鑛의 採掘채굴은 韓人에 의한 것임을 알 수 있다. 『對馬島誌』의 편자인 히노(日野淸三郎)씨는, 이곳의 銀은 金田城의 築城축성(667)을 위해서 온 百濟人이 採掘한 것이 아닌가 하고 있다.10) 古代 日本에서 新羅·百濟·高句麗·任那(對馬島)를 모두 韓(가라)라고 하였다.

---

9) 上揭書, p.24.

10) 永留久惠, 『古代史の鍵·對馬』(大和書房, 1975), p.153 再引.

7. 都都智(쓰쓰치)神社, 住吉(스미요시)神社

都都智(쓰쓰치)神社는 尾崎(오사키)에 있는데, 그 祭神은 表筒男神·中筒男神·底筒男神이다. 對馬島 雞知 住吉(스미요시)神社에도 같은 三神人을 祭神으로 하고 있다. 壹崎島의 芦辺(아시베)에도 住吉神社가 있는데, 祭神은 한가지이다. 『延喜式』에 의하면, 住吉神社의 總數총수는 2,500에 이르는데, 그 중에서 代表할 만한 住吉五大社는 對馬島(雞知)·壹岐島(芦辺)·筑前(博多)·長戶(下関)·摂津(大阪)에 있어, 이들이 韓地에서 飛鳥(明日香)·奈良로 가는 海上 루우트에 位置위치함에 유의할 것이다. 이 神社들의 祭神은 表·中·底의 세 「筒男神」 즉 tsutsu(쓰쓰) no wo no kami('筒'의 男의 神')를 말한다. 그러므로, 「筒男神」은 그 곳의 '城의 男神' 즉 '城主'를 가리키는 것이다. 즉 tsutsu(쓰쓰)는 日本의 사시'城', 國語의 잣'城'과 같은 것이다. 그리고, 都都智神社의 「都都」는 이 tsutsu(筒)'城'를 다르게 표기한 것이다. 또 筒城(tsutsu-ki)는 tsutsu'城'에 접미사 -ki가 添加한 것이고, 이 神社名의 都都智(tsutsu-ti)는 tsutsu'城'에 인칭접미사 -ti가 첨가한 것이다. 이 -ti는 世里智, 金閼智, 乙支 등 古代 韓國의 尊者名에서 볼 수 있다. 따라서, 都都智(tsutsu-ti)神社는 '城主를 祀한 神社'로 해석된다. 이 神社名은 十城別王

을 祭神으로 하는 小浦(고우라), 久田(구타) 소재의 志志岐(시시키)神社와 같은 유래로 생각된다. sisi-ki는 十城別王의 이름에서 보는 바 '城'을 뜻한다. 日本에서 城을 sasi라 하는데, 이 말도 國語의 잣(城)과 같은 말이다. sisi-ki는 sasi-ki에서 변한 것이다.

8. 織神(오리가미)大明神社

이 神社는 鑓川(야리가와)에 있는데, 神社名 ori-gami(織神)에서 ori는 '織'의 뜻이고, gami는 '神人'의 뜻이다. 그리고, 그 祭神은 宇禮媛(우레히메)와 吳媛(구레히메)이다. 이는 '日本 應神 37年에 支那(中國)의 吳縣의 工女 宇禮媛과 吳媛을 本朝에서 불러서, 가는 도중에 이곳에 들러 마을 사람들에게 機織기직의 技術을 전해준 관계로, 이 곳에 祠(사)를 세운 것이라'한다.11) 日本에서 織女(織, 짤직)를 불러서 織物직물의 技術을 받아들였다는 것은 『日本書紀』應神 37年紀와 雄略 14年紀에 나타나 있다. 『日本書紀』에서는 사람을 吳(구레)에 보내어 데려온 것으로 기록되었다. 그러나, 당시에

---

11) 阿比留緩治, 『對馬神社誌』, p.61.

中國의 吳는 이미 滅亡한 후이므로, 年代上으로 맞지 않는다. 『古事記』에 따르면 吳服(吳媛)은 百濟에서 보내온 것으로 기록되어 있다. 이 神社의 祭神名 ure-hime(宇禮媛)와 kure-hime(吳媛)에서, ure(宇禮)와 kure(吳)는 그의 出身 地名이고 hime(媛)는 女子에 대한 존칭인데, ure(宇禮)는 百濟의 首都 慰禮城위례성에 比定되고, kure(吳)는 한 때 百濟의 首都였던 公州의 仇乙(*kurə)에 比定된다. 따라서, 이 두 縫織(縫, 꿰맬 봉, 바느질할 봉)의 女人은 百濟人으로 보아야 한다.

위에서 본 것 외에, 對馬 上島 西海岸 唐洲(가라수)村에 있는 北辰妙見神社의 神體는 木像인데, 이 神社는 百濟 王子 琳聖의 靈을 祀한 것12)일 것이라 한다.

❖拙著, 『日本古代地名研究』(1996) 및 『日本古代地名の研究』(東京, 東洋書院, 2000), 『同』 增補版(2003)에 실은 것

---

12) 위 『津島紀事』, p.347.

14

對馬島 方言에 남아 있는 韓國語의 자취

　1950년 日本言語學會에서 이 섬의 方言을 조사한 報告書1)에서, 對馬島 方言이 韓國語와 관계가 없고, 日本語 특히 九州 方言과 관계가 깊다고 하였다. 즉 요시마치(吉町義雄)씨는 九州學會聯合 對馬共同調査委員會의 이름으로 낸 報告書에서, 對馬島 方言은 韓國語의 영향은 語法上으로 찾아볼 수 없으며, 方言으로서의 調査할 재미가 없다고 하고, 옛날도 그러했을 것이며, 중앙의 標準語가 모든 九州 離島(離, 떠날리)에 한가지로 浸透침투했을 것이라 했다.2) 그리고, 이즈미(泉井久之助)씨도 對馬島 方言의 語彙어휘 調査 報告書에서, 對馬島의 方言은 전적으로 韓國語의 影響영향이 없다고 하였다. 그러나, 그는 對馬島의 方言을 標準語 교육에 의한 表層표층과 그 아래에 있는 舊藩時代구번시대의 士族層사족층과 그 아래에 깔려 있는 最下層의 方言이 있다 하고, 이 最下層의 方言調査가 중요하다고 하였다. 그리고, 그 最下層의 基層에 九州方言과 전혀 다른 독자적인 方言이 있는지 없는지는 알 수 없다 하고, 對馬島에서 이러한 독자적인 方言을 찾는 노력은 지금으로서는 효과가 없는 일일 것이라 하였다.3) 그는 韓國語의 영향이

---

1) 金田一春彦, 「對馬の言語」 중 「語彙調査報告」에 대한 「總記」, 『人文』 第1輯(1951), pp.64~65.
2) 吉町義雄, 「對馬方言の語法研究」, 『對馬の自然と文化』(古今書院), p.107.
3) 泉井久之助, 「對馬方言の語彙」. 위와 같은 책, pp.105~106.

전적으로 없다고 하면서도, 最下層의 독자적인 方言을 찾는 일만은 시인하였다. 그런데, 그러한 노력의 결과도 없이, 對馬島 方言에 韓國語로부터서의 影響이 전적으로 없다고 斷言단언함은 矛盾모순된 말이라 하지 않을 수 없다.

筆者가 청취한 바에 의하면, 對馬島 方言은 매우 특색이 있다. 근년에 標準語 보급으로, 標準語를 배워간 사람이면 아무런 불편 없이 對話할 수 있다. 그러나, 그곳의 住民끼리 方言으로 하는 對話는 그 뜻을 이해하기 어렵다. 따라서, 호리이(堀井令以知)씨가 말한 바와 같이,4) 이곳의 方言을 九州 方言의 어느 系에 편입시키려고 하는 것보다는, 어디까지나 對馬島 方言으로서 考察하는 것이 바람직하다.

韓國語가 對馬島에 끼친 영향을 찾는데 있어서는,「兩班」(對馬島에서는 韓國의 富者를 뜻함),「배(船)」,「바가지(瓢子)」, 揶揄調야유조의「촌가(총각)」(未婚男) 정도로서는, 그 영향의 有無를 말할 수 없다. 그리고, 두 곳의 言語를 비교하기 위해서는, 두 곳의 古代語를 再構재구해야 할 것이나, 이는 어려운 형편이다. 그러므로, 현재로서는 가능한 범위내에서 韓國의 古代語나 中世語 또는 現代語와 對馬島의 基底기저

---

4) 堀井令以知,「語彙調查報告」,『人文』第1輯(1951), p.67.

方言과를 비교하는 도리밖에 없을 것이다. 地名5)은 地表上에 한번 붙여진 이상 좀처럼 지워지지 않으나, 일반 言語(方言)는 그렇지 못함이 아쉽다.

이 論考에서는 우선 對馬島 方言에서 韓國語의 자취가 남아 있는 얼마 만큼의 語彙를 찾아보기로 한다.

- p'ats^{h}i(빠치)(사람) : nura-p'atsi(부끄러움을 모르는 사람), man- p'atsi(거짓말쟁이), 위 p'atsi는 韓國語의 占바치, 匠人바치의 「바치」와 비교된다.

- un-neki(운네키)(村사람) : un-neki의 neki는 시골네기, 서울네기, 웃녘네기, 뜨네기 등의 「네기」와 비교된다.

- tsok'omani(조꼬마니)(조그만이) : 矮小왜소한 사람의 뜻. 조그만한 사람을 뜻하는 慶尙道 方言「쪼꼬만이」와 비교된다.

- toi(도이)(되, 夷) : 對馬島·壹岐島 지방에서 11세기의 女眞族의 침입을 「刀伊」 즉 'toi의 入冠'라 한다. 이 toi(刀伊)는 韓國語의 「되」(되놈)와 비교된다. 韓國語의 「되」의 「외」는 現行音이 單母音이나, 古代音은 두 音節로, 「되」는 *toi였을 것이다.

---

5) 對馬島 地名은 拙著,『韓國古代國名地名硏究』附錄의 「對馬島地名考」,『語文學』(韓國語文學會) 第42輯에서 轉載한 것 참조.

- maru(마루)(말, 大小便) : 小便 보는 것을 sisi maru(尿) 또는 小便 maru라 한다. 大小便을 不意에 잘못 본 것을 mari-kaburu(마리카부루)라고 하는데, 이 maru, mari는 韓國語의 말보다(뒤보다), 마렵다(뒤보고 쉽다)의 「말」과 비교된다. kaburu는 '둘러쓰다'의 뜻.

- me(메)(地) : 동쪽의 땅을 higasi(東)-me, 西쪽의 땅을 nisi(西)-me라 하는데, 이 me는 韓國語 咸鏡道 方言의 어디메(何處)의 「메」와 비교된다.

- pei(베이)(바, 所) : 장소를 말함. 이는 韓國語의 「바」(所)와 비교된다. 「바」(所)에 -i 접미사가 첨가한 것이다. pai>pei.

- parup^{h}an(바루판)(발판) : 이는 韓國語의 발판(발 딛는 곳)을 말한다.

- pagatsi(바가지)(바가지) : 이는 韓國語 바가지(瓢子)를 말한다.

- montonguri(몬톤구리)(바보) : 韓國語 「멍텅구리」와 비교된다.

- kooko-imo(고오고 이모)(고구마) : 對馬島에서는 「고구마」를 佳好字로 표기하여 「孝行芋」 즉 kooko-imo라 한다. 「孝行」은 kooko의 표기, imo(芋)는 고구마 뿌리 등의 日本語.

- tsjutsju(쥬쥬)(쥐) : 이는 韓國語 쥐(鼠)와 비교된다.

- dʒoo(조오)(丈) : 이는 人稱의 名詞 밑에 붙여서 그를 높이

는 尊稱 접미사이다. itoko(四寸)-dʒoo(丈). 이 dʒoo(丈)는
어른장(丈), 春府丈의 「丈」과 비교될 듯하다. 「丈」을 日本
音으로 dʒoo라 한다.

- tsʰon-san(촌상)(村사람) : 「村」에 san(氏)이 붙은 것. 韓國
  語 '村사람'(얕잡는 말)과 비교된다.

- pʰa-ru(파루)(파다, 掘) : 땅을 파는 것을 pʰa-ru라 하는데,
  이는 pʰa + ru로 분석된다. 이는 日本語 ho-ru(掘)와 같은
  語源인데, 對馬島에서는 첫 音節에 거의 pʰa(파)로 實現된
  다. 이는 15세기 國語 ᄑᆞ다(掘)의 「ᄑᆞ-」와 비교된다. -ru는
  접미사이다.

- pari-ta(바리다)(밝다) : 韓國語 「밝-」(明)은, 불(火)의 具體
  語에 접미사 「-ㄱ」이 첨가하여 抽象語(추상어)로 발달한
  것인데, 對馬島의 pari-ta는 「-ㄱ」이 첨가하기 이전의 語形
  의 자취를 보인다. 발-(明) : 밝-(明)은 달(鷄, 慶尙道方言)
  : 닭(鷄)과 같은 관계이다.

- jadan-ha-ru(야단하루)(야단하다) : jadan은 韓國語 야단하
  다 또는 야단치다의 「야단」이다. ha-ru의 ha-는 韓國語의
  「하-」이며(下述), -ru는 접미사이다.

- tsirari-ha-ru(지라리 하루)(지랄하다) : tsirari는 韓國語 「지
  랄」이다.

- oto-masii(오토마시이)(厭) : 싫어하다의 뜻. oto-는 中世國

語 아쳐(厭)(『法華』99)와 비교된다. 아쳐-는 아텨-에서 변한 듯. masii는 noʒo-masii(望), uraja-masii(羨)의 masii(-스럽다의 뜻)과 같이, 첨가된 要素이다.

- tsebaru(제바루)(제발) : 이는 韓國語의 "제발 하지마라"에서의 「제발」이다. 놀랐을 때, 禁할 때 하는 말.

- aba aba(아바아바)(어마 어마한 것) : 지나치게 큰 것을 말한다. 이는 韓國語의 어마어마하다(廣大)의 「어마어마」와 비교된다. 단, aba aba의 b는 m에서 교체된 것이다.

- hangats^{h}i(한가치)(한가지) : 韓國語 「한가지(同)」와 같다.

- hats^{h}i mara(하치마라)(하지 마라) : 매우 놀랐을 때 하는 말로, 韓國語 「하지 마라」에서 간 것이다.

- ojo(오요)(아야) : 매우 피로할 때 ojo(오요) k^{h}itsui(키쓰이)(되다)라고 한다. 이 ojo는 「아야」와 비교된다.

- p'asa p'asa(빠사빠사)(바삭바삭) : 마른 것이 「바삭바삭」 소리날 때 하는 擬聲語의성어이다.

- p'oku-to(뽀쿠토)(퍽이나) : 이는 對馬島에서 '조금'의 뜻으로 쓰이나, 韓國語 「퍽」에서 변한 듯. -to는 '으로' 또는 '이나'의 뜻.

다음에는 慣用語_{관용어}에서 보기로 한다.

- tsura(쓰라, 面) ni men(面) kakeru(카케루)(쓰라'面'니 멘 '面' 카케루) : 이는 '얼굴에 가면을 쓰다'라는 말로, 얼굴 (面) 두터운 사람에게 하는 말이다. tsura(쓰라)(面)는 韓國 語의 「탈」(얼굴)에서 변한 것이며, 그 위에 men(面, 즉 탈) 을 쓴다는 말이다. sen-mei tsura(센 메이 쓰라)(千枚面)도 위와 같은 말이다. tsura(面)는 日本語에 두루 쓰인다.

- nitaka-hangats^{h}i(니다카 한가치) : 大同小異함을 말한다. nita(似)-ka (疑問形)라는 日本語에 韓國語 hangats^{h}i(한가 지)가 연결된 것이다.

- nan-tero, kan-tero(난테로 칸테로) : nan(何)-tero, kan (何)-tero의 tero는 각각 제 생각대로(제나름으로)의 「대로」 와 비교되고, nan(何), kan(何)은 '어떠한'의 뜻이다.

- odore no sodore no to(오도레노 소도레노 토) : 이는 말다 툼하고 싸울 때에 제 3者가 하는 말이다. 이는 'odore(이 들) no(의) (말이 어떠하고), sodore(저들) no(의) (말이 어 떻다) to(-라 하고)'로 풀이된다. 즉 '이들이 어떠하고 저들 이 어떠하고 말하며' 싸운다는 뜻이다.

- iwaku ga aru(이와쿠가 아루) : 이는, 辨明(변명)할 만한 이 야기가 있다. 辨明할 餘地가 있다(理由가 있다)고 할 때 하 는 말이다. 이 iwaku(이와쿠)는 慶尙道 方言 「이바구」(이 야기)에서 변한 말이니, 위 말은 'iwaku'(이야기) ga(가)

aru(있다)'로 풀이된다.

- nuri-jats'u(누리 야쓰)(느린 사람) : nuri는 「느리-」와 비교
  된다. jats'u는 '놈'의 뜻.

- man-naosi(만나오시)(다시 만나다) : 韓國語 「만나-」에 日
  本語 nao-si(다시, 고쳐서, 直)가 붙은 것.

다음에는 아이들 말(兒語)에서 보기로 한다.

- pu:(부-)(불, 火) : 이는 韓國語의 「불」에서 「ㄹ」이 脫落한
  것이다. 日本 本土語는 hi(火)이다.

- tsa:tsa(자자)(자!자!) : 어린 아이에게 대하여 이리 오너라
  하고 말을 걸 때에 하는 소리. 韓國語의 「자!자!」와 비교
  된다.

- p'e:su-su(삐 스루) 또는 atp'e:su-ru(앗 삐 스루) : 이 말은
  버릴 때에 하는 말이니, p'e(삐)는 韓國語의 침을 뱉을 때
  에 「퍼!」 하는 말에서 변한 것으로 보인다. atp'e(앗 삐)는
  「앗 퍼!」에서 간 말. suru는 '하다'를 뜻하는 日本語.

- p'oi-se(뽀이세)(버려라) : p'oi는 韓國語 「버리-」(捨)에서
  「ㄹ」이 i 母音앞에서 脫落한 것. -se(세)는 권유를 뜻하는
  말. 가세, 일하세, 먹세의 「-세」이다.

- atta-se(앗다세)(앉아라) : 현행 韓國語 「앉-」은 「앗-」에 「ㄴ」

이 첨가한 것인데, 對馬島의 atta는 「앛다」의 자취로 보인
다. -se는 권유를 뜻하는 말.

- pe: pe:(베베) : 不潔(불결)의 뜻. 이 말도 더럽다고 할 때 하
  는 말, 「퍼」 하는 말에서 간 듯.

對馬島에서 아이들을 등 뒤에서 귀언저리를 움켜 들고
"朝鮮山 보여 준다" 하고 덜렁 들어 올리는 ("보인다"고
하면 내려 놓는) 장난이 있다고 하니, 위와 같은 韓國語가
兒語에 남아 있음은 예사로운 일이라 생각된다.6)

다음에는 農事用語 즉 田畓名전답명, 作業名, 農器具名,
소(牛) 모는 말 등을 보기로 한다. 먼저 農場이나, 들(野), 場
所, 田畓의 이름부터 보기로 한다.

- paru(바루)(벌, 原) : 이는 韓國語의 벌(原)과 비교된다. 日
  本 本土語에서는 hara라 한다. 對馬島에서는 語頭에 p-을
  유지하고 있다.

- tara(다라)(들, 野) : 이는 大多羅(oo-tara)(큰 들의 뜻), 太良
  (tara), 田羅(tara), kan dara('큰 들'의 뜻)와 같이 地名으로

---

6) 위에 든 語彙는 1994년 對馬島學術調査(서울新聞社 주관) 때에, 對馬島
   출신인 다카오(高雄武保) 씨가 韓國語일 것 같다고 보이는 것 중에서, 가
   려서 비교 고찰한 것이다.

남아 있다.

- pa(바)(바, 所) : kusa-ba(草場), haka-ba(墓場) 등, ba(<pa)는 韓國語의 「바(場)」와 비교된다. 前述한 bei(場)는 pa의 異形態이다.

- me(메)(메, 場) : 위에서 말하였다.

- no(노)(野)와 ta(타)(田) : no(野)는 古代 韓國語 또는 滿洲語의 na(壤, 땅)에서 뜻이 바뀐 것이며, ta(田)는 韓國語의 '土' 또는 '땅'을 뜻하는 「드」(아모드라셔, '어디에서'의 뜻, 『月釋』二25)에서 轉移전이한 것으로 생각된다.

- wata(와다)(밭, 畑) : 이 wata(<*pata)는 韓國語의 「밭(田)」(<*pat<*pata)과 비교되는데, 이 wata와 함께 hata, hata-ke(-ke는 접미사)가 함께 쓰인다. 日本 本土語에서는 hata-ke라 한다.

다음에는 農器具와 作業 用語를 보기로 한다.

- tsige(지게)(지게) : 등에 지는 「지게」를 말한다.

- kuwa(구와)(괭이) : 이는 「괭이」와 비교된다. 「괭이」는 kuwa에 접미사 -εηi(-앵이)(<-aηi-앙이)가 첨가한 것이다. kuwa는 日本에서 두루 쓰이는 말이다. kuwa(구와)의 語源은 그 모양에 의한 것으로, 韓國語 굽-(屈)에 유래한 듯.

- p^h a-ru(파루)(파다, 掘) : 이는 위에서 말하였다.

- nada(나다)(낫) : 이는 韓國語의 낫(鎌)(15세기 國語 날, 날 爲鎌, 『訓正』解例)과 비교된다.

- kara-suki(가라수키)(加羅鋤) : 쟁기와 같이 田畓을 가는 기구이다. 이는 보통의 suki와 모양이 다르다. 日本에서 kara-suki를 「唐鋤」로 표기한다. 이 kara는 「加羅·韓」로 표기함이 옳을 것이다. 왜냐하면, 耕作의 方法과 器具도 唐代 이전에 韓國에서 건너갔기 때문이다.

- kara-usu(가라우스)(加羅臼) : 이는 韓國의 디딜방아를 말한다. 확(臼)을 땅에 묻고 방아 가래의 두 끝을 두 사람이 밟아서 방아를 찧는 것이다. 이 방아를 日本에서 「唐臼」으로 표기하나, 「加羅臼·韓臼」로 표기함이 옳을 것이니, 그 이유는 kara-suki의 경우와 같다.

다음에는 牛馬의 名稱과 이를 모는 말을 보기로 한다. 즉 日本語 usi(牛)는 韓國語의 윷놀이의 「윷」(牛)과 비교되며, uma(馬)는 「모」(<물)(馬)와 비교된다. 즉 uma의 u는 ma의 발음을 쉽게 하기 위해 첨가한 것. ume(梅)의 u도 이와 같은 것이다.[7] 소를 부릴 때에 쓰는 말로는 sit sit(싯싯)(前進), dada

---

7) 拙著, 『日本古代地名研究』, p.124 참조.

(다다)(左廻), hese(헤세)(右廻), zere(제레)(後退), 그리고, wawa(와와)(停止)(wa의 疊語)가 있는데, wawa(停止)는 韓國語의 「워워(停止)」와 비교된다.

접미사의 일치도 볼 수 있으나, 別稿8)로 미룬다. 다만, 韓國語 일하다, 공부하다의 「-하」와 비교되는 -ha의 一例를 든다. 즉 對馬島 方言에서 -ha가 添加첨가하여 動詞를 만든다. 大阪(오오사카) 方言에서도 이를 볼 수 있다.

jatan ha-ru(야단하루)(야단하다), tsirari ha-ru(지라리하루)(지랄하다), kiki ha-ru(키키하루)(듣기를 하다, 듣다), miseru ha-ru(미세루하루)(보이기를 하다, 보이다)

그리고, 이는 kiki ha-ru(키키하루)(듣다), kiki hat-ta(키키핫다)(들었다), kiki hat-ta-ka(키키핫다카)(들었느냐), kiki hat-ta-ra(키키핫다라)(들었으면)와 같이 活用한다. 따라서, 이 -ha는 韓國語의 「-하」와 비교된다. -ru는 접미사이다.9)

❖拙著, 『日本古代地名研究』(서울, 亞細亞文化社, 1996) 및 『日本古代地名の研究』(東京, 東洋書院, 2000), 『同』增補版(2003)에 실은 것

---

8) 拙稿, 『日本 對馬·壹岐島綜合學術調査報告書(言語分野)』(서울新聞社, 1995), pp.161~164.
9) 이 「對馬島에 남아 있는 韓國語의 자취」는 위 拙稿에 실었던 것의 일부임.

15

對馬·壹岐 兩島 學術紀行

이번에 서울新聞社에서 새 社屋의 신축을 기념하여, 對馬·壹岐 兩島의 종합학술조사를 실시하게 되었다. 對馬島와 壹岐島는 古代 韓國文化의 日本列島에의 전파과정에서 그 中繼地중계지의 구실을 하였는데, 이번의 학술조사는 이 두 섬에 남아 있는 古代 韓國文化의 實體실체를 조사하여, 이를 확인하는데 그 목적이 있다. 이번의 조사단은 任東權(中央大學 교수·民俗學), 崔永禧(翰林大學 교수·歷史 및 文獻學), 崔夢龍(서울大學 교수·考古學), 筆者(釜山大學 교수·言語學), 金光彦(仁荷大學 교수·物質文化), 鄭永鎬(檀國大學 교수·佛敎美術)의 6명(6분야)의 조사위원과, 新聞社측의 潘永煥(編輯副局長), 申浩仁(事業副局長), 黃圭鎬(文化部次長), 李光泰(寫眞部次長)의 諸氏로 구성되었다. 조사기간은 1984년 6월 26일~1984년 7월 16일(3주간)이다.

나는 方言과 地名을 조사하였는데, 이 조사에 관한 것은 報告書(『日本對馬·壹岐島綜合學術調査報告書』, 서울新聞社, 1985)로 미루고, 여기에서는 그 외, 北九州(太宰府)에서와 이 두 섬의 학술조사에서 보고 들은 것들을 기록한 것이다. 조사한 지가 오래 지났으나, 당시의 원고를 버리기가 아까워, 그 태반을 줄여서 싣는다. 이 두 섬의 歷史와 民俗을 아는데 도움이 되었으면 한다.

6월 26일 (火) 약간 비

오후 1시 20분, 비행기가 金海空港을 離陸이륙하였다.

날씨가 흐려서 對馬島를 내려다 볼 수 없음이 아쉬웠다.

學術調査團

그러나, 10분만 지나면 후쿠오카(福岡)에 도착한다는 안내양의 말에, 아래로 내려다보니, 파아란 바다가 그림처럼 아름답다. 金海空港을 出港한지 35분만에 福岡에 도착하였다. 入國 수속을 마치고 택시로 全日空호텔로 갔다. 서울에서 먼저 온 一行은 九州大學과 市立美術館에 가고 없었다. 얼마동안 기다렸더니, 서울에서 온 일행이 왔다. 九州大學의 니시타니(西谷正) 교수와 마쓰바라(松原孝俊)씨, 그리고 九州大學에 유학중이던 韓國의 두 젊은이도 함께 왔다. 한자리에 모여 인사하고 잠시 閑談한담하였다. 조사위원 6명 중 지방에서 온 사람은 나뿐이었다. 니시타니(西谷) 교수는 나의 『韓國古代國名地名研究』(1982)가 東京의 統一新聞에 소개되었더라고 일러 주었다. 이 책을 보낸 일이 없는데, 意外였다(西谷 교수는 뒤에 이 기사를 복사하여 釜山으로 부쳐주었다).

일행은 저녁때에 京城料理라 적힌 食道園(屋號)에 갔다.

비가 세차게 내렸다. 일행은 비를 맞으며 호텔로 돌아
왔다.

6월 27일 (水) 맑음

아침 날씨가 씻은 듯이 맑다. 지난밤의 비를 생각하면,
날씨가 이렇게 急變급변할 수 있을까 싶다. 일행은 아침 식
사를 하기 위하여, 15층 스카이라운지의 日食部 쓰쿠시노
(筑紫野)(屋號)에 갔다. 대(竹)와 잔디, 돌, 몇 그루의 나무로 다
듬어진, 10평 남짓한 庭園이 매우 인상적이다. 精巧정교한
作品을 보는 듯하였다(日定食 값 1,300円). 食事를 하다가, 냅킨
이 없어 종업원에게 가져오라고 하였더니, "한 장이 필요
합니까? 두 장이 필요합니까?" 하고 물었다. '어찌 이러
한 것까지 다 묻는가?'하고, 속으로 웃었다. 그들에게는
'적당히', '알아서 한다'가 없어 보였다.

일행은 9시 50분에 太宰府태재부로 향했다. 10시 25분에
九州歷史資料館에 도착, 다무라(田村圓澄) 관장과 후지이(藤井
功) 부관장은 우리를 맞이하였다. 그들은 紫草(무라사키구사)
라는 풀(높이 60cm 가량)을 심은 화분을 가져와서 보여 주었
다. 우리의 쪽풀을 연상하게 했다. 이 뿌리로 紫色의 물을
드린다는 것이다. 8세기에 租稅조세로써 나라에 20本을 바
쳤다고 한다. 그들의 染色염색의 기술의 발달을 여기에서

볼 수 있는 듯하다.

우리는 館長의 안내로 遺物展示館을 둘러보았다. 舊石器구석기시대(B.C. 8,000 이전), 조오몬시대(繩文, B.C. 8,000~B.C. 300), 야요이시대(彌生, B.C. 300~A.D. 300), 古墳시대(A.D. 300~A.D. 700)의 遺物들이 전시되어 있었다.

우리는 그곳을 나와, 副館長의 안내로 太宰府가 있었던 遺跡構유적구를 찾아갔다. 뒤에는 오오노(大野)山城이 둘러 있고, 그 아래에는 동서 약 200m, 남북 약 300m 되어 보이는 빈 터가 있는데, 그 빈 터 앞쪽의 그 遺跡構에는 주춧돌만 남아 있다. 太宰府는 日本의 아스카(飛鳥)·奈良·平安시대를 통하여 九州를 통치해 왔던 官廳이다. 이는 韓國에 대비했던 곳으로, 九州지방의 행정·사법·군사·외교를 장악했다. 6세기 말경에는 福岡의 하카다(博多)에 있었으나, 그 후 韓國과의 외교관계가 위급해지자 이곳으로 옮겼다고 한다.

점심때가 되어 가까운 食堂에 들어갔다. 우리의 農村에서 보는 것과 같은 붉은 고추를 엮어 벽에 매달아 둔 것이 인상적이었다. 觀賞用관상용이다. 우리가 점심을 사려 하니, 副館長은 자기가 사겠다 하고, "여기는 太宰府입니다"(무서운 곳이니, 시키는 대로 잘 따라서 해야 한다의 뜻) 하고 농담하였다. 나는 日本語「스도기」(떡의 한가지)는 韓國語「떡」과 같은 語源(15세기 國語에 표기된 「쩍」의 「ㅅ」은 「스」, 「더」는 「도」, 「ㄱ」 받침은 「기」와 같은 것)이라 했다. 그는 어릴 때에 입가에 흰 고물을 묻혀가며 많이 먹었다 하고, 한바탕 웃었다.

일행은 차를 타고 大野山城에 올랐다.『日本書紀』에 이 城은 百濟人 4명의 지도로 쌓았다는 기록이 있다. 副館長은 차를 세우고 水城을 설명하였다. 山 아래에 내려다 보이는 水城은, 664년에 新羅의 침공에 대비하여, 내부에 물을 저장하기 위하여 쌓은 土堤(堤, 둑제)인데, 동쪽 둑의 길이가 약 310m, 서쪽 둑의 길이가 약 700m, 높이가 10m나 된다고 하였다. 가다가 또 차를 멈추어 城門址성문지를 보고, 또 멈추어 大野城跡이라 적힌 立看板을 보았다. 거기에는 다음과 같이 적혀 있다.

지금부터 1300년 전, 天智天皇 2년(663) 百濟의 원조를 위해 朝鮮半島에 出兵한 日本軍은 白村江의 싸움에서 唐과 新羅軍에 大敗했다. 다음해에 敵의 침공에 대비하여, 防人과 烽燧봉수를 두고 水城을 쌓았다. 665년에 百濟에서 온 亡命貴族의 지도에 의하여 大野城·長門城·基肆城의 朝鮮式山城을 쌓았는데, 이 城 안에는 창고가 있었으며, 太宰府가 위험할 때에는 여기에 와서 避(피)하였다.

이 土城의 길이는 약 7km나 되는데, 城築의 속은 돌로 쌓고 그 위에 흙으로 덮었으며, 城 안에는 논도 있었다고 설명하였다. 우리는 이 山城을 따라 한참동안 걸었다. 山頂에 올라 副館長은 옛날 軍糧米가 탔다는 燒米原(야키고메하라)의 地名을 설명하였다.

6월 28일 (木) 가랑비

오전 중에 九州大學의 마쓰바라(松原孝俊)씨와 함께, 그의 차로 몇 書店을 돌아다녔다. 筑紫 豊著『倭韓人』등 몇 권의 책을 샀다. 오후에는 가쓰야(勝治)이비인후과에 갔다. 가는 길에 택시 안에는 다음과 같은 말들이 붙어 있었다.

行先地를 미리 알려 주십시오. 뒤를 돌아다보면 失禮! 우리는 親切운동에 참가하고 있습니다. 택시가 앞서 보이자 모범운전. 공포의 가루, 환각제를 추방하자 등. 써 붙인 말이 다르기는 하나, 이와 같은 標語는 다른 택시에서도 볼 수 있었다. 복잡한 거리에 '여기는 交通이 混雜혼잡한 곳입니다'라고 써 붙여 놓은 것을 볼 수 있다. 뻔히 아는 것도 써 붙여 놓고 주의를 환기한다. 글자는 우선 눈에 잘 띄어야 하니, 그들은 능률성을 높이기 위해 視覺性 있는 표기(漢字)를 선택하였다. 日本에서도 가나字 專用論이 나왔으나, 운전기사 · 주부 · 학생 · 文人 · 學者 할 것 없이

對馬島의 首邑 嚴原(이즈하라)

모두 이에 반대하였다.

오후 4시 30분 비행기로 對馬島로 향했다. 날씨가 흐렸다. 氣流기류가 고르지 못하여 機體가 흔들렸다. 對馬島까지 40분이 걸렸다. 國內線 쌍발비행기였기 때문이다. 일행은 버스를 타고 이즈하라(嚴原)로 향했다. 이 섬에 처음 오는 일행중의 누군가가 "對馬島는 조그마한 섬인 줄 알았는데…, 우리 나라 山골을 달리는 기분이다"라고 하였다. 나는 이번이 세 번째이다. 이 섬은 현재 九州 나가사키(長崎)縣에 속하며, 支廳이 있다. 六町으로 나누어져 있다. 嚴原는 對馬島 5만 1천 人口중에서 1만이 넘는 首邑이다. 우리가 嚴原의 交通호텔에 도착하자, 이도야나기(絲柳嘉恭) 對馬島支廳長과 對馬島歷史民俗資料館에 근무하는 鄕土史研究家 나가도메(永留久惠)씨, 嚴原教育委員會의 몇 분이 인사次 찾아왔다. 서울신문社에서 이번 학술조사에 대해 미리 협력을 부탁했던 것이다.

6월 29일 (金) 맑음

날씨가 씻은 듯이 맑다. 우리 일행 10명은, 歷史民俗資料館에 가서 나가도메(永留)씨 등 4명과 한 자리에서, 이번 學術調査의 일정을 짰다. 그리고, 館內의 안내를 받았다. 먼저 縣文化財로 지정된 「朝鮮通信使繪卷」(그림말이)이 눈에 뜨인다. 德川幕府시대 약 200년 간, 서울에서 에도(江戶, 지금의 東京)까지 이러한 行列이 12회나 있었다고 하니, 實로 壯觀장관을 이루었을 것이다. 古代에는 歸化귀화의 이름으로, 壬亂때에는 略奪약탈의 방법으로, 幕府시대에는 平和的 방법으로 우리의 文化를 傳受해 갔는데, 우리는 주기만 하고 무엇을 얻었던가? 그리고, 遺物과 書籍들도 눈길이 갔다. 高麗시대의 如來坐像, 梵鍾, 銅鏡, 草梁倭館繪圖, 火繩銃(壬亂에 썼던 것) 2점, 燭台 한 쌍, 베틀, 그리고, 高麗 初彫초조(彫 새길조)의 大般若經의 일부, 이는 킨(琴) 소재, 長松寺에서 발견한 것이라 하는데, 우리보다 1주일 앞서 다녀간 KBS 주관, 東國大學의 조사팀이 발견하여, 이미 韓國과 日本의 매스컴에서 크게 보도되었다. 이는 海印寺 八萬大藏經(再彫의 것)보다 앞서는 것이다(그후 이와 같은 初彫의 大藏經이 釜山에서도 발견되었다. 孫昌圭씨 所藏, 朝鮮日報 1998년 7월 9일자). 그리고, 二층의 漢籍部에는 八道圖(全)(29㎝× 21㎝, 漢紙 7장, 魚尾에는 東覽圖라 적힘)가 있었는데, 6장 째의 八道總圖에는 鬱陸島와 于山

島가 나란히 그려져 있었다. 다만, 于山島가 鬱陸島의 안쪽에 그려져 있었다. 이 地圖는 肅宗 9년에 만들어진 것이라 한다(위 大般若經과 이 地圖에 대하여서는, 지난 7월 30일에 KBS의 특별 프로「歷史의 징검다리」에서 방송되었다). 이 곳에 있는 古文書는 이곳 藩主(領主)였던 宗氏家의 菩提寺보리사인 萬松院의 文書庫에 있었던 것이다. 그 중에는 『桂苑筆耕』『退溪文集』『西涯文集』『陶隱集』『天地人物氣候相應說(全)』『伽倻山海印寺古籍(全)』『訓蒙字會』(壬亂 이전 것) 『千字文』『兵學指南(上·下)』『三綱行實圖(全)』『馬經諺解(上·下)』『交隣須知』등 한글本도 있었다. 이 文書에 대하여서는 『對馬藩現存漢籍分類目錄』에 나와 있다. 이 宗氏家의 古文書는 이곳 외에 우리의 國史編纂委員會, 日本의 國會圖書館, 慶應大學 圖書館에도 修藏수장되어 있다. 對馬島主인 宗氏家에서 이와 같은 古文籍을 모을 수 있었던 것은, 韓國과 지리적으로 가까울 뿐만 아니라, 朝鮮王朝에서 歲賜米세사미(賜, 줄사) 등, 친근한 관계에 있었기 때문이다. 資料館을 나오니, 앞뜰의 立看板에 다음과 같이 적혀 있었다.

이 섬은 古代로부터 中世에 걸쳐 大陸을 건너는 배(船)의 寄港地기항지로서 大陸文化를 받아들인 다리(橋)의 구실을 하였다. 이 섬이 좁고 기니(細長), 길이가 82km, 폭이 18km, 면적이 약

710㎢, 人口가 51,000명, 行政區域 6개町, 위치는 福岡와 124km, 韓國과 50km, 昭和 43년(1968)에 國立公園으로 지정되어 觀光資源(관광자원)을 개발하고 있으니, 國境의 섬으로서 自然美와 人情美가 넘치는 곳이다.

2시경에 일행은 나가도메(永留)씨 외 몇 분의 안내로, 차 4대에 나누어 타고 이 섬의 南端에 있는 쓰쓰(豆酘) 쪽으로 향했다. 내가 탄 町議長 차를 운전하는 상공 관광계장은 韓國語를 꽤 잘하였으며, 對馬島에서 韓國語를 공부하겠다는 사람이 40～50명 되는데, 講師를 구할 일이 걱정된다고 하였다. 다쓰라(龍良)山 중턱에 있는 天道壇천도단을 찾았다. 무더운 날씨에 모기가 문다. 壇은 四角形의 石塔인데, 우리의 山神壇 또는 七星壇을 생각하게 하였다. 일행은 그곳을 나와서 나라(國) 지정 文化財인 主藤家 주택을 보았다. 三間의 목재집이다. 우리의 조왕神에 비교되는 불의 神인 아라가미(荒神)를 모시고 있으며, 터주(地主)神은 집의 북쪽에 모시고 있다. 日本에서는 손자가 나면 몸채(本棟)는 물려주고, 그 옆채로 물러나서 隱居은거 한다고 하는데, 그 옆채도 가서 보았다.

우리 일행은 다쿠쓰다마(多久頭魂)神社를 찾아갔다. 上島의 사고(佐護)에도 이러한 이름의 神社가 있는데, 이곳은

天道神의 중심지이다. 이곳 天道觀音堂의 창고에는 高麗 후기의 두개의 高麗鉦(鉦, 징정)(縣文化財)이 있다. 그리고, 그 별채에는 千數百卷의 高麗大藏經이 들어 있는데, 이는 海印寺에 있는 經板경판과 같은 것이라 하였다. 우리는 이곳을 나와서 赤米를 심은 논을 보았다. 이 赤米는 新羅에서 건너온 것으로 붉은 빛깔의 쌀이다. 이 쌀로 밥을 지어서 天道神에게 제사를 지낸다고 한다. 돌아오는 길에 돌지붕 즉 이시야네(石屋根)집을 구경하였다. 이는 人家에서 약 100m 쯤 떨어진 냇가에 세워진 창고이다. 양식이 귀한 이곳에서는, 화재를 염려하여 人家에서 조금 떨어진 곳에 돌지붕의 집을 지어, 곡식과 의복을 넣어 두었다고 한다. 비가 새면 수리하기가 어려워서 차츰 기와집으로 개조하여, 이제 거의 볼 수 없게 되었다고 설명하였다.

5시경에 호텔에 돌아오니, 후지이(藤井勝男)씨가 기다리고 있었다. 어제 전화로 연락하였던 것이다. 그와 함께 이마야시키(今屋敷)公園 앞의 돌담을 보았다. 朝鮮式 돌담으로 매우 인상적이다. 天保 15년(1844)에, 火災를 막기 위하여 쌓은 것(높이 1丈2尺, 밑폭 5尺)으로, 현재 이와 같은 돌담이 8개소 남아 있다고 하였다. 이는 武士들의 집(武士屋敷)의 돌담과는 별개라고 하였다. 그는 또 이즈하라(嚴原) 港湾 쪽에 가라히토마치(唐人町)가 있었는데, 이곳은 물을 둘러 섬을 만들어, 中國人이나 韓國人이 오면 이곳에 머물게 하여, 뭍에 오르지 못하게 하였다고 한다. 양식이 부족한 이 섬의 人口 정책을 위한 것이라 하였다. 그리고, 國府岳을 一名 鶴翼山학익산이라 하는데, 이는 嚴原의 뒷산 五峯山과 함께 通信使들이 지은 이름이라 하였다. 후지이(藤井)씨와 나는 다시 걸음을 옮겨 嚴原港灣의 동편에 있는 新羅山에 가서 보았다. 日本에서 新羅를 시라키 혹은 시라기라 하고, 이 산을 借訓과 借音에 의하여 白木山·白磯山이라 표기한다. 이 부근에 新羅人이 집단적으로 살고 있었던 것이다(拙著Ⓐ『任那國과對馬島』, p.164 참조).

후지이(藤井)씨와 저녁식사를 하였다. 그는 父親을 따라 韓國에서 학교를 다녔으며, 韓國에서 中學校 교사를 하였다고 하였다. 금년에 76세인 그는, 敗戰 이후 이곳 故鄕에 돌아와서 地名 캐기에 餘生을 보내고 있다고 말하였다.

6월 30일 (土) 약간 흐림

9시에 호텔을 출발하여, 嚴原敎委의 후치가미(淵上 淸) 과장의 안내로 下島 西海岸의 고모다(小茂田) 쪽으로 향했다. 敎委에서 낸 차 1대와 택시 2대에 分乘(乘, 탈승)하였는데, 택시도 냉방장치가 되어 있었다. 산이 험하고 꼬불꼬불하나 아스팔트로 포장이 잘 되어 있었다. 3세기 말에 편찬된 『魏志東夷傳』(倭傳)에, 對馬島는 '土地가 산이 험하고 숲이 깊어, 길은 새나 사슴이 다니는 길과 같고(土地山險多深林 道路如禽鹿徑), 良田이 없어 海物을 먹고 自活하며, 배를 타고 남북으로 쌀을 사들인다(無良田食海物自活 乘船南北市糴)'고 하였는데, 산이 험하고 숲이 깊기는 지금도 한가지이다. 논은 上島의 佐護·仁位, 下島의 雞知·豆酘·佐須 등 몇 곳을 제외하고는 거의 바닷가에나 조금 볼 수 있을 정도이다.

9시 50분에 구네하마(久根濱)에 도착. 天神神社를 가서 보았다. 이곳은 渡來神 즉 「와다쓰가미」를 모셨(祀)는데, 이 이름에서 「와다」는 바다(海)와 같은 것이고, 「쓰」는 사이시옷이고, 「가미」는 神의 뜻이다. 이 이름은 '海神'에 유래한다. 이와 같이 對馬島 神社名을 韓國語로 풀이할 수 있는 것은 다른 여러 곳에서도 볼 수 있다(拙著B『日本古代地名研究』Ⅵ章 참조). 그 옆에 大興寺가 있다. 그 本堂에 있는 銅造佛동조불은 高麗 전반기의 佛像인데, 그곳의 立看板에는, '이 高麗佛은 朝鮮美術史上 대표적인 作品이다'라고 하였다.

가는 도중에 삼나무(杉, 스기), 전나무(檜, 히노키), 비자나무(柀, 마키) 등이 우거졌고, 소나무(松)는 별로 볼 수 없다. 『日本書紀』(神代紀)의 韓鄕之島의 이야기에 이러한 樹木名이 나타남을 보아서, 韓鄕之島가 對馬島임을 알 수 있다. 韓半島에서는 기후 관계로 이러한 나무들이 자라지 않는다. 돌지붕(石屋根) 집 7, 8채를 볼 수 있다. 일행은 12시에 고모다(小茂田)에 도착했다. 西岸의 要港요항이다. 70호 가량 된다. 일행은 13세기에 高麗와 蒙古의 연합군이 상륙한 海邊에 앉아 당시의 일을 회고하며 점심을 먹었다. 小茂田浜神社에 갔다. 이 神社는 그때 戰死한 무네(宗助國) 제2대 島主를 祀한 곳이다. 境內에 들어서니, 먼저 「元寇七百年記念社務所」라는 간판이 눈에 뜨인다. 1274년에 元軍(蒙古軍)과 高麗軍이 이곳에 侵攻침공한 700년 기념으로, 1974년에 이곳에서 제사를 지내기 위한 것이라 한다. 그 옆에 「忠靈塔」(元寇七百年碑)이 높다랗게 서 있다. 또 그 옆에 있는 커다란 표지판 위쪽에 「元軍侵攻要圖」라 가로 쓰고, 그 오른편에 세로로 '蒙古·高麗 연합군 四萬명이 九百척의 함정을 타고 지금의 小茂田海邊에 上陸하여 太宰府의 공격을 기도'했다고 기록하였다. 그리고, 간판의 가운데는 高麗·蒙古연합군이 馬山을 출발하여 고모다(小茂田)→가쓰모도(勝本)(壹岐)→히라토(平戶)(長崎縣)와 하카다(博多)(福岡市)에 가는 略圖를 그리고, 그 왼편에는 「兩軍事比較表」를 그려, 누구나 이 표지판의 설명과 그림을 보면, 당시의 戰況전황을 생생하게 떠올릴 수 있도록 하였다.

이곳의 사스(佐須)는 軍事的 要港으로, 「사스」의 地名은 國語의 「잣(城)」, 日本語의 「사시(城)」에 유래한 것이다. 다음에는 參考로, 高麗軍과 蒙古軍, 그리고 新羅와 女眞이 이 곳 사스(佐須)浦를 통하여 壹岐와 九州의 博多 또는 太宰府를 공격했음을 『增訂對馬島誌』에서 보기로 한다.

즉 『增訂對馬島誌』(1973) pp.185~186에 의하면, 1274년(文永 11) 10월에 元主忽必列, 都元帥忽敦云云, 高麗都督使 金方慶이 蒙漢軍 二萬五千, 高麗軍八千, 戰船九百艘를 거느리고, 5월에 그 일부가 佐須浦에 도착하였다 하고, 壹岐를 거쳐서 太宰府에 쳐들어갔(迫하였)으나, 大敗하였다고 하였다. 또 1281년(弘安 4) 5월에도 元國都元帥忻都, 副元帥 洪茶丘의 蒙漢軍五萬人 및 高麗元帥 金方慶의 軍 二萬七千餘의 東路軍과 苑文虎가 이끄는 江南軍 十萬人이 來寇하였는데, 東路軍은 本島 및 壹岐를 거쳐서 6월에 博多에 이르고, 7월에 江南軍과 함께 肥筑沿岸의 곳곳에서 싸웠으나, 閏7월 초하루(朔), 大風雨로 元兵이 大敗하였다고 기록되었다. 그 전에도 新羅와 女眞이 對馬島와 太宰府를 공격한 일이 있었는데, 대개 西岸의 良港인 佐須에 上陸하였다. 위 책에 의하면, 812년(弘仁 3)에 新羅船이 佐須浦에 왔다 하고, 810~823년(弘仁年間)에 刀伊族(女眞族)이 佐須에 와서 金田城을 점거했다고 한다. 또 894년(寬平 6)에 新

羅가 來寇하고, 1019년(寬仁 3)에 刀伊賊이 本島 및 壹岐를 침공했다고 기록되어 있다.

위 기록에서, 1281년의 싸움에서 진 이유는, 戰略家들의 음력 6~7월의 季節風에 둔감한 데 있었다. 이 싸움에서 高句麗·蒙古 연합군이 이겼다면, 對馬島의 소속이 달라졌을지도 모른다. '歷史는 힘으로 만들어진다'고 할 수 있기 때문이다.

일행은 사스(佐須)村에서 가장 큰 아레(阿禮)村에 갔다. 110호 가량 되는 마을이다. 이곳은 韓半島 百濟와 관계가 깊은 곳이다. 먼저 雷命神社를 찾아갔다. 이곳에 祀한 雷大神命은 百濟의 女人에게 장가들어 日本大臣이라는 사람을 낳았다고 한다. 이 日本大臣은 對馬島主가 되고, 百濟에서 龜卜(卜, 점복)의 法을 傳受하고, 그 이후에도 이 法을 전해왔다고 한다. 또 이곳은 「본오도리」(盆踊)라는 춤으로 알려져 있다. 이 부근에 세토바루(瀨戶原) 유적지가 있는데, 이곳에서는 야요이(彌生)시대(B.C. 300~A.D. 300)의 出土品이 많이 나왔다고 안내자는 설명하였다. 나는 뒤에 上島 사고(佐護)에 있었던 新羅(『桓檀古記』)의 南下로, 下島 雞知에 있었던 百濟(『桓檀古記』)가 이곳 佐須 쪽으로 옮겨왔을 것이라 추정하였다(前揭 拙著Ⓑ pp.588~589 참조).

일행은 가시네(樫根)에 갔다. 이곳은 이 부근에서 쌀이 가장 많이 생산된다. 또 나라(國) 지정의 史跡 야리다테(矢立)山 古墳에는 箱式상식石室墳석실분이 있다. 古墳시대 후기의 것으로 보고 있다. 다음에는 法晴寺에 갔다. 住持의 부인은 시원한 음료수를 가져와서 대접하였다. 佛敎美術의 鄭敎授는 佛像의 조사에 바빴다. 「宗助國公御胴塚」이라 쓴 標말이 있다. 宗助國 對馬島 島主는 1274년 高麗·蒙古연합군의 공격을 받고 戰死하였는데, 그의 胴(몸통)이 묻힌 胴塚은 이곳에 있고, 首塚(塚, 무덤총)은 시모바루(下原)의 觀音山에 있다. 島主의 비참한 죽음을 생각하게 한다.

이곳에서 가까운 곳에 銀坑(坑, 구덩이갱)이 있는데, 이 銀鑛은 百濟人에 의하여 採鑛채광된 것으로 보고 있다. 倭가 白村江에서 大敗하여, 뒤쫓아올 新羅軍에 대비하여, 667년에 쌓은 간다(金田)城의 자취가, 이곳에서 가까운 곳에 남아 있다. 이 金田城도 北九州의 大野城과 한가지로 百濟人의 기술에 의하여 쌓았을 것으로 추측된다.

돌아오는 길에 가미사카(上見坂)公園에 올랐다. 이곳에 아소완(淺茅灣)의 60여 개의 섬을 바라다 볼 수 있는 眺望台조망대가 있다. 안내자는 山紫水明산자수명하고 天下絶景천하절경이라 자랑했다. 또 맑은 날이면 이곳에서도 韓國을 바라다 볼 수 있다고 하였다. 平安朝末에 이곳 島主格인 掾官(掾, 아전연, 吏胥) 아히루(阿比留)씨가 日本과 교섭을 끊고 高麗

와 교섭한 까닭으로, 1246년 정월에 惟宗重尙은 武藤資能의 命을 받아서 200騎(騎, 말탈기)를 이끌고 와서 阿比留平太郞을 정벌하였는데, 이곳은 그 合戰場이었다고 한다. 이곳은 뒤에 重砲大隊(그 뒤에 聯隊)의 砲 연습장이 되었다. 아직도 砲台가 남아 있다.

4시 10분에 嚴原에 도착. 나는 그길로 쓰쓰(豆酘) 출신의 鄕土史家 시로타(城田吉六)씨를 찾아갔다. 그는 『對馬赤米の村』『對馬庶民誌』 등 몇권의 저서가 있다. 그는 豆酘中學校 부근에 「소라바루」라는 地名이 있는데, 이를 이곳의 주민들은 통상 「徐羅伐」로 표기한다고 하였다. 또 그 부근에 赤米를 심는 논이 있다 하고 神에게 밥을 지어 바치는 이 赤米는 新羅에서 傳來전래한 것이며, 「소라바루」는 이 赤米를 가지고 온 新羅人의 移住地일 것이라 하였다. 그리고, 「소라바루」 뒤쪽에서 靑銅의 劍이 出土하였으며, 4~5년 전에 유치원을 지을 때에 돌창(石槍)이 나왔다고 하였다. 또 韓國에서 文化가 傳來했음을 설명하기 위하여, 바다 潮流조류의 방향을 그린 「潮水圖」를 보여 주었다.

7월 1일 (日) 흐리고 한때 가랑비

오늘은 나의 생일이다. 고향에 계시는 부모님을 생각하였다.

아침 식사 후 일행은 島主 宗家의 菩提寺(祠堂)인 萬松院에 갔다. 그 門은 우리의 시골 齋室에서 보는 것과 같은 솟을 大門의 건축양식이다. 일행은 맡은 분야에 따라 조사에 바빴다. 나는 朝鮮國王으로부터 받았다고 하는 三具足의 香爐향로와 거북이 등에 鶴이 초(燭)를 물고 선 촛대(燭台)에 관심이 갔다. 이에 대해 이곳의 안내 방송(카세트)에서는 '元祿·慶長의 役(壬辰·丁酉의 亂)에 豊臣秀吉의 군대가 朝鮮에서 물러 나온 뒤에, 平和를 위해 노력한 보답으로 보내온 것이며, 매년 쌀을 보내온 것도 그러한 것'이라 하였다. 朝鮮 王朝에서는 世宗 25년(1443) 이후 對馬島主에게 倭寇에 대한 회유책으로 '一. 島主歲賜米豆共二百石, 一. 歲遣船五十艘'를 보내고, 浦의 土豪들에게도 官職을 주었던 것이다. 그리고, 정원에는 「諫鼓」(諫, 간할간, 以直言 正人之非, 鼓, 북고)라는 것이 있고, 造形物 위에 새(鳥)가 앉아 있는데, 이에 대해 立看板에 다음과 같은 설명이 있었다.

억울한 일이 있을 때에 領主에게 諫言하려는 백성이 치기 위한 것이다. 諫鼓에 이끼(苔)가 난다는 말은 이 북(鼓)을 안친다는 말이며, 諫鼓鳥라는 말은 諫鼓에 새가 앉아 논다는 뜻으로, 諫鼓가 필요 없다는 것으로, 善政을 함을 말하는 것이다.

　　아래쪽 書庫에 있는 宗家文庫에는 많은 책이 所藏되어 있다. 우리는 그곳을 나와서 사지키바라(棧原)에 갔다. 이곳에는 自衛隊가 주둔하고 있다. 또 이곳에는 高麗門이 있다. 이는 21대 島主 宗義眞이 18년 간이나 걸려서 지은 居館(1678년에 낙성)의 門 이름이다(이 高麗門에 대하여, 嚴原町教育委員會에서 세운 표지판에 적힌 글은 前揭 拙著Ⓑ. p.595와, 日譯本 p.680 참조).

　　自衛隊 안에, 이곳 주민들이 崔益鉉先生의 忠節을 기려 세운 碑가있다고 하였다. 이곳 출신 다카오(高雄武保)씨로부터 들은 말이다. 自衛隊 병사들에게 물어보았으나, 알지 못하였다. 없애 버린지도 모른다. 오후에는 조사 분야에 따라서 각자 조사하기로 하였다.

　　나는 金昌珉씨의 소개로 히노(日野義彦)씨 宅을 방문하였다. 그는 나가사키(長崎)縣 對馬支廳에 근무하고 있었다. 그의 아버지인 히노(日野清三郎)씨는 陸軍砲兵 출신으로 『對馬島誌』를 편찬한 有名한 사람이다. 즉 1892년(明治 25)에 獨逸에 파견되어 大砲와 砲彈 등 각종 武器의 제작법을 배워 와서 露日戰爭에 기여했는데, 1920년에 妻家의 인연으로 對馬島에 들어와서 『對馬島誌』의 편찬 사업에 착수하여, 1928년에 이를 완성하였다. 나는 金昌珉씨로부터 들은 예비지식으로, 그의 아버지에 대한 功績을 칭찬하였다. 그는 안방에 들어가더니 『增訂對馬島誌』(1973刊, 1,100餘面)를 가지고 나와서, "아버지가 살아 계시더라도 이 책을 寄贈하는 것을 기뻐하시겠지요" 하고, 贈呈증정한 날짜와 署名서명을 하고, 나에게 건네 주었다. 참으로 기뻤다(歸國 후에 이 『增訂對馬島誌』는 任那 地名의 對馬島 比定에 많은 도움이 되었다. 그 중에서도 對馬島에서 현재 불려지고 있는 시타루<志多留>와 시타가<志多賀>의 地名이 古代의 任那 地名이라는, 두 곳의 기록을 발견하고, 손뼉을 치고 기뻐하였다). 對馬島 方言에 관한 책도 빌려와서 복사하고 돌려주었다. 그는 草場佩川 著 『津島日記』(對馬日記의 뜻)(筆寫本을 影印한 짓)을 보여주었다. 對馬島人이 通信使를 대접한 내용이다. 또 「朝鮮八道之圖」라는 地圖(세로 51cm, 가로 74cm, 제작자, 제작연대 未詳)를 보여주었는데, 이 地圖 옆에 日語로 아래와 같이 적혀 있었다.

東萊에서 王城(京城을 뜻함, 筆者 註)까지는 日本의 里數 九十六里二町, 朝鮮里數 九百六十二里, ○ 右路 中路 左路의 세 길이 있다. 每길에 驛과 息을 둔다. ○ 朝鮮里數 三十里를 一息이라 한다. 日本里數 百四十町程이다. ○ 右路 二十六驛, 中路 二十九驛, 左路 三十驛이다

7월 2일 (月) 맑음

오전 중 나는 鄕土資料館의 圖書室에 갔다. 『對州編年略』의 누락된 부분의 복사를 하였다. 3층 圖書室에 所藏

된 책 중 다음의 것들이 눈에 뜨인다. 『對馬島誌』, 『津島紀事』, 『對馬史外傳』, 『對馬人物志』, 『對馬の農業』, 『歌集對馬』, 『つしま百科』(對馬百科), 『朝鮮通信使』, 『中國·朝鮮の史料における日本史料集成』(中國·朝鮮의 史料에 있어서 日本史料集成) 등.

오후 2시 30분 버스로 나 혼자 쓰쓰(豆酘)로 향했다. 그제 시로타(城田)씨로부터 들은 「소라바루」 地名을 확인하기 위한 것이다. 豆酘는 半農半漁로 人口는 약 2,000명(약 500호)이라 한다. 북쪽에 龍良山으로 막혀 있어, 古代에 독자적 部族國이 발달했을 만한 곳이다. 나는 어떤 中老(男)로부터 「소라바루」라는 곳을 안내받았다. 地形이 그다지 넓지 않으나, 이곳에 살았던 新羅人들의 首邑에 유래했을 것으로 생각되었다. 赤米를 심은 논도 가서 보았다.

7월 3일 (火) 맑음

오전 중에 일행은 미쓰시마(美津島)町의 國民宿舍로 짐을 옮겼다. 나는 처음부터 任東權교수와 같은 방을 배정 받았는데(二人一室 배정), 남쪽으로 향한 二층 방에서 내려다보이는, 끝없이 밀려오는 흰 물결과 파도 소리는 한량없이 시원하다.

이곳 게찌(鷄知)는 申叔舟의 『海東諸國記』에 「桂地浦四

百餘戶」라 기록되었다. 1977년(昭和 52)의 통계에 의하면, 인구 2,817人(830戶)이라 하였다. 이곳은 韓國과 日本으로 통하는 교통상의 要衝地(요충지)로서, 農業과 漁業을 함께 할 수 있다. 이곳에 거대한 前方後圓(方, 모방, 圓, 두루원)의 古墳群이 남아 있는 것을 보아서, 古代에 이곳이 對馬全島의 首邑이었음을 알 수 있다. 현재의 首邑은 그 서남쪽의 嚴原인데, 이곳의 세력이 그곳으로 옮겨 간 것이다. 또 이곳은 宗씨가 島主로 되기 이전, 사실상의 島主 노릇을 한 아히루(阿比留)씨의 本貫地인데, 현재 이곳에 樹齡이 800년이나 되는 마키木(眞木)이 우거진, 아히루(阿比留)씨의 집터(屋敷趾)가 남아 있다. 日本 平安시대의 중엽까지 「在廳」의(政廳에 있던) 실력자 아히루(阿比留)씨의 起源에 대하여서는 여러 說이 있으나, 아마 百濟 八大姓의 하나인 木氏에서 나온 것으로 추정된다(上揭 拙著Ⓐ. pp.89~94 참조).

오후에는 美津島町廳의 敎育委員會에 들러 인사를 하고, 쓰지타(辻田謙)씨의 안내를 받았다. 오오후나고시(大船越)로 갔다. 이곳은 고후나고시(小船越)와 함께, 동쪽 바다와 서쪽 바다인 아소완(淺茅灣)을 이어주는 교통상의 要衝地이다. 地形이 개미 허리와 같이 잘록하여, 옛날에는 사람의 힘으로 배(船)를 끌고 넘어(越)갔다고 하여, 大船越, 小船越의 地名이 생겼다고 한다. 韓半島의 百濟와 新羅 등 倭로 가는 사신들은 이 길을 지나야 했으니, 그렇지 못할 때는 西岸으로 하여 下島의 南端 豆酘로 둘러서 가야 했다. 내가 앞에서 佐護에 있었던 新羅의 南下(雞知占有) 이후에, 雞知에 있었던 百濟는 佐須 쪽으로 옮겼을 것이라 추정한 이유가 여기에 있다. 즉 新羅가 이곳을 막아서 百濟가 倭로 갈 때에는 부득이 西岸을 둘러가야 했을 것이다. 1672년에 21대 宗義眞은 이러한 불편을 없애기 위하여, 반년에 걸쳐 人力 延 35,000人을 들여서 동서 길이 100m를 뚫었는데, 그 이후 다시 3~4차의 확장공사로 현재의 260m의 길이(폭 12~28m 사이)로 만들었다고 한다. 이로써 對馬島는 두개의 섬으로 分斷된 것이다. 그런데, 이곳의 大船越橋(길이 45m, 폭 7.5m)는, 이곳에서 멀지 않는 곳에 있는 만세키(萬關)橋와 함께, 對馬島를 縱走종주할 수 있는 중요한 역할을 하고 있다. 萬關橋(길이 81m, 폭 5.5m, 높이 25m)는 軍事上의 필요에서 1900년에 뚫어 鐵橋를 놓은 것인데, 露日戰爭 당시에 200~300톤의 배와 魚雷어뢰를 통과시킬 수 있었나고 한다.

일행은 스모(洲藻) 부근의 古墳을 보았다. 『海東諸國記』에는 「愁毛浦四百餘戶」로 기록하였다. 이 부락은 對馬島에서 야요이(彌生)시대의 石棺墓가 가장 많이 있는 곳이다. 對馬島의 繩文遺跡과 銅矛出土地의 分布를 보면, 下島보다 上島에 많고, 上島에서도 韓半島에서 가까운 西岸 쪽에 더 많은데(拙著,『任那國과對馬島』, p.220 참조), 현재 對馬島에 있는 400개 내지 500개의 古墳 중에서, 그 半이 이곳 아소완(淺茅湾) 부근에 分布하고 있다고 함을 보아서, 古代 韓半島에서 건너온 사람들이 주로 上島 西岸 쪽과 이 부근에서 漁業을 하고 살았음을 알 수 있다.

일행은 다시 게찌(雞知)에 돌아와서, 시라에(白江)山에 있는 스미요시(住吉)神社에 가서 보았다. 『延喜式』에 의하면, 전국에서 住吉神社의 總數는 약 2,500에 이르는데, 그중 대표적인 五大社는 對馬島의 게찌(雞知), 壹岐의 아시베(芦邊), 筑前 지금의 하카다(博多), 長戶 지금의 시모노세키(下關), 攝津 지금의 오오사카(大阪)에 있었으니, 이는 韓國과 畿內(畿, 서울기)지방을 잇는 교통상의 要衝地이다. 시라에(白江)山과 시라에(白江)川은 雞知의 중심지에 있다. 이는 '首村, 首邑'에 유래한 地名이다

나는 뒤에 sira(白)는 新羅의 王都 səra-bərə(徐羅伐) 혹은 səra-bəri의 səra(徐羅)('首'의 뜻)에서 변한 sira와 같은 것이라 하였다. 즉 sə의 ə(어)는 마찰음 s의 調音 위치에 끌리어, 그와 가까운 調音 위치에서 나는 i로 변한 것이다. səra-bərə(徐羅代)〉sirə-bəri. 「新羅」는 이 sira에 대한 住好字의 표기이고, 日本에서 말하는 sira-ki(新羅)의 ki는 접미사이다.

그리고, e(江)는 bərə/bəri의 異形態인 bori(村의 뜻)에서 변한 것 즉 i 앞에서 r이 脫落, bori>boi>be>he>e로 변한 것이라 하였다(上揭 拙著Ⓑ p.43, 149 참조). 上島 北端의 사스나(佐須奈)에도 sira-e地名이 있다. 그곳에서 일어난 對馬島 新羅 邑落國은 그곳의 서남쪽 약 8km 거리의 사고(佐護)에 옮겨, 그곳에서 오랫동안 農作을 하며 머물다가, 南下하여 雞知에 있었던 任那를 멸망하고, 이곳에 都邑하였다. 이곳 sira-e 地名(白江山, 白江川)은 이곳에 있었던 sira(新羅)의 자취로 추정된다. 이는 보통명사에서 固有名詞化 한 것이다(上揭 拙著Ⓑ pp.353~377, 「對馬島의 新羅邑落國」 참조).

우리는 쓰루가야마(鶴山)古墳을 찾아갔다. 쓰지타(辻田)씨는 民家에 들어가서 낫을 빌어 칡덩굴을 걷고, 나는 긴 막대기로 혹시나 뱀이라도 나올까 하여 풀에 묻힌 길을 헤치며 가파른 길을 올라갔다. 옷이 땀으로 휘감겼다. 頂上에 오르니 雞知 市街와 雞知浦가 한눈에 들어 왔다. 이 古墳은 원래 손잡이가 달린 거울(柄鏡式) 모양의 前方後圓墳이었다고 한다. 日本 王族의 墓制도 이와 같은 것이다. 지금은 그 형태를 잃었으나, 이 무덤의 後半部의 지름이 17m(높이 4m), 前方部의 길이가 23m(높이 1m)로 全長이 40m였다고 한다. 중요 埋藏物매장물은 盜掘 당하였으나, 學會의 공식 발굴에서 柳葉形 銅鏃 13本, 碧玉製 管玉 1개, 鐵劍의 조각과 土製品들이 出土되었다고 한다. 이러한 出土品을 보아서, 이 무덤은 4세기 후반기에서 5세기 初頭에 걸쳐서 築造된 것으로 보고 있다(永留久惠, 『對馬の古跡』, 1970, p.64 참조).

(나는 뒤에 이 무덤은 雞知에 있는 네조(根曾)古墳群과 함께, 任那王族의 무덤으로 보고, 이 鶴山古墳은 任那國을 세운 百濟將 木羅斤資의 무덤으로 추정하였다. 이 墓制가 百濟의 墓制이고, 이 무덤을 쌓은 연대가 木羅斤資의 활동 연대와 거의 같기 때문이다.)(上揭 拙著 Ⓑ p.85 참조).

7월 4일 (水) 快晴

宿舍에서 듣는 아침의 파도 소리는 한없이 상쾌하다. 밤새 고기잡이를 하던 漁船들이 들어오고 있다. 앞 정원의 잔디밭에 산책을 하였다.

오전 9시에 미쓰시마(美津島)町에서 내어준 차로 國民宿舍를 출발, 약 5분 거리에 있는 다루가하마(樽濱)에 도착하였다. 쓰지타(辻田)씨와 나가도메(永留)씨는 미리 와서 있었다. 우리 일행 10명과 안내를 맡은 분들은 5톤급 배에 서울신문社의 깃발을 휘날리며 아소완(淺茅灣)으로 나섰다. 날씨가 맑고 바람이 상쾌하다. 이곳은 바다가 잔잔하여, 眞珠를 養殖양식하며, 珊瑚산호가 생산된다고 나가도메(永留)씨는 말하였다. 아유가이(鮎貝房之進)의 『雜政』에 任那가 馬韓

에 珊瑚를 바쳤다는 기록이 있는데, 그 珊瑚는 이곳에서 생산된 것으로 생각된다. 日本 史家들은 任那가 金海에 있었다고 하나, 金海 앞바다에서는 기후 관계로 珊瑚가 생산되지 않는다. 우리 조사단은 배 위에 地圖를 펼쳐 놓고, 지나가는 곳의 遺跡地에 대한 설명을 들었다. 上下島의 사이에 있는 이 바다(淺茅灣)는 古代 韓國人이 西岸의 가라스(加羅愁)(『海東諸國記』) 즉 지금의 가라스(唐洲)에서 雞知를 거쳐서 倭로 통하는 중요한 通路이다. 朝鮮通信使도 이 바다를 내왕하였다. 다케시키(竹敷)를 지난다. 露日전쟁 때 日海軍의 基地였던 이곳은, 日本의 遣唐使가 머물었던(宿한) 곳이기도 하다. 서쪽에 있는 白嶽은 구름에 가리어 보이지 않음이 아쉽다. 고후나고시(小船越)에서 下船, 약 200m쯤 걸어서 잘룩한 고개를 넘었다. 이곳은 배(船)를 끌고 넘(越)었다고 하는 곳으로, 어제 가서 본 오오후나고시(大船越)와 함께, 동서 교통의 要衝地였다. 고개를 넘으니 아마테루(阿麻氏留)神社가 있고, 그 안쪽에 梅林寺가 있는데, 이 절은 551년(日本 欽明 12)에 百濟의 聖明王이 倭에 釋迦佛의 金銅像을 보냈을 때에, 이곳에서 한 때 머물었던 관계로 세운 것이라 하며, 日本 寺院 건축물의 제1호라 하였다. 다시 배를 타고 와다쓰미(和多都美)神社에 갔다. 對馬島에서 이러한 이름의 神社가 네 곳에 있는데, 龍神을 모신다고

黑瀨(구로세)城跡(一名 朝鮮式山城) 頂上에서(釜山 MBC 記者들과 함께)

한다. 그 語源을 캐어보면, 「와다」는 우리의 「바다(海)」와 같은 것이고(日本의 古代語에 '바다'를 「와다」라 했다. 『萬葉集』), 「쓰」는 우리의 사이시옷과 같은 것이고, 「미」는 우리의 「뱀(蛇)」, 慶尙道 方言 「배미」에서 줄어진 것이다. 現在 日本語에서 뱀을 hebi라 하나, 이는 古代語 hemi에서 변한 것이다. m>b 교체. 그러므로, 이 神社의 이름은 海龍(海蛇)에 유래한 것이다.

우리는 배 위에서 점심을 먹고, 倭寇의 본거지였던 오사키(尾崎)에 갔다. 朝鮮王朝로부터 倭寇에 대한 회유책으로 武官의 職을 내린 하야타(早田)家를 찾았다. 히데오(英夫) 씨의 부부는 우리를 친절하게 맞이하여 茶를 대접하였다. 이곳에서 敎旨를 미쓰게(告身)라 하는데, 이는 이곳의 早田 家에 3통, 시타루(志多留)의 武田家에 2통, 이나(伊奈)의 小野 家에 2통이 남아 있다. 모두 文化財로 지정되어 있다.

우리는 돌아오는 길에, 이곳에서 朝鮮式山城이라 부르 는 구로세(黑瀨)城(길이 2,860m)을 둘러보았다. 오르지는 못하 였다.

나는 1992년 5월 釜山 MBC 記者와 함께 이 城에 올랐 다. 이때에 촬영한 것은 同 MBC에서 「歷史紀行 對馬島 任那國을 찾아서」의 이름으로 방송(1992. 8. 14. 45분간) 하였다. 이 城은 北쪽(佐護)의 新羅에 대비하여 쌓은 것으로 추정되 는데, 나는 뒤에 이 城을 『日本書紀』 欽明 2年紀와 4年紀 의 任那記事에 나타나는 「百濟城」에 比定하였다(上揭 拙著 Ⓑ pp.332~335 참조).

나는 숙소에 돌아오는 길에 下車하여, 雞知에 있는 세 바루(瀨原) 地名을 답사하였다. 이 地名은 나가도메(永留)씨 도 말한 바와 같이, 新羅의 徐伐(sə-bərə)와 비교된다.

7월 5일 (木) 맑음

새벽에 비가 한줄기 오더니, 아침에 깨끗이 개었다. 오늘은 조사분야에 따라서 각자 편리한 대로 조사하기로 하였다. 나는 미쓰시마(美津島)町廳에 가서, 鄕土史家인 오오야마(大山甫)씨를 만났다. 그는 어제 우리가 조사한 곳은, 韓國文化가 日本으로 들어가는 通路라 하였다. 그로부터 『美津島町誌』를 얻었다.

나는 그곳을 나와 雞知를 흐르는 시라에(白江)川과 시라에(白江)山 등 몇 地名을 다시 답사하고, 그곳에 사는 마스다(增田庫田, 80세)씨를 만나, 몇 地名의 어원에 대하여 들었다. 그는 가시(加志)의 妙音寺에 있는 佛像과 大般若經(筆寫本 6箱子)는 오사키(尾崎)에 사는 早田씨가 韓國에서 가져온 것이라 하였다.

돌아오는 길에 나가도메(永留)씨 댁을 찾았다. 떡국으로 점심 대접을 받고 버섯을 선물로 받았다. 나는 그곳을 나와서 버스로 나무로(南室)로 향하였다. 南室는 게찌(雞知)에서 버스로 10여분의 거리이다. 이곳은 雞知의 枝村(枝, 가지 지)이니, 雞知의 勢力圈이 지금의 對馬島 首邑인 이즈하라(嚴原)로 넘어가는 도중에 발달한 邑落이다. 나는 雞知와 이곳 南室를, 그 전에도 그 뒤에도 여러 번 답사하였다.

나는 뒤에 이 南室 地名은, 佐護의 新羅에 敗한 雞知의 니마나(任那)가 이곳에서 약 백년 간 머물러 있었기 때문에 붙여진 것이라 하였다. 이 南室(namu-ro)의 地名은 『日本書

紀』欽明 23年紀의 稔禮(nimu-ro), 『三國史記』(卷1, 脫解王 17)의 木出島(이는 對馬島에 比定됨, 拙著Ⓐ p.204)의 木出(namu-na 또는 nama-na) 와 同源의 地名으로, 이 地名은 雞知에 있었던 任那(nima-na) 의 자취로 보았다. 즉 nima-na(任那)～nimu-ro(稔禮)～namu -na(木出)～namu-ro(南室)를 같은 地名으로 보았다(前揭 拙著Ⓐ p.209, 224, 553, 拙著Ⓑ p.452, 同日譯版 p.509 참조). 이곳에 sa-buro baru (三郎原)라는 地名이 있는데, sa-buro는 '首村, 首邑, 京' 즉 오늘의 「서울」에 유래한 地名으로 추정되며, 이 地名은 新羅의 「徐伐」, 百濟의 「所夫里」와 비교된다(baru는 '原'의 뜻).

7월 6일 (金) 아침 비, 낮 흐림, 밤 비

  아침 8시에 짐을 챙겨 8시 50분 버스로 니이(仁位)로 향하였다. 나가도메(永留)씨는 이미 이 차에 타고 있었다. 10시경에 仁位에 도착. 島主 宗씨가 살았던 곳을 찾아갔다. 「對馬總代官仁位宗香館跡」이라 쓴 기념비가 있다. 와다쓰미코(和多都美子)神社에 갔다. 이 神社도 海神을 모신(祀) 곳이다. 바다 가운데 토리이(鳥居, 神社門)가 늘어서 있어, 저녁 무렵에는 壯觀을 이룰 듯하였다. 仁位는 三面이 山으로 싸여 있고, 서쪽으로 바다와 面하고 있어, 韓國과 교통이 편리한 곳이다. 이 바다는 물결이 잔잔하여 眞珠가 생산된다. 그리고, 이곳은 이 부근에서 쌀이 가장 많이 생산되

仁位(니이)浦

니, 古代에 邑落國이 발달했을 만한 곳이다. 『桓檀古記』
에는 사고(佐護)에 新羅가, 게찌(雞知)에 百濟가, 이곳 니이(仁
位)에는 高句麗가 있었다고 하였다. 豊玉町에서 차 2대를
내어주어, 고쓰나(小綱)의 觀音寺를 찾았다. 이곳에는 高麗
佛인 觀世音菩薩坐像(높이 50.5cm)(長崎縣 지정 文化財)을 主尊으로
奉安하고 있다. 그 緣記文연기문에, 高麗 忠肅王 17년(1330),
忠南 瑞山郡 浮石寺에서 造成된 것이라 하였다. 倭寇에
의하여 이곳까지 온 것으로 생각된다. 가라사키(唐崎)의 箱
式石棺墓를 보았다. 이곳 고쓰나(小綱)에는 옛날에 番所 즉
검문소가 있어, 배의 출입을 단속했다. 이곳은 그 앞에 쓰

나섬(綱島)이 北風을 막아주고, 또 水深이 깊어, 오오쓰나(大綱)와 함께 배를 정박하기에 편리한 港口이다.

나는 뒤에 任那地名의 多羅를 이곳에 比定하였다. 즉 쓰나(綱)는 쓰라('村'의 뜻)(우나쓰라 등 「쓰라」의 地名이 여러곳에 있다)에서 변한 것이고, 「쓰라」는 「다라」(多羅)에서 변한 것으로 생각되기 때문이다. 다라>쓰라>쓰나. 이러한 音韻變化는 韓國語와 日本語에서 탈>쓰라(面), 두루미(미는 접미사)>쓰루(鶴), 두레박>쓰르베(汲水器) 등에서 볼 수 있다. 다라(多羅)가 1,600년 이전의 지명이니, 이러한 音韻變化는 넉넉히 짐작할 수 있다.

우리 일행은 다시 차를 타고 4시경에 미네(三根)에 도착, 그곳의 靑柳旅館에 들었다. 여관 二층에서 내려다 보는 浦上의 안개는 壯觀이었다.

7월 7일 (土) 흐림

우리는 아침을 먹고 나가도메(永留)씨와 敎委의 사무국장의 안내로 기사카(木坂)의 海神神社를 찾아갔다. 이 神社는 원래 八幡宮이라 불렸다. 神社 境內에 있는 遺物殿에 가서 보았다. 靑銅器시대의 유물이 많이 진열되어 있다. 즉 靑銅의 거울(鏡), 銅劍, 銅矛, 勾玉(曲玉), 鐵劍의 조각, 에비스(惠比須)山 유적의 土器, 高坏(陶質土器), 高麗靑磁器, 갑옷

등도 있다. 이곳 미네(三根)町은 對馬島에서도 埋藏매장 文化財가 가장 풍부한 곳이다. 下島보다 上島에, 上島에서도 이곳에 가장 많다.

『桓壇古記』에 任那는 원래 對馬島의 西北界에 있었으며, 구니오(國尾)城에서 통치하였다고 하였는데, 나는 뒤에 初期任那가 이곳에 있었다 하고, 구니오(國尾)를 이곳의 가리오(狩尾)에 比定하였다. 이곳에 「國(日本訓 kuni)」가 있었기 때문에, kari-o(狩尾)를 kuni-o(國尾)로 표기한 것이다(上揭 拙著 A p.212 참조).

오후에 나는 요시다(吉田)에 사는 아히루(阿比留嘉博)씨를 찾아갔다. 그는 이곳 태생으로 嚴原國民學校 校長을 지냈다. 그는 부인과 함께 정중하게 나를 맞이하여 주었다. 부인은 내가 釜山에서 왔다는 말을 듣고, 釜山과 이곳은 가까워, 어려서 몇 번 가보았다 하고, 그곳에서 처음으로 아이스케키라는 것도 사서 먹었다고 하였다. 對馬島의 길이가 82km임에 비하여, 上島 북단과 釜山과의 거리는 50km밖에 안 되니, 이 곳 住民은 下島의 嚴原에 가기보다 더 가깝다. 따라서, 이곳 上島 사람들은 釜山과 정기 여객선이 다닐 때(日帝 때)에는, 釜山과 내왕이 잦았던 것이다. 『皇明從臣錄』에 '釜山과 對馬島는 서로 바라다보고 있어, 돛을 달고 반날(半日)에 도착한다'하고, 『武備錄』(日本考)에는 '西北

의 朝鮮에 이르려면 對馬島를 출발하여 하룻밤(一夜)에 도착한다'함을 보아서, 古代에 이곳 사람들은 釜山과 같은 생활권에 있었음을 알 수 있다. 나는 그의 書齋로 안내를 받았다. 그의 書架서가에는 姜沆『看羊錄』(壬亂때에 포로가 되어 가서 쓴 日本 見聞錄), 校注 老松堂『日本行錄』(日本 足利時代에 國使로 가서 쓴 紀行文), 申維翰著, 姜在彥 譯註『海遊錄』, 柳成龍著, 朴鐘鳴譯註『懲毖錄』 등이 눈에 띄었다. 그리고, 釜山의 「望美樓記」 편액을 찍은 사진을 보았다. 그 記文의 끝에는 「崇禎紀元後五辛末孟夏下澣元禹常記」라 적혀 있다. 이 편액은 小船越에 있는 梅林寺에 있다고 한다. 이는 倭寇에 의해 이곳까지 온 것인지도 모른다. 對馬島는 日本列島에서 멀리 떨어져 있는 離島(離, 떠날리)로서, 政府에서 관리를 보내어도 부임조차 않거나, 부임은 하여도 島政에 마음이 없어, 掾官연관 아히루(阿比留)家에서 대대로 통치하여 왔는데, 아히루(阿比留嘉博) 前校長은 20代 이상을 이 섬에서 살았다고 한다.

그는 對馬島와 韓國과의 관계에 대하여 一家見이 있었다. 즉 對馬島의 死活문제는 식량과 朝鮮과의 무역이라 하고, 아히루(阿比留)씨가 平安朝시대의 한때 幕府(政府)와 관계를 끊고 高麗와 親한 것은 이러한 까닭이라 하였다. 1246년에 太宰府가 惟宗重尙을 시켜서 아히루(阿比留平太郎)

를 정벌한 것은, 阿比留平太郎이 무역을 독점한 것을 시기하여, 太宰府가 貿易權무역권을 가지겠다는 것이었고, 惟宗씨가 島政을 잡은 뒤에도 朝鮮과의 무역은 계속되었는데, 다만 幕府의 감시하에 貿易을 했을 뿐이라고 하였다. 또 世宗朝에 兵船을 보내어 倭寇왜구를 토벌했을 때에도, 이곳 倭寇의 두목은 싸우지 않았으니, 만일에 싸웠다가는 死活문제(식량과 무역)가 해결되지 않기 때문이며, 壬亂때에 對馬島人이 국교 정상화에 앞서 노력한 것도 이 문제 때문이라 하였다. 山地가 많고 農地가 거의 없는 이 섬에서, 식량문제의 심각함을 알 수 있다. 그는 1246년에 惟宗重尙이 200騎를 이끌고 對馬島에 상륙하여 在廳(政廳에 있는) 阿比留平太郎을 정벌하였는데, 그때 敗(落)한 것에 유래한 「在廳落」의 地名과 「在廳田」의 地名이 나무로(南室) 옆 고우라(小浦)에 남아 있다고 하였다. 나는 『津島紀事』(津島는 對馬와 같은 쓰시마의 표기)의 번역본을 보고, 복사하고 돌려줄 것을 말하였더니, 복사해서 보내겠다고 하였다. 나는 그 宅에서 4시간 너머 이야기를 하는 동안에 그와 친근한 사이가 되었다.

  내가 니시도마리(西宿)의 國民宿舍에 도착했을 때에, 다른 일행은 먼저 와서 있었다.

7월 8일 (日) 흐린 후 맑음

이곳 國民宿舍도 해변에 위치하고 있어, 아침 파도 소리가 상쾌하다. 이곳은 히다카쓰(比田勝)의 인근 마을로, 對馬島의 최북단이다.

일행은 아침 9시에 택시 3대에 나누어 타고 西福寺에 갔다. 오늘의 안내는 이곳 文化財保存 심의위원이고, 町誌 편찬위원인 고토오(古藤繁守)씨가 맡았다. 이 절은 1857년경에 불에 타고, 다행히 經堂(經, 經書경)만 남아 있다. 이 經堂에는 大般若經 全600권 중 1권을 缺결하고 모두 있다고 한다. 對馬島에서 大般若經이 몇 곳에 所藏되어 있는데, 이나(伊奈)의 妙光寺에도 高麗版의 大般若經이 있다.

다음에는 도요(豊)에 갔다. 日本 中世에 이곳은 도요사키(豊崎)郡이었으며, 약 500년 간 政所가 있었다고, 안내자는 말했다. 慶龍院에 갔다. 이곳에는 青銅의 佛像과 木製의 佛像이 있었다.

다음에는 와니우라(鰐浦)에 갔다. 이곳은 上島 북단에 위치한다. 이 地名에서 와니우라(鰐浦)의 「와니」는 「배(船)」의 古代 國語 「*바니(船)」에 유래한다(上揭 拙著B p.606 참조). 이곳은 壬亂 이후 宗 義智가 朝鮮과 무역한 이후 番所(검문소)를 둔 곳이라 한다. 또 1703년(肅宗 29) 2월 5일에 朝鮮譯官 등 108명이, 釜山을 떠나서 對馬島로 오던 도중에 風浪풍랑을 만나 破船파선하여, 앞 바다에서 몰사한 곳이라 하였다. 이 곳은 壬亂때에 고니시유키나가(小西行長)의 부하가, 마을의 여인과 희롱하고 놀다가 出陣하는 배를 놓치자, 후회하여 割腹自殺할복자살한 곳이라 하며, 안내자는 그 장소까지 가리켰다.

高麗山은 이곳에서 가깝다. 그러나 가서 보지 못하고 지났다.

우리는 오오우라(大浦)에 갔다. 이곳은 壬亂 당시에 島主 宗 義智의 장인인 고니시유키나가(小西行長)의 兵船 600척을 두 달 동안이나 숨겨 두었던, 朝鮮 침략의 전초기지였다. 朝鮮에서 탐지할까 하여, 강아지 한 마리도 못 죽이게 했다고 한다. 鰐浦와 佐須奈에서도 出兵하였다. 豊臣秀吉의 本宮이 있었던 北九州의 나고야(名古屋)에서 이키(壹岐)의 카쓰모도(勝本), 對馬島의 이즈하라(嚴原), 이곳 오오우라(大浦)에 각각 兵站병참 기지가 있었다. 壬辰亂에 對馬島에서 5천의 병사를 내었고, 丁酉再亂에 또 5천의 병사를 내었는데, 당시 對馬島의 인구가 3만 2천이라 한다. 健壯건장한 남자는 다 出戰(總動員)했다는 것이다(『增訂對馬島志』, 名著出版, 1973. p.192 참조).

쓰와(津和)의 古墳을 찾았다. 6세기경의 것이다. 바닷가에서 점심을 먹었다. 마을의 한 여인이 茶水를 가져와서 하는 말이, 얼마 전에 한글이 적힌 가히(삿대의 일종)가 韓國

에서 떠내려 왔더라고 하였다. 이곳은 韓國과 가까워 가끔 이러한 일이 있다고 하였다.

다음에는 토오슈우지(唐舟志)에 갔다. 上縣町의 敎委의 이름으로 마을 입구에 다음과 같은 立看板이 서 있다.

매월 3일은 愛町의 날입니다. 우리의 町을 모두가 구석구석까지 청소합시다. 새 사람 만들기, 새 生活 만들기, 새 町 만들기로써 愛町의 마음을 높입시다.

敎委에서 주민의 생활개선에 노력하고 있음을 알 수 있다.

다음에는 하마구스(濱久須)에 갔다. 이곳은 古代에 久須(구스)鄕이 있었다. 對馬島에서 「구스」니 「가시」니 하는 地名을 여러 곳에서 보는데, 이는 三韓시대의 渠帥村거수촌(渠帥는 '首長'의 뜻)에 유래하는 것으로 생각된다. 아사히(朝日)山 古墳에 갔다. 이곳은 中期古墳시대의 것으로 보이는 石室墓가 群集하고 있으며, 金海式 土器가 나왔다고 한다.

다음에는 토오노쿠비(塔首)의 箱式상식 石棺墓석관묘를 가서 보았다. 그 입구 간판에 「히다카스(比田勝) 小學校에 다니던 韓國人 소학생 金廣和군이 발견한 것」이라 적혀 있다. 이곳에서 야요이(彌生)시대 후기(2~3C)의 遺物이 대량으로 출토되었다고 한다. 日本 學者들도 이곳에 韓國系 豪族호족이 살고 있었다고 보고 있다.

나는 뒤에 對馬島의 新羅 邑落이, 慶州 新羅 초기에, 이곳에서 가까운 사스나(佐須奈)의 「시라에」(地名)에서 일어났으며, 이 지역에 群集했던 箱式石棺墓는 당시 新羅人이 살았던 자취로 추정하였다(上揭 拙著Ⓑ. pp.368~369 참조).

7월 9일 (月) 맑음

9시에 히다카스(比田勝)에 있는 上對馬町의 敎委를 방문하였다. 우리를 친절하게 맞이하였다. 잠시 閑談하였다. 나는 그 자리에서 "對馬島 여러분들이 우리 學術團을 왜 이렇게 歡待환대해 주느냐"고 물었다. 그중 한 사람이 "對馬島와 韓國은 역사적으로 깊은 관계에 있을 뿐만 아니라, 對馬島도 이제 산업과 교통이 발달하고 보니, 文化에 더 관심을 갖게 된 까닭이라" 하였다. 뿐만 아니라, 高麗 佛像 등 그들이 몰랐던 文化財를 우리 조사단이 찾아내어, 그 가치를 부여해주어(下述 7월 11일 쓴 것 참조), 이 섬으로서는 많은 보탬이 되었을 것이다.

나는 町의 稅務課에 들러 그곳 小地名이 든 台帳의 복사물을 얻고, 現地音을 달았다. 또 公民館에 가서 對馬島誌 중 필요한 부분의 복사를 하였다. 나는 점심을 먹고 宿

宿의 지배인의 소개로 사카모토(坂本國男, 75세)씨를 찾았다. 그는 申維翰의 『海遊錄』(번역본)을 읽고 있었다. 日本人은 이러한 책을 통하여 과거를 배운다. 그는 "日本 인종에서 韓國種을 제외하면, 남는 것은 아이누種과 南洋種이라" 하였다. 나는 그의 夫婦로부터 族親관계, 農事관계의 方言을 채집하였다. 또 그로부터 이곳 方言을 잘 쓰는 사람을 소개받았다. 그를 찾아가서 方言으로 古譚(譚, 말씀담)을 해 줄 것을 부탁하였더니, 그는 도깨비에 홀린 이야기를 하였다(녹음기에 취입). 그러나, 무슨 이야기인지 알아들을 수가 없었다. 이곳 方言은 列島의 方言과 다른 특색이 있었다.

늦게 宿所로 돌아왔다. 밤 1시 반까지 내일 조사할 준비를 했다. 파도 소리를 들으며… 밤새 고기잡이를 하는 많은 漁火(漁, 고기잡을어)들이 볼만하다. 韻致운치 있는 밤이었다.

7월 10일 (火) 흐리고 한때 가랑비

9시에 택시 3대를 나누어 타고, 上縣町廳(佐須奈)을 찾아가서 町長과 敎育長을 방문하였다. 町長·敎育長·文化財위원 2명·公報담당자들은 우리를 텐뾰마키(千俵蒔)山으로 안내하였다. 우리는 山의 7부쯤에서 下車하여, 걸어서 頂上에 올랐다. 對馬島에서 보기 드문 草原이다. 海上保安을 위한 중거리 電波의 鐵塔(높이 150m)이 서 있다. 이곳은

朝鮮通信使가 왔을 때에 烽燧를 올렸던 곳이라 한다. 이 烽燧는 白村江 敗戰 이후, 뒤따라 올 新羅軍에 대비하여 만든 것이라 한다. 敷方山과 行敷崎에도 烽燧를 설치하고, 防人(防, 막을방)을 두었다고 한다. 맑은 날이면 韓國의 連山을 展望할 수 있다고 하나, 오늘은 망망한 雲海뿐이다.

우리는 산을 내려 사고(佐護)로 향했다. 町長과 敎育長은 되돌아 갔다. 이곳은 對馬島에서 제일 큰 들과 佐護川이 있다. 韓國과 가까운 관계로 일찍부터 農耕文化농경문화가 발달하였다. 『增訂對馬島誌』(p.987)에서, 우리가 다녀온 사스나(佐須奈)에 대하여 「古來로 朝鮮國과의 航路發着의 要津」이라 하고, 또 이곳 佐護의 미나토(湊)港에 대하여서는 '朝鮮時代와 新羅시대 本島 제일의 要津으로서, 三韓(三國) 文化는 주로 이곳을 통하여 本島에 들어 왔다'고 하였다. 그리고, 『桓檀古記』 에서는 이곳에 新羅가 있었다고 하였다.

우리는 天神 다쿠쓰다마(多久頭魂)神社에 갔다. 이곳에 赤米로 밥을 지어

佐護(사고)의 湊(미나토) 港

제사지내는 풍속이 있다고 한다. 下島 남단의 쓰쓰(豆酘)에
도 이와 같은 神社名과 풍속이 있으니, 흥미 있는 일이다.
豆酘에 소라바루(徐羅伐)의 地名이 있음(前述)을 보아서, 이곳
의 新羅人들이 그곳에 옮겨가서 邑落國을 세운 까닭인지
모른다. 우리는 佐護川의 河口에 있는 미나토(湊港)에 갔다.
朴堤上의 碑가 있다. 우리는 朴堤上의 죽음을 애도하고,
그의 忠節을 기렸다.

나는 일행과 따로 方言을 조사하러 갔다. 民生委員이라
는 직함을 가진 시마이(島井和夫)(73세)씨를 찾아갔다. 그는 젊
어서는 배를 저이어 釜山에 더러 왕래하였다고 하며, 朝
鮮쌀 이야기를 하였다. 이곳 아이들은 봄철에 민들레 씨
를 바람에 날리며, ‘날아라 날아라 朝鮮까지 날아라. 朝鮮
에 가서 쌀을 사서 오너라’하고 논다고 하였다. 나는 미리
준비해온 方言의 文法素를 중심으로 물었다. 그리고, 그
집에서 佐護 앞바다에서 잡은 고기와 海草 나물로 점심
대접을 받았다.

오후에 나 혼자 佐須奈에 다시 돌아갔다. 町廳에 다시
들러 小地名에 대한 자료를 얻었다. 이곳은 上島 북쪽의
良港으로, 이곳에서도 韓國을 展望할 수 있으며, 古代로
부터 韓國과 왕래가 잦았던 곳이다. 日帝때에는 釜山과
정기여객선이 다녔는데, 이곳 上島 사람들은 釜山에 가서

쌀을 사고, 시장을 보고, 영화 구경도 하고, 돌아와서 그 쌀로 저녁밥을 지어먹었다고 한다. 德川幕府의 鎖國쇄국정치 때에도 對馬島의 무역을 허락하였는데, 처음에는 와니우라(鰐浦)로 지정하였다가, 1672년 이후에는 이곳으로 지정하였으며, 朝鮮과의 배의 출입을 검문하기 위한 番所(검문소)가 두 곳에 있었다. 이곳에 「시라에」 地名이 있다. 먼 저번에 왔을 때에 답사하였다. 이 地名은 아직 漢字 表記에 定着되지 않았다. 下島 雞知에도 시라에(白江) 地名이 있다(前述). 나는 뒤에, 「시라에」는 慶州의 新羅人들이 이곳에 건너와서, 新羅 邑落國을 세운 자취라 하였다. 「시라에」 地名 語源에 대하여서는 앞(7월 3일字)에서 말하였다.

7월 11일 (水) 흐림

짐을 꾸려, 9시에 히다카쓰(比田勝)의 니시도마리(西泊)의 國民宿舍를 출발하여 이즈하라(嚴原)로 향했다. 宿舍의 지배인이 요시다(吉田)의 아히루(阿比留) 前校長에게 출발을 알렸다. 차가 吉田 앞을 지날 때에, 아히루(阿比留) 前校長이, 지난 7일에 부탁했던 『津島紀事』(번역본, 499面)의 무거운 복사물을 가지고 나와서 기다리고 있었다. 이는 『增訂對馬島誌』와 함께, 對馬島의 地名과 역사를 연구하는데 많은 도움이 되었다. 그는 同乘하였다가 도중에 下車하면서,

"李先生 힘내시오(頑張)." 하고 나를 격려하였다.

11시 30분에 嚴原에 도착, 다시 交通호텔에 들었다. 나는 이곳에 있는 長崎縣의 對馬島支廳에 갔다. 그곳에 근무하는 히노(日野)씨에게 『增訂對馬島誌』를 얻은 것에 대한 인사와. 그곳에 비치된 行政에 필요한 팜플렛을 얻기 위한 것이다. 총무과에는 「韓國語코오나」가 있었다.

나는 歸國한 뒤에 그때 얻어온 자료(약 20종)를 복사하여 釜山市長·慶南知事·서울市長 앞으로 우송하였다. 그리고, 『增訂對馬島誌』(1,100 餘面)의 目次(18面)도 복사하여, 각 道의 知事와 直轄市의 市長, 각 敎育監 앞으로 市·道史 편집 樣式에 참고가 되었으면 하여, 우송하였다. 釜山市長으로부터서는 감사의 편지가 왔다. 慶南道敎委(敎育監 李洙東)로부터서는, 이를 참고하여 만든 『慶尙南道敎育資料集』을 보내왔다.

오후에는 方言과 地名 조사차 나갔다. 그리고, 그 동안에 산 책과 복사물을 세관 관리들의 확인하에, 소포로 포장하여 釜山의 自宅으로 부쳤다.

저녁에는 이도야나기(絲柳嘉恭) 對馬支廳長의 초대宴이 있었다. 우리 조사단은 물론, 歷史民俗資料館과 敎育委의 여러분들도 참석하였다. 이번 學術調查의 반성과 아울러, 그간의 勞苦를 위로하고, 韓日 양국의 友誼(우의)를 돈독하게 하기 위한 것이다. 이번 조사에서 百濟佛, 高麗佛 등 18具의 새 佛像을 찾아낸 것은, 이 地方民을 위하여서도 큰 成果라 할 수 있을 것이다. 이에 대하여서는 아사히(朝日)新聞에 보도되었다.

7월 12일 (木) 흐림

오전에는 구타(久田) 쪽에 가서 方言과 地名 조사를 하였다. 오후 3시 40분에 이키(壹岐)行의 페리號를 탔다. 나가도메(永留)씨를 비롯, 이번 學術調査에 협조해준 분들이 나와서 전송하였다. 우리는 뱃고동 소리와 함께 五色 테이프를 끊으며, 이별을 아쉬워하였다.

5시 40분경에 고오노우라(鄕浦)에 도착했다. 그곳의 教育事務所 소장과 총무과장 등이 마중 나왔다. 우리는 그곳의 交通호텔에 들었다. 3년 전에 이곳에 왔을 때에 여러 가지 편의를 보아준 교포 金肅鎭씨에게 전화를 내었다. 故鄕(慶北 醴泉)에 가고 없었다.

7월 13일 (金) 흐림

아침에 壹岐 地圖를 펼쳐 놓고 全島의 地形·交通·文化財의 분포와 관심이 가는 地名을 살펴보았다. 이 섬은 나가사키(長崎)縣에 속하며, 4町으로 나누어져 있다. 면적은

對馬島의 5분의 1밖에 되지 않으나, 인구는 거의 같은 4만 1천여 명이다. 그리고, 主産業은 農水産과 觀光業이다.

9시에 우리 일행은 이곳 鄕土館을 찾아갔다. 展示館에는 壹岐島 唯一의 新石器시대 유적지(하라노쓰지＜原辻＞遺跡 등), 조오몬(繩文)시대의 유적지(가마사키·마쓰사키＜鎌崎·松崎＞海岸 遺跡), 그리고, 야요이(彌生)시대의 유적지, 古墳시대의 유적지(현재 島內에 약 200基의 古墳이 散在하고 있는데, 주로 圓墳, 橫穴式이라 함)에서 출토된 出土品이 전시되어 있다. 돌접시(石皿), 돌창(石槍), 돌도끼(局部磨製石斧), 彌生시대의 金海式土器의 조각 등, 많은 유물들이 전시되어 있다. 또 가메오카(龜丘)城에서 출토된 彌生시대의 유물에는 慶州나 伽倻지방에서 출토된 것과 같은 曲玉(勾玉), 유리구슬들을 볼 수 있다. 이 외에도 倭寇에 의한 것으로 보이는 埋藏金(埋, 묻을매) 즉 中國의 葉錢꾸러미(古錢), 蒙古軍의 파노라마(사람 크기의 그림을 그려서 오려서 세운 것), 火繩銃, 捕鯨의 用具, 書畵, 民俗資料, 그리고, 1천 5백만 년 전 혹은 2천만 년 전의 이끼우스(淡水魚)의 化石, 5백만 년 전의 코끼리의 엄니(象牙)와 어금니(臼齒)의 化石 등이 진열되어 있다. 이곳에 전시된 것은 購入, 寄贈, 寄託品으로, 약 300점이라 한다. 이 鄕土館은 蒙古軍이 침공(1274년과 1281년)한 후에 築城한 龜尾城跡(長崎縣文化財)에 서 있다고 설명하였다.

우리는 이곳을 나와, 敎育委의 직원의 안내로 다케노쓰지(岳辻)에 갔다. 이곳은 높이 213m의 噴火(噴, 뿜을분)에 의한 山으로, 壹岐島 최고의 峰이다. 맑은 날이면 壹岐 全島는 물론, 對馬島와 九州의 連山까지 眺望(眺, 바라볼조)할 수 있다고 한다. 烽燧·防人이 설치되었으니, 韓國에 대비했던 要塞地요새지였다. 현재도 通信基地로 이용되고 있다. 이곳에서 바라다 보이는 山들은, 對馬島와 대조적으로 모두 나즈막한 언덕과 같다. 따라서, 일찍부터 農業이 발달하였다. 水利 施設이 잘 되어 쌀을 自足할 수 있다. 마을이 띄엄띄엄 있다. 이를 「후레」(觸)라 하는데, 이 섬에 이러한 후레(觸)가 99개나 된다고 한다. 이 「후레」는 新羅의 「伐·火(불)」, 百濟의 「夫里」와 같은 '村'의 뜻이다. 日本學者들도 이와 같이 보고 있다. 이를 보아서, 위에서 말한 遺跡들은 古代 韓半島에서 주로 農耕文化를 가지고 건너온 사람들의 자취로 생각된다.

일행은 國道를 따라서 遺新羅使(遺, 보낼견)의 墓를 찾았다. 日本 聖武 8년(736)에 新羅에 보낸 사신 중의 하나인 雪連滿이 이곳에서 病死한 무덤이다. 墓碑 앞에는 꽃이 놓여 있다. 그의 노래가 『萬葉集』에 올려 있는데, 이 공원을 萬葉公園이라 하고, 이곳에 그의 노래가 새겨진 碑가 서 있다.

우리는 다시 차를 타고 하라노쓰지(原辻) 遺跡地를 찾아갔다. 이곳은 평평한 언덕으로, 현재는 거의 논이다. 이 遺跡地의 일대는 약 2천 년 전에 만들어진 墓였다고 하니, 이것도 B.C. 3~B.C. 2세기 경부터 韓半島에서 水稻農業의 기술을 가지고 건너온 사람들의 무덤으로 생각된다. 이곳은 1982년에 나가사키(長崎)縣의 교육위원회에서 발굴 조사한 것인데, 雍棺용관 52基, 箱式石棺 19基, 溝 4條가 검출되고 많은 副葬品이 출토된 곳으로, 전국적으로 이름이 알려져 있다. 현재도 발굴 조사중에 있다고 한다.

우리는 다시 차를 타고 安國寺를 찾았다. 이 절은 3千石의 領地영지를 가졌던 큰 절로, 본래 이름은 海印寺였다고 한다. 1339년에 전몰자의 慰靈위령을 위해 전국에 安國寺를 지을 때에, 이 섬에서는 이미 있어온 海印寺를 安國寺로, 그 이름을 바꾸었다고 한다. 이 절에 있는 高麗版大般若經(國指定文化財)은 高麗 顯宗 2년(1011)의 것으로, 韓國에서도 거의 없다고 한다. 이 經典은 高麗때에 金海戶長許珍壽가 大願을 기원하기 위하여 西伯寺에 기증한 것을, 松浦黨(九州)의 白賓若狹守源 政(道林)이 入手하여 와서, 이 절에 安置하고 無病息災, 家內安全을 빌었다고 한다. 이 절에는 이 經書 외에 10여 개의 縣指定文化財와 8개의 名筆額이 있다. 이 境內에 있는 스기(杉)木(縣指定天然記念物)은 둘레가 6.5m, 높이가 30m, 樹齡수령이 약 1천 년이 넘는다고 하니, 이 절의 역사를 말해주고 있다.

우리는 야하다(八幡)浦에서 점심을 먹고, 다시 차를 탔다. 아시베(芦邊)浦를 지난다. 해방 직후 이곳에서 歸國船이 뒤집혀 약 160명이 몰사한 哀切애절한 이야기가 있다. 우리는 가게키(掛木)古墳에 갔다. 圓墳, 橫穴式 石室墳이다. 나는 성냥불을 켜들고 굴 안에 들어가서 보았다. 굴 높이는 사람 키 한길(丈) 정도이고, 길이는 7~8m 가량 되어 보인다. 이곳 아시베(芦邊)町의 고쿠후(國分) 일대에는 古墳이 많다. 또 이곳에는 이 섬 최대의 전형적인 圓墳, 橫穴式 石室墳인 오니노이와야(鬼岩屋)가 있다. 6~7세기에 築造된 것으로 보고 있다.

다음에는 구로사키(黑崎)半島의 동양 제일의 砲台의 자취를 보았다. 1921년 워싱턴의 海軍軍縮會議에서, 日本의 많은 軍艦을 폐기하는 대신, 각지에 砲台를 설치하게 되었는데, 이곳의 砲台는 그 중에서 가장 큰 것이라 한다. 이곳의 砲로 對馬島의 砲台와 함께, 玄海灘이 그 射程사정 거리 안에 든다. 이 공사를 위해 12년(1923~1934)이 걸렸다고, 立看板에 적혀 있다. 우리는 住吉神社를 다녀 호텔로 돌아왔다.

나는 안내를 받아 한 書店에 갔다. 書架서가에서 야마구치(山口麻太郎)의 『著作集(壹岐方言集)』과 『壹岐國地名誌』를 발견하고 기뻐했다. 書店 주인에게 물으니, 著者(93세)는 이곳 출신으로, 아직 생존하고 있다고 하였다. 『壹崎國地名誌』를 사려하니, 주인은 팔지 않겠다고 하였다. 그 이유는, 마지막 한권 남은 것으로, 자기가 갖기 위해 著者의 사인까지 받아 둔 것이라 하였다. 나는 명함을 내어 보이고, 내게 꼭 필요한 책이라 하고 팔기를 懇請간청하였다. 그는 마지못해 팔았다. 책에 적힌 대로 책값을 지불하였더니, 그 중 일부를 되돌려 주었다. 왜냐하면, 이 책에 落張이 몇 장 있어 책값에서 그만큼 돈을 빼고 받는다는 것이었다. 돈을 더 얹어 불러도 그 책을 샀을 것인데, 意外였다. 그의 良心을 읽을 수 있었다.

7월 14일 (土) 快晴

아침에 조금 떨어진 곳에 있는 塞神社라는 곳에 갔다. 이곳에는 나무(木材)(?)로 어른(大人) 한길(丈)보다 더 큰 男根(남자의 생식기)을 만들어서 祀하고 있다. 거기에다가 금줄을 쳤다. 그 앞에서 男女의 인연과 夫婦의 和合과 安産을 빈다고 한다. 이것의 작은 것은 對馬島에서도 본 적이 있다. 原始宗敎가 남긴 것이기는 하나, 이러한 것도 神으로 생각하나 하고 속으로 웃었다. 그러나, 우리는 '그까짓 것' 하고 돌보지 않고 버리는 것도, 그들은 이를 가꾸고 보존

하고 발전시켜 가는 것이다. 이러한 마음이 오늘의 日本을 만든 것이 아닌가 싶다.

9시에 짐을 챙겨 가쓰모토(勝本)로 갔다. 이 地名은 원래 가사모토(風本)였는데, 勝負慾이 강한 日本人은 風(가사)를 같은 값에 勝(가쓰)로 바꾼 것이다. 이곳에는 勝本城跡이 있다. 豊臣秀吉이 壬亂 당시에 쌓은 것인데, 城跡의 일부가 공원으로 되어 있다.

나는 혼자서 가쓰모토(勝本)港에 갔다. 많은 漁船들이 정박중에 있다. 이곳은 朝鮮通信使들의 길목이었다. 나는 戰爭과 平和가 엇갈린 이 길목에 서서, 바람에 옷자락을 날리며 지난날을 회고하고, 앞으로는 불행한 일이 없기를 빌었다.

저녁에 우리 일행은 한자리에 모여, 이번 學術調査를 예정한대로 잘 마친 것에 대해 自祝會를 가졌다. 이번 調査에서 전문분야의 여섯 委員들의 勞苦도 하거니와, 이를 뒷받침해준 潘永煥 편집부국장을 위시한 新聞社측의 勞苦가 컸었다. 이번의 調査에서, 나는 안내자의 설명을 하나라도 더 듣고 메모하기 위하여, 또 資料를 하나라도 더 얻어 오기 위하여, 차를 늦게 탈 때가 많았다. 함께 調査하는 여러분들에게 미안하게 생각하였다.

7월 15일 (日) 맑음

일행은 아침 식사를 마치고 짐을 챙겨 여관을 나섰다. 택시로 9시 20분에 아시베(芦邊)港에 도착. 10시 20분에 高速船으로 出航, 11시 40분경에 博多에 도착했다. 전에 묵었던 全日空호텔로 향하였다. 오후에 나는 시립미술관에서 열리고 있는 간다라美術의 展示會에 갔다.

7월 16일 (日) 맑은 뒤 흐림

아침 식사를 마치고 歸國의 길에 올랐다. 집을 떠나온 지 21일째이다. 서울에서 온 일행은 비행기로 歸國하였다. 다만 崔永禧교수는 東京에서 역부러 찾아 온 李進熙님과 同行하였다. 나는 11시 40분 출발의 新幹線 列車로 奈良 소재 日本地名學研究所로 향하였다.

이번의 學術調査에서, 나는 任那國을 對馬島에서 찾는 데 많은 成果를 얻었고, 또 이에 대한 자신감을 가지게 되었다.

❖拙著, 『知日은 克日의 길, 日本을 바로 알자』(서울, 亞細亞文化社, 2003)에 실은 것

4,5세기경의 新羅·百濟·高句麗·任那의 위치

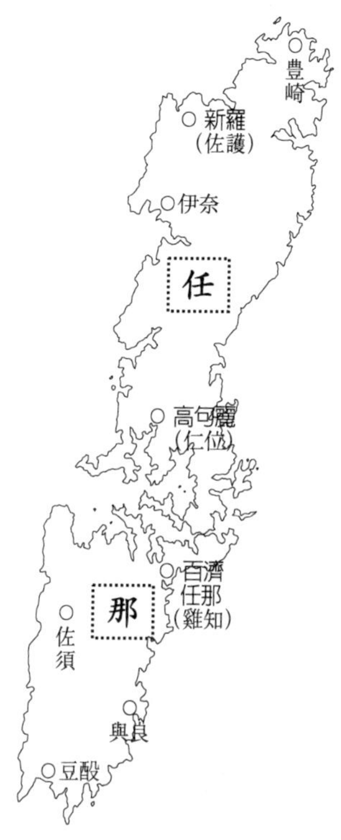

1. 『桓檀古記』에 任那加羅는 對馬島를 全稱하는 것이라 하였다. 그리고, 對馬島는 三分하였으니, 佐護(사고)加羅는 新羅에 속하고, 仁位(니이)加羅는 高句麗에 속하고, 雞知(게찌)加羅는 百濟에 속하였다고 하였다.
2. 任那는 4세기 중엽에 百濟將 木羅斤資가 對馬島의 雞知에 세운 것으로, 雞知에 남아 있는 鶴山古墳(前方後圓墳)은 그의 무덤으로 추정된다(畵報 참조).
3. 任那의 명칭은 百濟의 郡邑과 같은 것인데(pp.218~230 참조), 對馬島에서 이 任那 세력이 가장 컸기 때문에 任那는 이 섬을 대표하는 이름이 되었다.

6,7세기경의 新羅·百濟·高句麗·任那의
위치 추정과 그 멸망

1. 佐護(사고)에 있었던 新羅는 537년(日本 宣化2)경에 南下하여 雞知(게찌)를 점거하니(p.189 참조), 任那는 南室(나무로)에 물러 가서 命脈을 유지하다가, 646년(孝德大化2)에 완전히 멸망하였다(p.71 참조).

2. 新羅의 南下로, 雞知에 있었던 百濟는 西岸의 佐須(사스)로 옮겼을 것이나, 660년에 그 本國인 韓半島의 百濟가 멸망하자, 따라서 멸망한 것으로 추정된다(p.47 참조).

3. 仁位(니이)에 있었던 高句麗도, 668년에 그 本國인 韓半島의 高句麗가 멸망하자, 따라서 멸망한 것으로 추정된다.

4. 雞知(게찌)에 있었던 新羅는 全島에 세력을 폈으나, 600년(日本 推古8)과, 623년(推古31), 倭의 두 번의 공격을 받아서, 7세기 말 혹은 8세기 초에 멸망한 것으로 추정된다(pp.192~194 참조).

對馬島 十鄕과 任那 十國,
『桓檀古記』의 分治 十國

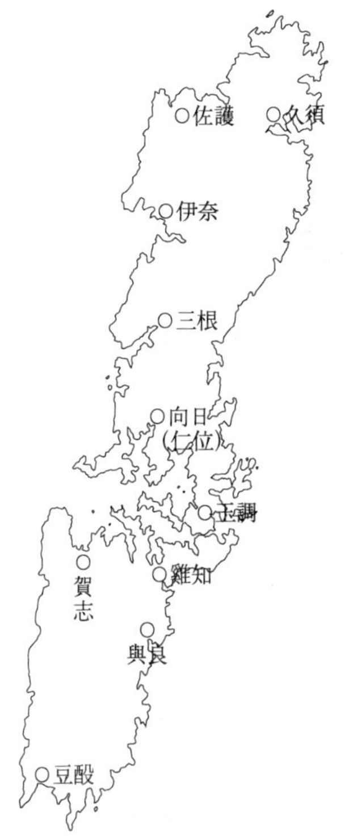

1. 對馬島에 十鄕이 있었다고 하였다. 『和名類聚抄』, 永留久惠, 『對馬の文化財』(1978, p.107), 위 地圖 참조.

2. 『日本書紀』欽明 23年紀에 나타나는 任那 十國名은 對馬島에 比定되니, 任那 十國은 對馬島 十鄕과 같은 것으로 생각된다.(拙著, 『任那國과對馬島』, pp.234~259. 이 책 p.270 참조.)

3. 廣開土王의 高句麗軍이 任那加羅 즉 對馬島를 정벌하여 「十國으로 나누어 다스렸다(分治十國)」(『桓檀古記』)고 하였는데, 對馬島 十鄕, 任那 十國의 十鄕과 十國은 이 十國과 같은 것으로 추정된다.

李炳銑

略歷

慶南 固城郡 九萬面 출생(1927).

晋州師範學校 尋常科 卒.

서울大學校 師範大學 國語科 卒.

釜山大學校 大學院 碩士課程 修了.

慶北大學校 大學院 博士課程 修了(文學博士).

釜山工專(釜慶大學校 전신) 敎授.

釜山大學校 敎授. 現 同大學校 名譽敎授.

釜山市文化賞(人文科學部門). 國民勳章 모란章.

五・一六 民族賞(學藝部門) 受賞

著書

『韓國古代國名地名研究』(一刷, 大邱螢雪出版社, 1982, 二刷, 서울 亞細亞文化
社, 1988)

『任那國과對馬島』(一刷, 서울 亞細亞文化社, 1987, 二刷 同, 1990)

『任那は對馬にあった』(任那는 對馬에 있었다)(大阪, ソウル書林, 1989)

『任那國と對馬』(任那國과對馬)(東京, 東洋書院, 1992)(위 책 改題, 再刷)

『國語學論考』(서울, 亞細亞文化社, 1993)

『日本古代地名研究』(서울, 亞細亞文化社, 1996)

『日本古代地名の研究』(東京, 東洋書院, 2000), 『同』增補版(同, 2003)

『知日은 克日의 길, 日本을 바로 알자』(서울, 亞細亞文化社, 2003)

『日本對馬壹岐島綜合學術調查報告書(言語分野)』(서울新聞社, 1985)

研究活動

著者는 國語學이 專攻으로, 古代 國語의 연구와 古代史 연구의 보조학으로서, 地名의 연구에 專念하였다. 日本國際交流基金의 초청(1986~7, 1년 간) 등, 1981년 이후 여러번 渡日하여, 對馬·壹岐 兩島를 비롯한 日本 全國 각지의 古蹟地의 地名을 조사하여, 이를 韓國 古代 地名과 비교 연구하였다. 특히 任那 地名의 文獻上의 연구와 對馬島의 답사로 任那 對馬島說을 주장하였다. 7세기 말경까지는 對馬島가 韓國의 屬島였다 하고, 『日本書紀』 朝貢 기사에 나타나는 新羅·百濟·高麗는 韓半島 三國의 分國 혹은 屬郡으로서, 對馬島에 있었던 邑落(마을)이라 하였다. 韓日 양국의 地名 비교로, 日本 地名의 뿌리가 韓國이라 하였다. 倭·大和 등 日本 古代 國家는 韓半島에서 건너간 사람들이 세운 것으로, 韓日 양국은 西洋에서의 英美 관계와 같은 歷史 관계라고 하였다.

對馬島는 韓國의 屬島였다

初版 印刷　2005年　12月　10日
初版 發行　2005年　12月　20日

著　者 | 李炳銑
發行人 | 宋美玉
發行處 | 以會文化社

주　소 | ⑳130-030 서울시 동대문구 답십리동488-338 부영빌딩 503호
전　화 | (02) 2244-7912~3
팩　스 | (02) 2244-7914
E-mail | ih7912@chol.com
출판등록 1992년 5월 2일, 제6-0532호

ISBN　89-8107-295-7　　93910
값　26,000원